Also by Joseph M Labaki:

Inconscient et Sexualité

A Riffian's Tune

An Odyssey in Blue

La Pensée logique et politique de M. Merleau-Ponty

Joseph M Labaki

CLUNETT PRESS

Published by Clunett Press, UK, 2020

First published in Great Britain in 2020

Copyright © Joseph M Labaki 2020

Joseph M Labaki asserts the moral right to be identified as the author of this work.

PRINT ISBN: 978-0-9926484-7-3

ELECTRONIC ISBN: 978-0-9926484-8-0

All rights reserved. No part of this publication may be reproduced, stored in a retrieval system, or transmitted, in any form or by any means, electronic, mechanical, photocopying, recording or otherwise, without the prior permission of the author.

TABLE DES MATIÈRES

SIGLES UTILISÉS	10
FOREWORD IN ENGLISH	11
AVANT-PROPOS EN FRANÇAIS	24
Les références de l'avant-propos	37

PREMIÈRE PARTIE

LE COGITO ET LA CHAIR   39

CHAPITRE I.   <u>Le cogito et la chair</u> (de la chair du corps à celle du monde)   40

1. La réflexivité de la chair   40
2. Le moi empirique et le moi transcendantal   44
3. L'être et la conscience   49
4. La chair (la conscience) et ses pouvoirs   52
5. L'être et l'être-sujet   61
6. Le *cogito* et *Le Visible et l'Invisible*   64
7. Sensation et langage   67
8. Le corps du peintre (un exemple)   74

Les références du Chapitre I   78

CHAPITRE II.   <u>Le cogito et le langage</u>   90

1. « La pensée et la parole »   90
2. La « parole parlée » et la « parole parlante »   94
3. Les signes et les voix du silence   98

    4. Le langage pictural (et le problème d'un langage
       universel)   104
    5. Le langage et les essences   111
    6. Le *cogito* et le langage (de la *Phénoménologie de la
       perception* au *Visible et l'Invisible*)   117
    7. Le cogito, l'esprit sauvage ou le monde vertical   124
    8. L'ontologie du langage : le dire   129
    Les références du Chapitre II   135

CHAPITRE III.   Le cogito, la structure et la transcendance   144

    1. La structure n'est pas une substance   144
    2. La structure en physique (l'ordre de la matière)   149
    3. La structure vitale (l'ordre vital)   154
    4. Les structures syncrétiques   156
    5. Les structures amovibles   158
    6. Les structures symboliques (la conscience proprement humaine)   162
    7. La structure et la transcendance   165
    8. Conclusion   173
    Les références du Chapitre III   176

DEUXIÈME PARTIE

LE COGITO ET LE CORPS OBJECTIF   183

CHAPITRE IV.   Le corps comme totalité, cogito et transcendance (Le corps comme objet de la science et la grammaire interne)   184

1. La théorie du réflexe (l'idée de constance) 184
2. L'activité nerveuse supérieure 197
3. Le réflexe comme *cogito* = la chair (résumé, conclusions et réflexions) 207
4. Le problème de l'apprentissage (un exemple) 212
Les références du Chapitre IV 223

CHAPITRE V.   Le psychisme et l'arrêt du cogito 232

1. Le psychisme comme structure du comportement 232
2. La vie de la conscience ou de la perception (la dialectique humaine) 252
3. Freud et la philosophie de « Vorstellungen » 258
4. Le refoulé = l'arrêt du *cogito* 263
5. Le *cogito* : créateur de l'inconscient 276
6. Le réalisme : un problème ontologique (conclusions et réflexions) 280
Les références du Chapitre V 288

TROISIÈME PARTIE

LE COGITO ET L'HISTORICITÉ 309

CHAPITRE VI.   Le cogito, la temporalité et l'histoire (La dialectique de dépassement et de reprise) 310

1. La conscience comme passé (poids) et présent (création) 310
2. Le langage (réflexion ontologique) 328

3. L'affectivité 332
4. La temporalité et l'histoire 337
5. L'histoire (l'existence sociale) 339
6. La raison de l'histoire 346
Les références du Chapitre VI 349

CHAPITRE VII.   <u>Le cogito et L'histoire</u> (Une approche phénoménologique et existentielle du problème de l'histoire) 363

1. Merleau-Ponty et Hegel 363
2. Merleau-Ponty et Marx (Le marxisme comme choix créateur : la contingence de l'histoire) 369
3. La matière et l'esprit (les idées impures) 377
4. Le rejet de la pensée réductrice et l'idée d'une « figure » et d'un « fond » 381
5. L'unité de l'histoire 385
    A. Un problème politique et moral 385
    B. Le libéralisme désavoué 387
    C. Le marxisme et le problème de la violence 389
    D. Le problème des « moyens » et des « fins » 398
    E. Le marxisme et l'urgence du temps (la temporalité) 404
6. L'ambiguïté de l'histoire 408
Les références du Chapitre VII 414

QUATRIÈME PARTIE

LE COGITO ET LA VÉRITÉ   427

CHAPITRE VIII.   Le cogito : le problème du vrai et du
                 faux, de l'être et de l'apparaître   428

   1. Le formalisme et le scepticisme cartésien   428
   2. Le monde perçu – la perception et le doute
      (Merleau-Ponty et Descartes)   430
   3. La coexistence du réel et de l'imaginaire (du vrai et
      du faux)   432
   4. Des perceptions fausses   434
   5. L'être et l'apparaître   436
   6. Réflexions critiques   446
   7. Conclusion   447
   Les références du Chapitre VIII   449

CHAPITRE IX.   Le cogito, le rejet de l'absolu et
               l'absolu   455

   Les références du Chapitre IX   473

CONCLUSION   480

   Les références de la conclusion   489

TRAVAUX CITÉS   490

SIGLES UTILISÉS

AD	*Les Aventures de la dialectique*
HT	*Humanisme et terreur*
PP	*Phénoménologie de la perception*
OE	*L'Œil et l'Esprit*
SC	*La Structure du comportement*
SNS	*Sens et Non-sens*
SO	*La Structure de l'organisme*
VI	*Le Visible et l'Invisible*

La Pensée logique et politique de M. Merleau-Ponty

AVANT-PROPOS

1. Mr. P. Ricoeur wrote that Merleau-Ponty is the greatest of the French phenomenologists.[1] He knew Husserl extremely well. He was one of the first to study Husserl's last manuscripts saved by Van Breda.[2] P. Ricoeur adds that Merleau-Ponty followed very closely experimental psychology, psychophysiology and psychopathology.[1,3] Speaking about his Marxism, A. De Waelhens took an academic stand against Sartre: he asserted that Merleau-Ponty knew the Marxist and Communist thinking better than Sartre.[4] Speaking about Merleau-Ponty, R. Kwant — the greatest Dutch phenomenologist — stated that, for him, Merleau-Ponty is the greatest philosopher. Faced with epistemological problems, M. Van Riet said that Merleau-Ponty's objections are never unwarranted: they are most of the time definite and convincing.[5]

Thus, we notice that Merleau-Ponty played a part in the history of modern and contemporary philosophy and stood out as one of the greatest philosophical figures. We can be for or against him, yet Merleau-Ponty remains an exacting, rigorous and difficult author.

Being a great philosopher is not sufficient, though, to become famous: for instance, Hegel's works began to be read and he became known only through the works of J. Hyppolite. Some used to say that Hegel's works are incomprehensible when translated. But the problem with translation does not explain everything: in Germany, where translation is not a problem, Hegel, in the days of

Husserl, was insulted.⁶ It might only be thanks to Marx that Hegel is questioned. The meaning of "Tractatus" from Wittgenstein, which compares with "The Critique of Pure Reason" (Kant) in its ambition, is not always completely understood.⁷ "Tractatus" has nothing to do with formalism from our perspective. However, this does not mean that nothing has been accomplished. We believe that two works should be mentioned – one by A. De Waelhens, and one by R. Kwant.

Mr. De Waelhens' work focuses mainly on the "Phenomenology of Perception". But this work is intended as a commentary. It leaves out the complexity of "The Structure of Behavior", perhaps because of a lack of time. This work is completed before "The Adventures of Dialectic" and "The Visible and the Invisible", the latter showing the last Merleau-Ponty. Therefore, this work, while interesting, does not help us to grasp Merleau-Ponty's entire thought. The work by R. Kwant is divided in two parts: the first book seems to be a set of benchmarks and an attempt to give a general overview about Merleau-Ponty's thought. The last book portrays Merleau-Ponty as a metaphysician – hence the book title "From Phenomenology to Metaphysics". Even more so than M. De Waelhens, R. Kwant has totally ignored so far "The Structure of Behavior". However, for P. Ricoeur, Merleau-Ponty's last thought seems to be a "return to" and a "resuming" of "The Structure of Behavior".⁸

Given the importance and significance of Merleau-Ponty's thought (this one has been of interest for nearly all

La Pensée logique et politique de M. Merleau-Ponty

subject areas, philosophy, psychology, politics, psychiatry, etc.), our work is designed to be an objective, accurate and clear contribution in order to understand that thought.

2. As previously mentioned, Merleau-Ponty is the greatest French phenomenologist. People present him as a disciple of Husserl. But we know that the biggest problem of being a disciple is never surpassing the master. Before looking at our author's historical thought itinerary, let us see exactly what we know about Merleau-Ponty's opinion regarding Husserl.

Some think, as M. Joseph Moreau does,[9] that Merleau-Ponty only sees in Husserl the philosopher who comes back to the "Lebenswelt" to clarify it – and that Merleau-Ponty never portrays Husserl as an idealist (or a transcendentalist), which Husserl in fact is not. This criticism is not entirely accurate: Merleau-Ponty held two opinions concerning Husserl. The more important texts dedicated to Husserl can be divided in two categories: a) "Phenomenology of Perception" (foreword V – XVI), "Signs" ("Le philosophe et son ombre", p.201-228), b) and "The Visible and the Invisible" ("Interrogation et intuition", p.142-171):

a. In his first texts, Merleau-Ponty speaks of him as being ambivalent: transcendentalist (idealist) and non-transcendentalist. In his texts, Merleau-Ponty reminds us that there is an "eidetic reduction" in Husserl that does not have a transcendental meaning. Therefore, for the first Husserl, the subject of philosophy is an essence: it is about studying the essence of perception, conscience, etc.[10] For instance, we can vary as much as we want the size of the angles of a triangle, the sum that makes it a triangle is still the same = 180°. The ambition of the eidetic variety is to capture the "essence". But if this were the case for the first Husserl, then for the last Husserl, the subject of philosophy is a making explicit of "natürlichen Weltbegriff". [11] According to Merleau-Ponty, the "Sein und Zeit" from Heidegger is another evidence of this <u>last</u> Husserl.[12] The famous phenomenological reduction takes on the meaning given to it by Eugen Fink: "the wonder in the face of the world".[13] Far from being, as has been thought, a procedure of idealistic philosophy, phenomenological reduction belongs to existential philosophy: Heidegger's being-in-the-world appears only against the background of the phenomenological reduction".[14] Merleau-Ponty adds: "The most important lesson which the reduction teaches us is the impossibility of a complete reduction".[15]

b.   However, in "The Visible and the Invisible", Merleau-Ponty heavily criticises Husserl: this time, he speaks of him as a transcendentalist (idealist), he categorically rejects the "reduction" and the "Husserlian essences". The reduction and essences are given a definition that is already in the "Phenomenology of Perception": the essences are concepts "fixed in language". (We will come back to this problem in this work).

Thus, Merleau-Ponty thought of Husserl as ambivalent and held two viewpoints towards him. But if Merleau-Ponty accuses Husserl, in his last work, of being idealist,

La Pensée logique et politique de M. Merleau-Ponty

how could we still speak about the last Merleau-Ponty as being an idealist = a metaphysician? Is Mr. R. Kwant, who is a wise man, not wrong to state the following about Merleau-Ponty: From Phenomenology to Metaphysics? In this, there is an evident problem with Merleau-Ponty. These are the types of issues, among others, that our work intends to address, solve, or at least clarify. But let us see again, in a nutshell, the historical (non-logical) and practical itinerary of Merleau-Ponty's thought.

3. The first work published by Merleau-Ponty in 1942 was "The Structure of Behavior". The book title has already misled rushed readers: this is not about "structuralism" as we thought. (We will come back to this problem in Chapter 3). In this first work, Merleau-Ponty's professors are L. Brunschvicg (a great professor of his time), Goldstein as well as Hegel. Merleau-Ponty has never liked Descartes: he only quotes him to fight against him! Hence the terrible challenge that we are facing in Chapter four in "The Structure of Behavior". But we will see, in our general conclusions, whether Merleau-Ponty does not owe anything to Descartes. It was the first Husserl that Merleau-Ponty quoted in his work. In short, it is indeed a Hegelian-looking work.

After "The Structure of Behavior" comes the "Phenomenology of Perception", published in 1945. Breathing in existentialism, this work is apparently different from the first one. But being inspired by Husserl and Heidegger, this latter work is apparently much different from Merleau-Ponty's Marxism: "Humanism and Terror" (published in 1947). "The Adventures of Dialectic" published in 1955 and dedicated to Marxism and its ontology, appear, at first sight, as exactly the opposite of the previous essay: "Humanism and Terror". "The Visible and the Invisible" (posthumous) comes to mark the end of the philosophical speech by our author (by a sudden death) and an important shift in the thought of this philosopher.

In view of the considerations mentioned above, it seems that we could speak of the first Merleau-Ponty (inspired by Hegel), the second Merleau-Ponty (inspired by Husserl), the third Merleau-Ponty (inspired by Marxism), the fourth Merleau-Ponty (inspired by anti-Marxism) and the fifth Merleau-Ponty, a metaphysician. This language does not seem inaccurate, especially as Merleau-Ponty used different materials: structure, existentialism, Marxism, ontology, etc. At first glance, synthesising is impossible and Merleau-Ponty gives the impression each time that he is starting a new philosophy. This approach is seriously erroneous: it is lacking the essential – Merleau-Ponty's permanent concern to understand the "conscience" (man). M. Ricoeur deserves credit for asking this question: Did Merleau-Ponty go back towards his first philosophy? The one from "The Structure of Behavior"?[16] R. Kwant is right to raise the issue of a "deepening" by Merleau-Ponty.

To be more objective, our work intends to study the logical evolution and not the historical evolution of Merleau-Ponty's thought. Merleau-Ponty's philosophical speech having come to an end (by death), nothing will

La Pensée logique et politique de M. Merleau-Ponty

come to overturn the material data that we have: Merleau-Ponty's work. He said what he had to say. We believe that it is the only way to be fair and objective regarding a thought that has never stopped to "look for" itself, to "correct itself" and to "deepen" itself. But our project can only be fulfilled if we limit our ambition and the scope of our research. It is the concept of "subject", "*cogito*", with its complex implications, that we are intending to analyse. But this choice must have a reason for being ("une raison d'être").

4. This concept seems to be crucial in a double meaning: in Merleau-Ponty's own thought and in the modern and contemporary thought.

   We were surprised to see Husserl working, during all his life, with moments of crisis, on the idea of "reduction". However, there is nothing surprising there: Wittgenstein, for instance, also showed the "language" as the key theme of his "thoughts". Merleau-Ponty also kept working, as Husserl and Wittgenstein, on the concept of "subject" or "*cogito*". But if "The Structure of Behavior" is a response against empiricism, the "Phenomenology of Perception" against idealism, "The Adventures of Dialectic" against the "absolute objectivism" (Marxist ontology) and the "absolute subjectivism" (ontology of Sartre), it is that Merleau-Ponty, like Husserl and Wittgenstein, never reached a "final form" of *cogito*. A question that has never been asked needs to be asked now: is Merleau-Ponty's philosophy a philosophy of being or of *cogito*? We keep the answer to such a question in our general conclusions. The essential thing in a proposition, said Wittgenstein,[17] is to be a "picture". But we could ask the question "how?". And why could the opposite not be true? And if the proposition is nothing else than a picture, is there still a subject? Are there different ways to see things? But if the reality is only a picture of the subject, is there still a world? But if there is the conscience on one side and things on the other, would the sensualism be right? Does everything that I feel take me back to my various states of consciousness? Things are what they are, but I do not know what they are: I only have access to my feelings. These problems require a solution. Perhaps Wittgenstein was heading in that direction when he stated, against Behaviorism and Pavlov, that a proposition must hold its position or have an <u>internal</u> relation with what it <u>presents</u>.[18] Anyhow, for Merleau-Ponty, it is here a logical and ontological problem to be solved. If "The Visible and the Invisible" could solve these problems, it would have given a foundation for Merleau-Ponty's previous works: "The Adventures of Dialectic", "Phenomenology of Perception" and "The Structure of Behavior".

Of course, these types of questions or problems, that were a concern for Merleau-Ponty and that we are seeing with Wittgenstein too, are not a concern for C. Lévi-Strauss and M. Foucault: the subject is dead for these authors. In some societies, it is said that the so-called subject ("I" or conscience) is, for example, married ("husband" by a specific game of structures), in possession of one or several wives, of different ages, without moving his body, without seeing the woman to be his wife, without speaking, in a nutshell, without going to church or a registrar. When this way of thinking is transferred to the language, the syntax or subject of the syntax becomes a problem. Lacan's thought is not, as we know, without inspiration from this approach. But are the repeated and unrelenting attacks against the subject not the sign that this one is resisting death? For example, is not Descartes' excessive fear of making a mistake the sign that the mistake is not easy to make – or at least that the one capable of making a mistake is capable of truth? Merleau-Ponty gave us possible answers to this type of problem: the *cogito* and the language, the *cogito* and the structure (Cf. Chapters 2, 3 herein). Therefore, the concept of subject, *cogito* or conscience is significant in the contemporary thought as well as in Merleau-Ponty's thought.

5. Unless it is a metaphysical notion, the concept of *cogito*, as the notion of "constitution" or "transcendence" is impossible to analyse without materials like the body, the language, the history, etc. It is Descartes, as we know, who denied himself, who negated himself as Descartes. Targeting Descartes, Merleau-Ponty says: "I must be my exterior, and the other's body must be the other person himself".[19] Thus, the *cogito* can only be analysed through notions such as projection (perception), truth, etc. It is through these notions that we must see Merleau-Ponty's logic or thought. But the problem is that these materials, in a wide variety, demand to be understood in themselves:

when we understand them, we grasp Merleau-Ponty's intention and the internal logic motivating them. However, these materials are not randomly chosen. It is by exploring them from the inside that Merleau-Ponty forced them on us. The essay, for instance, entitled "Eye and mind", dedicated to art, is part of the ontology from "The Visible and the Invisible". Art and ontology are two different things that we must <u>reunite</u> as required by Merleau-Ponty. And speaking of language without speaking of pictorial art is an unfinished work for Merleau-Ponty: the pictorial language and the spoken language are only two types of language for our author. But through this ontology, art and language, it is always about the *cogito*. In a nutshell, when Merleau-Ponty asserts that the syntax comes under the subject (Chapter 2) and the structure is for the conscience, there is there an internal logic to grasp. But these materials are not there in an unprocessed form: we only need to sum them up. In most cases, there are only indications, and the problem of "psychism" and "truth" is an example of this. Merleau-Ponty only wrote a few lines concerning the problem of truth and what he says about it (however interesting as it is) is drowned in controversies against Descartes. But how are we intending to comprehend Merleau-Ponty? In a word, what is our "formal object"?

6. What is perhaps most annoying with Merleau-Ponty is his method. If, for instance, Wittgenstein expresses himself and gives his thought without referring to other people, Merleau-Ponty can only speak by relying on other

people's thoughts — as a result, it is even harder to avoid controversies and confusion. Merleau-Ponty criticises, approves, transcends, introduces nuances, etc., and every time we must consider (understand) the criticised or overcome thought and afterwards be able to extract Merleau-Ponty's <u>exact</u> thought. Merleau-Ponty may quote one author or another (there are large numbers of them), yet he is nobody's slave. Because of playing with nuances and controversies, it becomes extremely difficult to summarize Merleau-Ponty's work. P. Ricoeur is correct to write: "Merleau-Ponty's thought gets exhausted in controversies".[20] It is not, as we thought, "The Adventures of Dialectic" that are confusing (these are ten times clearer than "The Structure of Behavior"), it is this method that makes deciphering and understanding difficult. But being an author of nuances, Merleau-Ponty might be right to work as he wants!

But we have not followed Merleau-Ponty's method. Our method consists of clearing up directly Merleau-Ponty's thought. We have followed the method set by the English philosophy: "What do you mean?" But this method is not any different from the "phenomenological reduction" itself = clarification. Husserl himself said that the phenomenological method is not "explanatory" or "analytic", it is "descriptive".[22] We think that it is no different for Wittgenstein who says that "philosophy is purely descriptive".[23] But there is a misunderstanding on this notion. The one who applies the method "What do you mean?" wants to "understand". But the one who wants to understand and capture the final intent, is obliged to give to his description a "logic" or a "coherence", which would make the description "acceptable" or "understandable". Merleau-Ponty says himself that understanding a significant moment in history, does not mean understanding "the mass (isolated facts) of historical facts",[24] but the moment in its entirety.[25] Thus, asking this question "What do you mean?", "operating the reduction" or "trying to understand", is not forgoing the logic (reasoning). The fact that this logic is not the logic of ideas is an entirely different matter. Understanding means capturing the intention in its entirety: we must understand Merleau-Ponty's complete intention, regarding Marxism, history, etc. If we state, for instance, that Merleau-Ponty used to be Marxist, as he changed his mind, there is nothing to learn philosophically there. We believe that it is Merleau-Ponty's own thought that is responsible: It is thereby the one that we must <u>question</u> and <u>understand</u>. Merleau-Ponty's Marxism – and this is only one example – is unintelligible if <u>the passing of time</u> is not understood and the <u>embodiment</u> of ideas is not a <u>fact</u>.

But if we must apply this method: "What do you mean?", it is that there is the <u>implicit</u>. Marx perhaps better understood this method and was successful with it: when reading Hegel and the struggle of master and slave, he discovered the class struggle, the fight for principles, battles between nations, etc. Our ambition in this work is to think Merleau-Ponty's unconceived thoughts, to clarify them, to objectivise them, in short, to understand them. But if we have clarified and limited our subject matter, as stated previously, it is because this project can only be carried out by limiting the scope and area of research. We hope that this will make accessible, for those who like this thought or are passionate about human sciences, some problems – particularly that of subjectivity: the *cogito*.

JOSEPH M LABAKI

AVANT-PROPOS

1. Merleau-Ponty, a écrit M. P. Ricoeur, est le plus grand phénoménologue des phénoménologues français.[1] Il connaissait Husserl parfaitement bien. Il était l'un des premiers à étudier les derniers manuscrits de Husserl sauvés par Van Breda.[2] Merleau-Ponty, ajoute P. Ricoeur, a suivi de très près la psychologie expérimentale, la psychophysiologie et la psychopathologie.[1,3] Parlant de son marxisme, A. De Waelhens a pris académiquement position contre Sartre : il a affirmé que Merleau-Ponty connaissait, mieux que Sartre, la pensée marxiste et la pensée marxiste communiste.[4] Parlant de Merleau-Ponty, R. Kwant – le plus grand phénoménologue hollandais – a affirmé que, pour lui, Merleau-Ponty est le plus grand philosophe. Confronté avec les problèmes d'épistémologie, M. Van Riet a dit que les objections de Merleau-Ponty ne sont jamais gratuites : elles sont le plus souvent définitives, convaincantes.[5]

Ainsi, on s'en aperçoit, Merleau-Ponty s'est imposé et s'est inscrit dans l'histoire de la philosophie moderne et contemporaine comme l'une des plus grandes figures de notre temps. On peut être contre lui ou avec lui, Merleau-Ponty reste un auteur exigeant, rigoureux et difficile.

Mais il ne suffit pas d'être un grand philosophe pour être connu : ce n'est par exemple, qu'avec les travaux de J. Hyppolite que Hegel a commencé à être lu et connu. Hegel, disaient certains, est intraduisible. Mais le problème de la traduction n'explique pas tout : en Allemagne, où le problème de la traduction n'existe pas, Hegel, à l'époque de Husserl, était insulté.⁶ Ce n'est peut-être que grâce à Marx que Hegel est interrogé. Le sens du *Tractatus* de Wittgenstein, qui est à comparer dans son ambition à la *Critique de la raison pure* (Kant) n'est pas toujours bien saisi.⁷ Le *Tractatus* n'a, à notre sens, rien à voir avec le formalisme. Mais cela ne signifie pas que rien n'a été fait : deux travaux, pensons-nous, méritent d'être mentionnés – celui de A. De Waelhens, et celui de R. Kwant :

Le travail de M. De Waelhens est essentiellement centré sur la *Phénoménologie de la perception*. Mais ce travail se veut comme un commentaire. Il laisse, pour des raisons de temps peut-être, la complexité de *La Structure du comportement*. Ce travail est dirigé avant *Les Aventures de la dialectique* et *Le Visible et l'Invisible* : ouvrage qui marque le dernier Merleau-Ponty. Ce travail donc, fort intéressant qu'il soit, ne nous aide pas à saisir l'intention totale de Merleau-Ponty. Le travail de R. Kwant se divise en deux parties : le premier livre semble être un ensemble de repères et une tentative de donner un aperçu général de la pensée de Merleau-Ponty. Le dernier livre présente Merleau-Ponty comme un métaphysicien – d'où le titre du livre : *From Phenomenology to Metaphysics*. Plus encore que M. De Waelhens, R. Kwant fait jusqu'à présent une abstraction totale de *La Structure du comportement*. Or pour P. Ricoeur, la dernière pensée de Merleau-Ponty semble être un « retour » et une « reprise » de *La Structure du comportement*.⁸

Vu l'importance de la pensée de Merleau-Ponty (celle-ci a intéressé presque toutes les disciplines, la philosophie, la psychologie, la politique, la psychiatrie, etc) et son intérêt, afin que cette pensée soit accessible, notre travail veut être une participation objective, précise et claire.

2. Merleau-Ponty, a-t-on dit, est le plus grand phénoménologue français. On en fait un disciple de Husserl. Mais on sait le gros problème d'être disciple : ne jamais dépasser le maître. Avant de voir l'itinéraire historique de la pensée de notre auteur, voyons ce qu'il en est au juste de Merleau-Ponty à l'égard de Husserl.

Certains pensent, comme par exemple M. Joseph Moreau,[9] que Merleau-Ponty ne voit en Husserl que ce philosophe qui revient au «Lebenswelt» pour l'élucider, – et qu'enfin Merleau-Ponty ne fait jamais de Husserl un idéaliste (ou un transcendantaliste), ce que Husserl n'est pas en fait. Ce reproche n'est pas tout à fait exact : Merleau-Ponty a pris deux attitudes à l'égard de Husserl. Les textes les plus importants consacrés à Husserl se divisent en deux catégories : a) *Phénoménologie de la perception* (avant-propos V – XVI), *Signes* («Le philosophe et son ombre», p.201-228), b) et *Le Visible et l'Invisible* («Interrogation et intuition», p.142-171) :

a. Dans les premiers textes, Merleau-Ponty parle de Husserl comme ambivalent : transcendantaliste (idéaliste) et non-transcendantaliste. Merleau-Ponty rappelle dans ces textes qu'il existe chez Husserl une «réduction eidétique» qui n'est pas dans le sens transcendantaliste. Donc pour le premier Husserl, le thème de la philosophie est une «essence» : il s'agit d'étudier l'essence de la perception, de la conscience, etc.[10] On peut, par exemple, varier autant que l'on veut la grandeur des angles d'un triangle, la somme qui en fait un triangle reste toujours la même = 180°. L'ambition de la variété eidétique est de saisir l'« essence ». Mais s'il en était ainsi pour le premier Husserl, pour le dernier, le thème de la philosophie, c'est l'explicitation du « natürlichen Weltbegriff ».[11] Le « Sein und Zeit » de Heidegger, à suivre Merleau-Ponty, est la reprise d'une indication de ce <u>dernier</u> Husserl.[12] La fameuse réduction phénoménologique prend le sens que lui a donné Eugen Fink : « l'étonnement devant le monde ».[13] « Loin d'être, comme on l'a cru, la formule d'une philosophie idéaliste, la réduction phénoménologique est celle d'une philosophie existentielle : l' « In-der-Welt-Sein » de Heidegger n'apparaît que sur le fond de la réduction phénoménologique ».[14] « Le plus grand enseignement de la réduction, ajoute Merleau-Ponty, est l'impossibilité d'une réduction complète ».[15]

b. Mais dans *Le Visible et l'Invisible*, Merleau-Ponty critique sévèrement Husserl : il n'en parle, cette fois-ci, qu'en tant que transcendantaliste (idéaliste), il rejette catégoriquement la « réduction » et les « essences husserliennes ». La réduction et les essences reçoivent une définition qui est déjà dans la *Phénoménologie de la perception* : les essences sont des « fixations langagières » – (Nous reviendrons sur ce problème dans ce travail).

Ainsi, Merleau-Ponty a considéré Husserl comme ambivalent et il a pris deux attitudes à son égard. Mais si Merleau-Ponty accuse Husserl, dans son dernier travail, d'être idéaliste, comment pourrait-on encore parler du dernier Merleau-Ponty comme d'un idéaliste = d'un métaphysicien ? M. R. Kwant, homme avisé, n'a-t-il pas tort de parler et d'affirmer cela à l'égard de Merleau-Ponty : *From Phenomenology to Metaphysics* ? Il y a là certainement un problème chez Merleau-Ponty. C'est à ce genre de problèmes, entre autres, que notre travail se propose de répondre, de résoudre ou au moins d'éclairer. Mais voyons encore, en bref, l'itinéraire historique (non logique) et pratique de la pensée de Merleau-Ponty.

3. Le premier ouvrage publié par Merleau-Ponty, en 1942, était *La Structure du comportement*. Le titre de l'ouvrage a déjà induit en erreur des lecteurs pressés : il ne s'agit pas du « structuralisme » comme on l'a cru. (Nous reviendrons sur ce problème dans le Chapitre 3). Les maîtres de Merleau-Ponty dans ce premier travail sont L. Brunschvicg (le grand maître de l'époque), Goldstein, et notamment Hegel. Merleau-Ponty n'a jamais aimé Descartes : s'il le cite, c'est pour le combattre ! C'est de là que vient la terrible difficulté du chapitre quatre dans *La Structure du comportement*. Mais nous verrons, dans nos conclusions générales, si Merleau-Ponty ne doit rien à Descartes. C'est le premier Husserl que Merleau-Ponty citait dans ce travail. Bref, l'ouvrage est bien d'allure hégélienne.

Après *La Structure du comportement*, vient la *Phénoménologie de la perception*, publiée en 1945. D'inspiration existentielle, cet ouvrage est apparemment bien différent du premier. Mais étant d'inspiration husserlienne et heideggerienne, ce dernier ouvrage est, apparemment, encore bien différent du marxisme de Merleau-Ponty : *Humanisme et terreur* (publié en 1947). *Les Aventures de la dialectique*, publiées en 1955 et consacrées au marxisme et à son ontologie, se présentent, à première vue, comme justement l'opposé de l'essai précédent : *Humanisme et terreur*. *Le Visible et l'Invisible* (posthume) vient pour marquer la fin du discours philosophique chez notre auteur (par une mort subite) et un changement important dans la pensée de ce philosophe.

Compte tenu des orientations mentionnées plus haut, on pourrait, semble-t-il, parler du premier Merleau-Ponty (d'inspiration hégélienne), du deuxième Merleau-Ponty (d'inspiration husserlienne), du troisième Merleau-Ponty (d'inspiration marxiste), du quatrième Merleau-Ponty (d'inspiration anti-marxiste) et enfin du cinquième Merleau-Ponty = un métaphysicien. Ce langage ne semble pas être inexact et ce d'autant plus que Merleau-Ponty a utilisé des matériaux différents : la structure, l'existentialisme, le marxisme, l'ontologie etc. La synthèse est ici, à première vue, impossible, et Merleau-Ponty donne chaque fois l'impression de commencer une philosophie nouvelle. Cette manière de voir est gravement incorrecte : elle manque l'essentiel – le souci permanent de Merleau-Ponty de comprendre la « conscience » (l'homme). M. Ricoeur a le mérite de poser cette question : Merleau-Ponty ne s'est-il pas retourné vers sa première philosophie ? Celle de *La Structure du comportement* ?[16] R. Kwant a raison d'évoquer la question d'un « approfondissement » chez Merleau-Ponty.

Pour être plus objectif, notre travail se propose l'<u>évolution logique</u> et non historique de la pensée de Merleau-Ponty. Le discours philosophique de Merleau-Ponty étant achevé (achevé par la mort), rien ne viendra renverser les données matérielles que nous possédons : l'œuvre de Merleau-Ponty. Celui-ci a dit ce qu'il avait à dire. C'est la seule manière, pensons-nous, d'être juste et objectif à l'égard d'une pensée qui ne s'est jamais arrêtée de se « rechercher », de se « corriger » et de « s'approfondir ». Mais notre projet ne peut se réaliser que si nous limitons notre ambition, le cadre de nos recherches. C'est l'idée du « sujet », du « *cogito* », avec ses implications complexes, que nous nous proposons d'analyser. Mais ce choix doit avoir une raison d'être.

4. Cette notion nous semble être capitale et ce, dans un double sens : dans la pensée de Merleau-Ponty lui-même et dans la pensée moderne et contemporaine.

   On s'est étonné de voir Husserl travailler, pendant toute sa vie, en passant par des moments de crise, sur l'idée de la « réduction ». Il n'y a là pourtant rien d'étonnant : Wittgenstein, par exemple, a fait, lui aussi, du « langage » le thème fondamental de ses « réflexions ». Merleau-Ponty, lui aussi, comme Husserl et Wittgenstein, a travaillé, sans cesse, sur l'idée du « sujet », du « *cogito* ». Mais si *La Structure du comportement* est une réaction contre l'empirisme, la *Phénoménologie de la perception* contre l'idéalisme, *Les Aventures de la dialectique* contre l'« objectivisme absolu » (l'ontologie marxiste) et le « subjectivisme absolu »

La Pensée logique et politique de M. Merleau-Ponty

(l'ontologie de Sartre), c'est que Merleau-Ponty, comme Husserl et Wittgenstein, n'est pas arrivé à une « forme finale » du *cogito*. Et la question jamais posée se pose maintenant : la philosophie de Merleau-Ponty est-elle celle d'être ou du *cogito* ? C'est à nos conclusions générales que nous réserverons la réponse à une telle question. La chose essentielle dans une proposition, disait Wittgenstein,[17] est d'être une « image ». Mais on pourrait poser cette question : comment ? Et pourquoi l'opposé ne serait-il pas vrai ? Et si la proposition n'est rien d'autre qu'une image, y a-t-il encore un sujet ? Y a-t-il des manières différentes de voir ? Mais si la réalité n'est qu'une image du sujet, y a-t-il encore un monde ? Mais s'il y a la conscience d'un côté et les choses de l'autre, le « sensualisme » n'aurait-il pas raison ? : tout ce que je sens ne se ramène-t-il pas à mes états de conscience ? Les choses sont ce qu'elles sont, mais je ne sais pas ce qu'elles sont : je n'ai accès qu'à mes sensations. Ces problèmes exigent une solution. C'est peut-être dans ce sens que Wittgenstein se dirigeait quand il affirmait, contre le Behaviorisme et Pavlov qu'une proposition doit se maintenir ou avoir une relation <u>interne</u> avec ce qu'elle <u>présente</u>.[18] De toute manière, pour Merleau-Ponty, c'est là un problème logique et ontologique à résoudre. Si *Le Visible et l'Invisible* pouvait résoudre ces problèmes, il aurait par là fondé toute l'œuvre précédente de Merleau-Ponty : *Les Aventures de la dialectique*, la *Phénoménologie de la perception* et *La Structure du comportement*.

Bien entendu, ce genre de questions ou de problèmes qui ont préoccupé Merleau-Ponty et que nous pensons voir chez Wittgenstein lui aussi, ne se posent pas pour C. Lévi-Strauss et M. Foucault : le sujet pour ces auteurs est mort. Dans certaines sociétés, dit-on, le prétendu sujet (« Je » ou conscience) se trouve, par exemple, marié (mari ou « husband », par un certain jeu de structures), en possession d'une ou de plusieurs femmes, de différents âges, sans bouger son corps, sans voir la femme à devenir épouse, sans parler, bref sans aller à l'église ou la mairie. Quand cette manière de penser s'est transportée dans le langage, la syntaxe ou le sujet de la syntaxe devient un problème. La pensée de Lacan n'est pas, comme on le sait, sans aucune inspiration de cette manière de voir. Mais les attaques répétées et acharnées contre le sujet ne sont-elles pas le signe que celui-ci résiste à la mort ? La peur excessive, par exemple, chez Descartes de commettre l'erreur, n'est-elle pas le signe que l'erreur n'est pas facile – ou du moins que celui qui est capable de l'erreur est capable de la vérité ? À ce genre de problème, Merleau-Ponty nous a donné des éléments de réponse : le *cogito* et le langage, le *cogito* et la structure (Cf. Chapitre 2, 3 ici même). En plus, donc, de l'importance qu'elle a dans la pensée de Merleau-Ponty, la notion du sujet, du *cogito* ou de la conscience a une importance dans la pensée contemporaine.

5. Mais à moins d'être une notion métaphysique, l'idée du *cogito*, comme celle de la « constitution » ou la « transcendance », est inanalysable sans des matériaux comme le corps, le langage, l'histoire, etc. C'est Descartes, comme on le sait, qui a renoncé à lui-même, qui s'est nié

La Pensée logique et politique de M. Merleau-Ponty

comme Descartes. « Il faut, dit Merleau-Ponty, en visant Descartes, que je sois mon extérieur et que le corps d'autrui soit lui-même ».[19] Le *cogito* n'est donc analysable qu'à travers des notions comme la projection (la perception), la vérité etc. C'est à travers ces notions qu'il faut voir la logique ou la pensée de Merleau-Ponty. Mais le problème est que ces matériaux, fort variés, exigent d'être compris en eux-mêmes: en les comprenant on saisit l'intention de Merleau-Ponty et la logique interne qui les animent. Mais ces matériaux ne sont pas choisis au hasard: c'est en les explorant de l'intérieur que Merleau-Ponty nous les a imposés. L'essai, par exemple, intitulé *L'Œil et l'Esprit*, consacré à l'art, fait partie de l'ontologie du *Visible et l'Invisible*. Parler de l'art et de l'ontologie, voilà deux choses différentes que nous devons – comme l'exige Merleau-Ponty – réunir. Et parler du langage sans parler de l'art pictural, voilà un travail inachevé chez Merleau-Ponty: le langage pictural et le langage parlé ne sont pour notre auteur que deux types de langage. Mais à travers cette ontologie, l'art et le langage, c'est toujours du *cogito* qu'il s'agit. Bref, quand Merleau-Ponty affirme que la syntaxe est de l'ordre du sujet (Chapitre 2) et que la structure est pour la conscience (Chapitre 3), il y a là une logique interne à saisir. Mais ces matériaux ne sont pas là à l'état brut: il suffit de les résumer. Il n'y a là le plus souvent que des indications, et le problème du « psychisme » et de la vérité en est l'exemple. Merleau-Ponty n'a écrit que quelques lignes concernant le problème de la vérité et ce qu'il en dit (aussi intéressant qu'il soit) se retrouve noyé dans des polémiques contre Descartes. Mais de quelle manière, donc, entendons-nous interpréter Merleau-Ponty ? En un mot, quel est notre « objet formel » ?

6. Ce qu'il y a, peut-être, de plus gênant chez Merleau-Ponty est sa méthode. Si, par exemple, Wittgenstein s'exprime, donne sa pensée sans se référer aux autres, Merleau-Ponty ne sait parler qu'en prenant appui sur la pensée des autres – d'où la plus grande difficulté de sortir des polémiques et de la confusion. Merleau-Ponty critique, approuve, dépasse, introduit des nuances etc., et il faut chaque fois tenir compte (comprendre) de la pensée critiquée ou dépassée et pouvoir ensuite extraire la pensée <u>exacte</u> de Merleau-Ponty. Si Merleau-Ponty cite tel ou tel auteur (ceux-ci sont extrêmement nombreux), il n'est pourtant l'esclave de personne. Jouant sur des nuances et des polémiques, Merleau-Ponty est extrêmement difficile à résumer. P. Ricoeur a raison d'écrire : la pensée de Merleau-Ponty <u>s'épuise</u> dans des polémiques.[20] Ce n'est pas, comme on l'a cru, *Les Aventures de la dialectique* elles-mêmes qui sont confuses[21] (celles-ci sont dix fois plus claires que *La Structure du comportement*) : c'est cette méthode qui rend le déchiffrage et l'interprétation difficiles. Mais étant un auteur des nuances, Merleau-Ponty a raison, peut-être, de travailler comme il veut !

Mais ce n'est pas la méthode de Merleau-Ponty que nous avons adoptée. Notre méthode consiste à tirer directement au clair la pensée de Merleau-Ponty. C'est la méthode de la philosophie anglaise que nous avons pratiquée: « What do you mean? » Mais cette méthode n'est pas si différente de la « réduction phénoménologique » elle-même = l'explicitation. Husserl lui-même a dit que la méthode phénoménologique n'est pas « explicative » ou « analytique »: elle est « descriptive ».[22] Il n'en va pas autrement, pensons-nous, chez Wittgenstein: la philosophie, dit-il, est purement descriptive.[23] Mais sur cette notion, il y a du malentendu. Celui qui procède par « What do you mean? » veut « comprendre ». Mais celui qui veut comprendre, saisir l'intention finale, est obligé de donner à sa description une « logique », une « cohérence », qui rendrait la description « acceptable » ou « compréhensible ». Comprendre un moment important de l'histoire, ce n'est pas, dit Merleau-Ponty, lui-même, comprendre « la poussière (les faits isolés) des faits historiques »,[24] mais le moment dans sa totalité.[25] Poser donc cette question: « What do you mean? », « opérer la réduction » ou « chercher à comprendre », ce n'est pas renoncer à la logique (le raisonnement). Que cette logique ne soit pas celle des idées, c'est là un tout autre problème. Comprendre, c'est saisir l'intention totale: il nous faut comprendre l'intention totale de Merleau-Ponty, à l'égard du marxisme, de l'histoire etc. Dire, par exemple, que Merleau-Ponty a été marxiste, puis qu'il a changé d'avis, il n'y a là, sur le plan philosophique, rien à apprendre. C'est la pensée de Merleau-Ponty elle-même, pensons-nous, qui en est responsable: c'est, alors, celle-ci qu'il faudrait <u>interroger</u> et <u>comprendre</u>. Le marxisme de Merleau-Ponty — et ce n'est là qu'un exemple — est inintelligible si l'<u>urgence</u>

du temps n'est pas comprise et l'<u>incarnation</u> des idées n'est pas de <u>fait</u>.

Mais s'il faut procéder par cette méthode: « What do you mean? », c'est qu'il y a là de l'<u>implicite</u>. Marx a peut-être le mieux compris et réussi cette méthode : en lisant Hegel, la lutte du maître et de l'esclave, il a découvert la lutte des classes, des principes, des nations etc. Notre ambition dans ce travail est de penser l'impensé de Merleau- Ponty, de le préciser, de l'objectiver, bref, de l'interpréter. Mais si nous avons précisé et limité notre sujet, comme nous l'avons indiqué plus haut, c'est parce que ce projet ne peut se réaliser qu'en limitant le champ et le cadre de nos recherches. Nous espérons par là avoir participé à rendre accessible, à ceux qui aiment cette pensée ou qui sont passionnés par les sciences humaines, certains problèmes – notamment celui de la subjectivité : <u>le *cogito*</u>.

Les références de l'avant-propos

1. Cf. « Hommage à Merleau-Ponty », *Esprit*, Vol. 29, No. 296, Juin 1961.
2. Cf. Van Breda, *Revue de métaphysique et de morale*. Vol. 67, octobre – décembre 1962.
3. Pendant qu'il était à la Sorbonne, Merleau-Ponty a occupé la chaire de psychologie de l'enfance. Les psychologues avaient du mal à le déloger. Cf. *Bulletin de psychologie* (Cours publiés de Merleau-Ponty), Paris, Centre de Documentation Universitaire, 1964.
4. *Une philosophie de l'ambiguïté, l'existentialisme de Merleau-Ponty*, Cf. le chapitre XV « La philosophie de l'histoire et la philosophie politique » p.331-366.
5. Cf. *Problèmes d'épistémologie*, 1960.
6. Cf. A. De Waelhens, *Existence et Signification*. Cf. le premier chapitre. Il s'agit là d'une excellente étude comparative entre la phénoménologie husserlienne et la phénoménologie hégélienne.
7. Cf. Michel Ghins, « La forme et le sens dans le Tractatus de Wittgenstein », *Revue Philosophique de Louvain*, Tome 75, Août 1977, p. 453–481.
8. Cf. « Hommage à Merleau-Ponty », *Esprit* Vol. 29, No. 296, Juin 1961.
9. Cf. *l'Horizon des esprits*.
10. Cf. Merleau-Ponty, *PP.*, p.1
11. Cf. Merleau-Ponty, *PP.*, p.1
12. *Ibid*. p.I-II
13. *Ibid*. p. VIII
14. *Ibid*. p.IX

15. *Ibid.* p. VIII
16. *Ibid.*
17. Cf. A. Kenny, *Wittgenstein*, Chapitre 4 (« The Picture Theory of the Proposition »), p.54-72. Et Chapitre 12 (« The Continuity of Wittgenstein's Philosophy ») p. 219-233.
18. Cf. A. Kenny, Wittgenstein, p.228.
19. *PP.*, p.VII
20. P. Ricoeur, Préface à *La Phénoménologie de Merleau-Ponty*, par Gary-Breut, Madison, Paris.
21. S. Ruth Kruks, *A Study of the Political Philosophy of Merleau-Ponty* – thèse présentée à « the London School of Economics ». Nous remercions M. le Professeur A. Manser de nous avoir donné accès à ce travail.
22. Cf. Merleau-Ponty *PP.*, p.II
23. A. Kenny, *Wittgenstein*, p.229.
24. *PP.*, p.XIII
25. Merleau-Ponty, *Ibid.*

La Pensée logique et politique de M. Merleau-Ponty

PREMIÈRE PARTIE

LE COGITO ET LA CHAIR

JOSEPH M LABAKI

CHAPITRE I

LE COGITO ET LA CHAIR

(de la chair du corps à celle du monde.)

« L'ouverture au monde suppose que (...) celui qui voit en est et y est »
(Merleau-Ponty, *VI.*, p.136)

1. <u>La réflexivité de la chair.</u>

Il s'agit là d'une pensée entièrement nouvelle : elle n'est ni dans *La Structure du comportement* ni dans la *Phénoménologie de la perception* ni dans ce que nous appelons la pensée marxiste et phénoménologique de Merleau-Ponty. « Les problèmes posés dans la *Phénoménologie de la perception* sont, dit *Le Visible et l'Invisible*, insolubles, (insolubles) parce que j'y pars de la distinction "conscience" – "objet". »[1] C'est par une ontologie du sensible entièrement nouvelle que Merleau-Ponty tente, en premier lieu, de résoudre ce problème : la dualité du moi (le pour-soi) et du monde (l'en-soi). L'idée de constitution, de transcendance, va se trouver inévitablement modifiée par cette ontologie. Mais cette idée n'est pas la seule : cette ontologie va donner lieu à des réflexions sur le langage. Le philosophe de la perception va devenir (contrairement à ce que pense Pontalis) celui du langage. Nous verrons plus tard en quel sens et comment. Mais cette ontologie, nous le verrons, n'est pas facile à saisir : elle fait appel au *cogito*, la chair comme « sujet »

La Pensée logique et politique de M. Merleau-Ponty

et « objet », « être » et « être-sujet ». Essayons de voir la pensée <u>logique</u> ou <u>ontologique</u> de Merleau-Ponty.

Le « corps » ou la « chair », nous dit *Le Visible et l'Invisible*, touche et se touche, voit et se voit, parle et s'entend (= se comprend). Ma main peut toucher les choses et prendre des attitudes différentes à leur égard. Elle peut – au sens de Heidegger – se révéler les choses, s'enseigner sur leurs propriétés, et se conduire d'une manière différente chaque fois qu'elle touche un objet différent : ce n'est pas de la même manière que ma main touche par exemple une orange et un œuf. Elle s'adapte à chaque objet différent. Elle se corrige chaque fois qu'elle commet une erreur. Nous reviendrons sur le problème de la vérité beaucoup plus loin. Mais d'où ma main tient-elle ce « savoir », cette « vérité » pour parler comme Heidegger ? D'où vient qu'elle se conduise, s'adapte et se corrige chaque fois que c'est nécessaire, chaque fois que la situation l'exige ? Pour connaître – la philosophie idéaliste l'a bien dit – il faut se connaître. Merleau-Ponty ne parle pas ici autrement : ma main ne tiendrait en elle aucun savoir, elle ne serait pas « connaissante » si elle n'était pas elle-même « connue ». Se toucher est la condition de possibilité de l'expérience.[2] Ma main « sentante » (ma main droite) est aussi « tangible » : « sentie » par mon autre main. C'est par ce recroisement en elle de « toucher » et de « se toucher » que ma main est un « je pense », c'est-à-dire un « je peux » = un « sujet transcendantal ».[3] Le retour du toucher sur soi n'est pas seulement la condition de possibilité de l'expérience : il est, selon Merleau-Ponty, l'« essentiel » : le « modèle » de toutes les expériences « tangibles ». On peut, par exemple, distinguer dans un acte de toucher trois expériences distinctes mais qui se recoupent : a) un toucher des qualités – du lisse ou du rugueux – b) un toucher des choses, c) et enfin un toucher du toucher quand ma main « gauche » touche ma main « droite » en train de palper les choses.[4] C'est ce dernier, c'est-à-dire le toucher du toucher, qui est l'essentiel, le véritable toucher.[4] En devenant ainsi tangible – sentie – ma main (ou le corps) « <u>descend</u> » dans le monde des choses : elle devient, elle aussi, touchée.[5] C'est-à-dire un « tangible » parmi les « tangibles » et en ce sens une « chose » parmi les « choses » ! La réflexivité, pour s'opposer aux idéalistes, est ici une « dégradation » : le « pour-soi » se fait être = choses. Nous reviendrons un peu plus loin sur ce point.

Mais la réflexivité du corps (ou la chair) ne se limite pas au toucher, il y a aussi une réflexivité de la vision.[5] Il faut aussi que je me voie pour que je puisse voir.[6] Mon corps ne pourrait pas voir s'il n'était pas lui-même une réalité visible.[7] Il y a là un retour de mon regard sur lui-même. Le <u>narcissisme</u> fondamental <u>est</u>, d'après *Le Visible et l'Invisible*, <u>cette visibilité du soi à soi</u>.[8] Le moi – puisque chaque fois qu'il voit, il se voit – semble être « séduit » et « capté » par lui-même.[8] Mais peut-être, dira-t-on, la vision n'est pas le toucher : elle n'appartient pas au même sens. La vision n'est en effet, selon *Le Visible et l'Invisible*, qu'une variante remarquable du toucher.[9] Dire que le toucher et la vision appartiennent à des sens entièrement différents ou discrets, c'est opérer là une délimitation grossière.[10] Si dans la même expérience du toucher il peut y avoir des expériences distinctes mais qui se recoupent – un toucher du lisse (des qualités), des choses et de ma propre sensation – la vision peut être considérée, d'une certaine manière, comme le toucher. Mais, de même que nos expériences tactiles ne sont pas identiques, de même, la vision et le toucher sont-ils aussi distincts. Cela n'empêche pas cependant que tout « visible » soit prélevé sur une expérience « tangible » et que, inversement, tout « tangible » soit prélevé sur une expérience visible.[11]

Entre le toucher et la vision et corrélativement, entre le « visible » et le « tangible », il y a une réversibilité. Comme les instants, le toucher et la vision « passent » l'un « dans » « l'autre ». Mais si Merleau-Ponty analyse le toucher et la vision ce n'est pour lui qu'à titre d'exemple : ce qui vaut pour ces intentionnalités vaut pour toutes les autres. Toutes nos « Erlebnisse » se « recoupent » et se « distinguent ». Nous y reviendrons avec le corps (avec l'idée de figure et de fond, 2ème partie, Chap. 4), et avec le temps (3ème partie, Chap. 6).

La dernière réflexivité, fort importante celle-là, est celle de la « parole ». Avec les mouvements de la gorge et de la bouche – les mouvements qui font le « cri » et la « voix » – mon corps parle et s'entend = se comprend.[12] « Je suis un être sonore, (…) ma vibration à moi je l'entends (= je la comprends) du dedans ; comme a dit Malraux, je m'entends avec ma gorge ».[13] « Cette nouvelle réversibilité (la réflexivité de la parole), (…) l'émergence de la chair comme expression (…) (est) le point d'insertion du parler et du penser dans le monde du silence ».[14] Avec la parole – nous y reviendrons – nous sommes, chez Merleau-Ponty, dans le monde intelligible, celui des « Wesen » et de la pensée conventionnelle. Mais si la parole est le point d'insertion de la pensée dans la perception, le sentir est-il ou non pensée ? Voilà un point nouveau dans la pensée de Merleau-

Ponty. Là des erreurs d'interprétations ont été commises. Nous reviendrons plus loin sur ce point.

La conscience, nous dit *Le Visible et l'Invisible*, est partout étendue sur le corps : je perçois par toutes les parties de mon corps. Celles-ci sont toutes des cerveaux naturels. Nous verrons (2ème partie) que le « réflexe » est un *cogito*. Cependant, « ce qui est à comprendre, c'est que ces visions, ces touchers, ces petites subjectivités, ces "consciences de...", puissent s'assembler comme des fleurs dans un bouquet, quand chacune (...) (est) "conscience de", (...) (est) "pour-soi" ».[15] La difficulté n'est donc plus : la chair « se perçoit-elle ou non » ? La conscience est-elle un « organe », un système (Freud) ?[16] Ou une réalité extra-chair (Descartes) : la chair (ou le corps) est d'un bout à l'autre conscience. La difficulté cependant est : comment ces « consciences de... », ces « sensations », ces « touchers » et ces « visions » forment-ils un seul « je peux » ? Faut-il au-dessus de celui-ci un autre « je » pour opérer la synthèse de nos « sensations » = la « synthèse perceptive » ?

2. Le moi empirique et le moi transcendantal

Faire appel à un Ego transcendantal – principe de l'unité – pour opérer la synthèse de nos « Erlebnisse » corporelles, c'est détruire ce que l'on cherche à montrer : en premier lieu le corps comme « conscience transcendantale » = un « je peux ». Notre ontologie serait vaine si au-dessus du « je peux » il y a un « je pense ». Le « je pense » doit accompagner toutes mes représentations, disait Kant.[17] C'est l'âme, disait Descartes, qui pense. C'est ce « je », cette âme que la chair refuse. Le « je » dont la tâche est d'opérer la synthèse est en même temps un «je» qui confère le sentir à la chair. Pour Merleau-Ponty, il n'y a pas d'Ego extra-charnel qui fasse «adhérer» nos visions et nos touchers pour que nous puissions avoir l'expérience ou pour que nous ayons affaire à un seul monde. Si l'unité de ces subjectivités est opérée par un «je» réflexif, la chair ne serait plus «auto-connaissance de soi». Elle ne serait pas «pour-soi», mais pour «X». Mais si elle ne se connaît pas, comment pourrait-elle connaître, me révéler la nature exacte des choses ? Si le «je peux» – c'est-à-dire mon corps en mouvement – s'ignore lui-même, la «connaissance du monde», pas davantage que celle de soi, ne pourrait lui appartenir. Nous avons dit que c'est le toucher <u>du toucher</u> qui est <u>l'essentiel</u>. Si la chair recevait le «sentir» ou la «synthèse», il nous serait impossible de comprendre quoi que ce soit à partir d'elle – ce qui est l'objet essentiel du *Visible et de l'Invisible*. Ce qui fait en effet l'unité de nos «Erlebnisse» corporelles, c'est pour Merleau-Ponty, le corps lui-même = le «je peux». Mon corps synergique réalise une parfaite unité «pré-réflexive» ou «pré-objective» de lui-même.[18] Il ne peut être question pour notre auteur d'introduire en moi un Ego synthétique, constituant du moi empirique et du monde, pour comprendre l'unité de nos «Erlebnisse» corporelles.[19] Il y a une unité intrinsèque entre toutes les différentes formes de la perception.[20] Chacun de mes touchers, sans perdre sa particularité, est lié à tous les autres. Chacune de mes visions, sans perdre son individualité, est liée à tout le reste de mes visions. Mes touchers et mes visions ne constituent pas des «Erlebnisse» séparées ou discrètes. De même, le toucher et le voir empiètent, eux aussi, l'un sur l'autre.[21]

Puisqu'il y a une unité intrinsèque dont le corps lui-même se charge, je ne suis pas un chaos de perceptions, mais un « <u>sentant en général devant un sensible en général</u> ».[22] Et puisque c'est le corps lui-même qui fait son unité, qui <u>se</u> pense, dire que je suis un sentant sensible (je sens et je me sens),[23] ce n'est pas pour Merleau-Ponty décomposer le corps ou revenir à l'idée classique du « corps » et de la « conscience ». Étant « pensable par lui-même », le corps n'est pas un « en-soi », une chose ou une matière interstitielle.[24] La réversibilité entre le corps « sentant » et le corps « senti », le « corps phénoménal » et le « corps objectif », est, aux yeux de Merleau-Ponty, à l'opposé du dualisme classique du corps et de l'âme. Ma main droite touchée par ma main gauche peut retourner et exercer sur celle-ci la même activité que celle qu'elle reçoit.[25] Il y a un « cercle » du « touché » et du « visible » et du « voyant ». Le touchant n'est pas sans existence tangible et le voyant n'est pas sans existence visible.[26] Le corps « senti » et le corps « sentant » sont l'un pour l'autre l'envers et l'endroit.[27]

« Le rapport de mon corps comme sensible à mon corps comme sentant (ce corps que je touche, ce corps qui touche) = (est) immersion de l'être-touché dans l'être touchant et de l'être touchant dans l'être-touché ».[28] Le corps sentant et le corps senti ne font en somme qu'un seul Ego = <u>une seule chair</u>. Sentir et se sentir ne sont pas « deux mouvements » ou « deux intentionnalités », c'est « un seul mouvement dans ses deux phases ».[29] Avec la réversibilité – qui est la vérité ultime – le corps senti n'est pas un objet ou un en-soi, il est le « sujet » lui-même.[30] Sans cette réversibilité, ma main gauche touchant ma main droite serait inconsciente – et ma main touchée (ma main droite) serait un en-soi. Cette réversibilité est la condition de possibilité de « je sais » (= I know).

Merleau-Ponty ne fait pas comme Condillac pour qui le corps est connu par la main alors que de celle-ci il ne dit jamais comment elle est connue. Ce n'est cependant pas, d'après Michel Henry, Condillac seul qui a commis cette erreur : voulant rendre justice à « l'existence corporelle » il l'a pourtant « manquée ».

La phénoménologie contemporaine et plus précisément celle de Merleau-Ponty n'a pas plus que Condillac fait avancer, selon Michel Henry, la solution du <u>corps subjectif</u> : « Question décisive, (comment ma main connaissante de mon corps est elle-même connue) que ne s'est pas posée Condillac, que ne se pose non plus la phénoménologie contemporaine. Car la phénoménologie contemporaine – chez Merleau-Ponty notamment – s'interroge sur notre accès au monde en tant qu'il s'accomplit par notre intentionnalité motrice ou par nos intentionnalités sensorielles, (...) elle ne dit rien sur la connaissance du corps connaissant, sur la connaissance de la main en tant que main qui se meut et qui touche, rien sur la connaissance <u>intérieure</u> et originelle que nous avons du pouvoir de préhension lui-même ».[31] Cette objection n'est en effet pas fondée. Car ma main touchante (connaissante) est aussi touchée (connue). Le « <u>je sens</u> » est un « <u>je sais</u> ». Si ma main gauche me révèle ma main droite, celle-ci me révèle, à son tour, mon autre main. C'est cette réversibilité qui fait du corps chez Merleau-Ponty la subjectivité dernière. L'objection que fait Maine de Biran à Condillac n'a aucune raison d'être chez Merleau-Ponty. L'idée de la réversibilité entre le corps senti et le corps sentant va de pair chez Merleau-Ponty avec celle de la « passivité ». Le corps senti (le corps objectif) n'est donc pas un moi empirique, c'est-à-dire une synthèse de sensations ou un champ de passivité pure. La sensation de ma sensation, est en même temps passivité. Passivité et activité ne se distinguent pas en moi. Voilà une notion que Merleau-Ponty va généraliser. Nous y reviendrons un peu plus loin.

Ainsi, puisque le corps senti est aussi sentant et le corps sentant est aussi senti, la chair est la subjectivité dernière : elle est « auto-affection » ou affection de soi par soi. Qu'est-ce que cependant se sentir ? Quel est ce genre de connaissance qu'a l'Ego de lui-même ? Sentir est une intentionnalité.[32] Celle-ci est un acte, un rapport, une relation, un mouvement ou une transcendance de la conscience vers quelque chose. Originairement ce quelque chose est le monde (les choses). L'intentionnalité originaire implique nécessairement l'hétérogénéité ou le dualisme du moi et du monde. Mais si l'intentionnalité originaire — c'est-à-dire celle dont le contenu est le monde et pas le moi — implique ce dualisme, la « conscience » et « le monde » (les choses), pourquoi n'en serait-il pas ainsi de « se sentir » (de se toucher et de se voir) ? Quelle est la raison de l'intentionnalité ou de la transcendance sinon l'altérité du moi et du monde ? Et si c'est vrai, le corps est loin d'être l'Ego, il est l'étendue de Descartes. Définir la conscience par l'intentionnalité, faire de celle-ci le moyen qu'a l'Ego de se révéler à lui-même, c'est faire du corps senti non plus un Ego, mais un objet. Telle est l'objection, théoriquement sérieuse, que fait le jeune philosophe, Michel Henry, à Merleau-Ponty.[33] Pour celui-là, la connaissance qu'a l'Ego de lui-même ne peut être intentionnelle[34] car ce qui est atteint par l'intentionnalité se propose nécessairement comme étranger ou comme autre. Mais si l'intentionnalité implique dans la *Phénoménologie de la perception* ce dualisme, « conscience » et « monde », il n'en va pas de même lorsque Merleau-Ponty parle de la conscience (connaissance) de soi ou lorsqu'il est question du « *cogito* tacite ». L'intentionnalité – thétique ou non – qui me révèle le corps senti, à l'exception de celle qui me révèle les choses, n'implique pas ce dualisme : âme et corps. Disons donc que Merleau-Ponty fait là une concession. Mais celle-ci est, aux yeux de Michel Henry, impossible. Car la raison de l'intentionnalité, c'est le manque, c'est ce qu'on n'est pas.[35] C'est à un niveau ontologique que Michel Henry soulève le problème de l'Ego, de la connaissance. Arrivé là, nous devons maintenant résoudre, comme l'exige Michel Henry, un autre problème : celui de cette dualité « conscience – monde ». Si nous avons dépassé Descartes – le corps n'est plus un morceau d'étendue –, il faut maintenant résoudre un problème que la phénoménologie, depuis Husserl, n'a pas résolu et que Sartre n'a fait qu'aggraver.

3. <u>L'être et la conscience</u>

C'est par une ontologie du sensible entièrement nouvelle dont la base est la « réflexivité » du corps que Merleau-Ponty tente de résoudre ce problème : la dualité du moi et du monde = du pour-soi et de l'en-soi, de la « conscience » et de « l'être ». Bien entendu cette solution est tardive chez Merleau-Ponty : elle n'est ni dans *La Structure du comportement* ni dans la *Phénoménologie de la perception*. Bien que Merleau-Ponty parle toujours de l'unité cohérente entre le sujet et l'objet, il les considère toujours comme deux moments d'une seule et même structure, il n'a cependant jamais donné une explication «théorique» ou «ontologique» à cette unité. C'est à ce problème, entre autres, que s'attaque l'ouvrage inachevé : *Le Visible et l'Invisible*. Michel Henry a raison de souligner – chez les phénoménologues – l'altérité du «soi» et du «monde». Mais il ne sert à rien, pensons-nous, de faire comme Michel Henry : de résoudre cette altérité au niveau du moi empirique et du moi transcendantal et de la laisser subsister au niveau de l'expérience. Il ne faut pas seulement que le corps se fasse esprit – comme l'a dit Freud – il faut que la matière se fasse esprit (Marx) ou ce qui revient au même, que l'esprit se fasse matière (Hegel). Voyons de quelle manière Merleau-Ponty a tenté, après avoir résolu la première dualité (corps et âme), de résoudre ce problème : la dualité du «moi» et du «monde» (du pour-soi et de l'en-soi).

L'ontologie de Merleau-Ponty est en elle-même simple si elle n'est pas redoutable. Le corps, avons-nous vu, accomplit une «sorte de réflexion» : il se touche touchant et se voit voyant.[36] Quand ma main gauche touche ma main droite, celle-ci est sentie comme une chose = un objet physique.[37] Le retour du corps sur soi en fait une chose sentante ou plus précisément un «sujet – objet».[37] La réflexivité donne au corps un statut d'objet.[38] Ainsi, étant objet (= un corps senti) je ne suis plus étranger aux choses : je suis moi-même une chose parmi les choses.[38] Autrement dit encore : en devenant tangible (sensible) mon corps «descend» dans le monde des choses, il devient tangible parmi les tangibles – et en ce sens, une chose parmi les choses.[38] Mais en devenant une chose (tangible) mon corps n'est plus étranger au monde : il est lui aussi une chose = une partie du monde. <u>La communication avec le monde, sa compréhension est ainsi établie de droit.</u> L'opposition (le dualisme) entre <u>moi et le monde se trouve ainsi dépassée dans la dernière philosophie de Merleau-Ponty : le *cogito* fait partie du monde.</u> Mais ce n'est pas tout : nous débouchons sur un nouveau problème.

Merleau-Ponty fait du « <u>se sentir</u> » <u>le modèle de tout sentir : si je comprends les choses, c'est parce que je « me comprends ». Je sais… parce que je « me sais »</u> ! Je « <u>me</u> sais » est le <u>modèle</u> de n'importe quel « je sais quelque chose » :

Si je comprends (je sais) les choses, c'est parce que je me comprends (je me sais). Ce rapport interne du corps – se sentir – en fait le « vinculum » entre moi et les choses.[39] C'est ce rapport de lui à lui – ou la réflexivité – qui en fait un objet = une chose. Mais le même corps senti – et c'est en ce sens, répétons-le bien, qu'il est objet (chose) – est aussi sujet : c'est lui-même (et non un moi transcendantal) qui voit, qui touche, bref qui pense. La réversibilité entre le corps senti et le corps sentant est la vérité ultime. Je suis donc une chose et néanmoins différent de toutes les choses. Mais si moi-même je suis objet (= chose) – et c'est là tout le nœud de l'argumentation de Merleau-Ponty – la distinction « sujet-objet », « moi-monde » n'implique plus d'opposition ou d'altérité. Ainsi donc, pour répondre à Michel Henry, la connaissance du monde par l'intentionnalité, la transcendance n'implique plus d'<u>étrangeté radicale</u> : <u>je suis moi-même une chose</u> !

Et si donc la connaissance du monde n'implique pas

d'étrangeté radicale, celle de soi par «l'intentionnalité transcendantale» ne peut faire que le corps soit l'étendue cartésienne ou ne soit plus la subjectivité dernière. Dire donc que je suis «sentant sensible», que je sens ma propre sensation, que je me connais intentionnellement, ce n'est pas dire que le corps senti (le corps objectif) soit une réalité extérieure (res extensa) et le corps sentant une intériorité pure (res cogitans). «La chair n'est pas matière, n'est pas esprit, n'est pas substance».[40] Elle est, dit Merleau-Ponty, au-delà de ces antinomies classiques — et elle ne peut être union ou composé, car elle serait alors union de deux contradictions.[41] Faire du corps la subjectivité dernière, est incontestablement renvoyer dos-à-dos le cartésianisme et l'empirisme: tous les deux s'accordent pour faire du corps (je sais) comme du langage (je pense) un morceau d'étendue. En somme, le corps est pensable par soi et fait lui-même sa propre synthèse.

Mais le corps ne réalise pas uniquement l'unité de l'âme et du corps: il réalise aussi l'unité de l'être et de la conscience! La réflexivité fait du corps un sujet et un objet = une partie du monde.[42] Essayons de voir les conséquences de cette ontologie — qui fait de la conscience une partie du monde — concernant les relations entre l'être et la conscience. Voyons ce qu'il en est du point de vue de la «constitution» (intentionnalité).

4. La chair (la conscience) et ses pouvoirs

Cette théorie du corps compris comme «subjectivité» et comme «partie du monde» (une chose parmi les choses) est accompagnée, chez Merleau-Ponty, de concepts nouveaux concernant l'idée de la constitution: les pouvoirs de la conscience. C'est ainsi, par exemple, que certains concepts psychologiques se trouvent expliqués par cette philosophie de la chair. Les mécanismes psychologiques tels que la « projection » et l'« introjection » sont compris chez Merleau-Ponty, ainsi que chez Mélanie Klein, comme des activités corporelles et non comme des opérations spirituelles au sens classique de ce mot.[43] C'est-à-dire au sens où l'on distinguait le somatique et le psychique comme des réalités opposées. La projection est comprise, nous semble-t-il, comme recherche du dedans dans le dehors et l'introjection (l'incorporation) comme recherche du dehors dans le dedans.[44] Pour la philosophie de la chair, ces deux opérations, « projection » et « introjection », sont des fonctions constantes du corps. L'expérience se poursuit sur deux plans : intérieur et extérieur (projection et introjection). La chair est le pouvoir général d'incorporer les choses et autrui. L'incorporation n'est cependant pas une opération distincte de la projection : elle commence avec la perception elle-même.

C'est en effet l'idée de la « perception » elle-même qui se trouve modifiée dans la dernière pensée de Merleau-Ponty. On ne parle plus de « perception » mais de « projection ». Celle-ci est comprise comme un système : « projection – introjection ». Passivité et activité, introjection et projection, sont la définition de la chair elle-même ; celle-ci est un sentant sensible : sensible non uniquement pour-soi, mais aussi pour les choses et autrui. Il y a réversibilité non seulement entre ma main droite et ma main gauche (le corps sentant senti), mais aussi entre moi et les choses = le monde. Toute perception est doublée d'une contre-perception : = passivité (introjection). Plutôt donc que de définir la chair comme de part en part transcendance –

comme le faisait la *Phénoménologie de la perception* et bien plus *La Structure du comportement* – *Le Visible et l'Invisible* tente de la définir comme de part en part « projection et introjection » = <u>activité</u> et <u>passivité</u>. Il y a dans l'ontologie de Merleau-Ponty deux étapes dont la première explique la seconde :

>   a. La chair, avons-nous vu, est un sentant sensible, il y a là un rapport de « réversibilité » entre le corps sentant (phénoménal) et le corps senti (objectif). Ma main gauche qui touche ma main droite subit la même activité que celle-ci : elle est aussi « sentie » (passive) – sentie par ma main droite. Ma main gauche n'est donc pas un « je pense » et à l'abri de tout. C'était là le premier sens de la « réversibilité ».
>
>   b. Le même rapport qui existe entre ma main gauche et ma main droite existe entre <u>moi</u> et le <u>monde</u>. Là aussi la réversibilité est la vérité ultime : passivité et activité (introjection et projection) vont de pair.[45] « La philosophie, écrit Merleau-Ponty, n'a jamais parlé (…) de la passivité de notre activité comme Valéry parlait d'un <u>corps de l'esprit</u> (…) ».[46] La perception (devenue projection) n'est pas une pure création : elle est l'introjection de la chose perçue. Ainsi les choses me touchent et me voient[47] = elles exercent leur pouvoir sur moi. Il suffit de penser à la musique pour comprendre cette affirmation apparemment paradoxale. Je sens que les arbres me touchent, disait un peintre. Je sens qu'ils parlent en moi, disait un autre. Nous reviendrons plus loin (§8) sur ce problème. L'idée d'introjection est loin d'être comparée avec celle de la néantisation (Sartre). Nous tenterons une analyse comparative entre

La Pensée logique et politique de M. Merleau-Ponty

Merleau-Ponty et Sartre un peu plus loin. Mais l'idée de « <u>projection</u> » (activité) exige des analyses et des précisions supplémentaires : elle peut signifier plusieurs choses – activité, comme nous venons de le voir. Mais elle peut aussi signifier le « refoulement » du monde : la création du sensible (Platon). C'est un des points difficiles et fort importants de la chair que nous devons <u>bien</u> et <u>correctement comprendre</u>.

La philosophie de la chair est devenue une ontologie : elle s'interroge sur la possibilité d'incorporer les choses et autrui. Elle tente de rendre ces deux opérations – projection et introjection – <u>possibles de droit</u>. Quand Merleau-Ponty dit : je vois parce que je « <u>me</u> vois », je touche parce que je « <u>me</u> touche », c'est dire :

    a.   Je peux entrer en contact avec le monde, car je suis moi-même <u>de</u> l'être.

    b.   Je peux « comprendre » le monde et autrui, <u>car je les comprends en moi</u>. Il s'agit là chez Merleau-Ponty d'une connaissance d'autrui et du monde à <u>distance</u>. Je possède une « télé-connaissance » ou une « télé-perception » du monde et d'autrui. Mais comment cela est-il possible ?

Cela est possible, car tout est fait de mon corps : le monde et autrui, par exemple, ne sont qu'une <u>prolongation de la chair</u>.[48] Celle-ci est l'<u>essence exemplaire</u> et le <u>prototype</u> de toutes choses : le monde et autrui. Je possède en moi, à titre de <u>portion exemplaire</u> ou à titre <u>d'élément</u>, le monde et autrui. Si je peux incorporer les choses et autrui, c'est parce que moi-même j'en fais partie ou que <u>je les possède</u>, <u>en moi</u>, à <u>titre d'éléments</u>.

Si je peux comprendre autrui, c'est parce que je comprends cette portion de lui en moi-même. Il y a communication et connaissance à distance d'autrui et du monde, car étant « être-sujet » (sujet-objet) je les possède à titre d'éléments.

La chair (mon corps) c'est la mère : ce à partir de quoi il est possible de tout comprendre.[49] Elle est Élément – au sens des premiers philosophes grecs – : tout est fait par elle et tout s'explique par elle.[50] Étant l'essence exemplaire et le prototype de toute chose, étant la mère et l'Élément, je suis fondé à dire, écrit Merleau-Ponty, que « je suis le monde » !

Puisqu'il en est ainsi, tout est fait par moi, « proximité » et « distance » entre moi et les choses sont devenues « synonymes ».[51] Le visible n'est plus l'en-soi kantien : je le possède en moi. C'est cette pré-possession qui est fondatrice d'une « télé-connaissance ».

Un exemple descriptif pourrait expliquer la pensée de notre auteur. Je connais par exemple autrui, je sais ce qu'il éprouve comme souffrance ou joie dans telle ou telle circonstance, car je connais ce qu'il en serait de moi-même dans les mêmes circonstances. Je peux, par exemple, lui faire plaisir en faisant ceci ou cela – ou l'inquiéter par certaines grimaces, car je sais que « ceci » ou « cela » me fait plaisir et que les grimaces d'autrui m'inquiètent. La projection ne serait pas possible si le sujet ne croyait pas, au moins, à la possibilité de l'existence, dans autrui, de ce qu'il projette.

La projection exige un « système des équivalences ». Un homme normal ne projette pas sa haine et son amour sur les objets. Si donc projection et introjection il y a, leur existence est ainsi possible de droit. Nous disons de droit, mais pour

Merleau-Ponty, ne faudrait-il pas dire : « de droit et de fait ». Il ne faut pas <u>trop</u> accentuer ce dernier aspect : faute de quoi on ferait de Merleau-Ponty un idéaliste – ce que, malgré tout, il n'est pas. <u>Sans négliger la question de fait</u> (« je suis le monde ») c'est la question <u>de droit</u>, affirmons-nous, qui l'importe. Ce qui va suivre substantifiera notre affirmation.

Par la définition de la chair comme pouvoir d'incorporation général ou comme <u>recherche du dehors dans le dedans</u> et du <u>dedans dans le dehors</u> (projection et introjection), Merleau-Ponty rejoint les idées de M. Klein et de son élève Heimann. Pour celle-ci, le corps est cette <u>puissance</u> d'incorporer tout ce qui est perçu.[52] L'incorporé est identifié chez elle au sur-moi.[53] Celui-ci est ce qui est introjecté : gens, choses, <u>langage</u> etc.[53] Ainsi élargi le sur-moi ne se limite plus au sur-moi œdipien : c'est tout un univers intégré et qui commence dès la première perception. L'enfant par exemple, ayant incorporé ses parents, en fait « des objets internes » ; mais étant devenus internes (=incorporés), les gens, les choses, le langage etc. deviennent inaccessibles à la conscience : d'où l'anxiété du sujet, ses doutes et ses incertitudes.[54] Ainsi par ses propres opérations, la conscience se laisse dépasser = <u>elle se constitue constituée</u>. « Le corps, zone mystérieuse, contient par <u>introjection</u> des parties corporelles des parents, (des gens et des choses). Le sur-moi est l'ensemble des réalités extérieures qui continuent leur activité souterraine (...). Le sur-moi, dit Merleau-Ponty en interprétant M. Klein, est compris comme contenant non seulement le corps des parents, mais aussi tous les objets : toute perception, toute relation est digérée par nous. C'est un monde, tout un univers (...). Cette conception du sur-moi comme un univers, comme un ensemble, est importante et originale » dit Merleau-Ponty.[55] C'est de cette manière que Heimann, élève de M. Klein, concevait elle aussi la fonction du sur-moi: tout objet perçu est assumé ou incorporé.[56] « Le sur-moi cesse d'être une identification à une personne, mais se rencontre, dit Merleau-Ponty en interprétant Heimann, à l'état diffus dans toute relation avec l'extérieur ».[56] Assimiler le sur-moi à l'incorporé, c'est là, pense Merleau-Ponty, un progrès.[56] On s'aperçoit que Merleau-Ponty nous conduit à un paradoxe. D'une part le corps a été gonflé: on en fait l'« Élément », mais d'un autre côté, la perception est devenue « incorporation » ! Mais incorporer est-ce encore créer ou signifier ? Il n'y a là chez Merleau-Ponty ni « subjectivisme absolu » (projection pure), ni objectivisme absolu (incorporation absolue). Ces deux opérations forment un seul système, une seule et même structure – et c'est de cela que vient leur équilibre ! Puisque la chair est l'agent sensoriel du sur-moi: puissance d'incorporer le senti,[57] il s'agit donc plus d'une ontologie de droit (de justification) que d'un idéalisme de fait.

Mon rapport avec le monde est à comprendre à partir de ce rapport qu'il y a entre moi et moi-même. Ma main gauche touchant ma main droite touchant les choses est, elle aussi, touchée par celle-ci: faute de quoi ma main gauche serait inconsciente. Chacune de mes mains se trouve prise dans une activité double: activité et passivité. Ainsi la réversibilité est la vérité ultime.[58] Mais le « même » rapport qu'il y a entre ma main gauche et ma main droite existe entre moi et le monde. Voilà un des buts fondamentaux du *Visible et l'Invisible*. Le corps phénoménal (sentant) me révèle les choses, me met en contact avec autrui, mais cette activité va de pair avec la passivité. Autrement dit, ma sensation est l'incorporation du senti. De même que ma main gauche reçoit une activité de ma main droite, de même ma main droite, celle qui me révèle les choses, subit une activité de la part des choses qu'elle touche. Ainsi le rapport de la chair au monde n'est pas à <u>sens unique</u> : ce n'est pas ce rapport d'un je transcendantal – <u>mon activité est accompagnée d'une passivité</u>. Elle est, pour parler comme M.Klein, «introjection et projection». Profondément et métaphysiquement exprimée : je touche les choses et celles-ci à leur tour me touchent. Le voyant est vu : les arbres me voient quand je les vois ! Pour nous donner un schéma explicatif celui-ci sera :

a. Le rapport de la chair à elle-même : être ↔ sujet

b. Le même rapport est «conçu» entre moi et le monde : chair ↔ monde

Ainsi, pour parler un autre langage, la situation fait partie du *cogito* :[59] je m'éprouve «constitué» au moment même où je fonctionne comme «constituant».[60] «Sur certains spectacles, – ce sont les autres corps humains et, par extension, animaux, – mon regard achoppe, (...) (et se trouve) circonvenu. Je suis investi par eux alors que je croyais les investir, et je vois se dessiner dans l'espace une figure qui éveille et convoque les possibilités de mon propre corps comme s'il s'agissait de gestes ou de comportement miens. Tout se passe comme si les fonctions de l'intentionnalité et de l'objet intentionnel se trouvaient paradoxalement permutées. Le spectacle m'invite à en devenir <u>spectateur adéquat</u>, comme si un autre esprit que le mien venait soudain habiter mon corps, ou plutôt comme si mon esprit était attiré là-bas et émigrait dans le spectacle qu'il était en train de se donner ».[61]

Sentir et parler, c'est exprimer en moi la présence des choses et celle d'autrui.[62] Comme il n'y a pas de présent sans le passé, il n'y a pas de vie humaine en laquelle ne s'affirme la présence des choses et celle d'autrui. L'incorporation (la passivité) est la base de l'intersubjectivité : la présence d'autrui s'affirme en moi et ma présence s'affirme en lui.[63] C'est là le sens de cette formule – énigme de Husserl : « la subjectivité transcendantale est intersubjectivité ».[63] Pour exprimer cette ontologie – la passivité pour nous – un auteur avisé s'exprime ainsi : l'être parle en moi.[64] M. Kwant nous semble faire de Merleau-Ponty un hégélien renversé : si pour celui-ci l'Esprit prend conscience de lui-même dans l'être, pour Merleau-Ponty l'être « devient » conscient de lui-même – s'élève à la conscience – à travers moi. Mais, nous l'avons vu, la réflexivité du corps en fait un objet = une chose parmi les choses. Ce n'est pas l'idée de l'évolution que l'on cherche : c'est celle de l'égalité. La chair, est, en un certain sens, égale à l'être = elle est être.

Cette ontologie a comme résultat d'atténuer la transcendance (constitution ou créativité) et d'accentuer la passivité. Cette philosophie de la chair est la plus anti-transcendantaliste qui soit :[65] la passivité est poussée à ses limites. Mais on ne doit pas oublier la « réversibilité » dont Merleau-Ponty fait la vérité ultime. Exprimée en termes de M. Klein, cette passivité est l'incorporation qui accompagne toute perception. Activité et passivité, projection et introjection sont des fonctions constantes et fondamentales de la chair.[66]

Mais entre ces deux opérations il y a un échange perpétuel : la projection est, jusqu'à un certain degré, projection du surmoi = le monde perçu. Celle-ci n'est pas indépendante de ce que j'ai « subi » ou « digéré ». Le sur-moi – pour ne pas dire qu'il est une représentation, car « une philosophie de la chair est à l'opposé des interprétations de l'inconscient en termes de "représentations inconscientes" »[67] – est une attitude : une <u>manière incorporée devenue puissance de signifier</u>. Mais cette affirmation ne trouve-t-elle pas d'excellents champs d'application dans le langage ? Nous reviendrons sur le langage plus loin. (Chap. 2). C'est avec Sartre que nous aimerions confronter et préciser davantage cette ontologie que nous donne le dernier Merleau-Ponty.

5. <u>L'être et l'être-sujet</u>

À suivre Sartre, ce que la conscience saisit comme étant distinct d'elle, c'est l'être.[68] Or, pour *Le Visible et l'Invisible* la conscience se saisit comme « sentie », c'est-à-dire comme « être », <u>objet</u> = une chose parmi les choses. Si pour Sartre on ne peut dire autre chose de l'être que ceci : il est là, plein, opaque, adhérent à soi et identique à lui-même,[68] pour Merleau-Ponty, l'être est en moi : je suis l'« Élément ». La conscience pour Sartre est cette fuite absolue, ce « refus d'être substance qui la constitue comme conscience ».[68] Or pour notre auteur, c'est le fait d'être substance, l'Élément, la Mère qui donne son poids à la conscience. Le moyen par lequel le néant vient au monde ou le moyen par lequel l'être est néantisé, c'est la conscience.[69] Mais le néant, pour Sartre, n'est par rapport à l'être qu'une « <u>masse vide</u> » en face d'une « <u>masse pleine</u> ». Mais là, il s'agit, pense Merleau-Ponty, d'une ontologie intenable : l'ouverture à l'être est impossible s'il y a d'un côté l'« objet » et de l'autre le « sujet ».[70] C'était précisément là l'erreur de la philosophie classique : opérer une dichotomie entre l'« être » et l'« être-sujet »[71] et vouloir ensuite les réunir par des termes tels que : « représentations », « pensées », « images », etc.[72] Ce qu'il faut, pour qu'il y ait « ek-stase »[73] dans l'être, c'est de vider l'« être-sujet » de toutes les notions dont la philosophie classique l'a encombré (pensée, image, etc) et de donner un « <u>contenu positif</u> » au néant et un « <u>contenu négatif</u> » à l'être.[74] Nous avons vu de quelle manière la subjectivité est être. Pour qu'il, y ait interaction (projection-introjection), compréhension (philosophie), il faut qu'il y ait un « <u>point homogène de rencontre</u> » : une positivité de l'être dans le néant. C'est ce que Sartre, aux yeux de Merleau-Ponty, ne voulait pas comprendre.

La néantisation, c'est l'ouverture : projection-introjection. L'ouverture n'est pas une série d'éclatements de présent... A-B-C-D etc..., elle est ouverture d'un champ.[75] Puisqu'il y a une « plénitude » de présent, la subjectivité ne peut être conçue, malgré Sartre, comme un « <u>vide constitutif</u> » : <u>un vide ne peut « comprendre »</u> ou « <u>constituer</u> » <u>quoi que ce soit</u>. La conscience (nous avons vu qu'elle est l'Élément) doit porter en elle-même <u>ce</u> vers quoi elle tend : les « choses » et « autrui ».[76] En ce sens tout « être masculin » doit porter en lui un « élément féminin » et vice versa : faute de quoi la compréhension et la communication seraient impossibles. L'ouverture n'est pas du néant mais de l'être.[77] « La destinée du néant et celle de l'être sont la même si l'on pense bien le néant ».[78] C'est la pensée réflexive, selon Merleau-Ponty, qui nous met devant cette alternative : conscience-monde. Dans l'expérience vécue (la praxis), une telle alternative (sujet-objet) est invisible. Puisque le corps est un « tangible », notre rapport n'est plus celui de la conscience au monde, mais celui de l'être avec l'être. <u>L'ouverture</u> (et pas la néantisation de Sartre), c'est notre <u>implication dans l'être :</u>[79] l'être <u>naturel</u> (brut), <u>l'être de l'histoire</u>, l'être du <u>langage</u>, <u>l'être de la culture</u> etc.[80] Prendre une décision : changer de religion, de politique etc., c'est l'être – toujours – qui change de structure.[81] Ce que l'on croit être le néant n'est qu'une « <u>fixation conceptuelle</u> », <u>une positivité par les mots</u>.[82] Nous reviendrons sur ce point plus loin (Chap. 2).

Mon corps, disait Bergson, « va jusqu'aux étoiles »,[83] c'est-à-dire pour Merleau-Ponty : tout est fait par moi = ma chair.[84] Mais pour que mon corps aille jusqu'aux étoiles, il faut qu'il y ait une profondeur de l'être : que la chair soit langage. C'est à la réflexivité du corps que Merleau-Ponty nous renvoie.

Mais à présent nous comprenons que la <u>conscience</u> est <u>être</u>, que <u>l'intentionnalité</u> (ou la transcendance) <u>est ouverture</u>, ek-stase = <u>projection-introjection</u>. Si pour la *Phénoménologie de la perception* mon corps me lie au monde par l'<u>intentionnalité</u>, maintenant je suis lié au monde, car <u>je suis de la même nature que lui</u> = <u>être</u>. Je <u>comprends</u> le <u>monde parce que je suis l'Élément</u>. Voilà à quoi nous a amené la réflexivité du corps, mais celle-ci est-elle de fait ? L'examen de cette question va nous amener à des problèmes nouveaux : ceux du langage. La réflexivité de la chair dont nous avons parlé – et ce pour des raisons ontologiques – doit maintenant être précisée. C'est ainsi que nous pourrions nous avancer logiquement et méthodiquement dans la pensée de Merleau-Ponty.

6. Le *cogito* et *Le Visible et l'Invisible*

Le corps, avons-nous vu, accomplit une sorte de «réflexivité» = il se touche touchant, se voit voyant, et s'entend (= se comprend) quand il parle. Nous avons écarté, pour affirmer «l'existence corporelle», l'idée d'un Ego extra-chair en même temps que l'idée cartésienne du corps compris comme un morceau d'étendue. Pour ne pas faire de Merleau-Ponty un idéaliste, comme P. Lachièzerey par exemple, nous devons préciser cette réflexivité. Celle-ci n'est pas de fait chez Merleau-Ponty, c'est-à-dire, elle n'est pas une intentionnalité d'«acte» au sens de Husserl. Merleau-Ponty est à comparer à Sartre :[85] cette réflexivité est ce que celui-ci appelle le *cogito* «pré-réflexif». Si quelqu'un me prend par mon oreille ou me pique douloureusement, la place touchée devient pour moi (mon schéma corporel) une figure sur fond. Mon schéma corporel m'enseigne ce que c'est que «se toucher», «se voir», bref, se sentir ou avoir conscience de soi. Or il n'en est pas ainsi de «se sentir» : ma main gauche ne touche pas de fait ma main droite. La perception de ma perception est uniquement sur le point de se produire, elle s'éclipse au moment de se faire.[86] Je ne suis pas de fait entièrement visible à moi-même : je ne verrai jamais directement mon dos.[87] Quand je parle, je n'entends pas ma voix comme celle des autres : «l'existence sonore de ma voix pour moi est pour ainsi dire mal dépliée».[88] «Le se toucher, se voir du corps (...) n'est pas un acte, c'est un être à. Se toucher, se voir, d'après cela, ce n'est pas se saisir comme objet, c'est être ouvert à soi, destiné à soi (narcissisme) – Ce n'est pas (...) donc s'atteindre, c'est au contraire s'échapper, (ou) s'ignorer».[89]

En somme, la réflexivité du « sentir » ou de la chair n'est pas de fait : je ne peux pas me toucher touchant ou me voir voyant.[90] Je suis ou bien visible ou bien voyant. Jamais je ne pourrai, comme le croyait Descartes, être un voyant visible, c'est-à-dire avoir une conscience thétique du moi et du monde.[91] La perception de soi à laquelle Merleau-Ponty tient à donner le nom de « l'intentionnalité »[92] ne fait pas du corps senti un objet. Se sentir n'étant pas un acte, la chair n'est pas un « je » = conscience thétique de soi. « Je, vraiment, c'est personne, c'est l'anonymat, il faut qu'il soit ainsi, antérieur à toute objectivation, dénomination, pour être l'Opérateur, ou celui à qui tout cela advient. Le Je dénommé, le dénommé Je, est un objet. Le je premier, dont celui-ci est l'objectivation, c'est l'inconnu à qui tout est donné à voir ou à penser, à qui tout fait appel, devant qui (…) il y a quelque chose ».[93]

Se sentir – connaissance de soi par sentiment disait Malebranche, et aujourd'hui Michel Henry – c'est l'idée du schéma corporel comme présence à soi, c'est-à-dire présence non-différentielle.[94] Ce qui empêche, selon Merleau-Ponty, la réflexivité du corps d'être totale ou de fait, ce qui empêche que mon corps soit constitué ou thématisé, c'est que c'est lui-même qui voit et qui touche.[95] Sentir et se sentir ne font chez Merleau-Ponty qu'un seul sentir.[96] Ce ne sont pas là deux intentionnalités (en toute rigueur il faut parler de l'ouverture), mais une seule et même intentionnalité. Le sentir est un seul acte qui, par une sorte de mystère, se retourne sur lui-même. Il est à comprendre, dit Merleau-Ponty, comme le retour sur soi du visible (la chair).[97] Quand le psychologue classique parlait des « sensations doubles »,[98] il commettait là une erreur :

il croyait que la main droite touchée par la main gauche est encore touchante = phénoménale. La chair est en dernière analyse un «anonymat inné».[99] Et c'est pourquoi la réduction phénoménologique est l'achèvement du *Visible et l'Invisible*.[100] La réflexivité de la chair qui nous a conduit à l'idée du *cogito* comme partie du monde (la chair du monde) n'est qu'une sourde réflexivité.[101] La chair n'est pas, nous dit Merleau-Ponty, avec quelque exagération, celle qui «pense», «parle», «raisonne» ou «argumente».[102] Exagération, disons-nous, mais c'est une question cruciale de savoir si «sentir» (toucher et voir) est ou non pensée. Nous reviendrons sur ce point.

Si cependant «se sentir» n'est pas un «acte», Merleau-Ponty n'en fait pas un en-soi (un processus en troisième personne). Le corps accomplit, comme le disait Husserl, une «sorte de réflexion».[103] Cela suffit, dit Merleau-Ponty, pour ne pas faire de la chair un en-soi.[104] La réflexivité du corps sur soi, ce n'est pas rien : c'est elle qui fait du corps un *cogito*, une chair et non pas une matière – et <u>c'est elle qui est le fondement de cette ontologie nouvelle</u>.[105] Si donc je ne puis en fait sentir ma sensation, cela ne veut pas dire que faute de «mots sonores» je l'ignore absolument.[106] Mais cela ne signifie pas davantage que je la connaisse : pour cela il faut un «bruit du langage». Mon corps étant originairement un corps sentant, un «corps phénoménal», il ne peut se constituer comme effectivement (positionnellement) «senti» = connu comme objet : pour cela il faut opérer la réduction. Mais si Merleau-Ponty a refusé à la chair d'être une conscience <u>de</u> soi (figure sur fond), c'est qu'il y a chez lui une raison fondamentale : la chair ne peut se constituer comme conscience de soi (conscience de la synthèse passive) ou conscience transcendantale que par la «parole» = les «mots». Parole et pensée sont identiques et tout le problème maintenant est de savoir si le <u>sentir</u> est ou non <u>pensée</u>, c'est-à-dire «<u>parole</u>» = langage. Le problème est de savoir si nous étions déjà, dès le début de ce chapitre, dans le monde du langage.

7. <u>Sensation et langage</u>

On dit et redit que, pour Merleau-Ponty, le langage est la «fillette» de la perception. Le langage reprend le «produit» de la perception. Si le langage dépend de la perception celle-ci en est <u>indépendante</u>. En disant, c'est une «table», ma «vision» a déjà <u>vu</u> et <u>compris</u> cet objet. La *Phénoménologie de la perception* fait du langage une <u>dimension du corps</u>. Merleau-Ponty a généralisé la sexualité – comme Freud, il en a fait l'atmosphère générale de l'existence. Mais il n'en est pas ainsi du langage. Essayons maintenant de voir si en parlant de la «vision» et du «toucher», nous étions déjà dans le monde du langage.[107]

C'est l'émergence de la <u>chair</u> comme <u>parole</u> qui, selon *Le Visible et l'Invisible*, fait surgir la pensée. L'importance donnée au langage, et très précisément à la parole, indique combien Merleau-Ponty a réfléchi sur le langage.[108] Merleau-Ponty est allé jusqu'à dire: «ce que j'appelle le *cogito* tacite est impossible».[109] C'est le *cogito* de la *Phénoménologie de la perception* qui est ici mis en question: pour avoir le *cogito* et pour «faire» l'attitude transcendantale, il faut, dit-il, avoir les mots.[110] Ces deux affirmations ont un sens: la pensée est liée à la parole. Parole et pensée sont intrinsèquement liées. Pour exprimer cette intimité, Merleau-Ponty parle de la

« réversibilité » entre la pensée et les mots. Le sens et la parole sont dans le même rapport de réversibilité que le corps sentant et le corps senti.[111] L'identification du sens et de la parole fait de celle-ci la signification dernière : elle ne renvoie pas à quelque chose d'autre qu'elle-même. La parole n'est pas là pour exprimer quelque chose, mais <u>pour le faire, elle est ce qu'elle exprime</u>. L'auditeur n'a pas à faire jouer une correspondance entre les mots et le sens visé par eux pour comprendre ce qui est dit : <u>bien comprendre c'est bien entendre</u>.[112]

Mais si la pensée est ainsi liée à la parole, qu'en est-il du « sentir » et <u>se</u> sentir ? <u>Le sentir ne devient-il pas mouvement qui ne révèle rien</u> ? N'est-il pas absurde de parler du corps comme « sujet » ? En d'autres mots, quel est « le sens vrai » de ces dernières affirmations chez Merleau-Ponty ?

Le point le plus difficile à saisir, selon Merleau-Ponty lui-même est celui-ci : comment le « sentant sensible », c'est-à-dire la <u>« sensation »</u> peut-elle être <u>pensée = langage</u> ?[113] C'est le « lien » entre la « chair » et l'« idée » (le symbolisme apparemment tacite, naturel et le symbolisme conventionnel) qui est à comprendre. C'est l'« armature <u>intérieure</u> »[114] de la chair, de la sensation qu'il faut comprendre. C'est à partir de la « réflexivité » de la chair que nous avons pu, avec Merleau-Ponty, comprendre les rapports ontologiques entre la chair (moi) et la chair du monde (moi et les choses). Mais ce concept de réflexivité dont la chair est la mère, est affirmé dans *Le Visible et l'Invisible* comme une sorte de « dialectique hégélienne » : un « principe explicatif » :

Aucune de mes mains ne peut prétendre être la première : expliquer ce qui se passe dans l'autre. Aucune de mes mains ne peut se réduire à l'autre. Aucune de mes mains ne peut prétendre être plus active que l'autre. Aucune de mes mains ne peut finalement prétendre être indépendante de l'autre. C'était là la première réversibilité (le modèle). L'autre réversibilité est celle qui existe entre « moi » et les « choses ». La troisième réversibilité est entre la « vision » et le « toucher » : le visible, avons-nous vu, est « tangible » – je vois un objet « dur » sans le toucher. De même, en faisant promener ma main sur un objet, dans un espace noir, je peux découvrir, « voir » des « petites montagnes » ou des « petits trous ». Je <u>vois</u> là des « petites montagnes » et des « petits trous ». La quatrième réversibilité et dont nous venons de parler plus haut est celle de la <u>pensée</u> et de la <u>parole</u>. Si en effet aucune réversibilité n'existe entre la parole et le sentir, celui-ci serait un mouvement vide : il ne pourrait me révéler ni une orange ni une pomme. Il y a en effet une cinquième réversibilité : celle-ci existe entre la parole (les mots) et le toucher et le voir. Merleau-Ponty a parlé de cette réversibilité,[115] mais celle-ci est passée complètement inaperçue. C'est donc dans le langage que nous étions dès le début de ce chapitre : dès la première affirmation de la chair comme « toucher ».

Ainsi, il n'y a pas de sensation, de perception, de « vision » ou du « toucher » sans langage : celui-ci en est l'<u>armature intérieure</u>. Dire donc, comme on l'a dit, qu'il y a une pensée <u>sans</u> les mots, est inexact. Affirmer, comme on l'a fait et refait, que le langage est le produit de la perception est incorrect. Croire, comme on l'a fait et comme on le fait, que la sensation est indépendante du langage (les mots) est, aux yeux de Merleau-

Ponty (*VI*), impossible. Il n'y a pas de main droite sans la main gauche : celle-là ne saisirait rien sans la main gauche.

C'est de cette manière que *Le Visible et l'Invisible* renverse les données de la *Phénoménologie de la perception*. Un homme dépourvu de mots, du langage, ne voit rien même s'il croit voir. On l'a bien dit : il n'y a pas de science sans la théorie. Et il n'y a pas de théorie sans le langage. Pour Merleau-Ponty, il n'y a plus de perception sans le langage. Nous reviendrons plus loin sur le langage. Mais précisons davantage ce problème à la lumière de la chair. Celle-ci, avons-nous vu, est la Mère, l'Élément.

Proust semble être, aux yeux de Merleau-Ponty, celui qui a le mieux compris les rapports entre la chair (sensation) et la parole (l'idée). L'idée (= la parole) pour Proust n'est pas le contraire du sensible (=la chair muette), elle « en est la doublure et la profondeur ».[116] L'idée, la pensée, c'est-à-dire la « parole », c'est la chair « sublimée » en « verbalisation » : la chair plus maniable. La « sensation », c'est la parole incarnée. Je perçois « ceci » ou « cela » ... l'adjectif démonstratif est le propre du langage. Il n'y a pas de perception sans « figure » et ce sont des mots (des noms) qui forment « l'armature intérieure » de la sensation. Dire donc que l'idée, c'est-à-dire la parole, est un autre niveau de la chair,[117] ce n'est pas réduire le langage à quelque chose de supérieur à lui : la chair est déjà langage – elle ne peut être perception de quelque chose ... sans le langage. Réduire le langage à la sensation, c'est réduire ma main gauche à ma main droite. Mais c'est là ne rien comprendre à l'idée de réversibilité = la vérité ultime.[118] La réversibilité est la vérité ultime même dans le domaine politique, le marxisme :[119] entre l'État (le Parti) et les masses, la réversibilité est la norme de la « coexistence en justice ».

L'étude génétique de la pensée (de la parole) que Merleau-Ponty s'efforce de faire doit être bien comprise. Parlant de l'expression, la *Phénoménologie de la perception* se donne l'allure plus intellectualiste que *Le Visible et l'Invisible*. La première parle de l'expression comme essentiellement créatrice.[120] Et par là Merleau-Ponty entend dépasser ce qu'il appelle le « dogmatisme du préjugé du monde », c'est la croyance en une réalité ou en un monde (idée, Wesen, les choses) circonscrit, délimité et donné. Ce préjugé est commun à toute pensée ignorante de l'idée de « création ». Pour l'idéalisme de même que pour l'empirisme il n'y a pas de création : pour le premier tout est donné dans le monde des idées, et pour le second tout existe dans le monde objectif (la matière). Or, *Le Visible et l'Invisible*, lui, parle de l'expression verbale comme « développement » de la chair. Ce qui signifie que la chair était déjà « parole » = langage ! Et en ce sens la parole (l'idée ou la pensée) n'est pas une « création pure » = ex nihilo.[121] La racine de la parole, c'est la chair et l'armature intérieure de celle-ci est la parole.[122] Mais ceux pour qui le langage est presque un monde intelligible, il faut bien leur rappeler la Mère du langage = la chair.

> L'idéalité pure n'est pas elle-même sans chair ni délivrée des structures d'horizon : elle en vit, quoiqu'il s'agisse d'une autre chair et d'autres horizons. C'est comme si la visibilité qui anime le monde sensible émigrait, non pas hors de tout corps, mais dans un autre corps moins lourd,

plus transparent, comme si elle changeait de chair, abandonnant celle du corps pour celle du langage (la parole), et affranchie par là, mais non délivrée de toute condition.[123]

Puisque l'idée (= la parole) est la sublimation de la chair (l'idée c'est la chair plus subtile) la pensée « habite » déjà le « sentir ». Par son développement propre, le corps « se fait » pensée : idée, esprit ou conscience. Mais le passage n'est pas de zéro à un = du « zéro langage » au langage. La chair n'est pas étrangère à la pensée = le langage :[124] il y a une existence charnelle des idées, de même qu'il y a une existence idéale (langagière) du corps.[125] Si la perception, soi-disant muette, n'était pas déjà « habitée » et « animée » par la parole, le saut de la chair à la parole (l'idée) serait aux yeux de Merleau-Ponty impossible, inconcevable. En effet, toutes les possibilités du langage (la parole) sont déjà données dans la chair muette. « Si l'on explicitait complètement l'architectonique du corps humain, son bâti ontologique, et comment il se voit et s'entend, on verrait que la structure de son monde muet est telle que toutes les possibilités du langage y sont déjà données ».[126] En voulant montrer aux idéalistes du « langage » (ceux pour qui le langage est sans racine, un monde presque intelligible) la racine de celui-ci, Merleau-Ponty arrive à montrer que la perception est déjà langage. Mais dire que la perception est déjà langagière – car faute de quoi il n'y aurait pas de perception – c'est affirmer que la perception n'est pas « muette ».

Pour dépasser toute psychologie du langage, celle qui réduit le langage à la perception, qui en fait un produit « second » et « tardif » et pour dépasser tout idéalisme du langage, il faut parler, comme le fait Merleau-Ponty, de la « réversibilité ». Il y a donc, comme nous l'avons déjà dit, une réversibilité entre la vie perceptive (le toucher et voir) et la parole (l'idée).[127] La parole est immanente au sentir et ce que l'on croit être « silence » (perception muette) est déjà pensée = parole. Voilà une des conséquences fort importantes de l'analyse de la « réversibilité » ou de la chair.

Faire émerger la pensée avec la parole, ce n'est donc pas, pour Merleau-Ponty, faire du sentir un en-soi : celui-ci est déjà langage. La perception, dès son point de départ, dès sa naissance comme perception, est déjà pensée = « langage ».[128] « Dès l'instant que nous disions VOIR, VISIBLE, et que nous décrivions la déhiscence du sensible, (le corps percevant perceptible), nous étions, si l'on veut, dans l'ordre de la pensée ».[129] Et puisque la pensée est liée au langage (rapport de réversibilité), affirmer le « voir » comme pensée, c'est dire que celui-ci est langage. Il n'y a donc pas de « sensation » sans les mots (sans le langage comme on l'a cru et on le croit encore). Sentir – voir ou toucher – c'est déjà « l'armature intérieure » du langage qui est là : faute de quoi il n'y aurait pas de révélation, de connaissance. S'il n'y a pas de pensée sans le langage, le *cogito* tacite (celui de la *Phénoménologie de la perception*) n'est-il pas un *cogito* cartésien ? Nous reviendrons sur ce problème au chapitre suivant. En somme, l'ontologie de Merleau-Ponty est celle-ci : la pensée est liée au langage, et si le sentir peut me révéler quelque chose (être un je peux) c'est qu'il est déjà langage. Et ce qui vaut pour le sentir vaut pour le se sentir. La difficulté vient, croyons-nous, de ce que Merleau-Ponty a poussé la pensée philosophique à ses limites : il combat sur deux fronts : il se corrige et au même moment il combat l'idéalisme du langage – on revient au langage et on oublie tout. Mais s'il n'y a pas de sentir sans le langage, il ne pourrait y avoir de projection (de créativité ou de transcendance) sans celui-ci. C'est là en effet la pensée logique de cette ontologie : *Le Visible et l'Invisible*. Les analyses de la chair chez Merleau-Ponty se sont prolongées dans le corps du peintre. Avant de reprendre en détail le *cogito* et le langage, voyons ce point fort important : le corps du peintre.

8. Le corps du peintre (un exemple)

Baudelaire a dit de Michel-Ange que celui-ci est un lieu vague où se mélangent des Christs et des Hercules.[130] Baudelaire n'a fait, en quelque sorte, qu'annoncer ce projet de Merleau-Ponty : « Faire non une psychanalyse existentielle, mais une psychanalyse ontologique ».[131] Celle-ci est « une ontologie du dedans ».[132] Si le peintre voit c'est parce qu'il se voit : c'est lui-même qu'il voit dans ce qu'il voit. Le visible – couleurs, chose ou autrui – n'est qu'une partie de ma chair. C'est de cette pré-possession que vient la vision, la perception comme action à distance[133] – on comprend par la projection (non-psychologique) ontologique. C'est celle-ci qui explique ce mystère : « un peu d'encre suffit à faire voir des forêts et des tempêtes ».[134] Mais cette pré-possession n'est pas l'abolition de l'intentionnalité : elle en est le fondement ontologique. Étant l'élément (le principe dont toutes les choses sont faites), mon corps doit réveiller les « corps associés » : voilà la tâche du peintre.[135] En maniant les couleurs, c'est lui-même que le peintre découvre dans le visible. Cézanne a voulu peindre l'en-soi, le saisir sans aucun moyen, mais c'est impossible : avant de peindre il faut qu'il y ait une pré-possession de l'objet à peindre. C'est cette pré-possession qui, dit encore Merleau-Ponty, rend la vision plus profonde et plus sûre.[136] Il y a dans chaque vision un narcissisme fondamental : voir, c'est se voir. C'est là l'égoïsme ontologique de la chair. Entre le visible et le voyant visible il y a un « pacte ontologique secret » :[137] il y a une pré-vision du visible dans le voyant visible (le peintre). Le corps du peintre, par exemple, comme l'a dit Baudelaire, est un corps mystérieux : il connaît à distance – entre lui et l'objet à peindre il y a une télé-guidance.[138] Un philosophe grec de l'antiquité a dit : « tout est dans tout ». Ici il faut changer la formule : le « tout est dans la chair » – « fait de mon corps ».

Le problème de la science n'est pas différent, pense Merleau-Ponty, de celui du philosophe et du peintre : c'est celui de la connaissance. Mais la science croit avoir affaire à un objet X : elle ne suppose aucune connaissance préalable de l'objet et ne lui reconnaît aucun statut dans le « il y a » préalable à toute manipulation. Mais parler d'un objet X, c'est méconnaître le fondement de la science (= connaissance) : la chair. L'objet à manipuler ou à peindre n'est pas un X : il est « connu » avant d'être connu = manipulé ou peint.[139] Mais la « connaissance ontologique » n'est pas la « connaissance phénoménologique » et c'est là tout le problème. Si le peintre arrive à dire quelque chose, ce n'est pas parce que l'objet est donné dans l'expérience vécue (la *Phénoménologie de la perception*), mais c'est parce que l'objet est donné et connu avant d'être vécu ! Cette connaissance n'est cependant que de principe, mais elle est fondamentale. Elle n'élimine pas la transcendance : elle la fonde – elle la rend possible.

Le problème de la *Phénoménologie de la perception* était de fonder tout type de connaissance sur l'« expérience naturelle ». Ici (l'objet de la dernière philosophie de Merleau-Ponty) le problème est de fonder cette connaissance primaire elle-même. L'objet de la science, le prétendu X, avant d'être manipulé est déjà doublement connu : il fait partie de ma chair – il n'est pas un a posteriori. Mais cette connaissance a priori, ontologique et fondamentale, en fonde une autre aussi fondamentale : l'expérience naturelle ! Celle-ci est baptisée (dans la dernière philosophie de Merleau-Ponty) par le « il y a ». La science se croit autonomie : elle ne doit rien au monde actuel = le « il y a ». Mais le phénoménologue a lui aussi commis une erreur : il se limitait au « monde actuel » (l'expérience vécue) ! Mais en-deçà de la science il y a le monde actuel. Et en-deçà de celui-ci il y a la chair, l'a priori = la connaissance ontologique.[140] La science doit faire le point : reconnaître le monde brut comme le fondement de la science.[141] Mais le peintre doit, de même que le philosophe, reconnaître la chair comme origine de sa visibilité : sans se voir le peintre serait aveugle. Si l'on peut peindre, c'est que, comme l'a dit Cézanne : « la nature est à l'intérieur ! »[142] C'est cette visibilité secrète (de la nature vue en soi-même) qui rend la peinture (la vision) possible.[143] Mais le problème – ce qui empêche de radicaliser la pensée de Merleau-Ponty – c'est que le corps est à la fois sujet (*cogito*) et objet : il a une double référence, une de fait (il est sujet) et une de droit = il est être (nature). Si donc le peintre arrive à marier les couleurs, c'est parce qu'il n'y a pas de différence entre lui et la nature :

le peintre fait partie des choses (les couleurs) ou la chair du monde.[144] Peindre ce n'est donc pas, comme le croit Sartre, produire du positif à partir du rien : du néant qui n'a rien à voir avec l'être.[145] Ainsi, cette ontologie est le fondement logique de la *Phénoménologie de la perception*, de toute la philosophie de Merleau-Ponty.

Les références du Chapitre I

1. Merleau-Ponty, *VI.*, p.253. Note de travail – La parenthèse est de nous.
2. « Ceci (mes mouvements ne peuvent être initiation et ouverture à un monde tangible) ne peut arriver que si, en même temps que sentie du dedans, ma main est aussi accessible du dehors, tangible elle-même, par exemple, pour mon autre main ». Merleau-Ponty, *VI.*, p.176 (la parenthèse est de nous).
3. Merleau-Ponty, *VI.*, p.176 « La chair, le Leib (…) c'est un « je peux ». Merleau-Ponty, *VI.*, p.309.
4. Merleau-Ponty, *VI.*, p.176.
5. Merleau-Ponty, *VI.*, p.176.
6. Merleau-Ponty, *VI.*, p.201–202.
7. Kwant, C. *From Phenomenology to Metaphysics*, p.123.
8. Merleau-Ponty, *VI.*, p.183.
9. Merleau-Ponty, *VI.*, p.175.
10. Merleau-Ponty, *VI.*, p.175.
11. « Toute expérience du visible m'a toujours été donnée dans le contexte des mouvements du regard, le spectacle visible appartient au toucher ni plus ni moins que les "qualités tactiles". Il faut nous habituer à penser que tout visible est taillé dans le tangible, tout être tactile promis en quelque manière à la visibilité, et qu'il y a empiétement, enjambement, non seulement entre le toucher et le touchant, mais aussi entre le tangible et le visible qui est incrusté en lui, comme, inversement, lui-même n'est pas un néant de visibilité, n'est pas sans existence visuelle ». Merleau-Ponty, *VI.*, p.177.

12. « Comme il y a une réflexivité du toucher, de la vue et du système toucher-vision, il y a une réflexivité des mouvements de phonation et de l'ouïe, ils ont leur inscription sonore, les vociférations ont en moi leur écho moteur ». Merleau-Ponty, *VI.*, p.190.
13. Merleau-Ponty, *VI.*, p. 190. La parenthèse est de nous.
14. Merleau-Ponty, *VI.*, p.190. Les parenthèses sont de nous.
15. Merleau-Ponty, *VI.*, p.186.
16. À suivre Politzer (*Critique des fondements de la psychologie*), la conscience serait un organe chez Freud.
17. *Critique de la raison pure.*
18. Merleau-Ponty, *VI.*, p.186.
19. « Le redoublement quasi "réflexif", la réflexivité du corps, le fait qu'il se touche touchant, se voit voyant, ne consiste pas à surprendre une activité de liaison derrière le lié, à se réinstaller dans cette activité constituante ». Merleau-Ponty, *VI.*, p.303.
20. Merleau-Ponty, *VI.*, p.177.
21. Merleau-Ponty, *VI.*, p. 188.
22. Merleau-Ponty, *VI.* p.187. « On ne sortira d'embarras (c'est-à-dire comment ces petites subjectivités inhérentes à mes mains et à mes yeux peuvent s'assembler comme des fleurs dans un bouquet) qu'en renonçant à la bifurcation de la "conscience de" et de l'objet, en admettant que mon corps synergique n'est pas objet, qu'il rassemble en faisceau les "consciences" adhérentes à ses mains, à ses yeux, par une opération qui est, relativement à elles, latérale, transversale,

que "ma conscience" n'est pas l'unité synthétique, incréée, centrifuge, d'une multitude de "conscience de…", comme elle centrifuge, qu'elle est soutenue, sous tendue, par l'unité pré-réflexive et pré-objective de mon corps. Ce qui veut dire que chaque vision monoculaire, chaque toucher par une seule main, tout en ayant son visible, son tactile, est lié à chaque autre vision, à chaque autre toucher, de manière à faire avec eux l'expérience d'un seul corps devant un seul monde, par une possibilité de réversion, de reconversion de son langage dans le leur, de report et de renversement, selon laquelle le petit monde privé de chacun est, non pas juxtaposé à celui de tous les autres, mais entouré par lui, prélevé sur lui, et tous ensemble sont un Sentant en général devant un Sensible en général ». Merleau-Ponty, *VI*. p.186–187.

23. Merleau-Ponty, *VI*. p.180.
24. « … la chair est une notion dernière, (…) elle n'est pas union ou composé de deux substances, mais pensable par elle-même (…). Merleau-Ponty, *VI*. p.185.
25. Merleau-Ponty, *VI*. p.185–186.
26. Merleau-Ponty, *VI*. p.188.
27. Merleau-Ponty, *VI*. p.182. « … le corps senti et le corps sentant sont comme l'envers et l'endroit, ou encore, comme deux segments d'un seul parcours circulaire, qui, par en-haut, va de gauche à droite, et, par en-bas, de droite à gauche, (…) ». « Il faut comprendre le se toucher et le toucher comme l'envers l'un de l'autre ». Merleau-Ponty, *VI*. p.308.

La Pensée logique et politique de M. Merleau-Ponty

28. Merleau-Ponty, *VI*. p.313. La dernière parenthèse est de nous.
29. Merleau-Ponty, *VI*. p.182.
30. Merleau-Ponty, *VI*. p.204.
31. Michel Henry : « Le concept d'âme a-t-il un sens ? » *Revue philosophique de Louvain*, année 1966, tome 64, p.25–26.
32. On sait bien que pour Merleau-Ponty, contrairement à Husserl, la sensation est une intentionnalité, la sensation et la perception ne se distinguent pas chez Merleau-Ponty. Cf. Merleau-Ponty, « Le primat de la perception et ses conséquences philosophiques ».
33. Cf. article cité, p.19–33.
34. « Une telle connaissance (la connaissance originelle que nous avons de la main qui prend, du pouvoir de préhension lui-même) n'est plus une connaissance intentionnelle, elle n'est plus ekstase, elle ne laisse pas s'étendre devant elle l'être-étendu-devant, elle ne fait surgir aucune extériorité. La connaissance originelle que nous avons du pouvoir de préhension n'est pas intentionnelle et elle ne peut pas l'être. Elle ne peut pas l'être, parce que toute intentionnalité se fonde sur la transcendance, développe un horizon, c'est-à-dire le milieu de l'altérité. Car l'extériorité est altérité comme telle. Et (…) ce qui est atteint dans l'extériorité d'un horizon se propose nécessairement comme autre, comme étranger ». Michel Henry, article cité, p.26.
35. « Ce qui se donne à nous par la médiation de la relation ekstatique est par là-même ce qui nous est ôté, ce que

nous ne parvenons pas à être, ce que nous sommes si l'on veut, mais sur le mode de n'être pas, ce que nous ne sommes pas (…). (Aussi), le problème de l'action de l'âme sur le corps, loin d'être résolu, se repose avec plus d'urgence ». Michel Henry, article cité, p.26-27. La parenthèse est de nous.

36. Merleau-Ponty, *Signes*, p. 210.
37. Merleau-Ponty, *Signes*, p. 210.
38. Merleau-Ponty, *VI.*, p.176.
39. « Il y a un rapport de mon corps à lui-même qui fait de lui le <u>vinculum</u> du moi et des choses ». *Signes*, p.210.
40. Merleau-Ponty, *VI.*, p.184.
41. Merleau-Ponty, *VI.* p.193–194. La chair est « à mi-chemin de l'individu spatio-temporel et de l'idée (conscience ou âme), sorte de principe incarné »(…) Merleau-Ponty, *VI.* p.184. La parenthèse est de nous.
42. Cf. Merleau-Ponty, *VI.*, p.136.
43. Cf. Merleau-Ponty, « Les relations avec autrui chez l'enfant », *Bulletin de psychologie*, p.319–320.
44. « Les concepts théoriques du freudisme sont rectifiés et affermis quand on les comprend, comme le suggère l'œuvre de Mélanie Klein, à partir de la corporéité devenue elle-même recherche du dehors dans le dedans et du dedans dans le dehors, pouvoir global et universel d'incorporation ». Merleau-Ponty, « Nature et logos : le corps humain », *Résumés de cours*, p.178.
45. Cf. Merleau-Ponty, *VI.* p.324, 318, 314, 307. *Signes*, p.117–119.
46. *VI.*, p.274. C'est l'auteur qui souligne.

47. Merleau-Ponty *VI.*, p.315.
48. Cf. Merleau-Ponty, *VI.* p.172–175.
49. Cf. Merleau-Ponty, *VI.* p.183–184. « On sait qu'il n'y a pas de nom en philosophie traditionnelle pour désigner cela = la chair » Merleau-Ponty, *VI.* p.183.
50. Cf. Merleau-Ponty, *VI.* p.172 et suivantes.
51. Merleau-Ponty, *VI.* p.178.
52. Cf. Merleau-Ponty, *Bulletin de psychologie*, p.319–320.
53. Merleau-Ponty, *Bulletin de psychologie*, p.320.
54. Merleau-Ponty, *Bulletin de psychologie*, p.320.
55. *Bulletin de psychologie*, p.320; (La parenthèse est de nous).
56. *Ibid.*, p.323.
57. « Voyant visible = projection introjection », Merleau-Ponty, *VI.* p.315.
58. Merleau-Ponty, *VI.* p.204.
59. Merleau-Ponty, *Signes*, p.119.
60. *Ibid.*, p.117.
61. Merleau-Ponty, *Signes*, p.118. C'est nous qui soulignons.
62. *Ibid.* p.121.
63. *Ibid.* p.121 et 134.
64. Kwant, *From Phenomenology to Metaphysics*.
65. André Green, « Du Comportement à la chair : itinéraire de Merleau-Ponty », in *Critique*, No.211, décembre, 1964.
66. Cf. Merleau-Ponty, *VI.*, p.175–204, p.315.
67. Cf. Merleau-Ponty, « Nature et logos : le corps humain », *Résumés de cours*, p.178.

68. Colette Audry, *Sartre et la réalité humaine*, p.27.
69. Cf. *Ibid.* cf. également, A. Manser, *Sartre, A Philosophic Study*, Chap. IV, *Nothingness*, p.54–72.
70. Cf. *VI.*, p.75 et suivantes.
71. La terminologie est de Merleau-Ponty lui-même. En disant l'« être-sujet », Merleau-Ponty entend par là que la conscience est être.
72. Cf. Merleau-Ponty, *VI.* p.77.
73. Le mot est de Merleau-Ponty lui-même. Des termes heideggeriens interviennent souvent dans le dernier Merleau-Ponty. L'intentionnalité est remplacée par l'« ouverture » ek-stase etc. Mais cela ne signifie pas que Merleau-Ponty a abandonné l'idée de l'intentionnalité.
74. « La seule manière d'assurer mon accès aux choses même serait de purifier tout à fait ma notion de subjectivité » Merleau-Ponty *VI.* p.77. cf. *VI.* p.77 et suivantes.
75. Merleau-Ponty, *VI.*, p.79–80.
76. Cf. Merleau-Ponty, *VI.*, p.80 « Une négation effective ou originelle doit porter en elle-même ce qu'elle nie… » Merleau-Ponty, *VI.*, p.80.
77. « Une philosophie qui pense vraiment la négation, c'est-à-dire qui la pense comme ce qui de part en part n'est pas, est aussi une philosophie de l'Être ». Merleau-Ponty, VI, p.80.
78. Merleau-Ponty, *VI.*, p.80, Note I
79. Merleau-Ponty, *VI.*, p.117.
80. Cf. Merleau-Ponty, *VI.*, p.117.
81. Merleau-Ponty, *VI.*, p.291.

82. Merleau-Ponty va très loin : « C'est encore trop dire du néant que de dire <u>qu'il n'est pas</u>, qu'il est négation pure : c'est le fixer dans sa négativité, c'est le traiter comme une sorte d'essence, c'est importer en elle la positivité des mots, alors qu'elle ne peut valoir que comme ce qui n'a ni nom, ni repos, ni nature ». *VI.*, p.121.
83. *Les deux sources de la morale et de la religion*, Félix Alcan, Paris, 1932, p.277.
84. Cf. *VI.*, p.83, Note 2.
85. Cf. *L'Être et le Néant*, Introduction.
86. Merleau-Ponty, *VI.*, p.194.
87. Merleau-Ponty, *VI.*, p. 181.
88. *Ibid.*, p.194.
89. Merleau-Ponty, *VI.*, p.302–303. C'est l'auteur qui souligne. La dernière parenthèse est de nous.
90. « …je ne puis me voir en mouvement, assister à mon mouvement ». Merleau-Ponty, *VI.*, p.308.
91. « C'est toujours de deux choses l'une : ou vraiment ma main droite passe au rang de touché, mais alors sa prise sur le monde s'interrompt – ou bien elle la conserve, mais c'est alors que je ne la touche pas vraiment, <u>elle</u>, je n'en palpe de ma main gauche que l'enveloppe extérieure ». Merleau-Ponty, *VI.* p.194.
92. Merleau-Ponty, *VI.*, p.303.
93. Merleau-Ponty, *VI.*, p.299. C'est nous qui soulignons.
94. « Le schéma corporel ne serait pas schéma s'il n'était ce contact de <u>soi</u> à <u>soi</u> (qui est plutôt non-différence) présentation commune à (…) x » Merleau-Ponty, *VI.*, p.309.

95. Merleau-Ponty, *VI.*, p.108.
96. Merleau-Ponty, *VI.*, p.194.
97. Merleau-Ponty, *VI.*, p.187.
98. Merleau-Ponty, *VI.*, p.109.
99. Merleau-Ponty, *VI.*, p.183.
100. C'était le sens de cet ouvrage inachevé. Il faut lire les notes du travail pour s'en apercevoir.
101. Merleau-Ponty, *VI.*, p.202.
102. Ibid, p.299.
103. Husserl, *Méditations cartésiennes*, p.81.
104. Merleau-Ponty, p.109.
105. Ce «…que je ne dois pas minimiser (c'est-à-dire la réflexivité du corps) : c'est elle qui fait que le corps n'est pas fait empirique, qu'il a une signification ontologique ». Merleau-Ponty, *VI.*, p.308. La parenthèse est de nous.
106. « Si je ne puis toucher mon mouvement, ce mouvement est entièrement tissé de contact avec moi » Merleau-Ponty, *VI.*, p.308.
107. Le langage de Merleau-Ponty est à notre sens responsable de beaucoup d'incompréhension à l'égard de sa pensée ; c'est un langage très nuancé et très difficile.
108. L'ouvrage inachevé, *Le Visible et l'Invisible*, indique clairement, par les notes de travail, que Merleau-Ponty entendait réserver un chapitre au langage et la vérité.
109. *VI.*, p.224.
110. Merleau-Ponty, *VI.*, p.224–225.
111. Merleau-Ponty, *VI.*, p.190, Note I et p.202.

112. « Comprendre une phrase ce n'est rien d'autre que l'accueillir pleinement dans son être sonore, ou, comme on dit si bien, l'<u>entendre</u>; le sens n'est pas sur elle comme le beurre sur la tartine, comme une deuxième couche de "réalité psychique" étendue sur le son : il est la totalité de ce qui est dit, l'intégrale de toutes les différenciations de la chaîne verbale, il est donné avec les mots chez ceux qui ont les oreilles pour entendre ». Merleau-Ponty, VI, p.203.
113. « On touche ici au point le plus difficile, c'est-à-dire au lien de la chair et de l'idée, du visible et de l'<u>armature intérieure qu'il manifeste et qu'il cache</u> ». Merleau-Ponty, *VI.*, p.195. C'est nous qui soulignons.
114. Merleau-Ponty, *VI.*, p.195.
115. Cf. Merleau-Ponty, *VI.*, p.189–204.
116. Merleau-Ponty, *VI.*, p.195.
117. Merleau-Ponty, *VI.*, p.198.
118. Merleau-Ponty, *VI.*, p.203–204.
119. Cf. Merleau-Ponty, *AD.*
120. Cf. Merleau-Ponty, p.448.
121. Cf. Merleau-Ponty *VI.*, p.289.
122. Cf. Merleau-Ponty, *VI.*, p.200.
123. Merleau-Ponty, *VI.* p.200. La parenthèse est de nous.
124. « Nous aurons donc à reconnaître une idéalité qui n'est pas étrangère à la chair, qui lui donne ses axes, sa profondeur, ses dimensions ». Merleau-Ponty, *VI.*, p.199.
125. Merleau-Ponty, *VI.*, p.203.
126. Merleau-Ponty, *VI.*, p.203.

127. Cf. Merleau-Ponty, *VI.*, p.189–204.
128. « Voir c'est cette sorte de pensée qui n'a pas besoin de penser <u>pour posséder</u> le Wesen » Merleau-Ponty, *VI.*, p.301.
129. Merleau-Ponty, *VI.*, p.190, Note I. La parenthèse est de nous ; c'est l'auteur qui souligne.
130. Cité par Vita May, *Diderot et Baudelaire, Critique de l'art*, p.44, Librairie E. Droz, Genève, 1957.
131. Merleau-Ponty, *VI.*, p.323.
132. Merleau-Ponty, *VI.*, p.290.
133. « La lumière est retrouvée comme action à distance, et non plus réduite à l'action de contact, en d'autres termes conçue comme elle peut l'être par ceux qui n'y voient pas » Merleau-Ponty, *OE.*, p.59.
134. Merleau-Ponty, *OE.*, p.59.
135. Cf. Merleau-Ponty *OE.*, p.13.
136. Merleau-Ponty *OE.*, cf. p.16–19.
137. « Que serait la vision sans aucun mouvement des yeux, et comment leur mouvement ne brouillerait-il pas les choses s'il était lui-même réflexe ou aveugle, s'il n'avait pas ses antennes, sa clairvoyance, si la vision ne se précédait en lui ? » Merleau-Ponty, *OE.*, p.17.
138. Cf. Merleau-Ponty, *OE.*, p.16.
139. Cf. Merleau-Ponty, *OE.*, p.9–16.
140. Cf. Merleau-Ponty, *OE.*, p.10 et suivantes.
141. Merleau-Ponty, *OE.*, p.II. « Il faut que la pensée scientifique (…) se replace dans un "il y a" préalable, dans le site, sur le sol du monde sensible et du monde

ouvré tels qu'ils sont dans notre vie, pour notre corps ». Merleau-Ponty, *OE.*, p.12-13.
142. Cézanne, cité par Merleau-Ponty, *OE.*, p.22.
143. Cf. Merleau-Ponty, *OE.*, p.21–22.
144. « L'énigme tient en ceci que mon corps est à la fois voyant et visible. Lui qui regarde toutes choses, il peut aussi se regarder, et reconnaître dans ce qu'il voit alors l'autre côté de sa puissance voyante. » Merleau-Ponty, *OE.*, p.18.
145. Cf. Merleau-Ponty, *VI.*, p.264–265. « Le monde visible et celui de mes trajets moteurs sont des parties totales du même être. » Merleau-Ponty, *OE.*, p.17.

CHAPITRE II

LE COGITO ET LE LANGAGE

1. « La pensée et la parole »

Le langage a été compris comme une existence effective des images verbales : des traces laissées en nous par des mots « prononcés » ou « entendus ».[1] Il n'y a pas dans cette conception du « sujet parlant » de créativité, de constitution, bref de « transcendance active ». C'est l'excitant, dit-on, qui est responsable de tel ou tel « son ». Le problème de l'association des mots ne se pose pas, c'est l'excitant et la matière nerveuse du cerveau qui – croit-on – en est responsable.[2] La parole, dans ces conditions, n'est qu'un « circuit » de phénomènes sans aucune subjectivité : « Il n'y a personne qui parle, il y a un flux de mots qui se produisent sans aucune intention de parler qui les gouverne ».[3] Mais qu'en est-il du sens ? Le sens des mots, dit-on, est donné dans le stimuli lui-même.[3] Parler, c'est répéter le mot déjà entendu et répondre à un excitant du monde naturel. Avec cette conception il n'y a pas « d'homme intérieur » : l'homme est « donné » dans le monde. Être-dans-le-monde, c'est être donné en lui. Les pertes des mots dans l'aphasie sont expliquées par la perte de certains stocks de mots. Or l'expérience clinique a montré, selon Merleau-Ponty, que ce n'est pas le mot qui est perdu : le sujet peut le trouver dans d'autres circonstances. Nous reviendrons en détail sur ce genre de problème dans la deuxième partie de ce travail. Ce que le sujet a perdu c'est une « certaine manière » d'en user :[4] c'est l'aspect existentiel qui est le pivot explicatif. La conception idéaliste n'est pas différente de celle que nous venons de discuter : le mot n'est qu'une « enveloppe » de la pensée. La parole authentique, dit-on, est une parole intérieure.

Pour l'intellectualisme (l'idéalisme) de même que pour l'empirisme le mot n'a aucune signification : il ne porte pas en lui son sens.[5] Le mot n'a aucun caractère de subjectivité, de puissance de signifier ou de créer : c'est, dit-on, un phénomène « vide ».[6] Le mot, pour l'intellectualisme, n'est qu'un « signe extérieur » : la pensée (= la connaissance) se fait sans lui. C'est celle-ci, dit-on, qui a un « sens », – le mot, lui, reste une enveloppe dépourvue de sens.[7] Pour l'empirisme il n'y a pas de sujet qui parle : il n'y a personne. Pour l'intellectualisme il y a bien un sujet, mais celui-ci n'est pas le sujet parlant : c'est le sujet pensant.[7]

En affirmant que le « signe » a une « signification » on dépasse à la fois et l'empirisme et l'intellectualisme.[7] On dépasse ce que *Les Aventures de la dialectique* appellent l'objectivisme absolu (l'épistémologie de Lénine) et le subjectivisme absolu (celui de Sartre).[8] La parole ne présuppose pas la pensée : celle-ci se réalise et vient à l'être dans cet acte de transcendance qui est la parole elle-même.[9] Sans la parole, l'objet intentionnel reste indéterminé : c'est le mot (table ou maison) qui lui donne sa forme. Le sujet, soi-disant pensant sans la parole, ignore ses pensées. Il les ignore non parce que celles-ci existent dans un inconscient, mais c'est parce qu'elles n'existent pas encore. Pour que ces pensées existent, des connaissances viennent à l'être, il faut qu'elle soient exprimées, écrites ou dites.[10] C'est ainsi que l'écrivain ne sait pas d'avance ce qu'il va dire dans son livre. Une pensée (connaissance) qui se croit exister uniquement pour-soi et sans la « parole » est une pensée qui n'existe pas.[10] C'est par l'expression, la parole, que le « sens » vient à l'être.[11] C'est en le nommant (table ou chaise) que l'objet prend une forme, une connaissance pour nous = il devient présent et clair.[11] Il semble que pour l'enfant l'objet n'est connu que lorsqu'il est nommé.[12] « <u>Le nom est l'essence de l'objet</u> ».[13] Le platonisme est ramené au langage :

> Nommer l'objet c'est le faire exister ou le modifier : Dieu crée les êtres en les nommant et la magie agit sur eux en parlant d'eux (…). Ainsi, la parole, chez celui qui parle, ne traduit pas une pensée déjà faite, mais l'accomplit.[14]

À suivre M. Kwant, la parole est à comparer, chez Merleau-Ponty, à la danse. Si l'on ne distingue pas entre la danse comme pensée et la danse comme mouvement, on ne doit pas davantage distinguer entre la « pensée » et la « parole ». La pensée est à comparer à la peinture : il n'y a pas à distinguer, dans la peinture, entre « signification » et « couleurs ». Dans la musique, on ne divorce pas les « sons » et leurs significations. Parole, peinture, musique et danse, ce sont toutes des expressions et leur exprimé n'est pas hors l'expression.[15] Entre la pensée et la parole, il y a une interaction : la pensée n'est pas hors des mots. L'union de la pensée et de la parole n'est pas accidentelle : la pensée ne choisit pas les mots. L'imperfection des mots et de l'expression est l'imperfection de la pensée elle-même. Quand les mots restent vagues, la pensée est imprécise.[16] La pensée est

La Pensée logique et politique de M. Merleau-Ponty

liée non uniquement à la parole, mais aussi à la <u>manière dont celle-ci est structurée</u>. Nous reviendrons sur ce point plus loin.

C'est finalement par les mots que la pensée vient à l'être, que le sujet se « fait ». Connaître Leibnitz, sa pensée, c'est connaître la masse des mots et des phrases qu'il a écrits = <u>structurés</u>. S'il n'en était pas ainsi, Leibnitz et Hegel seraient « inconnaissables ».[17] Puisque le sujet ne tient pas ses « pensées », celui-ci a à les « créer ». C'est là le mouvement créateur du sujet. Husserl a parlé d'une double constitution : « <u>constitution du soi et du monde</u> ». En liant la pensée à la parole et la perception à celle-ci, (voir le premier Chapitre), Merleau-Ponty arrive à nous donner une théorie du sujet transcendantal cohérente et intéressante. Le « <u>je pense</u> », disait Merleau-Ponty, est un « <u>je peux</u> ». C'est là, dit M. Paul Ricoeur, une des plus grandes découvertes dans la pensée moderne. En affirmant que le « je pense » est un « je peux » (mon corps), Merleau-Ponty a rompu avec toute la tradition cartésienne. Cela nous le pensons bien. Mais si le « je pense » est devenu un « je peux », celui-ci est devenu maintenant un « je parle ». La « réversibilité » dont nous avons parlée, celle de l'être et l'être-sujet, est finalement une réversibilité entre le « langage » et les « choses » !

Il est donc finalement impossible de réduire le sujet, chez Merleau-Ponty, au sujet percevant = silencieux. C'est par ma main que j'apprends si cette pomme est dure ou non, et c'est par mes yeux que je prends une décision à son égard : elle est bonne à manger ou non. Mais touchant la « pomme », je touche un « objet » <u>connu</u>, c'est-à-dire <u>nommé</u> = <u>la pomme</u>. C'est une illusion de croire qu'en ne prononçant aucun mot, on n'use plus du langage = des mots. Un aveugle interrogé sur le sens du « rouge » en a affirmé : c'est quelque chose de très fort et qui fonce.[18] Le monde perçu n'est pas un monde de silence, mais du langage : là où il n'y a pas de langage, il n'y a pas de « perçu ». Un savoir silencieux, c'est-à-dire sans langage, est un non-savoir. Si la pensée est inséparable des mots (le langage), il n'y a pas de « sens » hors le langage. Mais si la pensée est inséparable des mots, comment pourrait-on dire quelque chose de neuf : le langage semble être un instrument déjà achevé. Nous reviendrons sur ce problème important pour nous avec « signes et rapport entre signes ».

2. La « parole parlée » et la « parole parlante »

L'illusion qu'il y a une pensée indépendante des mots, vient, selon Merleau-Ponty, de la « parole parlée ». L'expression verbale, une fois créée, peut être répétée par moi et les autres.[19] L'expression, une fois achevée, devient une possession commune : tout le monde peut en faire l'usage. C'est de là que vient, selon Merleau-Ponty, l'idée d'une « signification éternelle ». Mais cette impression d'éternité n'est que l'acquis.[20] Le présent, une fois réalisé, devient indestructible. Il est repris, modifié peut-être, mais il reste une « rétention » contre laquelle le présent et le futur ne peuvent rien. La « parole parlée » est à comparer à un événement, – en effet, elle est elle-même un événement. « Dire qu'un événement a lieu, c'est dire qu'il sera vrai pour toujours qu'il a eu lieu »[21]. Voir un tableau (de Van Gogh par exemple), c'est réaliser une perception qui sera reprise par toutes les perceptions futures.[22] La peinture de Van Gogh est installée en moi pour toujours, un pas « fait » sur lequel je ne peux pas revenir.[23] La parole parlée est un

La Pensée logique et politique de M. Merleau-Ponty

événement du temps – et pour Merleau-Ponty il n'y a que le temps. La «parole parlée», une fois réalisée, sera «prise» et «répétée». C'est cette reprise qui, en effet, en fait la «<u>parole parlée</u>». Celle-ci passe d'un individu à l'autre, voire d'une génération à l'autre.

Mais la «parole parlée» a une origine, une histoire: quelqu'un l'a prononcée pour la première fois. La parole parlée a un <u>créateur</u>. En deçà de la parole parlée, celle que tout le monde parle, celle qui est devenue une possession commune, il y a la parole parlante: celle qui a été dite pour la première fois = la «<u>parole-originaire</u>». C'est celle-ci qui est, pense Merleau-Ponty, la parole authentique, transcendantale.[24] Mais cette affirmation exige des précisions: elle a donné lieu à des confusions. Nous y reviendrons avec «<u>signes et rapport entre signes</u>». À vrai dire, pour Merleau-Ponty, la constitution est le propre de «toute parole». Nous verrons comment. Mais la parole originaire a un privilège dans la constitution: c'est une <u>invention</u> – au sens où l'on parle d'une <u>révolution</u>. Mais puisque Merleau-Ponty ne parle pas d'une révolution, nous n'allons pas en parler davantage. Mais dans tous les cas, il n'y a pas, pour Merleau-Ponty, de pensée hors les mots.[25]

Ainsi, la «parole parlée» se réfère à la «parole parlante». C'est celle-ci qui a donné <u>naissance</u> aux mots, qui a créé une pensée. Mais la «parole parlante» tombe dans l'oubli et l'on croit à une pensée séparée des mots. Mais c'est la «parole parlante» qui a fait exister le «sens». Ici on peut tenter de comparer Merleau-Ponty à Saussure. Avant l'acte d'expression, la pensée n'est, pour Saussure, qu'un «<u>royaume flottant</u>». La parole est l'accomplissement de ce royaume flottant. Cette conception du langage, telle que nous venons de la voir chez Merleau-Ponty, pose, à notre sens, plusieurs problèmes : si parler c'est créer, comment l'auditeur pourrait-il comprendre le « sens » que le sujet parlant profile ? La réponse de Merleau-Ponty est celle-ci : il y a le contexte – le sujet parlant, avec ses mots, est un sujet toujours situé dans un contexte. C'est celui-ci qui complète le sens de ce qui est « dit ». Mais le langage a aussi cette merveille : comme la musique il enseigne lui-même – il emporte son sens dans l'esprit de l'auditeur.[26] Il en est ainsi, pense Merleau-Ponty, car la pensée n'est pas extérieure aux mots,[27] – et « l'<u>orateur</u> (lui-même) <u>ne pense pas avant de parler, ni même pendant qu'il parle ; sa parole est sa pensée.</u> »[28] « La parole n'est pas le signe de la pensée ».[29] Mais qu'est-ce que c'est que la parole ? – Le mot ?

Le mot – pour ne jamais dire une représentation – est un « geste »,[30] une modification (jamais une déformation) dans l'espace corporel : mes lèvres, ma langue, ma gorge, bref, mon corps tout entier. Nous reviendrons sur ce problème du corps et du réflexe dans la deuxième partie de ce travail. Posséder donc un mot, ce n'est pas avoir une « représentation », mais être capable de jouer de son corps. Le mot est une expression <u>créatrice</u> : il n'est ni dans la pensée (contre l'idéalisme), ni dans le monde (contre l'empirisme psychologique).[30] Si la pensée – argumente Merleau-Ponty – existe hors des mots, pourquoi celle-ci chercherait-elle à se doubler des mots ? À quoi bon ce dédoublement ? Si la pensée cherche les mots, c'est parce que ceux-ci possèdent une puissance de signifier – c'est-à-dire de créer un sens – qui leur est propre. La parole ou les mots ne sont pas des manières de désigner l'objet ou la pensée, mais l'intention en laquelle l'objet ou la pensée devient présent (visible). La parole ne traduit pas une pensée-pour-soi, elle est comme la musique : « la signification musicale de la sonate est inséparable des sons qui la portent ».[31] De même que la musique, la parole confère à ce qu'elle exprime l'existence en-soi = l'installe dans le monde culturel comme « chose perçue » et accessible à tous.[31] Mais il ne faut pas conclure de là à un idéalisme du langage (Lacan). Nous verrons que la pensée n'est pas liée uniquement à la parole : elle est aussi liée au monde. Mais l'illusion qu'il y a une pensée hors l'expression vient de la « parole parlée » = la parole constituée. Celle-ci une fois exprimée, créée ou acquise, nous pourrions nous la rappeler <u>silencieusement</u>.[31] C'est ce mystérieux silence qui donne l'illusion d'une vie intérieure.[31] Mais qu'est-ce que c'est que ce silence ? Est-il l'absence du langage ? Il n'en est rien, dit la *Phénoménologie de la perception* elle-même : ce n'est qu'un « silence prétendu » – « <u>ce silence prétendu est bruissant de paroles</u> ».[31] L'intériorité est parole intériorisée. Là, la *Phénoménologie de la perception* rejoint *Le Visible et l'Invisible* :

> La pensée n'est rien « d'intérieur », elle n'existe pas hors du monde et hors des mots. Ce qui nous trompe là-dessus, ce qui nous fait croire à une pensée qui existerait pour-soi avant l'expression, ce sont les pensées déjà constituées et déjà exprimées que nous pouvons rappeler à nous silencieusement et par lesquelles nous nous donnons l'illusion d'une vie intérieure. Mais en réalité ce silence prétendu est bruissant de paroles, cette vie intérieure est un langage

intérieur.[31]

Mais malgré cette dernière affirmation – dans ce texte cité Merleau-Ponty a parlé, dans la *Phénoménologie de la perception*, du <u>*cogito* tacite</u> ! Nous reviendrons plus loin sur ce problème (*cogito* tacite). Le langage, pour notre auteur, c'est la prise de position du sujet dans le « monde des significations ». Parler ou s'exprimer, c'est user de la « <u>parole parlée</u> », des significations déjà disponibles – résultats des expressions antérieures : la parole parlante. « Exprimer, (...) c'est s'assurer, par l'emploi de mots déjà usés, que l'intention neuve reprend l'héritage du passé : c'est d'un seul geste incorporer le passé au présent et souder ce présent à un avenir, ouvrir tout un cycle de temps où la pensée "acquise" demeurera présente à titre de dimension, sans que nous ayons besoin désormais de l'évoquer ou de la reproduire ».[32] Mais si parler c'est reprendre des significations déjà usées, disponibles, comment pourrait-on encore affirmer l'existence d'une <u>parole transcendantale</u> = créatrice ou constitutive du sens ? C'est là un nouveau problème que nous devons examiner.

3. <u>Les signes et les voix du silence</u>

Si la pensée ou la « parole parlée » reprend des significations déjà « acquises », elle en use cependant selon une loi <u>inconnue</u> ou <u>inédite</u>.[33] Celle-ci est la <u>ré-structuration des signes déjà disponibles</u>. Le signe n'exprime pas par lui-même : il n'exprime que par ses références, par rapport aux autres signes avec lesquels il est en rapport.[34] En ce sens, le signe (le mot) ne signifie que sa référence à l'égard des autres signes. Il n'y a dans une langue que des « différences de significations ».[35] Celles-ci viennent des écarts qu'il y a entre les signes. Les signes (les mots) conventionnels se mobilisent au service d'une loi inconnue qui est l'entrelacement des signes dans l'expression = la parole.

Le langage est un phénomène structural comme la peinture et la musique. Le tableau est une composition des couleurs où une couleur donnée n'a de sens qu'en réalisant un certain écart par rapport aux autres couleurs. Le sens du tableau n'est pas dans chaque couleur prise à part (isolée) : il est dans cet ensemble harmonieux des couleurs. De même que la peinture, le langage est un système, une structure. Pour préciser la pensée de notre auteur, nous pourrions prendre un exemple du langage mathématique : 1 – 2 – 3 – 4 – 5 – 6 – 7 – 8 – 9 (= la totalité de la langue).

Les chiffres, par exemple, 1 – 2 – 3 – 4 peuvent prendre plusieurs positions : 12 – 21 – 123 – 213 – 1240 et ainsi de suite...

On le voit, les chiffres changent de valeur complètement selon la position prise, c'est-à-dire la référence par rapport aux autres chiffres. Le chiffre 2, par exemple, a pris des significations différentes. Sa puissance de signifier est déterminée par une référence structurelle aux autres chiffres. Ce qui vaut pour des signes mathématiques vaut aussi pour des signes linguistiques.

La référence de chaque signe par rapport aux autres n'est que son arrangement constitutionnel dans l'ensemble = la phrase. Cet arrangement n'est pas, selon Merleau-Ponty, la loi d'une grammaire – ou même d'une logique – mais du « sujet » parlant ou écrivant : celui-ci (le sujet parlant ou écrivant) use des

« formes inédites ».³⁶ Le sujet parlant constitue différemment de la « <u>loi grammaticale apprise</u> » : si le sujet ne faisait que répéter la <u>syntaxe</u>, il ne pourrait jamais dépasser la « parole parlée » = des significations déjà disponibles, <u>figées</u>. Mais faut-il conclure par là que puisque le signe ne signifie que par sa référence, les mots, pris en eux-mêmes, sont dépourvus de sens ? Merleau-Ponty n'admet pas cette hypothèse, car s'il en était ainsi, on reviendrait, par un autre moyen, soit à l'empirisme soit à l'intellectualisme : les mots n'auraient aucune signification. Les chiffres 1 – 4 – 8 – 9 ont une signification en eux-mêmes. Le chiffre 4, par exemple, n'est pas « zéro-signification ». Mais ce n'est que dans une structure que les chiffres trouvent leur <u>vivacité</u> = leur puissance de signifier. Le même signe pris dans des structures différentes prend des significations différentes. Ainsi les signes se déterminent les uns les autres – et c'est leur « <u>arrangement</u> » <u>qui fait leur sens complet</u>.³⁷

C'est donc par les mots et leur arrangement (la loi inédite, inconnue) que je « fais » l'attitude transcendantale = que je <u>crée</u> un <u>sens nouveau</u>. Mais la constitution (l'attitude transcendantale) réside plutôt dans l'<u>architecture</u> des signes que dans les signes eux-mêmes. Nous reviendrons plus tard (le chapitre suivant) sur la notion de structure affirmée dans *La Structure du comportement*, mais jamais comprise ! Le langage est un « système » ou une « structure » – et c'est pourquoi le sens d'un mot est en même temps <u>dans</u> le mot et <u>hors</u> du mot. Le sens est dans cet « <u>écart</u> » entre les mots, et c'est cet <u>écart</u> qui <u>sauve</u> l'écrivain de la « <u>parole parlée</u> » = qui lui donne <u>la possibilité de dire quelque chose de neuf</u>. L'écrivain ne travaille donc pas avec les mots, mais avec leur <u>silence</u> = <u>le</u>

silence du langage.³⁸ Le sens nouveau qu'un écrivain peut offrir réside dans l'architecture des signes : celle-ci est inédite.³⁹ C'est finalement la structure ou plutôt la structuration au sens actif qui donne la possibilité de créer un sens nouveau.⁴⁰ L'écrivain opère une « déformation cohérente ». Il décentre, regroupe les mots et il les fait exister dans une nouvelle structure qui donne sa pensée et son style :⁴¹

> J'exprime lorsque, utilisant tous ces instruments déjà parlants, je leur fais dire quelque chose qu'ils n'ont jamais dit ; Nous commençons à lire le philosophe en donnant aux mots qu'il emploie leur sens « commun », et, peu à peu, par un renversement d'abord insensible, sa parole maîtrise son langage, et c'est l'emploi qu'il en fait qui finit par les affecter d'une signification nouvelle et propre à lui.⁴²

Ainsi, la pensée n'est que la réorganisation des mots : c'est leur rapport qui donne le « sens » – le sens complet. Et c'est ainsi que Merleau-Ponty arrive à parler du « silence du langage », de la voix du silence comme constitutive du sens ! Mais cela serait une erreur de croire que le sens du langage n'est rien d'autre que le silence qui entoure les mots : les mots pris isolément ou en eux-mêmes ont leur signification. Mais celle-là n'est pas complète. La pensée silencieuse est ici cet écart entre les mots = voix du silence. Le signe, pris en lui-même, avons-nous vu, n'a pas son sens complet – et c'est pourquoi les signes tous ensemble visent à constituer une signification.⁴³ Mais puisque cette signification ne dépend pas des signes, mais de leur différence, cette signification reste toujours en « sursis » : ces signes ne font qu'allusion à elle.[43] Les signes (les éléments constitutifs d'une phrase) tous ensemble visent à constituer une signification qui les dépasse.[43] La signification reste, finalement, en transcendance par rapport aux signes pris un à un et même par rapport à l'ensemble des signes qui tentent de la définir.[43] Puisque les signes ne contiennent pas la signification vers laquelle ils tendent, ils ne réalisent, dans ces conditions, qu'une transcendance à distance ou inachevée.[44] Et puisqu'ils ne réalisent pas complètement la signification, ils ne réussissent pas à cesser le silence de la conscience.[44] Pour les scolastiques un mot est une idée, une signification. La pensée de Merleau-Ponty est ici un paradoxe : d'un côté on affirme l'immanence de la pensée à la parole et d'un autre côté on affirme la transcendance de la signification à l'expression ! On peut aisément sentir ici la nostalgie du « *cogito* tacite ». Le sens, avons-nous vu, est dans le « vide » : il est fonction d'une structure – de référence ou rapport entre les signes. Mais qui pourrait rendre le « vide » « plein », le silence voix ? C'est le sujet !

Affirmer que les signes ne réalisent pas la signification vers laquelle ils tendent a un autre sens ici pour Merleau-Ponty. L'expression, pour notre auteur, ne fait jamais le tour de ce qu'elle exprime. Toute expression est expression de quelque chose : s'il n'en était pas ainsi la parole serait « création absolue » ou ex nihilo. Mais l'objet de la perception ne se donne jamais en totalité : il ne se donne que par profils. Chaque perception en appelle donc une autre. Sans le dire, Merleau-Ponty compare la signification que les signes tendent à réaliser à l'objet.

Comme aucune perception ne peut faire le tour de son objet, de même, aucune structure verbale ne peut donner en totalité et entièrement la signification.

Mais nous avons fait ici une comparaison entre «l'objet» et la «signification». Or, pour Merleau-Ponty, il ne peut s'agir d'une comparaison : il s'agit d'une structure – il n'y a pas de signification sans l'objet.

L'expression, affirme Merleau-Ponty, n'est jamais totale.[45] Et comme le disait Saussure, la «langue» n'exprime jamais totalement. En parlant une langue, on a l'impression que celle-ci exprime totalement ; cette impression vient de la «praxis» : on est engagé dans une langue (comme dans une culture) et on y croit. Il y a toujours dans l'expression – selon Merleau-Ponty – du <u>sous-entendu</u>.[45] Mais cela n'empêche pas de faire une comparaison entre les expressions. L'expression «parfaite» serait celle qui est comprise sans équivoque.[45] Une pensée est exprimée lorsque les paroles convergentes qui tentent à la réaliser sont nombreuses et sans équivoques.[46] Ici Merleau-Ponty tente de faire une synthèse de la pensée anglaise, celle qui cherche à donner un instrument d'expression sans équivoque et la pensée phénoménologique : celle qui fait appel à la temporalité, à la variété d'expression. Les paroles (comme les aspects perspectivistes par rapport à la chose) ne sont à l'égard de la signification visée que des prémisses.[47] Puisque la signification semble dépasser les paroles (comme l'objet dépasse ses profils), le sujet parlant ne saisit pas entièrement l'idée vers laquelle ses paroles acheminent. Mais pourrions-nous nous arrêter là ? Pourrions-nous conclure que la signification est insaisissable ? S'il en était ainsi, à quoi bon la parole, l'expression ? C'est l'objet lui-même que je saisis à travers ses aspects perspectivistes, car ceux-ci sont représentatifs les uns des autres ; de même, c'est la signification elle-même que je saisis à travers mes paroles. La difficulté pourrait être ainsi diminuée, mais non supprimée. Mais si les expressions ne font qu'allusion à la signification visée, celle-ci ne serait-elle pas un « eidos » ? Cela pose encore une fois le problème de la <u>parole</u> et de l'<u>idée</u> dans la pensée de Merleau-Ponty. Avant de reprendre l'analyse des « essences » et du langage, arrêtons-nous pour une analyse comparative : revoir ce que nous venons d'affirmer avec le langage pictural.

4. <u>Le langage pictural (et le problème d'un langage universel)</u>

Considérant le langage pictural (l'art), Merleau-Ponty fait des considérations analogues à celle que nous venons de voir plus haut.

Mais d'abord l'art (le tableau) n'est pas une imitation,[48] une image : l'expression cartésienne des « tailles douces » n'exprime pas le sens de la peinture. Celle-ci n'est pas une ressemblance : projection des choses – visions – peinture. On ne peut prétendre, pense Merleau-Ponty, qu'en l'absence de l'objet vrai, la peinture en donne l'image. En effet, la peinture (le tableau) n'est pas un <u>moyen</u> de nous présenter l'espace là où il n'existe pas. Le tableau est une <u>idée</u>, un <u>texte à lire</u>.[49] Mais là aussi la lecture ne se fait pas par l'esprit : c'est la chair qui, par ses moyens, s'efforce de déchiffrer le sens du tableau, l'idée. C'était l'erreur de Descartes de poser cette question : comment l'âme pourrait-elle sentir la peinture transportée dans le corps ? Doubler la chair par l'âme ou le tableau par l'idée, c'est là pour

Merleau-Ponty une « métaphysique » inutile : « Le tableau, (de même que) la mimique de comédien ne sont pas des auxiliaires que j'emprunterais au monde vrai pour viser à travers eux des choses prosaïques en leur absence ».⁵⁰ « L'art n'est pas (...) (un) artifice »,⁵¹ mais une idée concrète. Proust a raison, pense Merleau-Ponty : celui-là a parlé même des « idées musicales », la « courte mélodie ». La fixation concrète, picturale, musicale ou linguistique forme, pour Merleau-Ponty, l'essence : l'essence de l'amour, de la haine, de la chose etc.

En devenant une essence le tableau devient général : « pour tous »⁵² – « parole parlée ». Mais qu'elle est la genèse, au sens de Husserl, de cette idée concrète ?

Ce qui fait le sens (l'idée) d'une mélodie ou d'un tableau, ce ne sont pas des notes séparées ou des couleurs isolées. Il y a une syntaxe des mélodies, des couleurs, de même qu'il y a une syntaxe et une grammaire des mots. L'analyse par exemple que faisait Swann de la simple mélodie n'explique pas beaucoup aux yeux de Merleau-Ponty : elle nous fait perdre la mélodie elle-même. Celle-ci n'est pas un point isolé, mais un ensemble.⁵³ Mais ce qui vaut pour la mélodie vaut pour la couleur. Celle-ci, comme le mot, est fonction d'un phénomène de contraste avec d'autres couleurs.⁵⁴ La couleur, dite locale, est modifiée par des couleurs qui l'entourent. C'est ainsi que le « rouge » est nécessaire pour faire vibrer la couleur verte. Et c'est pourquoi on trouve dans la composition de la palette de Cézanne « non pas les sept couleurs du prisme, mais dix-huit couleurs : six rouges, cinq jaunes, trois bleus, trois verts, un noir ».⁵⁵ Cette abondance de couleurs est née de leur combinaison.

En mariant les couleurs qui ont déjà un sens (car faute de

quoi le peintre ne saurait les employer) le peintre crée un sens nouveau : une idée ou une essence. Cette créativité cependant – c'est le point difficile – est liée chez Merleau-Ponty plus à ce qui n'est pas peint qu'à ce qui est peint ! L'expression picturale est à comparer au langage. Interprétant Saussure, Merleau-Ponty a écrit : « Ce que nous avons appris dans Saussure, c'est que les signes un à un ne signifient rien, que chacun d'eux exprime moins un sens qu'il ne marque un écart de sens entre lui et les autres ».[56]

La signification des couleurs, comme celle des mots, n'est ni dans le rouge isolé, ni dans le vert pris à part, mais entre les deux. C'est l'écart affirme Merleau-Ponty qui fait le sens : le sens complet. La voix du tableau, comme celle du langage, est une voix du silence !

Le signe, puisqu'il se compose et s'organise, finit par avoir une intériorité : un sens. La couleur est un « mot muet ».[57] Le sens du rouge, comme vraiment rouge, est dans ce contraste entre le rouge et le vert : c'est-à-dire ce qui n'est ni rouge tout à fait ni vert tout à fait – de ce qui finalement n'est pas peint = couleur. Et c'est pourquoi – à suivre et à compléter la logique de notre auteur – le tableau n'est qu'indirect, allusif : vide ou silence. C'est là un paradoxe. Et Merleau-Ponty l'affirme si bien : « il y a caché dans le langage empirique, un langage à la seconde puissance ».[58] Il y a donc un langage indirect (invisible) et ses voix sont celles du silence. Pourrions-nous donc réclamer un rapprochement entre Merleau-Ponty et Quine (Word and Object) ? C'est là, pensons-nous, une tâche difficile : si la pensée de Merleau-Ponty refuse une étude empirique du langage (pictural ou non), Quine nous semble bien aussi refuser l'étude

La Pensée logique et politique de M. Merleau-Ponty

empirique de ce « langage à la deuxième puissance » dont parle notre auteur.

Puisque le sens du tableau est plus dans ce qui n'est pas couleur que ce qui est couleur, celui-ci est un texte troué : constitué du vide et du quasi-espace. En d'autres mots, le tableau comme parole paralysée vit dans l'appel : dans plusieurs même – appel aux choses, appel aux peintres et appel aux lecteurs. Puisque le tableau est un être troué (le sens est entre les couleurs) il faut boucher des trous pour avoir le sens. Essayons d'expliquer la pensée de Merleau-Ponty par une autre comparaison.

Le tableau, comme le roman, exprime, pense notre auteur, tacitement.[59] C'est ainsi que Julien Sorel (personnage de Stendhal) ayant appris qu'il est trahi par Madame de Rênal va à la Verrière pour tenter de la tuer. Il y a là, chez Julien Sorel, un but, un motif précis : « la volonté de tuer ». Mais celle-ci n'est pas écrite = dite. Stendhal parle de Julien Sorel, de son voyage, des obstacles rencontrés, des hasards etc., mais la « volonté de tuer » n'est pas dite = écrite.[60] L'essentiel n'est donc pas écrit. Stendhal n'a fait que le suggérer pour un lecteur intelligent. Où faut il donc lire la « volonté de mort » ? « Elle n'est, dit Merleau-Ponty, (...) nulle part dans les mots : elle est entre eux, dans les creux d'espace, de temps, de significations qu'ils délimitent, comme le mouvement au cinéma est entre les images immobiles qui se suivent. »[61] Le romancier, comme le peintre, attend de son lecteur d'achever le sens qu'il a commencé.[62] Le point de rencontre entre l'écrivain et le lecteur ce n'est donc pas ce qui est écrit, visible – les couleurs et le texte –, mais un centre virtuel = un vide. Et puisque l'espace de rencontre est un vide, celui-ci ne peut être connu ni de l'écrivain ni du lecteur. Mais cet aspect, apparemment négatif, a un autre aspect positif : puisqu'ils ne se rencontrent vraiment que dans un centre virtuel, l'écrivain et le lecteur peuvent employer leur <u>imagination créatrice</u>. Mais parler d'une rencontre dans le vide, dans un centre virtuel, c'est bien, avouons-le, un paradoxe et Merleau-Ponty le dit si bien : « Si l'auteur est écrivain, c'est-à-dire capable de trouver les élisions et les césures qui signent la conduite, le lecteur répond à son appel et le rejoint au centre virtuel de l'écrit, <u>même si ni l'un ni l'autre ne le connaissent</u> » ![63]

Mais après tout, ce que nous dit Merleau-Ponty n'est pas tout à fait incompréhensible : il nous arrive de lire un livre, de voir un film et de ne pas comprendre de quoi il s'agit. Les philosophes posent souvent cette question : qu'est-ce que l'auteur veut dire ? Mais s'il en est ainsi, ne vivons-nous pas dans le besoin pressant d'avoir un langage précis, pictural ou non ? Le formalisme n'a-t-il pas raison ? Le problème de l'apprentissage – chez les psychologues – ne serait-il pas celui du langage ? Nous le pensons. Mais Merleau-Ponty rejette le formalisme : l'étude empirique (à la manière de la philosophie anglaise) du langage.[64] Et ce pour deux raisons : la parole n'est pas faite pour servir une réalité extérieure et sans plus, et puis, il y a un <u>usage vivant</u> (créateur) de la parole que le formalisme veut détruire :

> On a bien raison de condamner le formalisme (...), la parole n'est pas un moyen au service d'une fin extérieure, elle a en elle-même sa règle d'emploi, sa morale, sa vue du monde, comme un geste quelquefois porte toute la vérité

d'un homme. Cet usage vivant du langage, ignoré du formalisme aussi bien que de la littérature à « sujets », est la littérature même comme recherche et acquisition. Un langage, en effet, qui ne chercherait qu'à reproduire les chose mêmes, <u>si importantes soient-elles</u> (c'est nous qui soulignons) épuiserait son pouvoir d'enseignement dans des énoncés de fait.⁶⁵

Mais ce qui vaut pour la parole vivante vaut aussi pour la peinture : celle-ci est productive – elle ne consiste pas à recopier les formes, mais à créer un <u>style</u> – des tomes nouveaux. Et puisqu'il y a des formes nouvelles (arrangement des mots ou des couleurs), on peut, pense Merleau-Ponty, s'attendre à des perspectives nouvelles ou étrangères, philosophiques, picturales ou politiques. Le rejet du formalisme – anglais (le langage) ou français (le structuralisme) – n'a chez Merleau-Ponty qu'un seul sens : faire le droit à la conscience transcendantale – créatrice. Et c'est donc dans cet écart entre les signes, dans ce contraste entre les couleurs que Merleau-Ponty voit le terrain « sauvé » de celle-ci.

Peindre, c'est pour Merleau-Ponty philosopher : penser ou parler. Mais y a-t-il une technique – exacte – de la peinture ? De la perspective par exemple ? Y a-t-il, en d'autres mots, un langage – ou une grammaire – pictural universel ? À suivre Merleau-Ponty, celui-ci n'existe pas : il ne peut exister car il doit tenir compte du visible (les choses) et du voyant visible = la conscience.⁶⁶ Et c'est la raison pour laquelle la « ligne » dont parlent les peintres doit être, comme l'a dit Vinci, « flexueuse ».⁶⁷ Mais dire flexueuse, c'est pour Merleau-Ponty dire qu'elle n'existe pas en-soi : elle relève de la grammaire privée.⁶⁸ Mais parler du langage personnel, ce n'est pas, pour Merleau-Ponty, parler de l'incommunicable : si, bien comprendre une phrase c'est bien l'entendre,⁶⁹ bien comprendre un tableau, c'est bien le voir. La perspective est à comparer à la « construction syntaxique » d'une phrase : celle-ci est l'œuvre du sujet parlant ou écrivant. Une forme universelle, pense Merleau-Ponty, est l'abolition du point de vue personnel. La forme ou la perspective est fonction du peintre : le sujet. Et c'est pourquoi, écrit notre auteur, « Le langage du peintre n'est pas, lui, "institué par la Nature" : il est à faire et à refaire ».⁷⁰ « L'idée (donc) d'une peinture universelle (=langage universel), d'une totalisation de la peinture, d'une peinture toute réalisée (comme d'un langage tout fait) est dépourvue de sens ».⁷¹

Ainsi le peintre reste le sujet grammatical des couleurs, mais le lecteur n'en est pas moins actif. Le tableau (compris comme idée) est un être troué : il n'a que deux dimensions (la hauteur et la longueur) et il m'en fait voir une autre : la profondeur.⁷² Celle-ci est bien paradoxale : je vois les choses (les objets) qui se cachent les unes derrière les autres. Comment donc expliquer la vision du caché ? La profondeur n'est pas visible et je la vois !⁷³ Comment expliquer, pour parler comme *Le Visible et l'Invisible*, la vision du dos ?⁷⁴ La profondeur, la ligne, la perspective, bref toute la grammaire du peintre reçoivent la même solution : « Ce que j'appelle profondeur n'est rien ou c'est ma participation à un Être sans restriction, et d'abord à l'être de l'espace par-delà tout point de vue ».⁷⁵ Ainsi, puisque le tableau est un texte troué, la profondeur est la projection ou l'achèvement de ce qui manque dans le texte.

Ainsi nous rejoignons ce que nous avons dit du langage et du roman. Mais le tableau, de même qu'une phrase ou un roman, est une expression inachevée : il ne fait pas le tour de ce qu'il veut exprimer.[76] Le peintre, en usant des couleurs, de leur arrangement (la syntaxe inédite), des lignes, de la perspective etc., n'arrive pas à saisir en totalité ce qu'il essaie de traduire.

Mais quelle est la différence entre « la parole paralysée » (l'art) et la parole parlée ? La différence pour Merleau-Ponty, pensons-nous, est que celle-ci est plus maniable.[77] On peut parler sur parole, mais on ne peut peindre sur la peinture. Mais bien qu'elle soit moins maniable, la parole paralysée n'est pas une image ou une représentation (A présente B) : c'est <u>une création</u>.

Mais le langage du peintre (ses couleurs et sa grammaire) n'est pas un monde de silence : l'homme avant la parole. Le monde du peintre n'est pas, d'après *L'Œil et l'Esprit*, le silence : il n'y a pas de pur silence. Le langage écrit (celui du peintre) est déjà influencé par le langage – la parole parlée. Et c'est là un point bien important dans cette philosophie difficile que nous étudions. Mais aussi cela n'empêche pas que le tableau soit idée, texte, bref <u>essence</u>. Mais qu'en est-il de l'essence husserlienne ? C'est le langage qu'il faut ici interroger et comprendre pour avoir la réponse. *Le Visible et l'Invisible* est ici – malgré la terrible difficulté de le déchiffrer – décisif à l'égard de Husserl et des doutes de Merleau-Ponty (*Phénoménologie de la perception*).

5. <u>Le langage et les essences</u>

Les mots, de même que la vision des couleurs, ne renvoient

pas à des significations positives ou à des essences.⁷⁸ À supposer qu'il en fût ainsi, les «signes» et leur «structure» ne seraient plus significatifs: créateurs de sens. C'est un mythe de croire qu'il y a une pensée, une signification à laquelle les signes renverraient: c'est par les mots et leur arrangement que je constitue la «conscience transcendantale». La signification donc n'est pas derrière les mots.

Ce que Husserl appelle «<u>essence</u>» n'est rien d'autre, pour Merleau-Ponty, qu'une <u>fixation conceptuelle</u> = <u>linguistique</u>.⁷⁹ Les essences se ramènent, chez Merleau-Ponty, à un champ d'idéalité qui est <u>justement le langage</u> = un ensemble de <u>définitions</u>. Dire donc, comme on l'a vu plus haut, que l'expression ne fait qu'allusion à une signification qui la dépasse, ce n'est pas revenir, d'une manière ambiguë, aux essences. <u>L'essence n'est pas un</u> objet idéal: c'est une définition de l'objet.⁸⁰ L'intuition des essences (ici Wesenschau husserlienne) n'est qu'un <u>mythe à rejeter</u>.⁸¹ L'essence est une opération conceptuelle et elle doit être <u>motivée, justifiée</u> par notre «commerce» avec la «chair du monde». Ni la parole ni l'expérience ne peuvent être, selon Merleau-Ponty, réduites à des essences. Si réduction il y a, il faut tout réduire à notre expérience dans l'Être = <u>le Monde</u>. Puisque la conscience parlante ne se réduit pas à des essences (elle est elle-même l'<u>essence puisqu'elle parle</u>) la conscience <u>signifiante</u>, c'est la conscience <u>structurante</u>: celle-ci <u>r</u>eprend des signes et elle les <u>r</u>econstruit. Dire donc que l'expression ne fait que viser la signification, c'est dire qu'elle est <u>inadéquate</u>: aucun concept ne présente en totalité la réalité dont il parle. L'essence n'est pas une « chose réelle », mais un objet idéal = une synthèse de mots.⁸²

Les essences, ce sont le produit du langage. La formulation linguistique, c'est l'idéalisation de notre expérience. Et en ce sens, le <u>sujet</u> des <u>essences</u> n'est pas un sujet primordial. Les essences ne sont pas, comme le croyait Husserl, la réponse à la question philosophique :⁸³ ce ne sont pas des essences qui donnent le sens primitif à l'être. Les essences – en tant que fixations philosophiques – sont des expressions secondaires = une parole sur notre expérience. Ce ne sont pas des essences qui fondent : le fondant c'est notre expérience. Celle-ci est la source de l'idéalisation, des significations ou des essences. Ce que Husserl appelle <u>essence</u> n'est pas le <u>sol</u> de notre expérience, mais l'<u>expression de notre vie dans l'Être</u> = <u>le Monde</u>. En tant que percevant perceptible, faisant partie de la chair du monde, je suis situé dans l'être. L'<u>essence</u>, c'est la <u>parole de l'homme</u>, mais de l'<u>homme dans le monde</u>. Ce que Husserl appelle la variation eidétique n'est, pour Merleau-Ponty, que l'<u>ensemble d'expressions qui visent à définir une signification</u>.

Ainsi, le langage (les signes et leur architecture) est l'agent formateur, chez Merleau-Ponty, de l'<u>idéalité</u>. Platon et toute la tradition philosophique qu'il a fondée se trouvent ramenés à nos <u>expressions linguistiques</u>. Mais il y a, chez notre auteur, une valorisation du langage : celui-ci est créateur du sens. Mais si le langage est créateur du sens, il ne s'agit pas d'une création ex nihilo : la parole, comme le tableau, est une fixation de notre expérience dans l'être. « Notre idéalisation ne peut jamais transcender cette densité de l'Être, la densité de l'expérience "spatiale et temporelle" ».⁸⁴ Si notre <u>expression</u>

idéalisante n'était pas structurée, c'est-à-dire indépendante de notre contact avec l'être, sa signification serait nulle : une illusion.[85] Il faut donc que la signification ou la pensée ne soit pas uniquement liée aux signes et à leur « écart », mais aussi à la chair du monde. Puisque « j'en suis » (je fais partie des choses), j'appartiens à l'être (le monde), ma parole doit être, elle aussi, une parole de l'être et sur l'être.[86] Sans cette appartenance à l'être ma parole (mon champ idéal) n'aura aucune signification. Si le champ idéal donne la généralité ou l'universalité, celle-ci n'a pourtant aucune signification sans le particulier : celui-ci n'existe pas dans le domaine du langage. Pour que notre idéalité soit transcendantale, il faut qu'elle soit l'idéalité du singulier : liée à notre expérience dans l'être et avec l'être.[87] Mais pourrait-on, ici, privilégier la parole originaire et dire que celle-ci est créatrice sans le singulier ? En effet, on ne le peut pas car même la parole parlée est créatrice grâce à la structure de ses signes. Mais la structure n'est pas complète : il faut qu'elle implique le singulier = notre expérience avec les choses.

C'était une erreur de l'analyse réflexive de délier la conscience du monde.[88] C'est ainsi que Descartes est revenu des choses à la pensée des choses. Descartes a placé la certitude à l'intérieur de la pensée et il a oublié que sans les choses il n'y a ni pensée, ni certitude. Dire que je suis sûr de voir, mais non sûr de voir quelque chose, délier ainsi la conscience de l'être, c'est là, pense Merleau-Ponty, un artifice intenable.[89] La perception, de même que la parole, est un moment de structure : percevoir, c'est percevoir quelque chose ; parler, c'est parler de quelque chose. Étant de part en part transcendance, référence au monde, la pensée ou la signification ne peut se constituer en se repliant sur elle-même.[90] «Les actes du Je sont d'une telle nature qu'ils se dépassent eux-mêmes et qu'il n'y a pas d'intimité de la conscience».[91] C'est donc par cette transcendance, selon la *Phénoménologie de la perception*, ou ouverture à l'être (selon *Le Visible et l'Invisible*) que la conscience se constitue et qu'elle constitue le monde. Ce n'est pas une transcendance subie, car une telle transcendance serait la mort de la conscience : c'est une transcendance active.[92] La conscience ne peut pas être une simple notation des événements psychiques fermés sur eux-mêmes, mais pas davantage un pouvoir constituant = créateur du monde. Car s'il en était ainsi la parole serait créatrice d'ex nihilo. Or notre idéalité (= l'expression verbale) ne se réalise qu'en sortant d'elle-même : en se référant à quelque chose. « Le nominalisme a (donc) raison : les significations ne sont que des écarts définis».[93] La pensée formelle, celle de géomètre, est une pensée liée au monde et à l'expression = les écarts entre les signes. Le triangle n'est pas un eidos, mais une création contingente = liée à l'expression. Mais si le triangle – de même que la démonstration et la construction du pont aux ânes – n'est pas idée (au sens idéaliste du terme), il ne peut davantage être une chose en-soi dans le monde : il est une structure gestuelle, une formule d'une attitude, une certaine modalité de ma prise sur le monde, une structure.[94]

Le sujet de la pensée formelle, de la géométrie, est un sujet-moteur.[95] Mais Kant n'a-t-il pas déjà dit cela : du mouvement du corps comme générateur de l'espace ? Si Kant a donné l'impression de parler du «je peux» comme expression significative, de lier la pensée au corps et à l'expression, la motricité du corps reste chez lui un instrument. Or dire que le sujet de la géométrie est un sujet moteur, c'est pour Merleau-Ponty dire que ce que l'on appelle l'<u>idée</u> ou la « pensée formelle » est le <u>résultat de l'expression</u>. Mais celle-ci ne se fait pas dans un monde intelligible, mais dans le monde : mon corps en tant qu'auto – moteur est la condition de possibilité de toute opération expressive et de tout ce qui constitue le monde culturel = le langage.[96]

Le mot, en conclusion, n'est jamais l'enveloppe d'une idée.[97] La parole, en tant qu'elle est « constitutive » des « essences » ou de notre champ d'idéalité, possède en elle-même sa propre signification. Étant ainsi, elle ne peut renvoyer, comme l'a pensé Husserl, à une pensée <u>achevée</u> et pour-soi. La pensée ou l'idée est immanente à l'expression, la parole, – et c'est pourquoi le sujet parlant (ou écrivant) trouve, lui-même, dans ses expressions plus qu'il ne pensait y mettre.[98] Mais notre champ d'idéalité ne va pas sans limite, car faisant partie de la chair du monde (« j'en suis »), celle-ci doit motiver ma parole. « La parole est un geste et sa signification un monde ».[99]

Quand l'idéalisme revient des choses à la pensée des choses, ce n'est pas pour lui revenir à la conscience telle qu'elle était : « conscience de quelque chose », mais c'est, pour lui, revenir à un sujet transcendantal : un foyer des essences dont l'absolue transparence de soi à soi est la définition même. Même Husserl n'est pas, d'après *Le Visible et l'Invisible*, tout à fait indemne de ce préjugé :[100] revenir à une <u>pensée achevée</u> ou claire pour-soi. L'empirisme, d'après la *Phénoménologie de la perception*, vit de ce même préjugé : s'il y a sens pour lui, celui-ci est donné dans le monde objectif = excitant-réponse. Or pour Merleau-Ponty, on l'a vu, la pensée est liée à l'expression, et celle-ci est liée au monde. Donc on ne peut pas revenir de la chair du monde à la pensée comprise comme des « représentations ». La vision n'est pas une idée (au sens platonicien du terme), mais un acte = une expression.[101] Mais étant une intentionnalité et pas une idée, ma vision est une opération qui ne se réalise que dans son corrélat : l'objet vu. Et puisque la conscience est essentiellement transcendance, référence à quelque chose d'autre qu'elle-même, elle ne peut être une conscience transcendantale au sens des idéalistes : une conscience constituante ne se réalise pas dans le monde ou dans les choses – celles-ci sont tirées de son propre fond.[102]

Bref, le sujet des idées (des essences), pour Merleau-Ponty, c'est le langage. Voyons encore l'importance de celui-ci avec le *cogito* : avec la *Phénoménologie de la perception* corrigée par *Le Visible et l'Invisible*.

6. Le *cogito* et le langage (de la *Phénoménologie de la perception* au *Visible et l'Invisible*)

> Donc c'est très important, dès l'introduction (dans *Le Visible et l'Invisible*), d'introduire le problème du *cogito* tacite et du *cogito* langagier. Naïveté de Descartes qui ne voit pas de *cogito* tacite sous le *cogito* de Wesen, de significations – Mais naïveté aussi d'un *cogito* silencieux (celui de la *Phénoménologie de la perception*) qui se croirait adéquation à la conscience silencieuse alors que sa description même du silence repose

entièrement sur les vertus du langage. (Merleau-Ponty, *VI*, p.232-233 – les parenthèses sont de nous).

Ce que Descartes croyait être la pensée de la pensée n'est pas encore un *cogito*, – et ce, faute du langage = les mots. Voyons cette affirmation de la *Phénoménologie de la perception* dans un exemple du langage :

Je lis *Les Méditations*, mais en lisant Descartes je m'oublie. La merveille du langage, c'est qu'il se fait oublier.[103] Ce *cogito* n'est pas « je lis » mais « on lit en moi ».[104] Pour que ce « On », ce *cogito* qui ne désigne personne devienne un « Je », il faut que j'arrête ma lecture, que je change l'attitude de ma conscience, que je me prenne moi-même comme objet et commence à thématiser ma vie : à réfléchir sur un irréfléchi par la parole. C'est grâce à celle-ci que je pourrai dire : « *Cogito, ergo sum* ». Avant la parole il n'y avait que : « on pense, on est ».[105] En somme, il ne peut y avoir de *cogito*, de connaissance de soi, de figure sur fond que par les mots. De même que je ne peux lire Descartes que grâce au langage, c'est-à-dire qu'il ne peut y avoir de « *cogito* lu » (la parole parlée) que par celui-ci – de même, il ne peut y avoir de *cogito* (conscience de soi) que par les mots.[106]

Et ce n'est pas par hasard que Merleau-Ponty parle du langage comme condition du « *cogito* lu » et du « *cogito* parlé » (conscience de soi). Le langage a pour lui, comme nous venons de le voir, une puissance particulière de faire exister (de créer) des significations.[107] Pour penser la pensée, il faut avoir les mots. Le « *cogito* lu » (moi en train de lire Descartes) n'est que pensée « anonyme ». Et même lorsqu'il n'est pas question du

« *cogito* lu », quand il s'agit de « l'agent sensoriel », celui-ci n'est pas sous la forme de « je vois » et « je touche » : c'est là aussi une perception anonyme – on perçoit en moi.[108] Le « *cogito* lu » n'est « *cogito* » (conscience de soi) que lorsqu'il est devenu « *cogito* parlé » = il s'est exprimé en mots.[108] Mais en devenant « *cogito* parlé », en opérant la réduction par les mots, je n'atteins pas encore l'idéal cartésien = le réflexion totale. Mais c'est là un autre problème.[109] La réflexion, c'est-à-dire la parole – car il n'y a pas de réflexion sans celle-ci – est toujours réflexion (parole) sur un acte passé, sur un irréfléchi = le *cogito* tacite. C'est ce « *cogito* tacite » auquel on revient qui pose problème.

En revenant à moi, je thématise non pas mes « Erlebnisse » à l'état naissant mais un passé = un *cogito* tacite. À l'état naissant, mes « Erlebnisse » n'arrivent pas à se thématiser – et ce, faute du langage qui les thématiserait dès leur racine. Dès lors, une réflexion totale est impossible : le réfléchi ne coïncide pas avec l'irréfléchi. Même quand je reviens à moi pour thématiser un souvenir (ou une rétention) grâce auquel la réflexion est possible, l'acte par lequel je thématise celui-ci reste non-thématisé = un *cogito* tacite. Et si je reviens à celui-ci pour le thématiser, de nouveau, l'acte (la parole) par lequel je le thématise reste non-thématisé = un *cogito* tacite. Il n'y a donc pas moyen de supprimer le *cogito* tacite. Mais si d'une part le *cogito* exige les mots et si d'autre part la « réflexion totale » est impossible, nos actes à l'état naissant (je parle ou je lis) ne sont-ils pas des mouvements « en troisième personne » = inconnus de tous ? Le *cogito* finalement n'est-il pas impossible ? C'est là le plus grand problème.

Si la *Phénoménologie de la perception* rejette le *cogito* cartésien et tout *cogito* non opéré par le langage (les mots), Merleau-Ponty <u>admet bien</u>, en revanche, un « *cogito* tacite ». Mais parler du *cogito* tacite, c'est admettre une certaine connaissance de soi « pré-verbale » ou « indépendante du langage ». Mais cette connaissance n'est pas pour autant une « figure » sur « fond » et pas davantage une ignorance pure et simple de soi. Dans la *Phénoménologie de la perception*, les choses sont compliquées : le *cogito* tacite est la <u>condition</u> du « *cogito* lu » (= moi en train de lire Descartes) et du « *cogito* parlé » (= moi en train de thématiser ma vie par la parole). Si faute de mots le *cogito* s'ignore tout à fait, la conclusion est évidente : celui qui lit Descartes s'ignore comme lecteur de Descartes. Mais alors les mots « *cogito* » et « sum » ne pourraient dans cette condition, avoir aucun sens :[110] je n'aurais jamais pu lire Descartes ou sentir quoi que ce soit « <u>si je n'étais, avant toute parole, en contact avec ma propre vie et ma propre pensée et si le *cogito* parlé ne rencontrait en moi un *cogito* tacite</u> ».[111] La logique de la *Phénoménologie de la perception* a forcé Merleau-Ponty à parler du *cogito* tacite = <u>du cogito avant toute parole</u> ! :

> Le langage présuppose bien une conscience du langage, un silence de la conscience qui enveloppe le monde parlant et où les mots d'abord reçoivent configuration et sens (…). Par delà le <u>cogito parlé,</u> celui qui est converti en énoncé et en vérité d'essence, il y a bien un <u>cogito tacite</u>, une épreuve de moi par moi.[112]

Il y a là, chez Merleau-Ponty, deux difficultés majeures : la première c'est d'admettre une visibilité qui ne doit rien au langage (les mots). La seconde, c'est de faire de cette visibilité qui est « indépendante du langage » (car elle est avant toute parole) la condition du langage ! Ce sont là des difficultés sérieuses, mais jamais soulignées. Que Merleau-Ponty distingue deux visibilités, deux degrés de connaissance ou de présence, ce n'est pas là le problème : celui-ci est plus profond – comment une visibilité (connaissance) non langagière est-elle possible ? Tout en admettant le *cogito* tacite (le *cogito* avant toute parole), tout en faisant de celui-ci la condition du *cogito* parlé, la *Phénoménologie de la perception* tente de minimiser l'importance de celui-là. Voyons cet effort de la *Phénoménologie de la perception* :

Ayant admis le « *cogito* tacite », une certaine connaissance (de) soi non-verbale, un certain *cogito* déjà là avant la parole, Merleau-Ponty écarte deux malentendus possibles : 1) confondre le « *cogito* tacite » avec le « *cogito* parlé » (nous avons vu que celui-là est la condition de celui-ci), 2) croire qu'avec le « *cogito* tacite » on est revenu au cartésianisme.

Ni la signification du mot, ni le mot lui-même ne sont, selon la *Phénoménologie de la perception*, constitués par la conscience.[113] À supposer qu'il en soit ainsi, nous serions revenus avec le « *cogito* tacite » à un *cogito* indépendant du langage – ce que l'on a nié. Parler, ce n'est pas évoquer des images verbales ou prononcer des mots en imitant les modèles imaginés.[113] La psychologie moderne a montré que le mot n'existe pas comme une représentation ou un objet pour la conscience ; le sujet parlant se jette dans la parole sans se représenter les mots qu'il va prononcer : il y a une « présence motrice » des mots qui n'est pas celle de la connaissance.[113] « Le mot "grésil" (par exemple) (...) est un certain usage de mon appareil de phonation, une certaine modulation de mon corps comme être au monde, sa généralité n'est pas celle de l'idée, mais celle d'un style de conduite que mon corps "comprend" en tant qu'il est une puissance de fabriquer des comportements, et en particulier des phonèmes ».[113] J'ai appris le mot « grésil », non en le décomposant, en faisant correspondre à chaque partie un mouvement de mon corps (par une conscience objectivante et analytique), mais je l'ai attrapé comme on imite un geste.[114] Il n'y a pas là une conscience au dessus du « moi empirique », qui analyse et fait la synthèse de mes mouvements phonatoires et des parties diverses du mot. Celui-ci n'a jamais été analysé, inspecté ou connu, mais happé et assumé par une puissance motrice qui est mon corps.[115] Quant à la signification du mot, je l'apprends comme j'apprends l'usage d'un outil en le voyant utilisé dans un certain contexte ou une certaine situation.[105] Elle est avant tout l'aspect que le mot « grésil » prend dans une expérience humaine, par exemple « mon étonnement devant ces grains durs (...). C'est une rencontre de l'humain et de l'inhumain (...) ».[115] Ainsi, le *cogito* tacite ne constitue ni le mot ni le sens du mot.[115] Mais cette analyse de la « synthèse passive » que nous venons de faire ne résout pas le problème, elle le repose plutôt : elle montre que le « *cogito* tacite » ne constitue pas la conscience transcendantale, comment celle-ci vient à l'être (se constitue), – mais elle ne dit pas comment le *cogito* tacite est, lui-même, possible.[116] La *Phénoménologie de la perception* n'arrive pas à résoudre ce problème – ou à dépasser cette contradiction : il n'y a pas de *cogito* sans le langage et il y a un « *cogito* tacite » !

La Pensée logique et politique de M. Merleau-Ponty

En liant le *cogito* au langage, c'est-à-dire à la parole, et en admettant le *cogito* tacite, Merleau-Ponty ne semble faire dans la *Phénoménologie de la perception* qu'une concession. Il y a, selon *Le Visible et l'Invisible*, une naïveté de Descartes qui ne voyait pas sous le *cogito* des « Wesen » le *cogito* tacite, mais il y a aussi une naïveté (celle du premier Merleau-Ponty, *PP.*) d'un *cogito* tacite qui se croirait adéquation à la conscience silencieuse.[117] En fait, le « *cogito* tacite » use de la parole. Sinon, il ne pourrait jamais se développer pour devenir parole = « *cogito* parlé ». Ce n'est pas parce que « je me tais » que je n'use plus de langage ! Si j'ai cette impression, ce n'est là que le dogmatisme ou le réalisme de la conscience naïve.[118] Le prétendu silence du *cogito* tacite n'est plus, pour *Le Visible et l'Invisible*, le contraire du langage.[119] Mais faute d'un autre niveau de langage, faute de ne pas opérer la réduction phénoménologique – réduction impossible sans le langage (les mots) – le *cogito* tacite dont parlait la *Phénoménologie de la perception* est devenu, pour *Le Visible et l'Invisible*, l'esprit sauvage.[120] Celui-ci n'est pas, comme on l'a cru encore, la perception « brute » : la perception avant le langage. Entre la perception (la vision et le toucher) et la parole, le rapport est celui de réversibilité (voir le 1er chapitre). En parlant de « l'esprit sauvage », en faisant de celui-ci l'objet de la philosophie – c'est-à-dire de la réduction phénoménologique – ce n'est pas, comme certains semblent l'avoir cru, à un esprit primitif, en Afrique ou en Asie, que Merleau-Ponty est revenu. L'esprit sauvage, c'est le « Lebenswelt » de Husserl ! Parlant de « Lebenswelt », le monde vécu, l'esprit sauvage, Merleau-Ponty use d'un langage malheureux : ainsi, écrit-il, « il y a le monde du silence, le monde perçu, du moins (c')est un ordre où il y a des significations non-langagières ».[121] Cette affirmation n'est point la négation de ce que nous venons de dire au sujet du langage : elle montre, seulement, combien il était difficile et douloureux pour notre auteur de voir l'importance du langage dans la constitution du *cogito* et de renoncer, finalement, au *cogito* tacite : l'<u>âme de Descartes</u>. Revoyons le langage devenu l'armature du sujet pour mieux comprendre cette idée apparemment étrange et paradoxale de « l'<u>esprit sauvage</u> ».

7. Le *cogito*, l'esprit sauvage ou le monde vertical

L'illusion qu'il y a une pensée indépendante du langage vient, avons-nous vu, de la « <u>parole parlée</u> ». Celle-ci, une fois constituée, peut se répéter. L'expression, une fois créée, devient une possession commune, d'où l'idée que la signification est un <u>être éternel,</u> un <u>Eidos</u>.[122] Mais en deçà de la parole parlée, celle que tout le monde répète, celle qui est devenue un bien commun, il y a la « parole parlante », c'est-à-dire celle qui a été dite pour la première fois = la <u>parole originaire</u>. Mais cela ne signifie pas que la « parole parlante » a le <u>monopole absolu de la constitution</u>. Cela ne signifie pas la mort du « sujet parlant » : celui-ci arrive par les mots et leur combinaison à constituer la <u>parole créatrice</u> (transcendantale). En ce sens la constitution est le propre de toute parole – ou de tout mot. Si cependant la « parole parlante » ne tient pas le monopole du pouvoir de signifier, de créer un sens nouveau, elle ne perd pas pour autant son caractère de <u>privilégiée</u>. En tout cas, il n'y a pas de pensée hors des mots.[123] Le sujet-percevant est, en effet, un « sujet-parlant » : <u>s'il n'y a pas de pensée hors de la parole, « l'esprit</u>

sauvage » dont parle <u>Le Visible et l'Invisible</u> ne pourrait être, comme on l'a cru (Xavier), un « sujet-muet » : hors du langage il n'y a pas de « sujet » (de significations).

Ce que l'on appelle les « essences » se ramènent, avons-nous vu, chez Merleau-Ponty, à un champ d'idéalité, c'est-à-dire « la parole ». Le monde des essences n'est rien d'autre que celui des <u>fixations linguistiques</u>.[124] Si on prononce, par exemple, « c'est une table », « c'est un triangle », les mots prononcés « <u>table</u> » et « <u>triangle</u> » sont deux « <u>essences</u> », deux <u>idées</u>, deux <u>eidos</u>.[125] La Wesenschau (l'intuition des essences de Husserl) – si elle pense renvoyer à des êtres positifs déjà là – n'est qu'un mythe à <u>rejeter</u>.[126] La conscience transcendantale s'identifie, finalement, au langage. Mais identifier ainsi la conscience transcendantale au langage (la parole), ce n'est pas <u>détruire</u> la perception : ce que l'on croyait être la perception « <u>brute</u> » et le « <u>cogito</u> <u>tacite</u> » sont, en effet, animés par un <u>eidos</u> intérieur = le langage. Il n'y a plus chez Merleau-Ponty, comme on l'a cru, le « <u>je peux</u> » (je sens) et puis, plus tard, le « je parle ». Puisque c'est le « je parle » (le langage) qui instaure le « sens », des « significations », le « <u>je peux</u> » doit être un « <u>je parle</u> » sinon il n'est plus sujet : <u>il ne faut plus en parler comme subjectivité créatrice ou transcendantale</u>. À notre première découverte – l'ontologie de Merleau-Ponty, le dualisme de l'en-soi et du pour-soi dépassé – nous en ajoutons une autre : le « <u>je peux</u> », le « <u>je pense</u> » est un « <u>je parle</u> ». À celui qui veut reposer la question, il faut qu'il renonce à la <u>réversibilité</u> – entre la parole (je parle) et la perception (je vois quelque chose…) – comme <u>la</u> vérité <u>ultime</u>.[127] C'est là, en effet, une des révolutions dans <u>Le Visible et l'Invisible</u>. Arrivé à cette « conclusion », nous pourrions à présent reprendre le problème de « l'esprit sauvage » ou le « monde vertical ».

« Il s'agit d'opérer la réduction, c'est-à-dire, pour moi (= Merleau-Ponty), de dévoiler peu à peu, – et de plus en plus, – le monde "sauvage" ou "vertical" ».[128] « L'échec de la thèse, ajoute *Le Visible et l'Invisible*, son renversement (dialectique) dévoile la "Source des thèses", le Lebenswelt physico-historique, auquel il s'agit de retourner ».[129] Et « quand je reviens à moi (dans la *Phénoménologie de la perception*) à partir du dogmatisme de sens commun ou du dogmatisme de la science, je trouve (…) un sujet voué au monde ».[130] En somme, le monde « sauvage », l'être « vertical », le monde perçu, le Lebenswelt, sont pour Merleau-Ponty, des synonymes ! – Ils désignent tous le sujet physico-historique engagé dans le monde = la praxis. Opérer la réduction, c'est dévoiler, c'est-à-dire rendre plus visible, ce que Politzer appelle le « drame humain ». « Comme (l'a) dit Husserl, écrit Merleau-Ponty à la fin de son œuvre *Le Visible et l'Invisible*, <u>toute la philosophie consiste à restituer une puissance de signifier, une naissance de sens ou un sens sauvage, une expression de l'expérience par l'expérience qui éclaire notamment le domaine spécial du langage</u> ».[131] L'esprit sauvage, c'est le monde de l'expérience.[132]

Du point de vue du *cogito*, c'est-à-dire de la réduction phénoménologique, il n'y a là qu'un <u>pré-savoir</u>, une connaissance <u>sauvage</u> de soi : de sa situation ou de son <u>identité</u>. Opérer la réduction, ce n'est pas, comme le croyait Husserl, revenir aux « essences » : trouver des noyaux sur lesquels tous les philosophes peuvent travailler ! Il y a bien un « noyau » : sans celui-ci la philosophie est impossible, mais ce noyau est

La Pensée logique et politique de M. Merleau-Ponty

l'<u>esprit sauvage</u>. Opérer la réduction, pour Merleau-Ponty, c'est expliciter l'être vertical. Mais pour opérer la réduction, « pour revenir à l'immanence et à la conscience de…il est nécessaire d'avoir les mots ».[133] Sans le langage, la réduction (= la philosophie) est impossible : les mots ont ce caractère, ils rompent la fascination en laquelle l'esprit humain ou l'esprit sauvage vivait dans l'être. Avec la parole, l'objet devient ob-jet. La parole « déchire » ou « arrache » des significations dans le tout indivis du nommable, comme le geste dans celui du sensible.[134] Mais puisqu'il n'y a pas de philosophie sans la parole (le langage), la tâche de la philosophie ne serait-elle pas de préciser le « sens » des mots – ou du moins de commencer par là ? Là Merleau-Ponty est exprès : « <u>La philosophie n'est pas un lexique</u>,[135] elle ne s'intéresse pas aux "significations des mots", elle ne cherche pas un substitut verbal du monde que nous voyons, elle ne le transforme pas en chose dite, elle ne s'installe pas dans l'ordre du dit ou de l'écrit, comme le logicien dans l'énoncé, le poète dans la parole ou le musicien dans la musique (…). C'est ainsi et personne n'y peut rien. Il est vrai à la fois que le monde est <u>ce que nous voyons</u>[136] et que pourtant, il nous faut apprendre à le voir. »[137] il n'y a pas de réapprentissage sans le langage, mais celui-ci doit « être vivant », créateur = transcendantal. Mais il ne peut être ainsi, aux yeux de Merleau-Ponty, que si la parole, philosophique ou non, n'est pas un « lexique figé ». Il y a en somme, pour Merleau-Ponty, la parole (ou le sujet) comme réduction (philosophie) et la parole comme « esprit sauvage ». Celui-ci n'est pas, répétons-le, un esprit en Afrique ou en Asie, – et il n'est pas davantage, comme on le croit, la perception avant l'arrivée de la parole : il n'y a pas de perception (ou de sujet), avons-nous vu, sans le langage = les mots.

Considérant la genèse de la parole philosophique, Merleau-Ponty conçoit celle-ci comme un « je » à la deuxième puissance. Mais ce « je » n'est pas indépendant. C'est un travail sur le langage = le « logos sauvage ». Il y a des significations sauvages (pourtant langagières) et ce sont celles-ci qui font l'armature du *cogito* = <u>du sujet à la deuxième puissance</u>. Mais la parole philosophique (la réduction) n'est pas à confondre avec la parole opérante = ordinaire. Celle-là est rétrospective : elle est à comparer au tableau. La réduction reprend – comme le présent reprend le passé – le « sens sauvage » et tente à le développer. Par la parole philosophique j'actualise un pré-savoir : je passe du « je » comme première puissance à un autre « je » comme deuxième puissance. Ce « je » premier Merleau-Ponty l'appelle métaphoriquement le « silence ».[138] La réduction (impossible sans le langage) réalise en brisant le silence (= l'esprit sauvage) ce que celui-ci voulait dire, mais sans être capable d'y arriver.[139] L'agent idéal (la réduction) est la « reprise » et la « réalisation » de l'esprit sauvage. Mais encore une fois l'agent idéal (la parole philosophique) n'est pas la simple répétition de ce qu'a instauré l'esprit sauvage. Mais la différence entre l'esprit sauvage et l'agent idéal (la parole philosophique) est ramenée, chez Merleau-Ponty, à une différence de degré et non de nature.[140]

Il y a, en somme, chez notre auteur, deux degrés de constitution ou du langage : l'esprit sauvage et l'agent idéal (la parole rétrospective). Et « tout cela appartient à l'ordre du transcendantal de Lebenswelt, c'est-à-dire des transcendances

La Pensée logique et politique de M. Merleau-Ponty

portant leur objet.»[141] C'est là, chez Merleau-Ponty, deux degrés de constitution, et aucun d'eux, n'est, pour *Le Visible et l'Invisible*, indépendant du langage. Les confondre cependant, c'est la même chose que confondre la conscience (de) soi (Sartre)[142] avec le *cogito* cartésien : la conscience thétique de soi. Puisqu'il n'y a pas de constitution (ou le sujet) sans le langage, opposer, chez Merleau-Ponty, le symbolisme conventionnel au symbolisme originaire, c'est là commettre une erreur.[143] Et c'est là pourtant l'erreur de M. Pontalis. L'esprit sauvage n'est rien d'autre que le «monde vécu». Mais du point de vue du *cogito*, la parole rétrospective (comme la peinture) marque, pour le philosophe (Hegel ou Marx), la limite de la conscience transcendantale : de la visibilité première on passe à la visibilité seconde. Puisque l'esprit sauvage n'est pas le vide du langage, la réduction phénoménologique (comme la philosophie anglaise du langage – What do you mean?) est à comprendre comme «parole sur parole». Mais ces deux philosophies, ne sont-elles pas proches l'une de l'autre plus que jamais? En dépassant l'idée du langage comme une province (dimension) du corps (*Phénoménologie de la perception*), en affirmant la perception sous l'emprise et le pouvoir du langage (*Le Visible et l'Invisible*), Merleau-Ponty a fait un pas et a préparé une rencontre. Mais la philosophie, comprise comme parole sur parole, ne peut être un «lexique» : celui-ci détruit l'essentiel, ce que l'on cherche à montrer, le sujet. Arrivé là, c'est l'ontologie du langage que nous devons examiner.

8. L'ontologie du langage : le dire

Il s'agit de comprendre l'origine de «dire» : en comprenant

l'origine de celui-ci nous pourrons mieux comprendre la nature du sujet. Les signes (les mots) ne sont ni tout à fait <u>naturels</u>, ni tout à fait <u>conventionnels</u>.[144] Ils ne peuvent être tout à fait naturels, car ils transcendent le corps humain : ils sont créés au moment du besoin – au moment de la communication. Par exemple, un enfant privé du langage ne saura pas parler. Mais pas davantage les signes (les mots) ne sont tout à fait conventionnels : création pure – ils se réfèrent à cette puissance naturelle qui est <u>notre chair</u>.[145] Cette ambivalence de raisonnement amène Merleau-Ponty à l'idée que le « dire » n'est pas le contraire de la chair.[146] Mais dire la <u>chair</u>, c'est aussi dire <u>la chair du monde</u>, car on l'a bien vu, ma chair fait partie de la chair du monde. Puisque la parole (le dire) est la sublimation de la chair, celle-là (la pensée) habite déjà « ma chair » et la « chair du monde ».

Le problème classique du rapport entre le sensible (le monde) et l'intelligible (l'idée) est résolu : le passage n'est plus du sensible à l'intelligible, mais de la « chair » à la « chair » (de l'être à l'être) de la parole à la parole ![147] Puisqu'on est amené à reconnaître une idéalité qui n'est pas étrangère à ma chair et à la chair du monde, le langage habite déjà ma chair et la chair du monde.[148] Le monde que je vois, je le vois selon le langage = la « parole parlée » – celle que je parle et celle que d'autres parlent. De même qu'il n'y a pas, comme on l'a cru, de perception « <u>brute</u> », il n'y a pas de « monde brut » (vide du langage). Il n'est pas vrai, selon la dernière pensée de Merleau-Ponty, que la parole ne fait, comme le pense M. Pontalis, que donner un peu mieux ce que la perception a déjà donné. Le langage n'est plus la possession privée du *cogito* = il est dans le monde lui-même :

> Tout le paysage, dit la fin du *Visible et l'Invisible*, est envahi par les mots comme par une invasion, n'est plus à nos yeux qu'une variante de la parole, et parler de son «style» c'est à nos yeux faire une métaphore (...). En un sens, comme dit Valery, le langage est tout, puisqu'il n'est la voix de personne, qu'il est la voix même des choses, des ondes et des bois.
> (Merleau-Ponty, *VI*, p.203-204)

Le langage est devenu l'esprit du monde comme l'architecture est l'esprit d'une société. Plutôt que de réduire le langage à la perception, Merleau-Ponty fait de celui-ci un monde autonome. Mais il a fallu la notion de réversibilité et celle de chair pour arriver à ces conclusions.[149] Mais reconnaître une autonomie au langage, c'est, d'une certaine manière, affirmer que celui-ci me dépasse. Comme l'histoire, le langage est un champ. La subjectivité transcendantale est une subjectivité culturelle, qui est située dans un monde de significations déjà acquises. Le monde vécu n'est pas constitué uniquement par des arbres et des montagnes : c'est un monde fort complexe. Vivre dans une société, c'est apprendre à parler comme celle-ci parle.[150] Sartre a raison: «je suis le langage».[151] En parlant comme les autres, je découvre ma situation et ma dépendance.[152] Chose curieuse, Husserl qui a parlé de la passivité comme d'intersubjectivité transcendantale, n'a jamais évoqué, à ce sujet, le langage. En voulant donner une importance, peut-être prédominante, au langage dans le domaine de la psychothérapie, Lacan a du mal à se faire entendre. Celui-ci est accusé d'être un idéaliste : de tout ramener au langage – de négliger l'aspect existentiel du sujet. Pour *Le Visible et l'Invisible* il y a une incarnation du langage (la parole) : celui-ci fait partie de la <u>chair</u> = ma chair et la chair du monde. Le langage est le logos de la société. De même que le langage ne peut être le produit de la perception, il ne peut être le produit de la culture.[153] Celle-ci n'existe pas sans le langage. Avec la parole un être culturel vient à l'être.[154] L'œil du peintre, par exemple, n'est pas innocent.[155] Le monde perçu que celui-ci tente de révéler est un monde déjà envahi par les mots. Pour celui donc qui est situé dans un univers linguistique, des significations, l'authenticité fait problème. Le langage (la parole parlée), avec sa syntaxe et son vocabulaire, est un « dépôt » de significations et une réalité historique : il va au-delà de tous les sujets qui le parlent. Une réflexion sur le langage peut révéler la logique (la manière de vivre) d'un groupe d'hommes donnés dans l'histoire : leurs mythes et leurs croyances. Le langage est, aux yeux de Merleau-Ponty, une réalité <u>sociale</u> et <u>existentielle</u>. La prédominance des « voyelles » ou des « consonnes » dans une langue donnée, n'est pour Merleau-Ponty, qu'une manière particulière de se <u>lier</u> au monde.[156] Et il en est de même pour les différentes formes de <u>syntaxes</u> : celles-ci sont des différentes manières de vivre dans l'être.[157] Si le langage est la raison (= le psychisme) de la société et si celle-là est existentielle, on ne pourrait plus dire avec Sartre que le langage et le corps sont là au service de la pensée.[158] Celle-ci n'existe pas hors de « ma chair » et de la « chair du monde ». Puisqu'elle est existentielle, une langue n'est jamais, pense Merleau-Ponty, entièrement traduisible dans une autre langue.[159] Freud a parlé de l'affect : il y a toujours une charge affective qui accompagne le mot prononcé, joie ou tristesse. Et c'est pourquoi le psychothérapeute est attentif non seulement à ce qui est dit, mais aussi à la charge affective qui <u>accompagne</u> les mots.

Mais faut-il conclure de ce que nous venons d'affirmer, que, puisque le « sujet parlant » use des significations historiques, déjà acquises, le *cogito*, comme l'affirme le structuralisme, est en vérité, un sujet mort ? Si la communication comme la voyait Wittgenstein n'est qu'un échange de « signes » dont la signification est déjà fixée,[160] Merleau-Ponty ne s'arrête pas là : il y a pour lui une dialectique entre le <u>langage comme système</u> et le <u>sujet parlant</u>. Celui-ci use, avons-nous vu, des formes inédites : il reprend mais il dépasse = il est le <u>sujet grammatical</u>. C'est lui qui est constitutif de la structure. Il ne peut être question, en outre, pour Merleau-Ponty, de faire du langage scientifique le seul langage légitime. La science, elle-même, n'est qu'une expression seconde.[161] Coupée de l'expérience vécue, la science n'est qu'un jugement analytique a priori. En d'autres mots, la science a un point d'appui, c'est « l'expérience naturelle ». Merleau-Ponty s'accorderait bien avec Wittgenstein sur le langage de la philosophie : celui-ci est inadéquat. Mais le langage scientifique n'est pas, pour Merleau-Ponty, plus adéquat que celui de la philosophie. Cela tient, pour notre auteur, à la nature du langage : celui-ci opère par la synthèse perspectiviste. Nous reviendrons sur ce problème de la synthèse perspectiviste avec celui de la vérité. Mais si le langage philosophique est inadéquat, il reste néanmoins, pour Merleau-Ponty, créateur : il n'y a pas de langage ou de sens sans le « sujet parlant ».

Les références du Chapitre II

1. Merleau-Ponty, *PP.*, p.203.
2. Merleau-Ponty, *PP.*, p.203.
3. Merleau-Ponty, *PP.*, p.204. cf. Kwant, *The Phenomenological Philosophy of Merleau-Ponty*, p.50-51.
4. Cf. Merleau-Ponty, *PP.*, p.204. A. De Waelhens, *Une philosophie de l'ambiguïté, l'existentialisme de Merleau-Ponty*, p.150-151.
5. Merleau-Ponty, *PP.*, p.206.
6. « Le mot (…) n'a aucune puissance intérieure, et n'est qu'un phénomène psychique, physiologique, ou même physique », Merleau-Ponty, *PP.* p.206.
7. Merleau-Ponty, *PP.*, p.206.
8. Cf. Merleau-Ponty, *Les Aventures de la dialectique* p.130-273.
9. Merleau-Ponty, *PP.*, p.206.
10. Merleau-Ponty, *PP.* p.206.
11. Merleau-Ponty, *PP.*, p.207.
12. Piaget, *La Représentation du monde chez l'enfant.*
13. Merleau-Ponty, *PP.*, p.207.
14. Merleau-Ponty, *PP.*, p.207.
15. Cf. Kwant, *The Phenomenological Philosophy of Merleau-Ponty*, 52-53. Merleau-Ponty, *PP.* p.446.
16. « As long as our verbal expression remains vague and imperfect, our thought is likewise imperfect », Kwant, *Ibid.* p.51.
17. Cf. Merleau-Ponty, *PP.*, p.208.
18. Cf. Sur l'usage que Merleau-Ponty fait de la couleur

rouge. *VI.*, p.172 et suivante. Cf. Également, *Phénoménologie de la perception*.
19. Cf. Merleau-Ponty, *PP.*, p.208.
20. Merleau-Ponty, *PP.* p.459. Et suivantes p.221-222.
21. Merleau-Ponty, *PP.* p.450. C'est l'auteur qui souligne.
22. Cf. Merleau-Ponty, *PP.* p.450.
23. Merleau-Ponty, *PP.* p.450.
24. Merleau-Ponty, *PP.* p.207. Note 2.
25. Merleau-Ponty, *PP.* p.213.
26. Cf. Merleau-Ponty, *PP.* p.209.
27. Cf. *Ibid.* p.209.
28. Merleau-Ponty, *PP.* p.209. La parenthèse est de nous. C'est nous qui soulignons.
29. *Ibid.* p.211.
30. Merleau-Ponty, *PP.*p.211.
31. Merleau-Ponty, *PP.* p.213.
32. Merleau-Ponty, *PP.* p.449-450.
33. « Les significations disponibles s'entrelacent soudain selon une loi inconnue, et une fois pour toutes un nouvel être culturel a commencé d'exister ». Merleau-Ponty, *PP.* p.213 et *VI.*, p.224-225.
34. Merleau-Ponty, *Signes*, p.110.
35. Merleau-Ponty, *PP.* p.213-214.
36. Merleau-Ponty, *PP.* p.110.
37. Cf. Merleau-Ponty, *VI.* p.224-225.
38. Cf. Merleau-Ponty, *Signes*, p.57 et suivantes.
39. Merleau-Ponty, *PP.* p.445.
40. Cf. Merleau-Ponty, *Signes*, p.58-94.
41. Cf. Merleau-Ponty, *Signes*, p.113-114.

42. Merleau-Ponty, *Signes*, p.113-114. C'est nous qui soulignons.
43. Merleau-Ponty, *Signes*, p;110.
44. Cf. Merleau-Ponty, *Signes*, p. III.
45. Merleau-Ponty, *Signes*, p.113.
46. *Ibid.*, 114.
47. « Les conséquences de la parole, comme celles de la perception (…) passent toujours ses prémisses. Nous-mêmes qui parlons ne savons pas nécessairement ce que nous exprimons mieux que ceux qui nous écoutent. Je dis que je sais une idée lorsque s'est institué en moi le pouvoir d'organiser autour d'elle des discours qui font sens cohérent… Merleau-Ponty, *Signes*, p.114.
48. Nelson Goodman, *Languages of Art, An approach to a theory of symbols*, p.3-4. Oxford University Press, 1969.
49. Merleau-Ponty, *OE.*, p.40.
50. Merleau-Ponty, *OE.*, p.23-24.
51. *Ibid.*, p.20. La parenthèse est de nous.
52. Cf. Merleau-Ponty, *VI.*, p.196.
53. Cf. *Ibid.*, p.196 et suivantes.
54. Merleau-Ponty, *SNS*, p.20.
55. Merleau-Ponty, *SNS*, p.20.
56. Merleau-Ponty, *Signes*, p.49.
57. Cf. Merleau-Ponty, *OE.*, p.91.
58. Merleau-Ponty, *Signes*, p.56.
59. Merleau-Ponty, *Signes*, p.95.
60. Cf. Merleau-Ponty, *Signes*, p.95.
61. Merleau-Ponty, *Signes*, p.95.
62. Merleau-Ponty dit: « ce qu'il (le romancier) a à dire,

il le suppose connu, il s'installe dans la conduite d'un personnage et n'en donne au lecteur que la griffe, la trace nerveuse et péremptoire dans l'entourage », *Signes*, p.95.
63. Merleau-Ponty, *Signes*, p.95-96. C'est l'auteur lui-même qui souligne.
64. Merleau-Ponty, *Signes*, p.96.
65. Merleau-Ponty, *Signes*, p.96.
66. Cf. Merleau-Ponty, *OE.*, p.72 et suivantes.
67. *Traité de la peinture*, cité par Merleau-Ponty, *OE.*, p.72.
68. Cf; Merleau-Ponty, *OE.*, p.73.
69. Merleau-Ponty, *VI.*, p. 175-204.
70. *OE.*, p.51. C'est nous qui soulignons.
71. *Ibid.*, p.90. Les parenthèses viennent de nous et c'est nous qui soulignons.
72. Merleau-Ponty, *OE.*, p.46.
73. *Ibid.*, p.45-47.
74. Merleau-Ponty, *VI.*, p.272.
75. Merleau-Ponty, *OE.*, p.46.
76. Merleau-Ponty, *SNS.*, p.26.
77. Cf. Merleau-Ponty, *OE.*, p.91.
78. Merleau-Ponty, *VI.*, p.225.
79. « Ce que j'appelle l'essence du triangle n'est rien d'autre que cette présomption d'une synthèse achevée par laquelle nous avons défini la chose ». Merleau-Ponty, *PP.*, p.445.

« Ce qu'on appelle idée est nécessairement lié à l'acte d'expression et lui doit son apparence d'autonomie ». *Ibid.*, p.447.

80. « ...Le nom est l'essence de l'objet », Merleau-Ponty, *PP*. p.207.
81. Merleau-Ponty, *VI*., p.155.
82. « The essence is not a real thing, but an ideal object » Kwant, *From Phenomenology to Metaphysics*, p.161.
83. Merleau-Ponty, *VI*., p.147.
84. Kwant, *From Phenomenology to Metaphysics*, p.164.
85. « If the essence is isolated from this density (of Being), it is nothing at all, a mere illusion ». *Ibid*., p.164.
86. « J'en suis; I belong to Being, so my speaking belongs to Being ». *Ibid*. p.171.
87. « Le concept, la signification sont le singulier <u>dimensionnalisé,</u> la structure <u>formulée</u> ». Merleau-Ponty, *VI*., p.291, C'est l'auteur qui souligne;
88. Merleau-Ponty, *PP*., p. IV et III.
89. Cf. Merleau-Ponty, *PP*., p.429.
90. Merleau-Ponty, *PP*., p.431 et *PP*., p.429.
91. Merleau-Ponty, *PP*., p.431.
92. Merleau-Ponty, *PP*., p.431..
93. Merleau-Ponty, *VI*, p.291. La parenthèse est de nous et c'est l'auteur qui souligne.
94. Cf. Merleau-Ponty, *PP*., p.440-442.
95. Merleau-Ponty, *PP*., p.443.
96. Cf. Merleau-Ponty, *PP*., p.444-445.
97. Merleau-Ponty, *PP*., p.206.
98. Merleau-Ponty, *PP*., p.445.
99. *Ibid*., p.214.
100. Merleau-Ponty, *VI*., p.143-171.
101. Cf. Merleau-Ponty, *PP*., p.432.

102. « ... l'homme est au monde, c'est dans le monde qu'il se connaît. Quand je reviens à moi à partir du dogmatisme de sens commun ou du dogmatisme de la science, je trouve non pas un foyer de vérité intrinsèque, mais un sujet voué au monde. » Merleau-Ponty, *PP.*, p.V.
103. Merleau-Ponty, *PP.*, p.459.
104. « Je lis la deuxième Méditation. C'est bien de moi qu'il y est question, mais d'un moi en idée qui n'est proprement ni le mien, ni d'ailleurs celui de Descartes, mais celui de tout homme réfléchissant ». Merleau-Ponty, *PP.*, p.459.
105. Cf. Merleau-Ponty, *PP.*, p.459.
106. Cf. Merleau-Ponty, *PP.*, p.460.
107. Cf. *Ibid.*, p.459-460.
108. Merleau-Ponty, *PP.*, p.460.
109. Nous reviendrons plus loin sur ce problème Cf. la 4ème partie de ce travail.
110. Merleau-Ponty, *PP.*, p.460-461.
111. Merleau-Ponty, *PP.*, p.461. C'est nous qui soulignons.
112. Merleau-Ponty, *PP.*, p.462. C'est l'auteur qui souligne.
113. Merleau-Ponty, *PP.*, p.461.
114. Merleau-Ponty, *PP.*, p.461-162.
115. *Ibid.*, p.462.
116. « Toute la question est de bien comprendre le *cogito* tacite, de ne pas mettre en lui que ce qui s'y trouve véritablement ». Merleau-Ponty, *PP.*, p.461.
117. Voir le texte cité en tête de ce paragraphe.
118. *La Structure du comportement* (chapitre IV) parle du réalisme naïf ou empirique de la perception : la

perception naïve. La *Phénoménologie de la perception* parle du dogmatisme du sens commun. C'est justement le propre de la philosophie de secouer et de dépasser ce dogmatisme et ce réalisme naïf.

119. « Il faudrait un silence, qui enveloppe la parole de nouveau après qu'on s'est aperçu que la parole enveloppait le silence prétendu de la coïncidence psychologique. Que sera ce silence ? Ce silence ne sera pas le contraire du langage ». Merleau-Ponty, *VI.*, p.233.
120. Cf. Merleau-Ponty, *VI.*, p.230-231, p.229.
121. Merleau-Ponty, *VI.*, p.225.
122. Cf. Merleau-Ponty, *PP.*, p.221-222, *PP.*, p.459 et suivantes.
123. Merleau-Ponty, *VI.*, p.113.
124. Cf. Ici même, le paragraphe 4.
125. Cf. le paragraphe 4.
126. « Il serait temps de rejeter les mythes de l'inductivité et de la <u>Wesenschau</u> qui se transmettent, comme des points d'honneur, de génération en génération ». Merleau-Ponty, *VI.*, p.155.
127. Cf. Merleau-Ponty, *VI.*, p.199-204.
128. Merleau-Ponty, *VI.*, p.230-231.
129. *Ibid.* p.229 ; La parenthèse est de Merleau-Ponty.
130. Merleau-Ponty, *PP.*, p.V.
131. Merleau-Ponty, *VI.*, p.203. C'est nous qui soulignons.
132. Cf. Merleau-Ponty, *VI.*, p.229.
133. Merleau-Ponty, *VI.*, p.224-225.
134. Merleau-Ponty, *Signes*, p.24.
135. C'est nous qui soulignons.

136. C'est l'auteur qui souligne.
137. Merleau-Ponty, *VI.*, p.18.
138. Cf. Merleau-Ponty, *VI.*, p.225.
139. « Le langage réalise en brisant le silence ce que le silence voulait et n'obtenait pas ». Merleau-Ponty, *VI.*, p.230.
140. Cf. Merleau-Ponty, *VI.*, p.230.
141. Merleau-Ponty, *VI.*, p.225.
142. La parenthèse est une technique de Sartre : c'est pour dire qu'il s'agit d'une conscience non-thétique de soi. Pour dire qu'il s'agit d'une conscience thétique de soi M. Van Riet souligne : conscience de. Nous employons les deux méthodes.
143. Pontolis les oppose. cf. *l'Inconscient*, p.143. cf. Note sur le problème de l'inconscient chez Merleau-Ponty, *Les Temps modernes*, p.300.
144. Cf. Merleau-Ponty, *PP.*, p.528.
145. « Les comportements créent des significations qui sont transcendantes à l'égard du dispositif anatomique, et pourtant immanentes au comportement comme tel puisqu'il s'enseigne et se comprend. On ne peut pas faire l'économie de cette puissance irrationnelle qui crée des significations et qui les communique ». Merleau-Ponty, *PP.*, p.221.
146. Cf. Merleau-Ponty, *VI.*, p.195. cf. Notre premier Chapitre.
147. Cf. Merleau-Ponty, *VI.*, p.200.
148. « Nous aurons donc à reconnaître une idéalité qui n'est pas étrangère à la chair ». Merleau-Ponty, *VI.*, p.199.
149. Cf. Merleau-Ponty, *VI.*, p.204.

150. « Indeed, to live in a community is to know how all these things are organised, to know how to speak the language and what customs to follow. » A. Manser, *Sartre, A Philosophic Study*, p.108.
151. Sartre, cité par A. Manser, Ibid, p.105.
152. Pour Sartre, écrit A. Manser : « For everyone is always in a situation, but must remain free ». *Ibid*. p.108.
153. Cf. Edward Sapir, *Le langage, An Introduction to the study of Speech*, p.217-220.
154. Merleau-Ponty, *PP.*, p.203-232.
155. Goodman, Nelson, *Languages of Art*.
156. Cf. Merleau-Ponty, *PP.*, p.218.
157. Cf. Merleau-Ponty, *PP.*, p.218.
158. Cf. A. Manser, *Sartre, A Philosophic Study*, p.100-114.
159. Merleau-Ponty, *PP.*, p.218-219, Note I.
160. A. Manser, *Sartre, A Philosophic Study*, p.103-104
« Wittgenstein concluded that the language ot science was the only legitimate one ». A. Manser, *Ibid*.103.
161. Merleau-Ponty, *PP.*, p.I-XVI.

CHAPITRE III

LE COGITO, LA STRUCTURE ET LA TRANSCENDANCE

Chose fort importante, mais jamais soulignée, c'est de voir Merleau-Ponty, par exemple, remettre en question le *cogito* tacite de la *Phénoménologie de la perception* et de ne remettre en question aucun thème de *La Structure du comportement*. Nous verrons dans ce chapitre comment nous pouvons rejoindre les deux chapitres précédents : voir la logique entre la toute première et la toute dernière pensée de Merleau-Ponty. Mais nous n'allons pas nous arrêter à chaque point pour montrer la « divergence » ou la « convergence » : notre méthode est d'éviter toute répétition – autant que possible.

1. La structure n'est pas une substance

L'idée de structure affirmée dans *La Structure du comportement* a une ambition hégélienne : elle veut tout « comprendre » – accueillir dans le pour-soi toute la vie de l'en-soi. C'est ainsi que la matière, la vie et l'esprit sont définis comme trois ordres de structure. Mais la structure est ici synonyme du « sens » et c'est là tout le problème.[1] C'est avec une confrontation avec les gestaltistes que nous nous proposons de saisir ici l'attitude transcendantale chez Merleau-Ponty.

La notion de structure donne le moyen, pense Merleau-Ponty, de dépasser la pensée analytique (atomiste) et les antinomies classiques du matérialisme et du vitalisme. Mais les gestaltistes eux-mêmes n'ont pas dépassé ces dernières antinomies : ils ont <u>matérialisé</u> l'idée de <u>structure</u> et maintenu une distinction entre ces trois ordres de significations – matière, vie et esprit.² Or la notion de structure ne peut pleinement être comprise, dit Merleau-Ponty, que dans une philosophie : une philosophie qui s'affranchirait des postulats réalistes !³ Si l'on ne quitte pas les postulats réalistes, on retombe soit dans le matérialisme (E-R) soit dans le spiritualisme.⁴ Mais dépasser l'atomisme – la pensée de la poussière, dit De Waelhens – c'est déjà un progrès réalisé par les gestaltistes. Le problème, cependant, pour nous, est celui du *cogito*. Pour la psychologie de la forme le comportement a ses <u>racines</u> dans le monde géographique = la «<u>matière</u>» ou le «<u>monde objectif</u>».⁵

Il y a là une difficulté ontologique grave, pense Merleau-Ponty : comment une cause située dans un univers (la matière) pourrait-elle produire ses effets dans un autre univers : la vie et l'esprit ? La difficulté est réelle puisqu'on conçoit trois univers différents et chaque univers est dominé par ses propres lois causales. La théorie de la forme ne peut donc pas donner une solution ou une explication à la <u>naissance du sens</u> = le <u>comportement</u>. « C'est en vain que la notion de structure a été introduite et l'intégration cherchée n'est pas obtenue. La psychologie de la forme est très éloignée de ces conclusions, et, la plupart du temps, c'est plutôt vers le matérialisme qu'elle s'achemine, – antithèse de la solution spiritualiste ».⁶ Ce qu'il faut, aux yeux de Merleau-Ponty, c'est de <u>renoncer</u> à la notion de <u>structure</u> comme «<u>substance</u>» :

> Dans une philosophie qui renoncerait vraiment
> à la notion de structure, il ne saurait y avoir
> qu'un univers, qui serait l'univers des formes :

> entre les différentes sortes de formes investies de droits égaux, entre les relations physiques et les relations impliquées dans la description du comportement, il ne saurait être question de supposer aucun rapport de dérivation ou de causalité, ni donc d'exiger des modèles physiques qui servent à porter dans l'être les formes physiologiques ou psychiques.[7]

Chez les psychologues de la forme, le problème des rapports entre le physique (le monde sensible), le physiologique et le psychique reste posé. Le monde physique, dit-on, est l'<u>explication dernière de la perception</u>.[8] Mais la théorie de la forme est en contradiction avec ses principes : aucune structure, a-t-elle montré, n'a sa cause suffisante hors de soi.[9] Mais s'il en est ainsi, la <u>passivité</u> de conscience doit être, au moins, atténuée. Il faut que ce soit ainsi, pense Merleau-Ponty, car faute de quoi la conscience ne serait qu'<u>une province de l'univers physique</u> : c'est celui-ci qui serait, pour parler comme Aristote, le premier moteur. En <u>cristallisant</u> la notion de structure, les gestaltistes ne pensent pas dépasser le <u>monde objectif</u>. Celui-ci contient déjà, dit-on, des structures : à l'intérieur de celles-ci le passage des conditions aux conséquences est <u>discontinu</u> : « Les quantités d'électricité dans un conducteur ne correspondent pas point par point aux quantités qui y ont été déposées ; elles se répartissent selon une loi intérieure d'équilibre électrique qui ne relie pas chaque partie de l'effet à une partie de la cause, mais les effets locaux entre eux ».[10] Bref, le raisonnement de ces psychologues est celui-ci : puisque, pensent-ils, <u>il y a déjà</u> dans <u>le monde physique</u> des <u>structures ou des processus discontinus, il n'y</u>

a aucun inconvénient de voir la conscience déterminée par le monde objectif : on est plus loin de la mécanique classique, le choc. L'activité de la conscience, le langage, le jugement de valeur, bref toute la vie de conscience est comprise comme une traduction de système nerveux de ce qu'il a reçu du monde physique.

« La théorie de la forme pense avoir résolu le problème des relations de l'âme et du corps et le problème de la connaissance perceptive en découvrant des processus nerveux structuraux qui d'une part aient même forme que le psychique et d'autre part soient homogènes aux structures physiques ».[11]

Si par exemple je suis devant un objet et que j'adopte un certain comportement envers lui, c'est que, dit-on, cet objet a donné lieu par ses actions lumineuses qu'il a exercé sur ma rétine, à une structure physiologique : celle-ci correspond à la « structure physique ». Le comportement est donc une imitation des choses = des structures physiques. C'est, en d'autres mots, la chose elle-même qui se dédouble![12] C'est là justement l'opposé de notre ontologie ! (voir le premier Chapitre).

Mais qu'en est-il, dans ces conditions, de la conscience transcendantale ? « La conscience reste une partie de l'être ».[12] Nous avons vu que la conscience est une partie de l'être mais pas dans le sens des gestaltistes. Le jeune Merleau-Ponty cependant ne voulait pas que la conscience soit de l'être.[13] Si maintenant on veut comprendre avec les gestaltistes l'intégrité de ces trois structures, la matière, la vie et le psychisme, on comprendrait de quelle manière elle se réalise par la réduction de ces deux ordres – vie et psychisme – à leur dénominateur commun : la forme physique ! Suivant cette optique on arrive à une conclusion encore plus étrange : les structures physiques sembleraient être plus complexes et peut-être moins matérielles que la conscience ! Et ce pour deux raisons. Dans des formes physiques il y a la discontinuité. Mais ce n'est pas tout. Les formes physiques manifestent une <u>autonomie</u> que le système nerveux ne peut pas avoir : il ne fait qu'<u>imiter</u> ce que lui prescrit le monde physique !

Mais pourrait-on fonder la structure de la conscience sur la structure physique ? S'il en est ainsi, il faudrait dire que les structures physiques possèdent en elles-mêmes toutes les propriétés, toutes les relations auxquelles elles peuvent servir de support. <u>La conscience devient un être vide</u>.[14] Mais « dire que des formes physiques rendent compte en dernière analyse du comportement humain revient à dire qu'<u>elles existent seules</u> ».[15] La prise de conscience ne saurait être ici que l'<u>indice</u> de structure physique.

Le plus grand-problème pour nous maintenant est de comprendre ce que c'est que la <u>structure</u>, quel genre d'être pourrait-on lui accorder ? De nos jours le structuralisme est d'actualité. Piaget a montré l'existence des structures dans des niveaux différents : la physique, la pensée mathématique etc... Pour Lévi-Strauss il n'y a que des structures : <u>le sujet est mort</u>. Pour Lacan le langage est structuré, d'où la structure de la conscience et de l'inconscient. Mais en affirmant que l'inconscient est structuré comme le langage, on affirme une limitation à la conscience transcendantale. La pensée de Goldstein est pour nous la plus intéressante. Avant Merleau-Ponty, Goldstein a pris position contre l'école de Berlin (les gestaltistes). Il est impossible, pense cet auteur, que des structures de la conscience soient <u>provoquées</u> par le monde extérieur.[16] Ce qui est «forme» pour l'organisme dépend, en grande partie, de la structure propre de celui-ci. Avec Goldstein on est sur la voie du «Je» transcendantal. Mais cette affirmation n'est pas pour Goldstein une négation à la lettre de la structure dans le monde de l'en-soi. La position de Merleau-Ponty est <u>radicaliste</u>: il va plus loin que Goldstein. Et c'est parce que, pensons-nous, notre auteur est confronté à deux problèmes: celui de la conscience transcendantale et celui de la synthèse entre l'idée (le Pour-soi) et la nature (l'En-soi). Nous verrons si tous ces problèmes vont être résolus.

La structure ne doit pas être mise au nombre des évènements de la nature.[17] On ne doit pas s'en servir comme une cause, une chose réelle: <u>la structure n'est pas une substance, mais une opération</u> = <u>un «sens»</u>! «La «forme» ne peut-être pleinement comprise et toutes les implications de cette notion dégagées que dans une philosophie qui s'affranchirait des postulats réalistes qui sont ceux de toute psychologie».[18] C'est de l'<u>intérieur</u> et <u>non de l'extérieur</u> qu'il faut comprendre la philosophie de la forme![19] Celle-ci est un «<u>sens</u>», le monde sensible est une «<u>signification</u>».[20] Cette affirmation qui a fait l'objet presque unique de *La Structure du comportement* est passée pourtant inaperçue. Nous devons la préciser davantage.

2. <u>La structure en physique (l'ordre de la matière)</u>

Ici la notion de structure est comprise comme un «système physique», c'est-à-dire un ensemble de forces en <u>état d'équilibre</u> ou de <u>changement constant</u>. Elle peut être un processus stationnaire ou quasi stationnaire.[21]

Prenons pour exemple d'équilibre un <u>conducteur homogène</u> d'une forme bien déterminée et supposons qu'il soit isolé au sein d'une dialectique également homogène. Communiquons-lui, en un point, une charge électrique. Celle-ci va se répartir sur toute la surface du conducteur. La qualité de cette charge n'est pas une grandeur sommaire : si nous répétons l'opération, la charge finale est la somme des charges successivement communiquées. La distribution de la charge dépend de la forme géométrique du corps : elle est fonction de tout, de la forme, de l'ensemble. Si enfin nous ajoutons, en un point quelconque, une nouvelle charge, il y aura <u>redistribution</u> quasi instantanée de la charge et chaque valeur locale se trouve modifiée.[22]

Dans une structure il y a, dit-on, des membres et les propriétés de ces membres. Celles-ci décident du fait que ceci doit être un, cela plusieurs, ceci une partie, cela un tout etc. Les parties sont des membres organiques d'un tout : leur propriété est fonction de la structure totale. Si, par exemple, une modification locale a eu lieu, celle-ci, entraînerait, réciproquement, un remaniement général.[23] Mais le point important – celui-ci va nous aider à comprendre la conscience – est que tout système physique tend nécessairement vers une structure définie = un <u>état d'équilibre</u>. Les conditions auxquelles l'état final, l'état d'équilibre, doit se satisfaire se formulent, d'après P. Guillaume, comme suit : « l'énergie susceptible d'effectuer un travail (…) est aussi petite que les conditions le permettent ».[24] C'est de là que vient l'idée que les structures physiques sont <u>régies</u> par des lois de <u>maximum</u> et de <u>minimum</u>. La bulle de savon, par exemple, prend la <u>forme</u> qui enferme le plus grand volume sur la plus petite surface.[25] En somme, pour la théorie de la forme les structures <u>existent en-soi</u>: celles-ci sont indépendantes du sujet. Ce qu'il y a, dit-on, ce sont des <u>relations en-soi</u>, des <u>lois</u>, des <u>ensembles</u>. Affirmer l'<u>unité</u> et l'<u>individualité</u> de la structure, c'est s'opposer à Kant = le « Je », principe de la synthèse. Ici la synthèse est donnée, le « Je » kantien est aboli. Avant de parler de l'attitude transcendantale, proprement dite, voyons comment Merleau-Ponty pense arriver à la <u>négation</u> de l'<u>individualité</u>, de l'<u>indépendance</u> des <u>lois</u> et des structures dans la nature = le sensible. C'est à partir de cette négation, apparemment sans importance, que l'on arrivera à comprendre l'<u>idée de constitution</u> chez notre auteur.

On ne peut, selon Merleau-Ponty, parler d'une <u>loi</u>, pour un phénomène physique, que si l'on considère ce phénomène comme faisant partie d'une totalité intégrante et en dehors de laquelle elle est inconcevable. La <u>loi</u>, par exemple, de la chute des corps <u>dépend</u> de la <u>vitesse de la rotation de la terre</u>: si celle-ci augmentait, avec le temps, la force centrifuge ainsi engendrée pourrait dépasser celle de la gravité.[26] La loi donc de la chute des corps n'est pas fondée sur elle-même : elle dépend de la structure cosmique.[26] Ce que donc la loi exprime, comme le dit la théorie de la relativité généralisée, ce n'est pas une <u>propriété absolue du monde</u> (point capital pour la philosophie transcendantale), mais « un certain état d'équilibre des forces qui détermine l'histoire du système solaire ».[27] L'interdépendance des lois, le temps (l'avenir) empêchent, pense Merleau-Ponty, de parler de <u>structures individuelles</u> ou <u>indépendantes</u>: le jeu combiné des lois peut modifier telle ou telle structure.[28] « La vérité de la physique ne se trouve pas dans les lois prises une à une, mais dans leur combinaison ».²⁹ Mais puisqu'on ne peut parler d'une ou deux lois indépendantes, on ne peut, pense Merleau-Ponty, parler de structures indépendantes, individuelles ou en-soi !³⁰

> La forme elle-même, l'unité dynamique et intérieure, qui donne à l'ensemble le caractère d'un individu indécomposable est <u>seulement supposée</u> par la loi comme condition d'existence ; les <u>objets</u> que la science <u>construit</u>, ceux qui figurent dans la connaissance physique élaborée sont toujours des <u>faisceaux de relations</u> (…). L'existence de telle (ou telle) structure dans le monde n'est que l'intersection d'une multitude de relations (…).
>
> Structure et loi sont (…) deux moments dialectiques et <u>non pas deux puissances d'être</u> (…). <u>La forme n'est pas un élément du monde</u>, mais une limite vers laquelle tend la connaissance physique et qu'<u>elle définit elle-même</u>.³¹
>
> Les structures et les relations mathématiques appartiennent (…) à un <u>univers de pensée</u> et <u>non pas à un univers de réalités</u>.³²

En comparant Merleau-Ponty et Goldstein on s'étonne : celui-ci va dans le même sens que Merleau-Ponty — il n'y a pas de structures isolées. Mais n'ayant pas de prétention hégélienne, Goldstein n'affirme pas la négation absolue de toute structure isolée.³³ Et dans ce sens Goldstein nous semble rejoindre P. Guillaume.³⁴ Mais si pour Goldstein — que Merleau-Ponty

La Pensée logique et politique de M. Merleau-Ponty

connaît si bien – il y a une hésitation, pour notre auteur il n'y a pas de structure dans la nature. Or, s'il n'y a pas de structure en-soi, dans la nature, et pourtant on en parle, il faut expliquer le paradoxe. En un mot, le paradoxe est exprimé en termes du *cogito* = de « <u>constitution</u> » ou de « <u>connaissance</u> »:[35]

> La forme (...) n'est pas une <u>réalité physique</u>, mais un objet de perception, sans lequel d'ailleurs la science physique n'aurait pas de sens, puisqu'elle est construite à propos de lui et pour le coordonner. Que finalement la forme ne puisse pas être définie en terme de <u>réalité</u>, mais en terme de connaissance, comme une chose du monde physique, mais comme un ensemble perçu![36]

Le monde perçu n'a pas la valeur de chose en-soi, disait Husserl.[37] En somme, la structure n'est pas un être de nature, elle n'est pas étalée dans l'espace, elle n'existe pas comme une chose : « elle est l'<u>idée</u> sous laquelle se rassemble et se résume ce qui se passe en plusieurs lieux. Cette unité est celle des objets perçus. »[38] Si, par exemple, je regarde un cercle coloré devant moi, j'en aurai une certaine structure, mais si une irrégularité quelconque se produit, ce changement va enlever quelque chose à ce cercle : son allure circulaire – et en fait un cercle imparfait.[39] Le changement intervenu est la négation de structures en-soi ! « <u>Loin (...) que la "forme physique" puisse être le fondement réel de la structure du comportement et en particulier de structure perceptive, elle n'est elle-même concevable que comme objet de perception !</u> »[40]

En revenant en arrière, l'historien ne trouve pas de structures : celles-ci présupposent l'idée[41] – il n'y a pas de structure comme moteur réel de l'histoire.[41] « L'Égypte (par exemple) comme structure économique, sociale, politique, reste un objet de pensée (…). C'est une idée, une signification(…). De la même manière – dit Merleau-Ponty – les actions et les réactions dont une forme physique est le siège sont pensées par le physicien comme les composantes d'un système physique, faute de quoi sa science serait sans objet ».[42]

Arrivés à ce point, pourrions-nous nier l'existence des structures ? Celles-ci existent, mais pour la conscience ! C'est le rapport de la conscience et de la nature qui fait problème. Leur rapport, pour le jeune Merleau-Ponty, est celui du sens. La structure n'est pas un en-soi : elle est « un objet de conscience ».[43] Bref, c'est au nom du sens, du *cogito* que Merleau-Ponty a dépassé l'objectivisme absolu des gestaltistes. Mais nous n'avons pas vu toutes les significations que Merleau-Ponty a données à cette notion : la structure.

3. La structure vitale (l'ordre vital)

Commençons par une comparaison. La structure physique, dit-on, est un équilibre obtenu en fonction de certaines conditions extérieures données. Ce vers quoi un système physique tend, c'est l'état d'équilibre = le repos – la « non-intentionnalité ». L'action qu'exerce un système physique en dehors de lui a toujours pour effet la réduction de la tension et le cheminement vers l'état de repos. C'est ainsi qu'une goutte d'huile placée au milieu d'une masse d'eau est considérée comme un équilibre obtenu à l'égard des conditions extérieures

La Pensée logique et politique de M. Merleau-Ponty

= la masse d'eau. Le système – goutte d'huile – ne tend pas à devenir autre chose que ce qu'il est = la conservation de l'équilibre. C'est de cette manière que Freud, dans ses premiers travaux, concevait la vie de la conscience. Nous reviendrons à Freud sur un autre problème : celui du psychisme.

Mais la structure physique et la structure vitale ne sont pas comparables. Et ce car l'équilibre obtenu, lorsqu'on parle de la vie, n'est pas en fonction de <u>conditions réelles</u>, mais uniquement <u>virtuelles</u>.[44] Il n'y a pas, comme on le croit, de comportement privilégié pour la raison qu'il est simple : c'est quand un comportement est privilégié qu'il devient simple.[45] Les rapports de la conscience et de la nature ne doivent pas être interprétés en terme de <u>simplicité</u>. Il y a des sujets qui marchent et dorment de la manière la plus compliquée, et c'est pourtant là où ils trouvent le repos, et la simplicité ![46] Si les rapports de la conscience avec la nature et elle-même sont ceux de simplicité, d'économie, (comme le veut Köhler), l'humanité n'aurait jamais créé le « sens » de la <u>guerre</u>.

L'activité de la conscience n'est pas à comparer à la formation d'une bulle de savon : ses activités ne sont pas déterminées par des stimuli – le principe de la conscience n'est pas celui de <u>repos</u>, de la <u>voie la plus courte, de l'économie</u> etc., mais celui de <u>signification</u> = de <u>transcendance</u>.[47] C'est parce que la conscience n'est pas régie par ces principes qu'elle peut <u>varier</u> ses <u>intentions</u>. En fonction des forces en jeu, la formation d'une bulle de savon est considérée comme la seule possible. Or il n'en est pas ainsi pour l'organisme.[48] La vie de la conscience est à concevoir non en terme de simplicité, dit Merleau-Ponty, mais en termes de <u>connaissance</u>.[49] Si des

« structures inorganiques se laissent exprimer par une loi (…),(l'organisme) mesure lui-même l'action des choses sur lui et délimite lui-même son milieu ».⁵⁰ À partir d'une relation donnée, l'organisme fait apparaître une relation nouvelle.⁵¹ Si la bulle de savon obtient son équilibre en fonction d'un jeu de forces, « l'organisme <u>pose</u> lui-même les conditions de son équilibre ».⁵² La vie du corps phénoménal (pour le distinguer du corps objectif = celui de la science) ne se réduit à aucune de ces activités que l'on pourrait considérer comme essentielle : sensation visuelle, tactile, émotionnelle etc. C'est le mérite de Freud qu'il faut ici souligner : l'homme porte en lui-même et la « vie » et la « mort ». <u>Le monde objectif n'est pas à comparer,</u> dit Merleau-Ponty, à celui de la <u>vie</u> : celui-ci est seul capable d'avoir un « comportement », une « intériorité » – délimiter les parties du monde auxquelles il sera sensible.⁵³ Mais le problème du point de vue ontologique est énorme : étant <u>différentes,</u> comment concevoir un rapport intelligible entre, la conscience et la nature ? Là où nous sommes il n'y a pas de solution. C'est l'idée du comportement, dont seule la <u>vie</u> en est capable, que nous devons maintenant préciser : nous arriverons, par cette voie, à saisir la pensée « idéaliste » ou « antiformaliste » du premier Merleau-Ponty.

4. <u>Les structures syncrétiques</u>

Pour mettre encore mieux en évidence la <u>nature</u> de la conscience transcendantale (créatrice du sens et des formes) Merleau-Ponty a distingué trois types de comportement : trois grammaires ou trois manières d'être au monde. La manière la moins évoluée est celle que l'on trouve chez certains animaux et que l'on appelle syncrétique. À ce niveau, le comportement est <u>très lié</u> au <u>milieu</u>: l'animal est emprisonné dans le cadre de ses conditions naturelles de vie.⁵⁴ Devant une situation <u>inédite</u>, l'animal ne réagit <u>que</u> s'il y a, dans la situation présente, un élément constitutif d'une <u>allusion</u> aux situations naturelles auxquelles il est habitué.

Mais même ici, l'animal semble être le sujet de la synthèse. L'invertébré ne s'adresse jamais à des objets isolés.⁵⁵ Le comportement, en d'autres mots, dépend d'un complexe. Mais celui-ci, avons-nous vu, n'existe pas en-soi. <u>Créé</u>, ce complexe (structure), correspond aux a priori de l'animal. Et c'est pourquoi l'apprentissage ne donne ici aucune possibilité à l'animal de <u>dépasser</u> ce qui lui a été prescrit pas la nature: c'est le cas, par exemple, de l'étoile de mer.⁵⁶ Il en est ainsi, peut-être, chez l'animal, car sa perception n'est pas analytique, discriminatoire: même dans le dressage, la situation est traitée comme un ensemble. Si, par exemple, on vient d'établir chez le crapaud des réponses conditionnées (R' et R"), on constate que la réponse de l'animal dépend non de l'association entre la réponse conditionnée (R') et inconditionnée (R), mais de la ressemblance qui peut exister entre ses instincts (= ses conditions naturelles) et la situation expérimentale. L'idée de notre auteur est que l'animal ne fait qu'<u>exécuter</u> ce qui lui a été prescrit par la nature (ses instincts). C'est ainsi que si l'on place devant le même crapaud un lombric – mais séparé de lui par une glace – on constate que, malgré les échecs, l'animal persévère dans la tentative de préhension. Les échecs n'inspirent aucune inhibition, <u>car l'animal tient en lui la nature «des essais répétés»</u>.⁵⁷ Mais, si, par contre, «on présente à l'animal une fourmi dont le goût est mauvais, cette expérience unique suffit à provoquer une inhibition (générale) à l'égard de toutes les autres fourmis ».[58] Et ce car les conditions naturelles de l'animal « assurent un freinage »[58] à l'égard de « toutes les fourmis d'une fourmilière ».[58] Il y a là deux idées chez notre auteur. D'abord, l'animal est limité par ses a priori naturels. Mais même ainsi, ce n'est pas le monde physique, ce ne sont pas des stimuli, qui déterminent ses réactions : <u>celles-ci appartiennent à l'animal lui-même</u>.[59] Mais ce n'est pas tout. L'animal semble être satisfait de ce qu'il est : ses conditions naturelles lui suffisent. L'animal n'aime pas réagir <u>inutilement</u>. Il n'aime pas se lancer dans des situations qu'il ne connaît pas, qui sont insignifiantes pour lui. Ici, il n'y a pas, à proprement parler, de transcendance : l'animal façonne un milieu <u>stable</u> qui correspond à ses a priori <u>monotones</u> du besoin et de l'instinct. Nous verrons qu'il n'en est pas ainsi pour l'homme. Mais avant de revenir à la conscience, voyons ce qu'il en est des structures amovibles.

5. <u>Les structures amovibles</u>

À ce niveau, le comportement animal – qu'il faut bien distinguer de l'humain – apparaît capable de saisir des relations plus complexes et d'utiliser l'analogie. Dans ce cadre, l'animal est capable de se servir des <u>signes</u> pour telle ou telle situation. Mais la chose importante, c'est que ces <u>signaux</u> dont l'animal se sert ne sont pas déterminés pas des <u>montages naturels</u> et <u>instinctifs de l'espèce</u>.[60] Entre la « réaction » et le « signe », il y a une certaine indépendance. Dire indépendance, c'est, pour Merleau-Ponty, dire <u>créativité</u>. Mais malgré cette capacité de saisir les analogies, de dépasser le comportement instinctif, l'animal ne réussit pas à s'abstraire de sa situation matérielle : son « hic et nunc ».[61] L'animal traite toute situation comme <u>réelle</u>, il est incapable de comportement <u>fictif</u>. Les animaux ne prennent jamais un donné comme moyen ou manière d'apprésenter un non-donné.[62]

Certaines expériences ont montré que le comportement des rats est très précis dans des structures spatiales, mais, par contre, il paraît que ces rats n'ont aucune notion du temps. Et c'est parce que les structures spatiales sont plus maniables que les structures temporelles.[63] C'est l'homme qui est capable, dit Merleau-Ponty, de dépasser ce qui fait problème à l'animal. Nous reviendrons sur le temps dans un autre chapitre.

Le problème à comprendre, pense Merleau-Ponty, c'est la réaction au signe. En d'autres mots, comment faut-il comprendre la <u>contiguïté</u> temporelle et spatiale entre le signe et ce qu'il représente ? Ce n'est pas par l'idée du transfert de fait – fixation – que l'on pourrait expliquer l'adaptation de l'animal à cette <u>contiguïté</u>. Celle-ci n'est pas de fait (fixation), mais du <u>sens</u> = elle est pour l'organisme. La contiguïté est une <u>créativité</u>. Quand il s'agit de la conduite du signal – A. représente B. – l'organisme ne s'adapte pas à A. ou B., mais à leur <u>contiguïté</u>. Mais celle-ci n'est en aucun d'eux (A. ou B.) : elle est pour l'organisme.[64] Quand il s'agit de la contiguïté spatiale, le stimulus inconditionné (E) ne se relie pas au stimulus conditionné, mais à une structure d'ensemble : le stimulus inconditionné n'est qu'un moment de celle-ci et c'est elle qui lui donne son sens.[65]

Devant deux gris, gris moyen (GM) et gris clair (GC),

une poule a été dressée à choisir le GC = le gris clair. Si l'on supprime le GM et on introduit le gris le plus clair (G3), la poule choisira le gris le plus clair (G3). Ici c'est au <u>rapport le «plus clair»</u>, que l'animal réagit. Ce n'est pas à la couleur en tant que telle : car s'il en était ainsi, la poule devrait choisir le gris clair (GC) <u>auquel elle est habituée</u> et <u>non G3</u>.[66] Le dressage de l'apprentissage n'est donc pas une transportation dans le comportement d'une contiguïté de fait : <u>celle-ci est pour l'organisme</u>. Le signal (le plus clair) est une <u>signification</u>, un <u>rapport entre les rapports</u> – le plus clair.[66] (cf. Chapitre II). Mais à quoi bon ces affirmations ? Leur importance est capitale : le stimulus ne se définit pas en-soi. Il y a une intériorité, au sens de Michel Henry, de signification. Mais là encore on n'est pas avec la conscience transcendantale.

    Les expériences de Köhler sont significatives. Un de ses chimpanzés a pu construire un instrument, en adaptant des bambous de grandeurs différentes, pour amener à lui un but qui n'était pas directement accessible.[67] Mais un autre chimpanzé qui avait déjà utilisé un bâton n'utilise pas un arbuste desséché, dont les branches peuvent être très aisément coupées et employées, pour atteindre un but inaccessible.[68]

    Les chimpanzés apprennent rapidement à entasser des caisses qui se trouvent les unes à côté des autres. Ils peuvent se servir de construction obtenue, par hasard (pour atteindre un but), mais jamais ils n'apprennent à <u>équilibrer</u> leur construction de <u>manière systématique</u>.[69] Un chimpanzé n'utilise pas l'arbuste : il ne présente pour lui aucun rapport avec le but, ni même avec le bâton déjà utilisé. La branche d'arbre n'est pas pour lui l'équivalent d'un bâton! Le système des équivalences semble être inexistant chez lui.

Mais dire que l'animal ne <u>saisit</u> pas les <u>relations</u>, c'est dire que celles-ci n'existent pas <u>dans</u> les <u>stimuli</u>: elles ne sont pas des propriétés physico-géométriques, elles supposent «<u>une construction positive et inédite de la situation</u>».[70] Là aussi il faut une «grammaire comportementale», l'animal semble être limité par deux lois: le «<u>futur proche</u>» et la «<u>proximité spatiale</u>».[71] Celle-ci, à son tour, est liée aux a priori naturels de l'animal. Si dans le cas du dressage, l'animal semble être capable de développer certaines réactions, le temps doit être très limité. S'il peut saisir des relations entre objets, ceux-ci ne doivent pas être trop loin les uns des autres, insignifiants: ils doivent correspondre au besoin de l'animal. Et c'est pourquoi, dit-on, un chimpanzé n'utilise pas comme instrument une caisse dont il s'est déjà servi si un autre chimpanzé est assis dessus. La caisse siège et la caisse instrument sont, pour lui, non <u>deux aspects</u> d'une <u>seule</u> chose mais deux objets <u>distincts</u>. Ce qui, finalement, fait défaut à l'animal, c'est <u>la capacité de structurer le champ perceptif: investir les objets des valeurs inédites</u>.[72] « Faire un détour (...) c'est établir une relation entre des relations, c'est une structure ou une intention à la <u>seconde puissance</u>.[73] Ce qui manque au chimpanzé, c'est la capacité de <u>créer</u>[73] entre les stimuli visuels (...) des relations qui expriment et symbolisent ses mélodies cinétiques les plus familières ».[74] Puisque l'animal ne peut pas <u>se substituer</u> lui-même à l'objet, il ne pourra varier des points de vue: reconnaître une seule et même chose dans de différentes perspectives.[75]

Nous arrivons ici à un autre problème: celui du corps

propre – le schéma corporel. L'idée de Merleau-Ponty – idée qui est devenue plus tard une ontologie – est que les relations qu'on peut avoir avec le monde sont déterminées par les relations qu'on peut avoir avec soi-même = le corps propre.[76] Si pour l'homme le corps propre peut-être vu comme objet, comme but, le corps propre pour l'animal reste une unité concrète, <u>très différente</u> des <u>objets</u>. N'ayant pas la capacité de <u>se</u> voir un « invariant – variant », l'animal ne peut voir un objet du monde sous une diversité d'aspects.[77] Finalement, c'est le corps propre (la chair) qui est responsable de la constitution. Le monde est l'image du corps. Cette affirmation implicite et étonnante de *La Structure du comportement* a été reprise par *Le Visible et l'Invisible*. (Voir le premier Chapitre).

6. <u>Les structures symboliques (la conscience proprement humaine)</u>

Pour l'animal, il n'y a pas de <u>symbole</u> : les signes restent toujours des signaux. « Un chien dressé à sauter sur une chaise au commandement, puis à passer de là sur une seconde chaise, n'utilise jamais, à défaut de chaise, deux escabeaux ou un escabeau et un fauteuil qu'on lui présente ».[78] Le signe vocal (un mot) ne peut jouer le rôle d'un représentant d'une classe ou d'une catégorie d'objets ou d'attitude.

Mais il n'en est pas ainsi pour la conscience : pour celle-ci le signe (mot ou objet) n'est pas un événement, mais un <u>thème</u> d'activité.[79] Les touches d'un clavier ne sont pour le joueur que des points de passage : et c'est pourquoi celui-ci peut jouer sur d'autres instruments. L'habitude de jouer (ou de dactylographier) ne consiste pas dans la <u>fixation</u> des mélodies cinétiques qui correspondraient à des ensembles visuels.[79] Jouer ce n'est pas répéter, mais <u>créer</u> :

> Le sujet qui «sait» dactylographier ou jouer de l'orgue est capable d'<u>improviser</u>,[80] c'est-à-dire d'exécuter les mélodies cinétiques qui correspondent à des <u>mots jamais vus</u>[80] ou à des <u>musiques jamais jouées</u>.[80] On serait tenté de supposer que du moins à certains éléments des phrases musicales ou des mots nouveaux correspondent des <u>montages rigides</u> et <u>déjà acquis</u>.[80] Mais des sujets exercés sont capables d'<u>improviser</u> sur des instruments <u>inconnus d'eux</u>, et l'exploration des instruments, (…) est trop brève pour permettre une substitution de montages individuels.[81]

Comme le disait Husserl, il faut aussi faire une analyse de la genèse du sens, du symbole. Il ne suffit pas d'affirmer le symbole comme thème d'activité : le symbole est lui-même <u>créé</u> par l'homme.[82] L'organiste pour revenir à l'habitude motrice, ne reconnaît dans l'espace où jouent ses mains et ses pieds qu'une valeur expressive : la correspondance entre le signe musical et le geste est une correspondance <u>conventionnelle</u> – elle n'est ni de l'ordre empirique ni de l'ordre idéaliste. Cette correspondance ne peut être, pense Merleau-Ponty, que <u>fortuite</u> = créée.[83] Le signe musical, le geste de l'organiste et le son sont à considérer comme un tout ayant une «<u>communication intérieure</u>», une structure ayant le même moyen de signification.[84] Mais le signe musical et l'orgue lui-même n'ont de signification que pour l'organiste.[85] De même que le signe musical, le stimulus n'est pas efficace par ses propriétés physiques, mais par ses propriétés internes, en un mot sa <u>signification</u>. « C'est cette possibilité d'expression variée d'un même thème, cette "multiplicité perspective" (…) qui introduit une conduite cognitive et une conduite libre (…). Avec les formes symboliques, apparaît une conduite qui <u>exprime le stimulus pour lui-même</u>,[86] qui s'ouvre à la vérité et à la valeur propre des choses, qui tend à l'adéquation du signifiant et du signifié, de l'<u>intention</u>[86] et ce qu'elle <u>vise</u>.[86] Ici le comportement <u>n'a</u>[86] plus seulement une signification, <u>il est</u>[87] lui-même une signification ».[88]

Étant une signification, la conscience ne peut-être de l'ordre de l'en-soi : celui-ci est <u>une projection des possibilités internes</u>. C'est cette projection que les adversaires de la conscience ne peuvent, dit De Waelhens,[89] ni « comprendre » ni « expliquer ». En regardant une carte géographique, en vue de préparer mon voyage, j'occupe une situation qui n'est pas celle de mon corps. Je voyage sur la carte, je tourne à droite et à gauche et je suis pourtant dans mon bureau ! C'est, là dit-on, une double abstraction : abstraction du monde réel et abstraction de moi-même = ma présence effective. Ce qui caractérise la conscience humaine ce n'est donc pas l'<u>adhérence à l'actuel</u>. C'est la maladie qui réduit, chez l'homme, l'<u>activité transcendantale</u>. Schneider[90] a perdu l'intuition des nombres, il ne comprend pas les analogies, il ne perçoit plus des ensembles simultanés. En un mot, le malade a perdu l'<u>attitude transcendantale</u>. Mais il est à regretter de ne pas voir Merleau-Ponty évoquer ici le langage. C'est celui-ci qui permet une réelle abstraction du soi et du monde (de l'actuel) – et c'est lui aussi qui réalise <u>virtuellement</u>

le futur. Nous reviendrons plus loin sur le problème du temps. Mais pour revenir à notre problème, c'est avec l'alter ego que la position de Merleau-Ponty, à l'égard de la constitution (*cogito*), nous semble être ici modérée : l'ego et l'alter ego se constituent mutuellement. Il y a là, au moins, une reconnaissance de la passivité.[91] La constitution de l'alter ego est inachevée : sa parole empêche que ma constitution soit totale.[92] Mais, chose curieuse, on est ici loin de la thèse phénoménologique : la constitution mutuelle et la reprise du langage d'autrui par moi ne jouent pas ici un rôle positif dans la constitution du « monde commun » – c'est par un raisonnement spinoziste qu'on semble y arriver. Le monde se brise pour se multiplier en de différentes représentations : le monde commun est donné comme idée (Spinoza), ou comme sens.[93]

Le projet de Merleau-Ponty semble être d'allure idéaliste. On veut dépasser l'alternative de l'en-soi et du pour-soi : on veut que l'en-soi ne participe pas au sens. Et c'est dans ce sens que Merleau-Ponty a affirmé que le comportement n'est pas un en-soi, il est une pensée.[94]

7. La structure et la transcendance

C'est au niveau du comportement symbolique qu'apparaît ce que Hegel appelle le travail : « l'ensemble des activités par lesquelles l'homme transforme la nature physique et vivante ».[95] L'activité de la conscience ne peut être le produit des stimuli physiques. Les structures physiques sont, avons-nous vu, pour la conscience : elles s'amortissent dans l'homme comme un centre qui est capable de ses propres actions. Le travail humain est beaucoup plus que ce que Bergson avait pensé : pour celui-ci l'action humaine n'est rien d'autre qu'une <u>action vitale</u> = <u>action par laquelle l'organisme se maintient dans l'existence</u>. L'activité de la conscience devient, chez Bergson, une manière d'atteindre des fins que l'<u>instinct prescrit</u>. Il n'y a, pour Bergson, au-delà de l'activité biologique, qu'une activité mystique : activité qui ne vise aucun objet déterminé. Pour Bergson, tout se comprend par référence à la vie. Les actes, tels que parler, travailler (au sens hégélien), se vêtir, n'ont plus de signification propre : ils ne sont compris que comme <u>références</u> à la <u>vie</u>. Le travail humain avec toutes ses variétés se trouve <u>réduit</u>, chez Bergson, à une <u>notion purement motrice de l'action</u>.

Mais l'activité de la conscience ne peut se réduire à la conservation biologique : la perception n'a pas seulement comme objet premier l'inorganique – elle est aussi une saisie des actions humaines. Entre la conscience et la nature brute il y a toute une morale : des objets d'usage, des instruments etc. Pour la conscience, la représentation d'un objet est double : il y a l'objet et son usage. L'homme ne saisit pas uniquement le signe, le renvoyant, mais aussi le signifié. La contiguïté, avons-nous vu, est <u>créée</u>. C'est à la conscience enfantine que Merleau-Ponty revient pour analyser la genèse de la conscience transcendantale.

La conscience humaine, même enfantine, saisit des objets non en tant que des « objets vrais » mais en tant que des « <u>réalités éprouvées</u> » = <u>investies d'une signification</u>.[96] Il arrive « de percevoir un sourire ou même dans ce sourire un sentiment sans que les couleurs et les lignes qui "composent", comme on dit, le visage, soient présentes à la conscience ».[97]

La Pensée logique et politique de M. Merleau-Ponty

Une physionomie peut être connue sans savoir la couleur des yeux, des cheveux ou la forme du visage. Il en est ainsi, car la perception est premièrement – chez l'enfant de même que chez l'adulte – une perception du sens, de signification. Celle-ci, dit Merleau-Ponty, est «donnée avant les prétendus signes sensibles».[98] Un peintre qui se limiterait par exemple, à transporter les éléments d'un visage sans son expression ne comprendrait jamais le visage. Cézanne avait raison, pense Merleau-Ponty, de reprocher aux peintres de traiter les visages comme des pierres. Ce qu'un paysage ou un visage offre, c'est une signification, et c'est celle-ci – à suivre Cézanne – qu'il faut atteindre, comprendre. Mais pour l'atteindre il faut faire comme Merleau-Ponty : dépasser les éléments matériels du paysage ou du visage.

Si on compare Cézanne à Merleau-Ponty, celui-ci nous parait être plus transcendantaliste : le visage, par exemple, n'est qu'un «point d'appui à peine matériel d'une multitude d'intentions».[99] La nature n'est devant la conscience que comme un minimum : un minimum amorphe.[100] La forme est le propre du langage, des mots. Le langage fait partie ici de l'attitude transcendantale : ce n'est pas parce que deux objets sont perçus comme identiques qu'ils se ressemblent, mais c'est parce qu'ils sont désignés par le même mot.[101] À suivre Merleau-Ponty, la conscience n'arrive à la nature que par des catégories qui lui sont propres : le langage, l'affectivité etc.[102] Mais puisqu'il en est ainsi, comment pourrions-nous encore parler de la nature, de l'en-soi ? Kant n'a-t-il pas raison de parler de l'en-soi comme l'inconnaissable ? Popper n'a-t-il pas raison de reprendre la même idée ? C'était une difficulté réelle dans la pensée de Merleau-Ponty. Mais *Le Visible et l'Invisible* a dépassé ce problème (Voir le premier Chapitre dans ce travail). Ce qui est ici important pour nous, c'est de comprendre que le sens n'est pas de l'ordre de l'en-soi, mais du pour-soi. Ce qu'il y a donc devant la conscience – adulte ou enfantine – ce ne sont pas des choses, mais des significations[103] « La nature, dit Merleau-Ponty, ne peut être saisie (…) que comme le minimum[104] de mise en scène nécessaire à la représentation d'un drame humain » :[104,105] drame au sens de Politzer. Mais pourrions-nous préciser ce minimum auquel le sensible – au sens de Platon – se trouve réduit chez Merleau-Ponty ? Nous aimerions revenir sur cette question, avec nos conclusions. Mais ce qui va suivre nous aidera à la préciser davantage. Revenons donc à Bergson.

La réduction de l'activité humaine à une activité purement vitale n'explique pas, pense Merleau-Ponty, l'origine ou la conscience transcendantale.[106] Freud a déjà parlé de la pulsion de mort : l'homme ne cherche pas toujours à vivre, mais aussi à mourir, à se détruire. C'est dans ce sens que se trouvent expliqués les phénomènes comme celui de la guerre, de la résistance des malades à leur propre guérison, etc. Mais si le principe de vitalité, tel qu'il a été conçu chez Bergson, est à rejeter, comment explique-t-on que la conscience commençante (enfantine) soit déjà une conscience transcendantale ? L'objet sensible, autrui ou l'objet culturel, n'explique pas, pense Merleau-Ponty, la structure perceptive.[107] Et ce car la conscience n'est pas une matière plastique qui reçoit du dehors des structures privilégiées : des structures sociologiques ou psychologiques. Si un enfant ne tenait pas en lui-même la capacité de comprendre une langue, celle-ci resterait, pour lui, un phénomène sonore parmi d'autres : l'enfant n'aurait jamais de prise sur cette mosaïque de sensations – le langage ne jouerait jamais, chez lui, un rôle positif, dans la constitution du monde perçu.[108] Ce n'est pas la présence effective de tel ou tel objet, de telle ou telle structure humaine qui <u>impose</u> la signification : des objets phénoménaux sont investis de significations jamais <u>entièrement visibles en eux</u>.[109] La présence des objets devant la conscience enfantine est à comparer au symbole : celui-ci renvoie à une signification qui n'est pas présente, qui exige une conscience pour la faire exister. On pourrait penser qu'il s'agit là, chez notre auteur, des conduites <u>innées</u>. Cependant, il n'en est rien – ce n'est pas de l'innéisme que l'on cherche. L'innéisme est à comparer à l'intellectualisme : il ne fait que poser dans la conscience les contenus de l'empirisme. L'innéisme et l'intellectualisme, de même d'ailleurs que l'empirisme, ignorent le sens de la conscience transcendantale : la créativité, car, pour eux, le <u>sens</u> est <u>donné</u>. C'est dans ce sens qu'il faut dépasser Kant. Il y a pour celui-ci deux conditions de l'expérience : l'a priori et l'a posteriori. Celui-ci est conçu comme une diversité pure de phénomènes. C'est le « Je » qui est le principe de la synthèse. En affirmant que la structure est pour la conscience, c'est dans ce sens kantien qu'on aurait pu penser interpréter Merleau-Ponty. Or il n'en est rien. Et ce car tout d'abord Merleau-Ponty pense dépasser l'<u>alternative</u> de l'en-soi et du pour-soi. Mais l'alternative ne serait ici (*La Structure du comportement*) dépassée que si l'idée de structure est devenue synonyme du concept au sens hégélien : « le concept n'a pas d'extérieur », disait celui-ci. Mais là nous serions dans l'idéalisme absolu. Bien que, à notre sens, ce ne soit pas là tout à fait sa pensée, c'est dans ce sens hégélien que Merleau-Ponty donne l'impression d'être engagé :

> La notion de Gestalt nous ramenait, par un développement naturel, à son sens hégélien, c'est-à-dire, au concept avant qu'il soit devenu conscience de soi. La nature, disions-nous, est l'extérieur d'un concept. Mais justement le concept comme concept n'a pas d'extérieur, et la Gestalt restait à penser comme unité de l'intérieur et de l'extérieur, de la nature et de l'idée.[110]

Bien que l'on soit ici devant un paradoxe, la tendance idéaliste du jeune Merleau-Ponty (*La Structure du comportement*) est ici manifeste. Mais l'affirmation du sensible comme un « minimum », empêche, malgré tout, l'identification de Merleau-Ponty à Hegel.[111] Mais quoi qu'il en soit, c'est dans ce sens hégélien et non kantien que Merleau-Ponty se dirigeait. Mais pour revenir au problème de l'en-soi, la conception de Merleau-Ponty n'est pas ici plus satisfaisante que celle de Kant : et ce dans la mesure où elle n'est pas tout à fait hégélienne. Et c'était là pourtant la première objection à Kant. Mais Merleau-Ponty ne pense pas dépasser l'alternative de l'en-soi et du pour-soi uniquement par l'idée de structure. Il fait aussi appel à la « conscience perceptive », en particulier enfantine. Interrogée, celle-ci ne me révèle pas la distinction de pour-soi et de l'en-soi.[112] L'analyse kantienne est située au niveau réflexif : au niveau d'explication. Cette dernière objection pourrait être tournée contre Merleau-Ponty lui-même : interrogée, la conscience enfantine n'affirmerait pas l'idée de structure comme objet de conscience. Merleau-Ponty étant situé dans la perspective du pour-soi, la position kantienne ne pourrait que gêner Merleau-Ponty. On sait bien que celle-ci a déjà gêné Hegel. N'ayant pas reçu sa solution exacte, ce point a été repris par notre auteur lui-même. (Voir notre premier Chapitre). Mais ce problème ne présente qu'une partie d'un problème général : celui de la <u>naissance du sens</u>. C'est avec deux autres objections faites à Kant que nous aimerions préciser ce point.

Il y a, à suivre la synthèse kantienne, le problème de la décomposition du « sens ». Or la signification pense Merleau-Ponty est <u>indécomposable</u>.[113] Ce qui est saisi par l'enfant ce ne sont pas, comme nous l'avons vu plus haut, des éléments empiriques du visage, mais c'est sa <u>signification</u>. L'unité de signification n'est néanmoins pas très aisée à préciser chez Merleau-Ponty. Celle-ci est à concevoir comme un thème : pour être développé, celui-ci exige plusieurs expressions. Mais comme aucune perception ne peut faire le tour de son objet, de même aucune expression ne peut réaliser la signification toute entière. Il y a chez Kant, pour résumer, le problème de la décomposition du « sens » : et ce car, pense Merleau-Ponty, ce dont le « Je » kantien fait la synthèse ce n'est pas la signification, mais des éléments empiriques.

La conception kantienne, à suivre Merleau-Ponty, rend les phénomènes inintelligibles : elle se limite aux phénomènes empiriques sans se soucier de leur signification. [114] <u>Celle-ci, pour Merleau-Ponty, est un a priori = elle est de l'ordre du pour-soi</u>. Cette affirmation ne pose pas de problème. Le problème de *La Structure du comportement* est l'idée d'une signification créée (qu'il faut distinguer de l'idée qui est éternelle) : créée à l'occasion de quelque chose dont elle reste cependant presque indépendante et en ce sens antérieure. « La psychologie de l'enfance propose justement l'énigme d'une conscience linguistique et d'une conscience d'autrui à peu près pures, antérieures (*cogito* tacite!) à celle des phénomènes sonores (le langage) ou visuels,[115] comme le montrent assez les croyances magiques et animistes de l'enfant. La parole, autrui, ne peuvent donc pas tirer leur sens d'une interprétation systématique des phénomènes sensoriels et du "multiple donné". Ce sont des structures (significations) indécomposables et en ce sens des a priori ».[116,117] On peut comprendre à quel point *Le Visible et l'Invisible* a été une reprise de *La Structure du comportement*.

En somme Kant est dépassé par la même idée que les gestaltistes : celle du sens. Ce que confère la conscience aux données sensibles ce ne sont pas des synthèses – des formes vides – mais des significations.[118] L'affectivité n'est pas une synthèse, mais une signification.[119] Et c'est pourquoi il y a, comme la psychologie l'a montré, une reconnaissance aveugle de l'objet désiré par le désir.[120] Avec Merleau-Ponty, on est ici loin de ce que l'on appelle généralement le réalisme (= le réel s'impose!) : c'est la signification qui s'impose. « En entrant dans un appartement nous pouvons percevoir l'esprit de ceux qui l'habitent sans être capables de justifier cette impression par une énumération de détails remarquables, et, à plus forte raison, bien avant d'avoir noté la couleur des meubles ».[121]

En somme, la conscience ne peut être définie, pour Merleau-Ponty, que comme « un réseau d'intentions significatives ».[122] C'est la seule définition qui peut, pense Merleau-Ponty, relier la conscience à l'action : le travail pris au sens hégélien. L'acte de signifier ne doit passer ni par l'ordre de représentations (Freud et la philosophie de représentation), ni par celui du jugement (Kant). Il faut aussi renoncer à la distinction classique des « fins » et des « moyens » : le sens ne réside pas dans les « fins », mais dans les « moyens » = la conscience.[123] Il y a des significations qui, apparemment, sont sans aucun intérêt pratique : elles sont purement humaines – l'acte de vêtir est aussi l'acte de parure ou l'acte de la pudeur. « Ce qui définit l'homme (ce) n'est pas la capacité de créer une seconde nature, – économique, sociale, culturelle, – au-delà de la nature biologique, c'est plutôt celle de dépasser les structures créées pour en créer d'autres ».[124] « La dialectique humaine est ambiguë : elle se manifeste d'abord par les structures sociales ou culturelles qu'elle fait apparaître et dans lesquelles elle s'emprisonne. <u>Mais ses objets d'usage et ses objets culturels ne seraient pas ce qu'ils sont si l'activité qui les fait paraître n'avait aussi pour sens de les nier et de les dépasser</u> ».[125]

8. Conclusion

1. Les variables dont dépend la conscience, ce ne sont pas des stimuli, mais des <u>relations</u>. Celles-ci, cependant, ne sont pas « contenues » dans des stimuli comme événements du monde.[126] Une poule, avons-nous vu, ne réagit pas à la couleur à laquelle elle est habituée, mais à une certaine nuance des couleurs : « la plus claire ». Si le gris moyen (GM) et le gris clair (GC) appartiennent à la nature, c'est l'organisme qui <u>constitue</u> le couple GM + GC. C'est

l'organisme qui reconnaît le GM et GC dans une couleur neutre ! – <u>le gris le plus clair G3</u>.

Cette manière de voir rejoint ce que nous avons vu dans le chapitre précédent : le sens est entre l'<u>arrangement</u> des couleurs et les écarts entre les mots. Il n'y a donc, pour mettre en évidence la pensée de notre auteur, pas de différence entre une poule, un romancier, un peintre ou un homme parlant. Le sens est entre les couleurs, entre les signes (leur arrangement) et c'est à ce <u>sens</u> qu'il faut agir. Il y a un rapport d'efficacité entre la conscience et son milieu : naturel, culturel ou social.[120] La conscience, pour parler un autre langage, n'est pas une réalité substantielle, mais « <u>structurelle</u> » (une force grammaticale).[128]

2. L'affirmation de la structure comme « signification » était la négation, chez notre auteur, de l'extériorité des rapports entre la nature (l'être) et la conscience (la chair). Les rapports donc de celle-ci et de la nature sont des rapports d'<u>intériorité</u>[129] = la conscience est <u>créatrice</u> du <u>sens</u> :

> À l'épreuve d'une réalité immédiate se substitue la connaissance d'une vérité (…). La connaissance d'un univers (…) (est) déjà <u>préfigurée</u> dans la perception vécue, comme la négation de tous les milieux l'est dans le travail qui les crée. Plus généralement on ne pourra pas juxtaposer purement et simplement d'une part la vie de la conscience hors de soi (…), d'autre part la conscience de soi et d'un univers (…) en terme hégélien : la

conscience en-soi et la conscience en et pour-soi. (*La Structure du comportement*, p.190-191)

Si Merleau-Ponty a usé de l'idée de structure, c'est pour la mettre au profit de la conscience. En parlant de la structure, c'est de l'antiformalisme – et non du formalisme comme on le croit – dont il s'agit : l'idée de structure n'est pas une notion (forme) rigide, elle est même employée – dans *La Structure du comportement* – comme concept ; et ce au sens, apparemment, hégélien. « On veut, écrit Merleau-Ponty (…) égaler la conscience à l'expérience entière, recueillir dans la conscience pour-soi toute la vie de la conscience en-soi ».[129] L'esprit de la nature, dit encore Merleau-Ponty après Hegel, est un <u>esprit caché</u>.[130] Mais l'originalité de Merleau-Ponty est de dépasser l'empirisme et l'intellectualisme : l'originalité réside ici – le sens, la structure ou le concept n'est pas donné (dans la nature ou le monde intelligible) mais créé. La création se fait sur le champ. C'est une grammaire inédite : étant inédite elle ne peut être un concept ou une idée.

Les références du Chapitre III

1. Cf. Merleau-Ponty, *SC.*, p.147.
2. Cf. P. Guillaume, *La Psychologie de la forme*.
3. Cf. Merleau-Ponty, *SC.*, p.142 et suivantes.
4. Merleau-Ponty, *SC.*, p.142-143.
5. Cf. Merleau-Ponty, *SC.*, p.143. P. Guillaume, *La Psychologie de la forme*.
6. Merleau-Ponty, *SC.*, p.143.
7. Merleau-Ponty, *SC.*, p.144.
8. Cf. Merleau-Ponty, *SC.*, p.144.
9. Cf. Merleau-Ponty, *SC.*, p.144.
10. Merleau-Ponty, *SC.*, p.144.
11. Merleau-Ponty, *SC.*, p.145.
12. Merleau-Ponty, *SC.*, p.145-146.
13. On s'aperçoit de la différence entre *Le Visible et l'Invisible* et *La Structure du comportement* – le dualisme est ici manifeste. Mais l'idée de la chair est là.
14. *Le Visible et l'Invisible* a rempli la chair (le corps). C'est de là, entre autres, que vient la différence entre Merleau-Ponty et Sartre, les gestaltistes et Merleau-Ponty.
15. Merleau-Ponty, *SC.*, p.146. C'est nous qui soulignons.
16. Cf. Goldstein, *SO.*, p.405.
17. Merleau-Ponty, *SC.*, p.147.
18. Merleau-Ponty, *SC.*, p.143.
19. « …ce n'est pas à l'aide d'un critère extérieur que nous jugerons la prétendue philosophie de la forme ». Merleau-Ponty, *SC.*, p.147.
20. « Il faut en réalité comprendre la matière, la vie

et l'esprit comme trois ordres des significations ! »
Merleau-Ponty, *SC.*, p.147.
21. Cf. P. Guillaume, *La Psychologie de la forme*, p.26-28. Merleau-Ponty, *SC.*, p.148.
22. Cf. Sur tous ces points, P. Guillaume, *La Psychologie de la forme*, p.28-29.
23. Cf. P. Guillaume, *ibid.*, p.29-30.
24. P. Guillaume, *La Psychologie de la forme*, p.36.
25. *Ibid.*
26. Cf. Merleau-Ponty, *SC.*, p.149 et suivantes.
27. Merleau-Ponty, *SC.*, p.149.
28. Merleau-Ponty, *SC.*, p.149-150.
29. Merleau-Ponty *SC.*, p.150.
30. Cf. Merleau-Ponty, *SC.*, p.151.
31. Merleau-Ponty, *SC.*, p.153. C'est nous qui soulignons.
32. Merleau-Ponty, *SC.*, p.154. Voir la note. C'est nous qui soulignons.
33. Cf. Goldstein, *SO.*, p.415-420.
34. *La Psychologie de la forme*, p.34.
35. Merleau-Ponty, *SC.*, p.154.
36. Merleau-Ponty, *SC.*, p.155. C'est nous qui soulignons.
37. *Ideen zu einer reinen Phänomenologie und Phänomenologische Philosophie*, p.72-73. Cité par Merleau-Ponty, *SC.*, p.155. C'est au premier Husserl que l'on se réfère.
38. Merleau-Ponty, *SC.*, p.155-156. C'est nous qui soulignons.
39. Cf. Merleau-Ponty, *SC.*, p.156.
40. Merleau-Ponty, *SC.*, p.156. C'est nous qui soulignons.

41. Merleau-Ponty, *SC.*, p.154-155. Nous reviendrons plus loin sur le problème de l'histoire.
42. Merleau-Ponty, *SC.*, p.154-155.
43. Merleau-Ponty, *SC.*, p.157. (C'est nous qui soulignons) « La loi n'est rien d'autre, dit Merleau-Ponty, qu'un instrument de connaissance », *SC.*, p.157.
44. Merleau-Ponty, *SC.*, p.157.
45. Merleau-Ponty, *SC.*, p.159.
46. Cf. Goldstein *SO.*
47. Cf. Merleau-Ponty, *SC.*, p.159.
48. Voir le Chapitre précédent.
49'. « Le comportement privilégié (est celui qui réalise) les désignations spatiales les plus exactes, les discriminations sensorielles les plus fines ». Merleau-Ponty, *SC.*, p.160-161. La parenthèse est de nous.
50. Merleau-Ponty, *SC.*, p.161.
51. Merleau-Ponty, *SC.*, p.160.
52. Merleau-Ponty, *SC.*, p.162. C'est nous qui soulignons.
53. Cf. Merleau-Ponty, *SC.*, p.172.
54. A. De Waelhens, *Une philosophie de l'ambiguïté, l'existentialisme de Merleau-Ponty*, p.26.
55. Cf. Merleau-Ponty, *SC.*, p.114.
56. Cf. Merleau-Ponty, *SC.*, p.114.
57. Merleau-Ponty, *SC.*, p.115. C'est nous qui soulignons.
58. Merleau-Ponty, *SC.*, p.115. La parenthèse est de nous.
59. Cf. Merleau-Ponty, *SC.*, p.115.
60. Merleau-Ponty, *SC.*, p.115.
61. A. De Waelhens, *Une philosophie de l'ambiguïté, l'existentialisme de Merleau-Ponty*, p.27.

62. *Ibid.*, p.28.
63. Merleau-Ponty, *SC.*, p.127.
64. ...elle (contiguïté) doit devenir une contiguïté 'pour l'organisme ». Merleau-Ponty, *SC.*, p.115.
65. Cf. Merleau-Ponty, *SC.*, p.116.
66. Cf. Merleau-Ponty, *SC.*, p.116.
67. Cf. Merleau-Ponty, *SC.*, p.122-123.
68. Merleau-Ponty, *SC.*, p.123.
69. A. De Waelhens, *Une philosophie de l'ambiguïté, l'existentialisme de Merleau-Ponty*, p.29.
70. Merleau-Ponty, *SC.*, p.124. C'est nous qui soulignons.
71. Cf. Merleau-Ponty, *SC.*, p.124-125.
72. Cf. Merleau-Ponty, *SC.*, p.127 (voir le Chapitre 3, le langage).
73. C'est nous qui soulignons.
74. Merleau-Ponty, *SC.*, p.128.
75. « L'animal ne peut pas se mettre à la place du mobile et se voir lui-même comme but ». Merleau-Ponty, *SC.*, p.128.
76. Cf. le premier chapitre. On s'aperçoit ici combien *Le Visible et l'Invisible* est lié, peut-être, plus à *La Structure du comportement* qu'à la *Phénoménologie de la perception*.
77. Cf. Merleau-Ponty, *SC.*, p.128.
78. Merleau-Ponty, *SC.*, p.130-131.
79. Merleau-Ponty, *SC.*, p.131.
80. C'est nous qui soulignons.
81. Merleau-Ponty, *SC.*, p.131.
82. Merleau-Ponty, *SC.*, Note 2, p.131. « L'analyse du comportement symbolique nous ramène toujours à des

objets créés par l'homme ». Merleau-Ponty, *SC.*, p.131, Note 2.
83. Cf. Merleau-Ponty, *SC.*, p.132.
84. « La notation musicale ne serait pas un langage, l'orgue ne serait pas un instrument, si la manière dont on écrit ou dont on joue un do n'enfermait pas un principe systématique et n'enveloppait en conséquence la manière dont on écrit ou dont on joue les autres notes ». Merleau-Ponty, *SC.*, p.132.
85. Cf. Merleau-Ponty, *SC.*, p.133.
86. Souligné par nous.
87. Souligné par l'auteur.
88. Merleau-Ponty, *SC.*, p.133.
89. Cf. De Waelhens, *Une philosophie de l'ambiguïté, l'existentialisme de Merleau-Ponty.*
90. Il s'agit d'un malade très connu, Cf. Merleau-Ponty, *SC.*, p.137.
91. Merleau-Ponty, *SC.*, p.137.
92. Merleau-Ponty, *SC.*, p.137.
93. « La supposition d'une <u>conscience étrangère</u> ramène aussitôt le monde qui m'est donné à la condition du spectacle privé, le monde se brise en une multiplicité de "représentations du monde" et ne peut être que le sens qu'elles ont en commun ou l'invariant d'un système de monades ». Merleau-Ponty, *SC.*, p.137.
94. Merleau-Ponty, *SC.*, p.138.
95. Merleau-Ponty, *SC.*, p.176.
96. Cf. Merleau-Ponty, *SC.*, p.179-180.
97. Merleau-Ponty, *SC.*, p.180-181.

98. Merleau-Ponty, *SC.*, p.181.
99. Merleau-Ponty, *SC.*, p.181. Souligné par nous.
100. « La vérité est qu'il n'y a pas de choses, mais des physionomies ». Merleau-Ponty, *SC.*, p.182.
101. « Ce n'est pas parce que deux objets se ressemblent qu'ils sont désignés par le même mot, c'est au contraire parce qu'ils sont désignés par le même mot et participent ainsi à une même catégorie verbale et affective, qu'ils sont perçus comme semblables ». Merleau-Ponty, *SC.*, p.182.
102. « (de) même quand elle (la perception enfantine) s'adresse à des objets naturels (…) ». Merleau-Ponty, *SC.*, p.182.
103. Cf. Merleau-Ponty, *SC.*, p.182.
104. Soulignés par nous. .
105. Merleau-Ponty, *SC.*, p.182.
106. Cf. Merleau-Ponty, *SC.*, Note I, p.179 et p.179 et suivantes.
107. Merleau-Ponty, *SC.*, p.182-184.
108. Merleau-Ponty, *SC.*, p.184. « …si le monde humain peut acquérir d'emblée dans la conscience enfantine une importance privilégiée, ce ne peut être en tant qu'il <u>existe</u> (souligné par l'auteur) autour de l'enfant, c'est en tant que la conscience de l'enfant qui voit utiliser des objets humains et commence à les utiliser à son tour est capable de retrouver d'emblée dans ces actes et dans ces objets l'intention dont ils sont le témoignage visible ». *Ibid*.
109. Cf., *SC.*, Chapitre 2 et 3. En particulier p.174 et suivantes.

110. Merleau-Ponty, *SC.*, p.227.
111. Nous reviendrons plus loin, avec le problème de l'histoire, sur Hegel et Merleau-Ponty.
112. Merleau-Ponty, *SC.*, p.185.
113. Cf. Merleau-Ponty, *SC.*, p.185.
114. Cf. Merleau-Ponty, *SC.*, p.185 et suivantes.
115. C'est nous qui soulignons.
116. Souligné par l'auteur.
117. Merleau-Ponty, *SC.*, p.186. Les parenthèses sont de nous.
118. Cf. Merleau-Ponty, *SC.*, p.185.
119. Merleau-Ponty, *SC.*, p.186-187.
120. Merleau-Ponty, *SC.*, p.186.
121. Merleau-Ponty, *SC.*, p. 187. Référence à Scheler, *Der Formalismus in der Ethik und die Materiale Werththik*, p.140. C'est nous qui soulignons.
122. Merleau-Ponty, *SC.*, p.187. C'est nous qui soulignons.
123. Cf. Merleau-Ponty, *SC.*, p.187-188. Nous reviendrons plus loin (Chapitre 8) sur ce problème, mais dans une perspective différente.
124. Merleau-Ponty, *SC.*, p.189. La parenthèse est de nous.
125. Merleau-Ponty, *SC.*, p.190. C'est l'auteur qui souligne.
126. Cf. Merleau-Ponty, *SC.*, p.8, p.174.
127. Merleau-Ponty, *SC.*, p.190-191.
128. *Ibid.*, p.139.
129. *Ibid.*, p.174.
130. *SC.*, p.240.
131. *SC.*, p.174-175 et p.186.

La Pensée logique et politique de M. Merleau-Ponty

DEUXIÈME PARTIE

LE COGITO ET LE CORPS OBJECTIF

JOSEPH M LABAKI

CHAPITRE IV

LE CORPS COMME TOTALITÉ, COGITO ET TRANSCENDANCE

(Le corps comme objet de la science et la grammaire interne)

1. <u>La théorie du réflexe (l'idée de constance)</u>

Nous verrons, dans ce chapitre, comment tout sera mis au profit d'une philosophie de la conscience – le sujet. C'est avec le problème du corps comme « structure » et comme « sujet » que nous devons commencer. Mais il semble que pour étudier le comportement – la manière d'exister du sujet – il faut opérer cette distinction: ne pas confondre le comportement réel et le comportement apparent. Celui-ci, dit-on, est le comportement saisi par la conscience naïve ou même par la conscience philosophique. C'est, dit-on, le propre de l'analyse scientifique d'aller au-delà de l'apparence de nos actes pour en saisir la réalité et la vérité. Si par exemple, je tends ma main pour gratter un espace particulier de mon corps, on dira qu'il y a là un « mouvement apparent » (l'acte phénoménal) et un « mouvement réel »: celui dont l'analyse scientifique – et en particulier la psychophysiologie et l'anatomie – tend de préciser les mécanismes et la nature. Mais sur le problème qui nous occupe, celui du « sujet », les idées de Merleau-Ponty ne sont pas celles d'un moraliste, d'un métaphysicien ou d'un politicien: ce sont celles d'un phénoménologue dont la physiologie et la psychologie forment le fond de sa pensée. Ce n'est donc pas le point de vue phénoménal qui constitue l'unique voie d'approche du « sujet ». C'est par une analyse et une critique de ce que Goldstein appelle le point de vue analytique – celui-ci s'accorde mal avec les faits – que nous pourrions nous faire une idée de ce qu'est le « sujet » ou la constitution chez ce phénoménologue. Par l'idée de créativité Merleau-Ponty arrive à dépasser toutes les contradictions de la théorie du réflexe et du réflexe conditionné. En d'autres mots, là où le sujet est aboli, Merleau-Ponty ressuscite ses pouvoirs. Mais chose admirable d'un philosophe est de choisir un terrain de discussion et de rencontre comme celui que nous verrons dans cette deuxième partie et que nous allons voir dans ce chapitre. Ce qui va suivre va nous montrer le sérieux de cette pensée que nous sommes en train d'analyser : ses inquiétudes à l'égard du sujet – le <u>transcendantal</u>.

Pour les partisans de la « méthode analytique », le corps (= la chair) n'est qu'un ensemble d'appareils anatomiquement « circonscrits » et dont la mise en marche dépend des événements du monde – <u>les stimuli</u>. C'est ainsi que l'on explique, par exemple, la perception visuelle, ma vision d'une tache lumineuse sur un écran : ma rétine est décomposée en éléments anatomiques très fins et très simples auxquels doivent correspondre des stimuli ponctuels. La perception visuelle n'est, en somme, qu'un ensemble de réflexes. Chaque partie de la rétine accomplit une fonction « constante » et bien « circonscrite ». Il y a des connexions entre les muscles moteurs et les points de la rétine, mais ces connexions sont aussi « circonscrites » et « préétablies ». Les muscles moteurs sont analysés avec la même précision que ceux de la rétine. À cette analyse s'en ajoute une autre : l'analyse temporelle. La perception visuelle, dit-on, n'est qu'une succession d'instants discontinus. La durée de la sensation visuelle s'identifie avec la durée des stimuli. Une fois que la lumière touche les muscles récepteurs, les muscles moteurs déclenchent l'action réflexe.[1] Expliquer nos comportements, nos réactions ou le fonctionnement nerveux, c'est donc ramener le complexe au simple (Descartes). C'est découvrir les éléments constants dont est fait le comportement. Le réflexe du grattage, par exemple, sera analysé en autant de réflexes qu'il y a d'éléments anatomiquement distincts dans l'espace gratté.[2] En somme, le réflexe auquel on réduit notre activité, est, dit-on, une réponse <u>constante et circonscrite</u>. C'est un phénomène «longitudinal» :[3] un excitant précis agit sur un récepteur localement défini, et l'excitation ainsi produite est transmise par un trajet anatomiquement défini à un récepteur également défini.[4]

Mais dire que toute réaction ou comportement se déroule dans un espace anatomiquement circonscrit et que pour cette raison il est à <u>jamais constant</u>, c'est ce que semblent contester les expériences :

> Le réflexe rotulien n'est jamais constant : il est variable selon la position du membre, celle de l'organisme, etc. L'attention portée au réflexe suffit pour l'inhiber. Lors des lésions des voies pyramidales, le réflexe semble être exagéré.[5] Les limites du champ réflexogène ne sont pas, selon Sherrington, absolument circonscrites :

elles varient selon les jours et les circonstances.[6] On a montré que dans l'état d'excitation galvanique, faible ou lentement croissant, le réflexe d'extension apparaît à la place du réflexe ipsolatéral.[7] Une excitation plantaire se traduit selon la position de la jambe : on obtient un réflexe si la jambe était croisée et un réflexe de flexion si elle était passivement étendue.[8] Ce n'est qu'après la section transversale de la moelle, que les champs récepteurs deviennent invariables chez l'homme.

Le principe donc de constance (sorte d'une grammaire morte) ou de « spécificité » fait en effet défaut. Certains champs récepteurs peuvent même donner lieu à des réponses inverses : la répétition d'un réflexe peut se transformer en son contraire.[10] L'excitation du vague ou du sympathique se traduit par des réactions extrêmement variables : c'est selon l'état humoral![11] Le calcium, qui d'ordinaire ralentit le pouls, en cas d'insuffisance aortique, l'accélère![12]

Mais si le même point excité peut donner lieu à des réactions différentes, voire inversées, c'est que le point excité n'est pas doté d'une opération déterminée (isolée) et « constante ».[13] On ne peut pour chaque point de la rétine, par exemple, donner une valeur et une fonction spatiale strictement déterminées et constantes : l'excitation d'un point donné peut donner lieu, comme on l'a vu, à différents réflexes – et l'excitation de deux endroits distincts peut donner le même réflexe.[14] Les exemples précédents suggèrent non l'idée d'une réponse qui dépendrait uniquement du point excité, mais de l'organisme en totalité, de sa position, de ses actes à accomplir à présent et de ceux qu'il a déjà accomplis (apprentissage).[15] Pour sauver ce principe de constance et de réactions circonscrites contrariées par des expériences, deux hypothèses furent inventées :

A. Le champ récepteur, dit-on, est lié par des voies et des connexions préétablies à tous les dispositifs moteurs, dont il peut commander l'exercice.[16] Il semble que par un accident des voies efférentes ou afférentes, certaines réponses peuvent apparaître à la place de celles attendues, ce qui expliquerait la non constance ou l'inversion des réponses. Mais comme les réactions se font à des endroits fort espacés, cette hypothèse ne peut rendre compte de la variété des réponses et de l'ampleur du champ réacteur. Sherrington fut amené à supposer un segment commun à tous les dispositifs centrifuges, c'est-à-dire un segment commun dont le substrat nerveux peut varier les réponses.[17] Il semble cependant que ce savant ne renonce pas à l'idée de la spécificité du récepteur. Mais si le substrat moteur peut varier ses réponses, pourquoi le récepteur ne le pourrait-il pas ?[17] L'idée d'irradiation (Sherrington) ne rend pas intelligible l'inversion de réflexes : elle ne fait que propager l'excitation pour voir en elle le moyen de « déborder » le lieu excité et de déclencher par là d'autres appareils réflexes. L'idée d'irradiation doit être prise au sens de Weiszäcker : chaque onde doit parcourir, mais de manière différente, le système nerveux en totalité. Mais le phénomène d'irradiation ne serait pas possible si le système nerveux était composé d'appareils autonomes. L'idée d'irradiation (non prise au sens

La Pensée logique et politique de M. Merleau-Ponty

de Weizsäcker et Goldstein) n'amène qu'à un inversement partiel du réflexe ; or l'ablation de certaines régions nerveuses modifie tous les réflexes.[18] Il semble donc que l'irradiation ne fasse jouer tout au plus que la loi de la « proximité spatiale ». L'idée d'irradiation signifie des voies nerveuses débordées, mais l'idée du réflexe préétabli reste opérante ; <u>or s'il y a une inversion des réflexes, c'est que le corps les « crée » et les « invente » au moment même</u>.[19] Là aussi l'idée de création est capitale : elle est à l'opposé – comme elle était à l'opposé des idées intellectualistes – du principe de constance et de réflexes préétablis. La loi du comportement n'est pas celle qui relierait des réactions observées à des dispositifs moteurs circonscrits : nos réactions ne dépendent pas uniquement de ces appareils, mais de l'état total du système nerveux.[20]

B. La seconde hypothèse n'est pas si différente de celle que l'on trouve chez certains philosophes : les partisans d'un « Je » principe de la synthèse. Ici le Je est responsable de la synthèse et là les dispositifs cérébraux sont responsables de l'activité réflexe. L'absence du réflexe d'extension chez le normal (phénomène de Babinski) est expliquée comme un réflexe inhibé ! L'inhibition est la fonction d'un dispositif inhibiteur. On peuple ainsi le cerveau de dispositifs moteurs : inhibiteurs, coordinateurs etc., sans se soucier de savoir si « tout » le cerveau ou même pour parler comme Goldstein – si tout l'organisme peut être inhibiteur ou coordinateur. Mais on ne peut circonscrire des forces inhibitrices uniquement dans le cerveau : il y a une inhibition totale après un choc spinal.[21] Le cerveau ne peut en outre se réduire à l'idée d'inhibition et d'autorisation : il doit jouer un rôle positif dans la « constitution » du réflexe.²² On ne peut expliquer, par exemple, l'absence de l'activité dans l'état de fatigue et d'hypnose par une activité inhibitrice du cerveau. Quand on le réduit à ces deux activités, coordination et inhibition, on suppose que le cerveau est composé de deux étages : le premier est composé d'arcs réflexes et le second est une instance supérieure constituée des centres inhibiteurs et coordinateurs, chargés de gouverner les réflexes, de les dissocier et de les associer.²³ Mais expliquer l'absence du réflexe dorsal chez le normal par un appareil inhibiteur ou expliquer la présence du réflexe dorsal chez le malade, par l'absence d'un dispositif inhibiteur, c'est forger une hypothèse invérifiable : rien ne permet de constater chez le normal un tel appareil (dispositif inhibiteur) et d'en supposer le « non-exercice » chez le malade.²⁴ D'abord, l'inhibition ne doit pas se limiter au cerveau : celui-ci peut être non seulement inhibiteur, mais aussi inhibé.²⁵ Inhibition et coordination ont leur centre partout et nulle part :²⁶

> Il y a des cas, comme on l'a déjà vu, où l'inhibition est totale sans que l'activité cérébrale soit en cause.²⁷ Des inhibitions de l'automatisme ont lieu en l'absence de toute lésion des voies cérébro-spinales.²⁷ On rencontre des réflexes d'extension même dans des paralysies périphériques où la connexion, qui relie l'écorce cérébrale aux voies pyramidales et aux cornes antérieures, n'est point lésée – le réflexe d'extension ne peut donc être expliqué par l'hypothèse d'un automatisme libéré.²⁸ Beaucoup de sujets qui, par exemple, en position normale, présentent le réflexe

d'extension, ne le présentent plus si leur genou se trouve fléchi, si on les place en position ventrale ou seulement dès qu'on leur fait exécuter certains mouvements de la tête.[28]

Si en cas de lésion pyramidale il y a un changement de forme du réflexe (le réflexe d'extension des doigts de pied), c'est que le système (le corps) tout entier y participe.[29] Même si le réflexe d'extension est déterminé par le renversement des chronaxies – celles des muscles fléchisseurs sont devenues plus grandes que celles des muscles extenseurs et ainsi l'extension est devenue plus facile et plus rapide que la flexion – le rapport de celles-ci est déterminé non pas par des dispositifs inhibiteurs circonscrits, mais par la situation motrice et nerveuse de l'organisme en totalité.[30] En somme, l'idée d'inhibition inventée pour expliquer l'absence du réflexe d'extension semble être insoutenable. Le cerveau doit perdre ce rôle d'arbitre, qui consiste à inhiber, à coordonner et à autoriser les réflexes préétablis, pour intervenir comme « co-constituant » du réflexe.[31] L'idée d'inhibition – de même que celle de coordination – ne fut forgée que pour masquer le désaccord entre les faits et la théorie :[32] la non-constance du réflexe et la non-délimitation des champs récepteurs. Ce qui est vrai, c'est que chaque réponse exige ou suppose, dans l'ensemble du système nerveux, des conditions « positives » et « négatives » mais sans que ces conditions soient localisées quelque part – dans le cerveau par exemple – et que des conditions spéciales feraient intervenir au dernier moment pour modifier nos réactions.[32]

L'adaptation, pas plus que l'inhibition, ne peut être l'œuvre unique d'une instance supérieure. En me grattant, ma main est adaptée à la situation. Elle s'y est adaptée non parce que des messages proprioceptifs lui sont parvenus du membre mû ou que des conditions lui sont imposées par le centre nerveux ou le cerveau, mais parce que le réflexe porte en-soi toutes les conditions nécessaires d'adaptation et de coordination pour atteindre le lieu de grattage.[33] Même à l'égard de l'espace non-corporel, le soi-disant réflexe atteint avec la même sûreté l'espace externe (les choses) que l'espace interne (le corps).[34] L'adaptation ne peut même pas se faire parce que l'on appelle l'intelligence ou le jugement : si par exemple, je montre quelque chose de la main droite et qu'en raison des circonstances, je dois la désigner de la main gauche, celle-ci s'y porte sans jugement ou raisonnement ; si l'intelligence ou le jugement devaient intervenir, ils exigeraient un temps bien long : il faut calculer, mesurer etc.[35] Nous savons dès notre premier chapitre que la main est un *cogito* : un jugement ou une intelligence naturelle. Ainsi elle n'a besoin, pour atteindre l'espace externe ou interne, que d'elle-même.[36] La subordination de l'absence du réflexe d'extension à un dispositif inhibiteur, la subordination de nos comportements à des instances supérieures et circonscrites dans le cerveau et la réduction de celui-ci à cette activité d'arbitre, est en somme une hypothèse contestée par les expériences.

Si le système nerveux central et en particulier l'écorce et le cerveau sont réduits à ces instances, inhiber, coordonner ou ordonner, c'est parce que chez les partisans du réflexe on suppose des connexions préétablies entre les champs récepteurs et les muscles moteurs. Prenons, pour exemple de discussion, la fixation oculaire et l'écriture, pour voir, encore une fois, si

La Pensée logique et politique de M. Merleau-Ponty

connexions <u>préétablies il y a :</u> la négation de celles-ci serait « <u>la victoire</u> » du *cogito*.

Suivant le concept classique du réflexe, on dira que chaque point de la rétine a une valeur déterminée et chaque point est uni par des « circuits » nerveux « préétablis » et « constants » à des nerfs moteurs : des nerfs capables, en basculant l'œil, d'amener l'impression lumineuse sur la macula (la tache jaune).[37] Supposons par exemple, que je fixe mon œil sur le point 1 et puis de là que mon œil se déplace vers 2 – et ensuite de 1' vers 2 sans bouger la tête.

• = point lumineux

On constate dans cet exemple, pour le réduire à ce qu'il comporte d'essentiel pour nous, deux choses : 1) c'est toujours le même lieu de la rétine qui est excité (en fixant le point 2, 2' se réfléchit au même endroit que 1' lorsque tout à l'heure je fixais 1) et 2) pourtant les <u>contractions musculaires</u> sont <u>très différentes</u> en <u>allant de</u> 1 à 1 et <u>de</u> 2 à 2'. Ce que cet exemple met en échec, c'est l'idée de connexions préétablies : en allant de 1 à 1' et de 2 à 2' c'est toujours le même point de la rétine qui est excité, mais les connexions qui vont des nerfs optiques aux nerfs moteurs sont <u>très variées</u> = <u>non constantes</u>. S'il est vrai que chaque point de la rétine est lié à une substance motrice par des voies préétablies et constantes, l'excitation d'un seul et même lieu de la rétine ne pourrait pas se produire par des contractions (connexions) musculaires si variées.[38] On ne peut prétendre que c'est l'excitant lumineux qui en est responsable, car il s'agit toujours du même excitant lumineux. Si l'on pouvait supposer que toutes ces connexions ont été établies, la très grande variété des mouvements de l'œil dépasserait l'anatomie de celui-ci. Mais partir d'un point déterminé (le point excité) et revenir à un point déterminé (le nerf moteur) et multiplier sans mesure les contractions musculaires entre ces deux points n'est pas acceptable en raison des postulats les plus fondamentaux de la théorie du réflexe.

Quand on écrit une lettre ou même un fragment de lettre – R par exemple – l'innervation des muscles est très variée, suivant que j'écrive rapidement ou lentement, en gros ou en petits caractères, avec telle ou telle position du bras, plus haut ou plus bas sur le papier ou sur un tableau etc.[39] Si la partie réceptrice est liée par des voies préétablies à des muscles moteurs, il faut que le nombre d'innervations soit fort limité : un point excité ne devrait faire basculer qu'une seule voie ou innervation. La difficulté semble venir de ce principe : l'arc-réflexe est considéré comme composé de deux parties, centripète et centrifuge, considérées comme indépendantes l'une de l'autre, et qu'on relie par des voies anatomiques préétablies et circonscrites.[40] Mais ce qui est suggéré par les faits – la fixation oculaire et l'écriture par exemple – c'est de considérer les deux parties réceptrices et motrices comme les parties d'un seul organe.[41] Il n'y a pas en somme de circuit réflexe : un champ récepteur « circonscrit » + connexion préétablie + appareil moteur « séparé ». On se rend compte que la logique interne de notre auteur – qui n'a jamais été déchiffrée – c'est-à-dire le rejet du principe de constance et de la localisation, a ce but évident : l'affirmation du *cogito*, d'une « grammaire interne ».

Et comme le réflexe, ce que l'on appelle l'« instinct » est susceptible d'actions « variées » et ne peut être « circonscrit » : c'est un phénomène totalitaire, il dépend de l'organisme en totalité.[42] Le besoin de nourriture, par exemple, dépend de l'état total de l'organisme. L'instinct maternel (ses sentiments et ses actes) dépend de la personnalité tout entière.[43] Il ne se manifeste quelquefois que plus tard : quand l'enfant atteint un certain âge et quand la mère l'a appréhendé comme un être humain.[44] L'instinct dépend, entre autres, de l'écorce cérébrale, des facultés intellectuelles, etc.[45] Le comportement sexuel et l'instinct maternel ne se manifestent chez certains animaux (les rats) qu'après l'intervention sur l'écorce.[46] Koffka a tenté une interprétation de l'instinct en termes de structure : l'instinct serait un phénomène totalitaire – qui dépend de l'organisme en totalité.[46]

Si l'on ne peut parler de l'instinct au sens classique, c'est-à-dire compris comme un dispositif circonscrit et dont le but est inscrit en lui, on peut cependant parler de l'instinct au sens général : celui-ci sera synonyme de nature. C'est dans ce sens que Merleau-Ponty a décrit la première catégorie des comportements : les formes syncrétiques.

Si, par exemple, l'homme a cette capacité d'avoir des comportements symboliques, de jouir d'une transcendance, de ne pas être rivé au « hic et nunc », l'animal est incapable de dépasser le présent et de « varier » ses comportements : il est emprisonné dans le cadre de ses conditions naturelles.[47] Dans ce cadre déjà limité on pourrait trouver des réactions plus typiques et plus monotones chez l'animal. Mais ce qui distingue l'homme de l'animal, avons-nous vu, (chapitre précédent), c'est la <u>variété</u>, l'existence <u>polymorphe</u>.[48] Cela néanmoins n'exclut pas que l'on puisse parler de l'instinct humain, ou de la nature générale de l'homme. Si, par exemple, l'instinct maternel n'est qu'une « pure invention », une « création culturelle », beaucoup d'êtres humains n'auraient pas pu y parvenir. Mais l'instinct compris comme un dispositif anatomiquement circonscrit et dont les réactions <u>sont à jamais constantes, n'existe ni chez l'homme ni chez l'animal</u>.

De même que le réflexe et l'instinct, ce que l'on appelle la « pulsion » n'est pas, d'après Goldstein, une entité particulière (circonscrite) dont les réactions sont <u>à jamais les mêmes</u>.[49] Deux problèmes sont liés à l'idée de « pulsion » : celui de son but et celui de la discrimination des pulsions. Bien que la pulsion ne soit pas directement observée, elle désigne une poussée : je me sens poussé à tel ou tel comportement déterminé.[50] Mais si l'on veut la préciser, savoir son origine, d'où elle émane et quel en est l'élément moteur, celui-ci doit être centré en différentes régions y compris la sphère sexuelle.[50] L'assouvissement d'un besoin ou d'une pulsion se produit – sauf dans des situations critiques – non dans un territoire « strictement circonscrit », mais du point de vue du corps en totalité.[51] Il n'y a, à proprement parler, dit Goldstein, qu'une seule pulsion : celle de l'« actualisation de soi », qui n'est au fond rien d'autre que la vie même de l'organisme individuel.[52] Mais la pulsion comprise comme actualisation du soi – ou pour parler le langage de notre auteur, comme le mouvement de l'être-au-monde – n'exclut pas une certaine thématisation générale de nos intentionnalités, c'est ainsi que nous pourrions parler de la guerre, de la religion, de la politique etc. comme des <u>intentionnalités spécifiques</u>.

Mais le but de la pulsion ne semble pas être uniquement, d'après Goldstein, d'éliminer la tension : celle-ci n'est pas toujours quelque chose à éliminer, l'organisme supporte non seulement la tension, mais il la recherche parfois lui-même et tend à la prolonger, c'est le cas, par exemple, de la sexualité (l'orgasme) et des opérations intellectuelles.[53] L'orgasme ne peut être interprété uniquement comme résolution de tension : tension et résolution font partie de la même opération.[54] Le but de la pulsion ne peut être de s'éliminer elle-même ou de résoudre la tension : celle-ci pourrait être le moyen même qui permet l'accomplissement d'un acte particulier, l'orgasme.[55] Si Freud ne voit comme but de la pulsion que la détente, il ignore dans ces conditions le « plaisir de tension ».[56] Cela ne veut néanmoins pas dire, pour Goldstein, que la résolution de la tension soit exclue comme but de la pulsion : tension et résolution sont deux moments d'une seule opération. Nous reviendrons sur ce problème avec Freud (Chapitre 5).

2. L'activité nerveuse supérieure

Mais la méthode d'analyse réflexe avec ses principes – en particulier celui de localisation et de constance – est suivie aussi lorsqu'il s'agit d'expliquer l'activité du système nerveux et ce que l'on appelle le comportement supérieur ou conditionné. C'est l'écorce, selon Pavlov, qui est responsable de nos réactions (réflexes) conditionnées. Il y a chez Pavlov plusieurs problèmes : celui de la localisation, celui du rôle exagéré donné à l'écorce, bref celui du sujet. (Nous reviendrons sur ce point avec les paragraphes 3 et 4).

L'activité nerveuse – et en particulier celle de l'écorce – est comprise comme un ensemble de processus simples et isolés. L'écorce est conçue comme une carte où l'on marque les points d'arrivée et de départ de chaque excitation et comportement. Chaque point de l'écorce est doté d'un pouvoir bien précis : circonscrit et constant, positif ou négatif. Il semble que Pavlov poussait à fond ce que Goldstein appelle le point de vue analytique : la notion de coordination réceptrice et l'idée de coordination motrice se trouvaient éliminées au profit des postulats analytiques. Entre le système nerveux central et le comportement (toutes nos réactions, y compris la parole), Pavlov admettait une correspondance ponctuelle et univoque.[57] En somme, le comportement serait dirigé à la manière dont un marin dirige un bateau, ou à la manière dont l'âme dirigerait le corps selon Descartes : l'organe directeur (substance corticale circonscrite et spécialisée) exercerait une action mécanique et dans une direction déterminée, par exemple, mouvoir un tel doigt ou tel ou tel muscle correspondant.[58] La symptomatologie consistait – de ce point de vue analytique – à déduire du symptôme manifeste la lésion correspondante.[59] La pathologie mentale, l'aphasie par exemple, était expliquée par des troubles circonscrits : l'absence d'un certain contenu cérébral. La symptomatologie ne semble être, dans tous les cas, qu'une méthode pour repérer la lésion. Ici la méthode s'oppose à la théorie du réflexe d'inspiration behavioriste (Watson) et à la phénoménologie : si pour la phénoménologie le comportement est <u>débat</u> avec <u>le</u>

monde et si pour elle la symptomatologie peut être recherchée dans le rapport du malade avec son monde[60] (son entourage géographique et familial), pour Pavlov le comportement est placé dans le cerveau et la symptomatologie mentale, comme nous l'avons déjà dit, se réduit sans plus à des repérages ou analyses neurologiques. La maladie correspond toujours, de ce point de vue, à une atteinte de l'esprit, et pour que celle-ci soit significative, il faut la localiser. Dans le cas de l'aphasie par exemple, le médecin se demandait uniquement : le malade peut-il parler, comprendre, écrire, lire ?[61] Le psychologue comprenait à son tour l'aphasie comme la perte d'une certaine collection d'états psychiques : représentations ou images.[62] Et si d'autres symptômes se manifestaient, la solution était, ou bien de les rattacher à des lésions supplémentaires, ou bien de chercher à les faire dériver de symptômes primaires.[63]

Ainsi, la théorie de la localisation est en même temps réaliste et abstraite : réaliste, car nos actes et les symptômes sont localisés dans le système nerveux (le cerveau) et abstraite, car la substance nerveuse et motrice est analysée en des points circonscrits et dissociés les uns des autres.

Mais l'écorce – pour partir de l'apprentissage – ne semble pas être la seule responsable de la « fixation » et de l'« inhibition » des réflexes conditionnés. Comment, s'il en est ainsi, expliquer des réactions conditionnées chez les poissons dépourvus de l'écorce, chez les invertébrés et les protozoaires ?[64] L'existence de ces réactions (pour ne plus dire des réflexes) suggère l'idée que celles-ci ne sont liées à aucun dispositif anatomiquement circonscrit et qu'elles sont fonction non de l'écorce seule, mais d'une propriété générale des phénomènes nerveux ou même

« biologiques ».⁶⁵ Les réflexes conditionnés ne disparaissent pas, comme l'a pensé Pavlov, dès que l'écorce est abolie : même après l'ablation de celle-ci, l'animal reste encore capable d'apprendre suivant la méthode du réflexe conditionné.⁶⁶ Cependant, après l'ablation de l'écorce, le pouvoir d'apprentissage est fort diminué : les réactions sont beaucoup plus simples et moins différenciées.⁶⁶ En somme, on peut résumer les résultats acquis par la physiologie et la psychiatrie (aujourd'hui encore confirmés) en quelques maximes fondamentales :

A. Même localisée, une lésion intéresse non pas une réaction circonscrite, mais bien l'ensemble du comportement, et des lésions situées dans des régions différentes de l'écorce provoquent des structures analogues.⁶⁷ Une lésion de l'écorce donne rarement lieu à des troubles qui intéressent isolément certains fragments du comportement.⁶⁸

   Si, par exemple, l'aphasie ou l'apraxie se ramène, comme on le pensait, à la perte de certain contenu cérébral ou à une substance motrice, on ne comprend pas comment certains apraxiques sont ou non capables du comportement verbal ou réel selon qu'ils se trouvent dans une situation affective et concrète ou selon que celle-ci est gratuite.⁶⁹ Un malade atteint d'apraxie se trouve incapable de fermer le poing sur commande alors que sa main se referme parfaitement sur l'objet saisi, spontanément. Certains malades atteints de l'aphasie amnésique n'ont pas, à proprement parler, perdu les mots : ils restent capables d'en employer un langage automatique – ce que les malades ont perdu, ce n'est pas un stock de mots, mais le pouvoir de nommer.[70] Ce qui fait défaut au malade, ce n'est pas une série de mots déterminés, mais un certain type d'action, c'est-à-dire un niveau d'action ou de discrimination.[71]

Mais (et c'est là un point capital) ce n'est pas uniquement l'« attitude catégoriale » (= le pouvoir de nommer) qui est atteinte – par exemple – chez l'aphasique atteint de lésion : toute action gratuite, comportement verbal ou non, est devenu impossible. Si le trouble ne s'est pas limité au comportement verbal, il ne peut, à plus forte raison, se limiter à quelques mots. La lésion n'a pas soustrait quelques actes ou quelques mots, mais <u>c'est tout le comportement perceptif</u> qui se trouve intéressé par la lésion.

On peut encore comparer l'aphasie à d'autres maladies cérébrales pour montrer que : a) une lésion même localisée intéresse, non pas un segment du comportement, mais sa structure et b) que des lésions cérébrales situées dans des régions différentes ont des effets analogues.[72] Un blessé de guerre (Schneider) dont la lésion se situe dans la région extra-calcarine,[73] présente une série de déficiences qui intéressent simultanément tout son comportement : la perception, la reconnaissance, le souvenir visuel, la motricité, la mémoire, l'intelligence, le langage etc.[74] Ces déficiences ne peuvent s'expliquer par des lésions diffuses dans différentes régions :

il n'y a qu'une seule lésion. Circonscrite, celle-ci détermine des troubles de structure.[75] Et de même que Schneider, l'aphasique dont les troubles sont déterminés par une lésion frontale gauche[76] présente les mêmes troubles de structure : ceux de l'attention, du langage spontané, de la dénomination, de l'articulation etc.[77] Si certaines différences semblent être significatives entre ces deux malades (Schneider et l'aphasique) au niveau de la perception visuelle, celles-ci ne sont, pense Merleau-Ponty, que superficielles. Si, en dépit de ses troubles visuels, Schneider arrive quelquefois à percevoir des objets de détail – certains points noirs d'un dé par exemple – et que l'aphasique ne perçoit pas de détails, Schneider reste malgré tout très gêné par la perception de détails si précis : il ne perçoit pas, par exemple, un mauvais cercle dans un cercle mal dessiné.[78] L'incapacité, ou simplement la difficulté de percevoir les détails sont des troubles de la même structure.[79] Les deux malades sont incapables de <u>perception différenciée,</u> et c'est là le point important. D'autres expériences ont montré le même phénomène. Après la destruction des régions centrales et frontales de l'écorce, l'animal (le rat) présente des troubles de structures : il devient maladroit, tous ses mouvements sont devenus <u>rigides</u> et <u>lents</u>, alors qu'il était vif et agile.[80] Ainsi, plutôt que le lieu où sont données nos réactions, la substance nerveuse devient le théâtre où se déroulent des processus qualitativement <u>variables</u>.[81]

> Ainsi des lésions situées dans des régions centrales de l'écorce ont ce caractère : ce n'est pas tel ou tel comportement qui est retranché en raison de la destruction des cellules cérébrales

correspondantes, mais c'est une «altération fonctionnelle» d'un tel ou tel niveau de conduite que l'on observe – les lésions se traduisent, dans ces conditions, par une désintégration fonctionnelle.⁸² La destruction de l'aire visuelle, par exemple, quel que soit l'emplacement de la lésion, a le trait suivant : toutes les couleurs sont atteintes et toutes ont perdu leur saturation.⁸³ Le progrès de la lésion ne détruit pas un à un les contenus sensibles, c'est la discrimination qui devient incertaine.⁸⁴ Il semble impossible d'assigner dans l'aire visuelle un centre spécial pour la vision des couleurs, à l'intérieur de celui-ci, un appareil pour chaque couleur : un pour la vision des lumières, un pour la vision des formes etc.⁸⁴ Si, après une lésion, une de ces sensibilités est électivement atteinte, ce n'est pas parce qu'une région spécialisée de l'aire visuelle a été mise hors d'usage, mais c'est parce que la lésion, selon la gravité, détruit la fonction visuelle en commençant par les structures les plus simples.⁸⁵ Ce n'est donc pas par une déficience isolée que se traduit la lésion, mais c'est par une désintégration de tout le domaine.⁸⁶

La sensation des couleurs ou des sons implique un phénomène cérébral fort compliqué.⁸⁷ On ne peut, par conséquent, lier les différentes qualités ou couleurs (vert, bleu, etc.) à des instruments anatomiquement circonscrits.⁸⁸

Il en va de même pour la sensibilité tactile : si, par exemple, certains contenus comme la sensibilité du chaud et du froid ont disparu, ce n'est pas parce que des territoires déterminés ont disparu chez le malade (car si l'excitant est assez étendu, la sensation spécifique sera restituée), mais parce que le pouvoir de <u>discrimination est atténué chez lui.</u>[89] Ce n'est pas que tel ou tel centre gnosique soit retranché, mais c'est que la lésion a décuplé la chronaxie chez le malade.[90]

Puisque des comportements différents sont compromis (toutes les formes de la perception) et puisque ces comportements ne se laissent pas comprendre par la localisation de la lésion correspondante – car les déficiences sont trop générales pour être ramenées à un substrat circonscrit – on suggère l'idée suivante : l'activité centrale de l'écorce doit être comprise comme une « activité globale ». Celle-ci serait <u>capable de conférer</u> à des comportements <u>différents une même signification</u> ou une <u>même forme typique</u>. D'une action à l'autre, le fonctionnement central varierait de manière <u>qualitativement différente</u>.[91]

B. Mais le fonctionnement nerveux – et en particulier celui de l'écorce – ne peut être nivelé : toutes ses parties ne peuvent intervenir au même titre.[92] Il y a, en d'autres mots, une certaine spécificité inhérente à tout substrat nerveux.[92]

Les troubles de Schneider déterminés par une lésion dans la région occipitale se traduisent par des <u>déficiences</u>

accentuées dans la perception visuelle.⁹² Schneider est incapable, comme on l'a vu, de perception différenciée sauf dans des situations exceptionnelles. Comparé à l'aphasique de Woerkom⁹³ – dont la lésion est située dans la région antérieure du cerveau – Schneider parle assez bien.⁹⁴ Schneider possède des expressions beaucoup plus variées que l'aphasique de Woerkom, la correction grammaticale est assez constante chez lui.⁹⁵ Le malade de Woerkom par contre a une perception visuelle beaucoup plus structurée que celle de Schneider.⁹⁶ Mais il y a un phénomène curieux (dont la théorie du réflexe et de l'énergie spécifique ne peuvent rendre compte), c'est celui de la suppléance : si une région spécialisée de l'écorce se trouve détruite ou lésée, les autres régions interviennent pour la suppléer. Il y a suppléance, c'est vrai, mais jamais celle-ci ne va jusqu'à restituer le même travail que celui de la région lésée ou abolie (Goldstein).⁹⁷ C'est pourquoi, malgré les suppléances, Schneider reste incapable de saisir les ensembles visuels. Dans l'agnosie tactile, la perception visuelle assume les déficiences tactiles, mais elle ne peut pour autant la restituer tout à fait.⁹⁸ L'activité supplétive reste en somme différente de l'activité primaire. L'emplacement de la lésion a donc une signification précise dans la constitution du trouble de la maladie. Mais la spécificité dont il s'agit ici n'est pas celle dont parlent les partisans de la localisation : chaque région spécialisée entretient des relations avec d'autres régions.⁹⁹ Le phénomène de suppléance va à l'encontre de l'idée classique de localisation. Schneider, par exemple, est incapable de la vision simultanée des ensembles, mais il y arrive tant bien que mal par la suppléance du toucher – ce qui veut dire que la vision des ensembles n'est pas localisée (au sens classique de ce mot) dans la région occipitale lésée.[100]

L'image dont les physiologistes sont aujourd'hui absolument convaincus est que le fonctionnement d'une région spécialisée implique en elle toutes les autres. Le fonctionnement de la région occipitale exige et implique en elle la collaboration de toute l'écorce et de tout le cerveau. C'est ainsi que des suppléances sont possibles et que la région centrale de l'écorce vient suppléer la région occipitale lésée. Mais inversement, c'est ainsi que la lésion de la région occipitale affecte celle de la sensibilité tactile. Le fonctionnement de l'écorce ou de tout le cerveau est en somme ce travail de « point-horizon ». Chaque opération implique des substances nerveuses plus spécialisées et moins spécialisées. C'est ainsi que la suppléance est possible, mais sans jamais pouvoir restituer absolument l'activité lésée. Ainsi la région occipitale (que nous prenons pour exemple) ne peut être la seule responsable de la vision simultanée des ensembles comme si elle ne devait rien au centre et au corps tout entier, ni être négligée et localiser ainsi la perception visuelle simultanée des ensembles dans la région centrale de l'écorce comme si cette perception (ou vision) ne devait rien à la région optique.

C'est cette « activité mixte », c'est-à-dire ce pouvoir de jouer comme figure et comme fond en même temps, qui semble expliquer la diversité ou l'ampleur des symptômes malgré le foyer (la lésion) localisé.[101] Il y a présence de symptômes sans qu'il y ait lésion située à l'endroit correspondant dans le cerveau, – et absence de symptôme (grâce aux suppléances) caractéristique pour le foyer déterminé.[102] L'apparition d'un symptôme, quand il y a lésion localisée, ne dépend, ni tout simplement de la topologie primaire de la lésion, ni même uniquement du cerveau ou du système nerveux central : beaucoup d'autres facteurs y participent et la codéterminent, comme les conditions circulatoires, la nature de ce processus morbide, la réaction de l'organisme en totalité etc.[103] Une désintégration fonctionnelle ne peut être correctement appréciée qu'en considérant l'organisme en totalité. Mais si l'on est aujourd'hui convaincu de l'activité corticale ou cérébrale comme point-horizon, cette image ne pourrait-elle pas être étendue à tout le corps ? C'est justement ce que le travail de Goldstein et de Weizsacker a voulu montrer.

3. Le réflexe comme *cogito* = la chair (résumé, conclusions et réflexions)

Il n'y a pas en somme de processus nerveux (ou de réaction) isolé. Le système nerveux fonctionne non pas comme des parties déterminées ou circonscrites, mais comme un tout.[104] Lors d'une stimulation, celle-ci produit un changement partout dans le système[105] – toute modification partielle du corps est accompagnée d'une modification générale de celui-ci :[106]

> La contraction de l'iris, par exemple, provoquée par l'excitation lumineuse ne se limite pas à celle-là ; c'est toute une foule de phénomènes qui sont mis en marche et qui intéressent le corps tout entier.[107] Si l'on fléchit passivement la main du côté lésé d'un malade du cervelet, on voit apparaître le même réflexe

du pied — et il se produit aussi un phénomène inverse.[108] En exécutant une flexion du doigt, on a constaté un courant d'action dans les fléchisseurs du pied.[108] Si l'on pique un homme sain à la plante des pieds, il retire sa jambe et il éprouve une sensation de douleur accompagnée des phénomènes différents qui intéressent les nerfs vasomoteurs, le système musculaire, les pupilles etc.[109] Un patient de Goldstein présente la situation suivante : s'il tourne la tête du côté droit, le bras gauche va obligatoirement vers le côté gauche, le malade tient cette position aussi longtemps que sa tête demeure dirigée vers sa droite. Le malade est incapable de désigner de la main gauche quelqu'un à sa droite tant que sa tête demeure tournée vers la droite. Le bras gauche fait des essais, ceux-ci sont accompagnés d'un déplacement léger de la tête vers la gauche, mais le bras ne se portera à droite que si la tête se tourne complètement à gauche. Si le malade indique lui-même spontanément quelqu'un à sa droite parce que la situation l'exige, le mouvement du bras vers la droite est accompagné du mouvement des yeux et de la tête.[110] En immobilisant une des pattes d'un chien on arrête par là des mouvements pendulaires rythmiques.[111] <u>Donc</u> ce qui se passe dans une partie du corps intéresse tout le corps : celui-ci n'est jamais indifférent à l'égard de ses parties. Des médicaments à usage interne montrent encore l'interdépendance de nos organes ; un médicament (à l'usage interne) n'intéresse jamais une seule partie du corps. Et l'effet d'un médicament dépend de l'état total de l'organisme.[112]

Mais encore une fois, il ne faut pas conclure par là que dans l'organisme tout est en tout ou tout dépend de tout, car s'il en était ainsi, il n'y aurait pas de loi ni de science.[113] Il ne s'agit en effet ni d'une diversité (celle qui exigerait une instance cérébrale pour la coordonner) ni d'une conception romantique de l'unité du corps.[114] Le rapport d'une partie du corps à l'égard du tout (d'un processus partiel à l'égard de l'ensemble) est ce rapport d'une « figure » à un « fond » ; ce que l'on appelle le réflexe, lorsqu'il n'est plus question de l'expérience critique (celle du laboratoire), n'est qu'une figure. <u>Le réflexe est en effet une réaction globale : comme un mot dans une phrase, il implique un processus du premier plan</u> (la partie directement intéressée) et de l'<u>arrière plan</u> (la totalité du corps).[115] L'efficacité et la valeur d'une réaction dépendent, entre autres, de la relation existant entre la totalité de l'organisme et la partie excitée :[116] tout le corps (comme toute la langue à l'égard d'une phrase) est à l'appui de la partie excitée.[117] Puisque la réaction est une figure-fond, lorsqu'en cas de lésions la capacité fonctionnelle d'un organe précis est réduite, la réaction globale reste encore possible. Mais tout relâchement fonctionnel d'un organe spécialisé a ceci de particulier : les opérations dont l'organe intéressé est en difficulté se trouvent « <u>nivelées</u> ».[118] L'activité de l'organisme comprise comme « figure » et « fond » explique mieux, pense Goldstein, le phénomène de Babinski. Plutôt que cette hypothèse extravagante (selon le mot de Goldstein) d'un appareil inhibiteur, on parlera de la « <u>non-participation</u> ». La flexion dorsale de l'orteil s'expliquerait ainsi : l'écorce cérébrale ne participe plus pour « codéterminer » la réaction (= la flexion plantaire) puisqu'il y a lésion des voies pyramidales ; d'où prédominance de la flexion dorsale sur la flexion plantaire.[119] Il y a flexion dorsale, car, dans ces conditions (lésions), c'est elle qui est devenue plus accessible.[110] Dans ces conditions pathologiques (lésions des voies pyramidales) l'écorce cérébrale est mise hors-circuit[119] – certaines parties de l'organisme devraient participer à la réaction (la flexion plantaire) en tant que « figure » et n'y participent que comme un fond.[120] Seule reste possible dans ces conditions la flexion dorsale : les muscles contractés sont les plus proches du stimulus et ceux qui y répondent le plus facilement.[121]

Il n'y a de réflexe au sens classique, c'est-à-dire opération (relativement) constante et isolée, que dans des conditions pathologiques : la maladie ou l'expérience critique, quand l'expérimentateur oblige l'organisme à travailler par pièces détachées.[122] Entre l'expérience et la maladie, il y a cette parenté : l'isolement est à l'origine des deux. [123]

L'isolement n'est pas la nature de nos réactions, mais il est la maladie elle-même. Si l'on peut parler, à propos du réflexe, d'une constance relative, c'est parce que toute excitation autre que celle qui déclenche la réaction, est empêchée de concourir à la réaction.[124] C'est l'insuffisance de compensation qui explique le prolongement de la réaction dans ces situations pathologiques. [125] Mais là où le réflexe – ou cette réaction isolée – est seul possible, il rend à l'organisme

La Pensée logique et politique de M. Merleau-Ponty

un service fort important : il amène le retour à l'équilibre par une « compensation » en rendant le stimulus inoffensif à l'égard du corps.[125] Le bras isolé d'une étoile de mer orienté vers l'excitation est une réaction de préhension et d'orientation.[126] Chaque fois qu'il y a innervation, réflexe ou réaction, il y a une contre-innervation, c'est-à-dire que le reste du corps non directement engagé dans l'action fait que l'équilibre du corps soit maintenu.[126] Ce n'est que dans des situations pathologiques – c'est-à-dire quand la contre-innervation est empêchée – que l'on peut parler du réflexe ou de l'isolement[127] et là encore il ne s'agit que d'un isolement relatif. En somme, ce que l'on appelle réflexe – une opération isolée et constante – n'est qu'une réaction catastrophique du corps.[128] Mais le refus d'identifier nos réactions aux réflexes pris au sens classique (celui dont nous avons essayé de montrer le désaccord avec l'expérience) n'est pas le rejet de nos réactions intentionnelles comme figures détachées sur un fond : le corps ou la chair. Voilà le sens des deux maximes analysées plus haut. Arrivé là, le réflexe est compris comme *cogito* : chair. Mais c'est là un point de rencontre entre *Le Visible et l'Invisible*, *La Structure du comportement* et la *Phénoménologie de la perception* :

Bien que le réflexe ne présente pas l'activité normale du corps (= de la conscience), il a néanmoins un sens pour celui-ci.[129] Il n'est pas, comme on le croyait, un processus aveugle : c'est une subjectivité qui exprime notre orientation ou notre appréhension de la situation.[130] Le réflexe, qui est une « intentionnalité », est une « modalité de la perception » : c'est une modalité d'une vue préobjective de « l'être-au-monde » :[131]

Le réflexe ne résulte pas des stimuli objectifs, il

<u>se tourne vers eux</u>, il les investit d'un sens qu'ils n'ont pas pris un à un et comme agent physique, qu'ils ont seulement comme situation. Il <u>les fait être comme situation,</u> il est avec eux dans un rapport de « connaissance », c'est-à-dire qu'il les indique comme ce qu'il est <u>destiné à affronter.</u> [132] (…) <u>Ils</u> (les réflexes) <u>dessinent à distance la structure de l'objet sans en attendre les stimuli ponctuels.</u>[132]

Si le réflexe est une subjectivité transcendantale, l'être-au-monde ne peut être compris comme un ensemble de réflexes.[133] En somme, le rejet du principe de constance – sorte de formalisme behavioriste aux yeux de Merleau-Ponty – avec tous ses principes a ce but <u>dernier</u> pour notre auteur : affirmer le réflexe (apparemment insignifiant) comme <u>subjectivité créatrice</u>.

4. <u>Le problème de l'apprentissage (un exemple)</u>

Le problème que Pavlov s'est posé est intéressant : comment l'organisme peut-il entrer en relation avec un monde beaucoup plus large que celui qui agit immédiatement sur lui ? L'apprentissage est un des plus grands problèmes – comme on le sait – de la psychologie expérimentale : il s'agit de trouver un moyen d'accès au comportement supérieur. C'est là aussi un des thèmes compliqués de la <u>philosophie de l'éducation</u>. Mais ce n'est pas là notre but : c'est la part du sujet qui nous intéresse, qui fait problème à Merleau-Ponty. Comme le mot l'indique, un « comportement supérieur » s'entend d'un comportement qui n'est pas un « simple réflexe ». Aussi l'appelle-t-on « réflexe conditionné » pour le distinguer d'inconditionné.

Une réaction est dite inconditionnée, par exemple, dans le cas de la patte d'un chien touchée par un excitant électrique. Dans ce cas, le chien est absolument obligé de retirer sa patte à cause de cet excitant électrique = physico-chimique. Tous deux, excitant et réaction, sont dits inconditionnés. Une réaction conditionnée dépend, dans son point de départ, d'un excitant inconditionné (= efficace), mais, qui, après un certain nombre d'essais et en concomitance avec un excitant conditionné (= non efficace – la musique), laisse place au deuxième : l'excitant (la musique) et la réponse sont dits conditionnés.[134] Nous nous proposons ce schéma pour expliquer ce que nous venons de dire :

E = excitant inconditionné (choc électrique par exemple)
R = réponse inconditionnée (la patte retirée)
M = excitant conditionné (son de la musique par exemple)
R' = réponse conditionnée (la patte retirée)

1e étape
(E   R
(M....................R'

2e étape
  M....................R'

Le phénomène essentiel mis en évidence dans cette expérience est celui du transfert : l'excitant absolu (E) a transféré son pouvoir à un excitant primitivement neutre (M). On a là donc deux substitutions : M s'est substitué à E et R' à R. Mais en principe le jeu de substitution peut aller jusqu'à l'infini. Ainsi L (= la lumière) peut se substituer à M et R" à R' :

$$1^e \text{ étape}$$
$$(M \qquad R'$$
$$(L \ldots\ldots\ldots\ldots R"$$

L = la lumière

$$2^e \text{ étape}$$
$$M \ldots\ldots\ldots\ldots R"$$

Il semble néanmoins que dans le domaine animal le pouvoir de substitution diminue à mesure que l'on s'éloigne de l'excitant inconditionné.[135] Et c'est là un point important pour nous. Mais quand on parle du <u>transfert</u>, on parle aussi de ses conditions de possibilité, ce que Merleau-Ponty appelle le « <u>préjugé réaliste</u> ».

Pour Merleau-Ponty, le problème de transfert est celui de la grammaire. C'est, en effet, en terme de l'<u>« idéalité »</u> ou de <u>constitution</u> que ce problème est résolu. Étant ainsi on ne peut donc multiplier les stimuli dont dépendraient nos réactions.[136] Le problème de l'association entre E + M et L et R : R' R" ne saurait être une opération <u>sans</u> choix.[137] Et ce que l'on appelle la situation ne saurait se décomposer, en éléments isolables : ce qui vaut pour la subjectivité (nos actes)[137] vaut pour le monde réel.[138]

D'abord le problème de l'apprentissage n'est pas celui-ci : E → R.[139] Et ce, car le sujet ne répète pas la seconde opération (R') de la même manière que la première (R). Un enfant qui, par exemple, s'est brûlé la main, ne répétera pas le « <u>trait brusque</u>

La Pensée logique et politique de M. Merleau-Ponty

de sa main » s'il se trouve en présence d'une flamme.[140] Et si l'apprentissage n'est pas cette opération de passivité : E – R, on ne peut, selon Merleau-Ponty, supposer une stricte corrélation entre le sujet et l'objet. Il faut voir la situation – le stimulus – comme un concept = surdéterminé. En d'autres mots, il faut que la situation donnée soit un représentant de toute une catégorie de situations : classe et sous classe.[141] Si donc le mot triangle me présente tous les triangles du monde, la situation M (la musique) doit me présenter, comme possibilité d'action, toute une « classe » et « sous classe » de situations. Mais cela est impossible s'il n'y a pas là un « Je » kantien (celui de la synthèse) et un « Je » de P. Lachieze-Rey = celui de la créativité.[142] Pour qu'une situation soit l'équivalent de toute une classe (A = C + D + R) il faut qu'il y ait là un sujet transcendantal :

> Ce ne sont pas les stimuli qui font les réactions ou qui déterminent le contenu de la perception. Ce n'est pas le monde réel qui fait le monde perçu.[143] Le stimuli vrai n'est pas celui que la physique et la chimie définissent, la réaction n'est pas telle série particulière de mouvement, la connexion de l'un et de l'autre (R, R' R") n'est pas la simple coïncidence de deux événements successifs (E, M, L). Il faut qu'il y ait dans l'organisme un principe qui assure à l'expérience d'apprentissage une portée générale.[144]

La compréhension d'un mot ou la perception d'une couleur sont, nous dit Merleau-Ponty, des activités du sens : du sujet percevant. Mais étant des activités du corps (chair) celles-ci ne sont pas des idées : elles sont improvisées au moment même de la perception.[145] Le fonctionnement du « corps propre » (par opposition au corps objectif = celui de la science) doit avoir une valeur propre : celle-ci doit être positive (constitutive) – elle ne peut être réduite à une simple conséquence du milieu (E – R) ou être conçue comme une simple déformation dans l'espace corporel.[146] Il y a, à suivre Merleau-Ponty, deux manières de méconnaître l'activité créatrice du corps. La première, c'est d'expliquer le « sens » par les stimuli = le monde objectif. L'autre manière, c'est celle qui conçoit notre activité comme la conséquence de quelques substrats nerveux. Là ce sont des stimuli qui parlent, et ici ce sont quelques substrats nerveux qui fonctionnent. Mais si la perception ou l'apprentissage n'est qu'excitant-réponse, comment expliquer dans la vie humaine qu'une perception soit surdéterminée ? : « je ne perçois non seulement des "choses", mais encore des objets d'usage, un vêtement par exemple ».[147] Avec la perception de l'objet il y a celle de sa position dans l'espace : cet objet doit être ici ou là. Si la perception est uniquement réceptivité, comment expliquer le jugement critique négatif ? Avec la perception de l'objet, il peut y avoir une perception abstraite : un jugement moral – par exemple.

L'efficacité conditionnelle des stimuli (M et L par exemple) ne peut expliquer, aux yeux de Merleau-Ponty, la transcendance de la subjectivité = l'intervention massive de la perception. Car à mesure que l'on s'éloigne des stimuli conditionnels primaires, ceux-ci perdent leur efficacité : ce qui exclut, aux yeux de Merleau-Ponty, une « fixation physiologique » des réactions conditionnées, R' R" par exemple.[148] Si donc il y a une surdétermination de la perception, cela ne peut être dû qu'à la subjectivité transcendantale. Comment expliquer, s'il n'en était pas ainsi, la « perception virtuelle » ? Je ne perçois pas un objet uniquement dans son étant actuel, présent, mais aussi dans sa situation future : ce que je pourrai en faire.[149] Si l'on accepte de réduire la perception au monde réel, il faudrait non seulement, pense Merleau-Ponty, éliminer la perception virtuelle (ce qui est impossible), mais aussi décomposer la perception et le perçu pour établir une corrélation rigoureuse, de terme à terme, entre eux.[150] Or cela est impossible : « chaque position perçue n'a de sens qu'insérée dans un cadre d'espace qui comprend un secteur sensible, actuellement perçu, mais aussi un "espace virtuel" dont le secteur sensible n'est qu'un aspect momentané ».[151] Il n'y a pas, pour Merleau-Ponty, que l'espace objectif, réel : il y a plusieurs différents types d'espace. Et c'est en ce sens que Merleau-Ponty parle de la conscience mythique, la conscience rêvante, la conscience hallucinée (l'espace imaginaire) etc…[152] « C'est ainsi qu'en dépit des mouvements des yeux et du corps, qui à chaque instant, bousculent à la surface des récepteurs les excitations ponctuelles, le sujet percevant peut se mouvoir dans un espace stable ».[153] Cette stabilité ne tient pas à la réalité, mais à une sorte de doxa chez le sujet. Avant de revenir à notre point de départ nous aimerions expliquer, un peu mieux, cette notion d'« irréalité » que l'objectivité du monde perçu ne peut expliquer.

Si la perception n'est que E − R comment expliquer le phénomène hallucinatoire ? Celui-ci ne fait pas partie du monde réel : « Les hallucinations se jouent sur une autre scène que celle du monde perçu, elles sont comme en surimpression ».[154]

N'étant pas une réalité objective, l'hallucination est une signification implicite : le stimulus ne joue pas ici comme E – R, mais comme motivation.[115] Le stimulus devient un moyen pour motiver (et justifier) une intention. Chose donc importante pour Merleau-Ponty dans le comportement perceptif – est l'idée de la « motivation » ou l'« intention ». Mais celle-ci ne fait pas partie du monde réel, c'est la subjectivité qui en est responsable. Quand « il s'agit d'un fantasme, c'est de nous que vient l'initiative, rien n'y répond au-dehors ».[156] La chose hallucinée glisse sur le temps de même que sur le monde :[157] elle n'est pas localisable. C'est une erreur, pense Merleau-Ponty, de croire que l'hallucination n'est qu'un évènement qui va de stimulus à l'état de conscience.[158] On ne peut sortir de la difficulté, pense De Waelhens, qu'en introduisant, même dans le domaine animal la notion d'intention.[159] Mais l'introduction de cette notion, comme l'affirmation du « réflexe » comme *cogito*, est une victoire de la subjectivité sur le « monde objectif ». C'est une victoire, disons-nous, car : « la pensée objective refuse les prétendus phénomènes du rêve, du mythe, et en général, de l'existence (la conscience) parce qu'elle les trouve impossibles et qu'ils ne veulent rien dire qu'elle puisse thématiser ».[160] L'affectivité est, dans bien des domaines, le « stimulus » : c'est celle-ci qui détermine l'espace mythique.[161] Mais si le rêve, le mythe et l'illusion sont possibles, c'est que la vie de la conscience n'est pas celle-ci : excitant-réponse – il y a une ambiguïté dans l'objet lui-même.[162] C'est cette tolérance du « monde objectif » (E) que le formalisme empirique (théorie du réflexe ou du langage) ne veut pas comprendre.[163] Mais si l'hallucination et le mythe par exemple ne sont pas des

« contenus sensoriels » (E – R), ils ne peuvent davantage être un jugement : le jugement ne pourrait pas poser une hallucination comme vraie.¹⁶⁴ L'idéalisme figé n'est pas plus accepté que le positivisme du comportement.

Ce n'est pas le monde réel avec toute son objectivité qui détermine le comportement : celui-ci ne s'adresse pas aux caractères individuels des stimuli – Même dans le domaine animal il y a des réactions abstraites. Ce qui déclenche les réactions de l'araignée, ce n'est pas l'aspect visuel de la mouche, ce n'est même pas le bruit par lequel elle s'annonce, mais c'est simplement la vibration qu'elle communique à la toile en s'y débattant.¹⁶⁵ Et chose curieuse, l'araignée ne traite pas la mouche comme une proie si celle-ci est mise dans son nid ! La réaction de l'araignée n'est pas à l'égard de la mouche, mais à l'égard d'un objet vibrant.¹⁶⁵ Et c'est ce qui explique, pense Merleau-Ponty, qu'en plaçant un diapason dans la toile, l'araignée fait les mêmes réactions.¹⁶⁵ Le comportement différentiel des couleurs chez l'enfant est lent et difficile. Et quand l'enfant arrive à distinguer et à nommer le vert et le rouge, ce qui est acquis chez lui, ce n'est pas la discrimination des deux couleurs, mais un « pouvoir général » de comparaison et de distinction : « tous les couples de couleurs bénéficient de la distinction du rouge et du vert et le comportement différentiel progresse, non pas de l'un à l'autre, mais par une discrimination de plus en plus fine à l'égard de tous ». [166] D'autres expériences ont montré que l'inhibition chez les gardons dépend non d'un certain matériel (craie blanche) mais d'un certain genre de <u>déception</u> ou cours de l'expérience.[167] Une autre expérience a montré que ce dont le chimpanzé tient compte ce ne sont pas les détails de la situation : il ne les perçoit pas. C'est ainsi que deux situations (A et B) très différentes sont traitées par le chimpanzé comme identiques si un élément de ressemblance peut exister entre elles. Bien que différentes l'animal persiste à les traiter comme identiques : <u>malgré l'échec</u>.[168] Si le comportement est « Excitant-Réponse » le chimpanzé ne persistera pas dans son <u>comportement indifférentiel et malgré l'échec :</u> en toute rigueur celui-ci devrait être inhibiteur.

Ainsi, le monde objectif n'est qu'une <u>occasion</u> pour que la conscience s'affirme : jamais une cause.[169] C'est le sujet lui-même qui <u>élabore</u> et <u>invente</u> <u>l'excitant</u> et la <u>réponse</u> : c'est pourquoi le même stimulus peut donner des comportements variés.[169] Et c'est ainsi que l'objet est <u>vu</u> non parce qu'il est projeté <u>sur</u> la macula, mais c'est parce que celle-ci accomplit un travail grammatical : <u>c'est elle qui le rend possible :</u>[170]

> Dans le <u>piano même</u> (le monde objectif), il ne se produit jamais que des mouvements séparés des marteaux ou des cordes, et c'est dans les montages

moteur de l'exécutant, dans le système nerveux de l'auditeur que les phénomènes physiques isolés dont le piano est le siège constitue un seul phénomène d'ensemble, que la mélodie dans sa suite et son rythme caractéristique existe véritablement.[171]

« Le comportement est la cause première de toutes les stimulations ».[172] « La forme de l'excitant est créée par l'organisme lui-même, par sa manière propre de s'offrir aux actions du dehors ».[173] « Entre l'organisme et son milieu les rapports ne sont pas de causalité linéaire, mais de causalité circulaire ».[174] Mais cette dernière affirmation n'est que de principe dans *La Structure du comportement*. C'est *Le Visible et l'Invisible* qui reprend l'idée : la réversibilité (Cf. Chapitre I).

« L'excitation (...) (n'est) jamais l'enregistrement passif d'une action extérieure, mais une élaboration de ces influences qui les soumet en fait aux normes (...) de l'organisme ».[175] « Une vague n'est un individu que pour l'homme qui la regarde et la voit avancer vers lui ; dans la mer, ce n'est rien que le soulèvement successif des parties de l'eau selon la verticale sans transport de la matière selon l'horizontale ».[176] L'efficacité d'un stimulus partiel n'est pas liée à sa seule présence objective. Il faut pour ainsi dire qu'il se fasse reconnaître de l'organisme dans la nouvelle constellation où il apparaît. Il y a lieu

de distinguer la présence « en-soi » du stimulus
et sa présence « pour l'organisme » qui réagit .[177]

Saisi de l'intérieur,[178] mon comportement m'apparaît non comme déterminé, mais comme orienté = doué d'un sens.[179] Interrogée, la conscience spontanée m'enseigne que le stimulus n'est qu'un « but » : une réalité intentionnelle.[180] Le problème d'apprentissage qui nous a servi d'exemple peut, maintenant, recevoir des précisions définitives.

À suivre la méthode classique de Pavlov, l'apprentissage ne réalise rien de neuf.[181] Et ce, car la réponse conditionnée (R', R") ne fait que répéter, d'une manière imparfaite, ce qui a été déjà acquis (R). L'idée du transfert, l'élargissement du champ réflexogène ne donnent aucune idée de ce que pourrait être le « développement » de la « personnalité ». Or, apprendre, affirme Merleau-Ponty avec toute sa force, ce n'est pas répéter, mais créer.[182]

Les références du Chapitre IV

1. Merleau-Ponty, *SC.*, p.9.
2. Merleau-Ponty, *SC.*, p.55 et 10.
3. Merleau-Ponty, *PP.*, p.13-14.
4. Merleau-Ponty, *SC.*, p.7.
5. Goldstein, *SO.*, p.59.
6. Merleau-Ponty, *SC.*, p.14, Référence à Goldstein, *Der Aufbau des Organismus*, Chap. II, p.46 sqq.
7. Goldstein, *SO.*, p.62.
8. Goldstein, *SO.*, p.62.
9. Merleau-Ponty, *SC.*, p.14, Goldstein, *SO.*, p.64.
10. Cf. Merleau-Ponty, *SC.*, p.62-63.
11. Merleau-Ponty, *SC.*, p.16.
12. Goldstein, *SO.*, p.64.
13. Goldstein, *SO.*, p.157-158.
14. Merleau-Ponty, *SC.*, p.46, p.14.
15. Goldstein, *SO.*, p.73, p.157. Merleau-Ponty, *SC.*, p.15-17.
16. Merleau-Ponty, *SC.*, p.14.
17 : Merleau-Ponty, *SC.*, p.14-15.
18. Merleau-Ponty, *SC.*, p.24. *Référence à Weizsacker, Reflexgesetze*, p.79.
19. Merleau-Ponty, *SC.*, p.25 et 97.
20. Merleau-Ponty, *SC.*, p.25.
21. Merleau-Ponty, *SC.*, p.17.
22. Merleau-Ponty, *SC.*, p.17.
23. Merleau-Ponty, *SC.*, p.17.
24. Merleau-Ponty, *SC.*, p.18.
25. Merleau-Ponty, *SC.*, p.31.

26. Merleau-Ponty, *SC.*, p.131-132, Goldstein, *SO.*, p.78.
27. Merleau-Ponty, *SC.*, p.31.
28. Merleau-Ponty, *SC.*, p.18-19.
29. Merleau-Ponty, *SC.*, p.18.
30. Merleau-Ponty, *SC.*, p.19. Référence à Goldstein, *Der Aufbau des Organismus*, p.90 sqq.
31. Merleau-Ponty, *SC.*, p.19.
32. Merleau-Ponty, *SC.*, p.22.
33. Cf. Merleau-Ponty, *SC.*, p.28-29.
34. Merleau-Ponty, *SC.*, p.29.
35. Merleau-Ponty, *SC.*, p.29. « Ce qui régie nos réactions motrices d'une manière décisive, c'est ce facteur général qui n'est lié nécessairement à aucun des matériaux du comportement ». Merleau-Ponty, *SC.*, p.30.
36. « …(L)'espace est lié avec le corps propre de l'animal comme une partie de sa chair » Buytendijk, cité par Merleau-Ponty, *SC.*, p.30. « L'animal et l'homme réagissent (…) d'une manière adaptée à l'espace, même en l'absence de stimuli actuels ou de stimuli récents qui soient adéquats ». Merleau-Ponty, *SC.*, p.30, l'ontologie du *VI* est ici manifeste.
37. Merleau-Ponty, *SC.*, p.1, p.6-7, p.33.
38. Cf. Merleau-Ponty, *SC.*, p.33-35.
39. Cf. Merleau-Ponty, *SC.*, p.36-37.
40. « On a pris l'habitude de considérer l'arc réflexe comme composé d'une branche centripète et d'une branche centrifuge, celles-ci étant tenues pour des parties indépendantes, pendant que le trait caractéristique du dispositif était la connexion qui existe entre elles. »

Koffka, *Growth of the Mind*, p.71. Cité par Merleau-Ponty, *SC.*, p.36.
41. Merleau-Ponty, *SC.*, p.36 et 34.
42. Goldstein, *SO.*, p.159-160.
43. Goldstein, *SO.*, p.160.
44. Goldstein, *SO.*, p.160.
45. Goldstein, *SO.*, p.160-161.
46. *Ibid.*, p.161.
47. Cf. Merleau-Ponty, *SC.*, p.114-115.
48. Merleau-Ponty, *SC.*, p.114-138.
49. Cf. Goldstein, *SO.*, p.165-170.
50. Goldstein, *SO.*, p.166.
51. Goldstein, *SO.*, p.168.
52. Goldstein, *SO.*, p.169.
53. Goldstein, *SO.*, p.166-167.
54. Goldstein, *SO.*, p.167.
55. *Ibid.*, p.157-168.
56. *Ibid.*, p.266-285.
57. Merleau-Ponty, *SC.*, p.66.
58. Cf. Merleau-Ponty, *SC.*, p.66.
59. Goldstein, *SO.*, p. 15.
60. Les travaux de J. Lacan (La famille) sont à ce sujet intéressants.
61. Merleau-Ponty, *SC.*, p.67.
62. Merleau-Ponty, *SC.*, p.67-68.
63. Goldstein, *SO.*, p.15-18, Merleau-Ponty, *SC.*, p.68.
64. Merleau-Ponty, *SC.*, p.66. Référence à Piéron, *Les réflexes conditionnés*, p.35.
65. Cf. Merleau-Ponty, *SC.*, p.66.

66. Goldstein, *SO.*, p.153.
67. Merleau-Ponty, *SC.*, p.66.
68. Merleau-Ponty, *SC.*, p.68.
69. Cf. Merleau-Ponty, *SC.*, p.68 et Goldstein, *SO.*, p.15-57.
70. Merleau-Ponty, *SC.*, p.68-69.
71. Merleau-Ponty, *SC.*, p.69.
72. Il s'agit de comparer deux sujets : le sujet (Schneider) de Gelb et Goldstein et le sujet (l'aphasique) de Boumann et Grunbaum.
73. Merleau-Ponty, *SC.*, p.76.
74. *Ibid.*, p.70-71.
75. *Ibid.*, p.71-72.
76. Merleau-Ponty, *SC.*, p.76.
77. Merleau-Ponty, *SC.*, p.72.
78. Merleau-Ponty, *SC.*, p.71-72.
79. Merleau-Ponty, *SC.*, p.72.
80. Merleau-Ponty, *SC.*, p.73.
81. Merleau-Ponty, *SC.*, p.75.
82. Merleau-Ponty, *SC.*, p.80.
83. Merleau-Ponty, *PP.*, p.15-16, p.87-88.
84. Merleau-Ponty, *SC.*, p.81-82.
85. Merleau-Ponty, *SC.*, Référence à H. Piéron, *Le Cerveau et la pensée*, p.147.
86. Goldstein, *SO.*, p.219.
87. *Ibid.*, p.221.
88. Merleau-Ponty, *PP.*, p.87.
89. Merleau-Ponty, *PP.*, p.88.
90. Merleau-Ponty, *PP.*, p.88.
91. Merleau-Ponty, *SC.*, p.79.

92. Merleau-Ponty, *SC.*, p.76.
93. *Ueber Störungen im Denken bel Aphasiepatienten. Monatschrift für Psychiatrie und Neurologie*, T.59, 1925, p.256.
94. Merleau-Ponty, *SC.*, p.72-79.
95. Merleau-Ponty, *SC.*, p.72.
96. Merleau-Ponty, *SC.*, p.72.
97. Merleau-Ponty, p.76.
98. Merleau-Ponty, *SC.*, p.77. Référence à Goldstein, *Die Lokalisation in der Grosshirnrinde*, p.686-687.
99. Merleau-Ponty, *SC.*, p.77.
100. Cf. Merleau-Ponty, *SC.*, p.78.
101. Goldstein, *SO.*, p.214.
102. Goldstein, *SO.*, p.215.
103. Cf. Goldstein, *SO.*, p.219.
104. Goldstein, *SO.*, p.88. Cf. notre premier chapitre : la réversibilité entre le voir et le toucher fait de celui-ci un « voir » et de « voir » un « toucher » (identité et différence).
105. *Ibid.*, p.89 et 173.
106. *Ibid.*, p.93.
107. *Ibid.*, p.173.
108. *Ibid.*, p.174.
109. *Ibid.*, p.175.
110. Cf. Goldstein, *SO.*, p.178-179.
111. *Ibid.*, p.180.
112. Merleau-Ponty, *SC.*, p.14-16.
113. Merleau-Ponty, *SC.*, p.45.
114. Cf. Merleau-Ponty, *SC.*, p.45.

115. Goldstein, *SO.*, p.94.
116. *Ibid.*, p.93-94.
117. *Ibid.*, p.94.
118. Goldstein, *SO.*, p.93-95.
119. *Ibid.* p.133.
120. *Ibid.* p.133-144.
121. *Ibid.*, p.134.
122. *Ibid.*, p.135.
123. *Ibid.*, p.135.
124. Goldstein, *SO.*, p.135.
125. Goldstein, *SO.*, p.138.
126. Goldstein, *SO.*, p.140-142.
127. *Ibid.*, p.141.
128. Goldstein, *SO.*, p.46.
129. Goldstein, *SO.*, p.135.
130. Merleau-Ponty, *SC.*, p.44-48. Goldstein, *SO.*, p.137.
131. Merleau-Ponty, *PP.*, p.94-95.
132. Merleau-Ponty, *PP.*, p.94. C'est nous qui soulignons.
133. « Il y a (…) une certaine consistance de notre "monde", relativement indépendante des stimuli, qui interdit de traiter l'être au monde comme une somme de réflexes. » Merleau-Ponty, *PP.*, p.95.
134. Cf. G. de Montpellier, *Traité de psychologie expérimentale*, Tome 4., p.46 et suivantes.
135. Cf. G. de Montpellier, *Traité de psychologie expérimentale*, Tome 4, p.46 et suivantes.
136. Cf. Merleau-Ponty, *SC.*, p.55.
137. Cf. Merleau-Ponty, *SC.*, p.59 et 8 et suivantes.

138. Cf. Les paragraphes précédents, et le chapitre I dans ce travail.
139. « ...L'apprentissage n'est pas un opération <u>réelle</u>, une corrélation établie entre deux réalités individuelles, un certain stimulus et un certain mouvement ». Merleau-Ponty, *SC.*, p.108. C'est l'auteur qui souligne.
140. Merleau-Ponty, *SC.*, p.108.
141. Cf. Merleau-Ponty, *SC.*, p.108-109.
142. Voir Lachiéze-Rey, *Le Moi, le monde et Dieu*. Cf. *PP.*, p.423-429.
143. Merleau-Ponty, *SC.*, p.97.
144. Merleau-Ponty, *SC.*, p.108-109. Les parenthèses sont de nous.
145. « ...qu'il s'agisse de la compréhension d'un mot ou de la perception des couleurs et des positions spatiales, on ne peut voir dans le fonctionnement nerveux la mise en œuvre de dispositifs préétablis, que les stimuli, à raison de leur propriétés objectives, viendraient déclencher du dehors. <u>Le processus (...) qui correspond, à la couleur ou à la position perçues, à la signification du mot, doit être improvisé, constitué activement au moment même de la perception</u> » Merleau-Ponty, *SC.*, p.97.(C'est nous qui soulignons).
146. Cf. Merleau-Ponty, *SC.*, p.97.
147. Merleau-Ponty, *SC.*, p.98.
148. Cf. Merleau-Ponty, *SC.*, « les comportements supérieurs » p.55-114.
149. Cf. Merleau-Ponty, *SC.*, p.98.

150. Nous reviendrons plus loin sur ce point avec le comportement comme structure.
151. Merleau-Ponty, *SC.*, p.99, c'est nous qui soulignons.
152. Cf. Merleau-Ponty, *PP.*, p.330-344.
153. Merleau-Ponty, *SC.*, p.99.
154. Merleau-Ponty, *PP.* p.390.
155. Cf. Merleau-Ponty, *PP.*, p.391.
156. Merleau-Ponty, *PP.*, p.391.
157. Merleau-Ponty, *PP.*, p.391.
158. « Pour l'empirisme, l'hallucination est un événement dans la chaîne d'événements qui va de stimulus à l'état de conscience. » Merleau-Ponty, *PP.*, p.387.
159. A.De Waelhens, *Une philosophie de l'ambiguïté, l'existentialisme de Merleau-Ponty*, *PP.*, p.22 et suivantes.
160. Merleau-Ponty, *PP.*, p.334-335. La parenthèse est de nous.
161. Merleau-Ponty, *PP.*, p.330.
162. Cf. Merleau-Ponty, *PP.*, p.340.
163. « À voir des hallucinations et en général imaginer, c'est mettre à profit cette tolérance du monde antéprédicatif et notre voisinage vertigineux avec tout l'être dans l'expérience syncrétique ». Merleau-Ponty, *PP.*, p.395.
164. Merleau-Ponty, *PP.*, p.386.
165. Cf. Merleau-Ponty, *SC.*, p.107.
166. Merleau-Ponty, *SC.*, p.106. Référence à Koffka, *Growth of the Mind*, p.174-399.
167. Cf. Merleau-Ponty, *SC.*, p.106-107.
168. Cf. Merleau-Ponty, *SC.*, p.108.

169. Merleau-Ponty, *SC.*, p.31.
170. Merleau-Ponty, *SC.*, p.43-44.
171. Merleau-Ponty, *SC.*, p.II. La parenthèse est de nous et c'est nous qui soulignons.
172. Merleau-Ponty, *SC.*, p.II. C'est nous qui soulignons.
173. Merleau-Ponty, *SC.*, p.II. C'est nous qui soulignons.
174. *Ibid.*, p.11-12.
175. Merleau-Ponty, *SC.*, p.28.
176. Merleau-Ponty, *SC.*, p.6. Mais une vague n'est-elle pas un individu justement grâce au langage ?
177. Merleau-Ponty, *SC.*, p.113. C'est nous qui soulignons.
178. Merleau-Ponty, *SC.*, p.5.
179. *Ibid.*,
180. Cf. Merleau-Ponty, *SC.*, p.5-6.
181. « L'apprentissage et le développement du comportement ne réalisent à proprement parler rien de nouveau. Ils transfèrent seulement à certains stimuli le pouvoir de déclencher certains mouvements dont les conditions motrices sont considérées comme données d'avance. Le développement de la conduite ne fait qu'associer autrement des éléments préexistants ». Merleau-Ponty, *SC.*, p.104. C'est nous qui soulignons.
182. Cf. Merleau-Ponty, *SC.*, p.106 et suivantes.

CHAPITRE V

LE PSYCHISME ET L'ARRÊT DU COGITO

Extraordinairement étonnant, Merleau-Ponty a interprété et dépassé presque la totalité de la découverte freudienne, non pas en termes de « je ne sais pas », comme on l'a cru, mais en termes d'une structure ou d'une « grammaire comportementale stéréotypée ». Mais ce paradoxe – pour les psychologues (Pontalis) sauf Lacan – est lié chez Merleau-Ponty à une autre théorie : l'idée du psychisme. Nous devons nous attaquer à ces deux paradoxes en même temps en suivant la <u>logique interne</u> de Merleau-Ponty. Mais nous devons, en outre, faire appel à toute l'œuvre de Merleau-Ponty. En faisant appel à Merleau-Ponty, Politzer et Wittgenstein, nous allons, à la fin de ce chapitre, rejeter toute ontologie « réaliste » et « métavisible ». Aussi, bien que cela soit difficile – car la pensée de Merleau-Ponty est loin d'être facile à saisir et à faire sortir des équivoques – essayons de saisir cette théorie (fort importante et originale de notre auteur) dans sa totalité. Ce faisant, nous aurons d'un seul coup dépassé la problématique cartésienne de l'âme et celle de Freud à l'égard de l'ontologie de l'inconscient.

1. <u>Le psychisme comme structure du comportement</u>

Qu'est-ce que le psychisme, quel est son rapport au somatique, y a-t-il là deux réalités distinctes, est-ce le psychisme qui met en action le somatique ou est-ce, au contraire, celui-ci qui meut le premier ? Ce sont là les problèmes les plus cruciaux de la psychologie. La tradition met déjà à notre disposition deux solutions : l'une, comme celle de Watson, est une psychologie <u>sans conscience,</u> psychologie du comportement, et l'autre, une psychologie spiritualiste, une psychologie de l'âme. Mais le somatique et le psychique ne sont pas deux substances ou deux réalités distinctes : l'une spirituelle et l'autre matérielle. L'homme normal n'est pas un corps composé de certains instincts « autonomes » qui formeraient une infrastructure couronnée d'un esprit qui déploierait ses forces sur elle.[2] Si la distinction du psychisme et du somatique a sa place en pathologie, elle ne peut pour autant – selon Merleau-Ponty – servir à la connaissance de l'homme normal : chez celui-ci les processus somatiques ne se déroulent pas isolément (Cf. Chap. 4) ; ils sont, pour ainsi dire, insérés dans le psychisme.[2] Le psychisme et le somatique ne constituent pas dans l'homme deux réalités distinctes, opposées ou extérieures l'une à l'autre : il ne s'agit là que de deux types de rapport dont le supérieur intègre toujours l'inférieur.[2] Le corps n'est pas, chez le normal, distinct du psychisme.[3] Le psychisme et le somatique ne sont pas deux « puissances d'être ».[4] La distinction entre eux n'est donc pas substantielle mais <u>fonctionnelle.</u>[5] S'il y a le psychisme d'une part et le somatique de l'autre, on ne voit pas comment des troubles gnosiques pourraient se traduire par la perte des initiatives sexuelles.[6] La liaison si intime entre le « somatique » et le « psychique », la négation du réalisme de celui-ci conduit Merleau-Ponty à ne pas concevoir une maladie, dite mentale, qui n'aurait rien à voir avec le somatique :[7] c'est ce que les psychiatres et les neurologues français ont admiré chez Merleau-Ponty. Puisque le psychique n'est pas derrière le corps, on est obligé de revenir à celui-ci pour le comprendre.

Merleau-Ponty est en effet beaucoup plus près de Watson qu'il ne l'est de la psychologie spiritualiste au sens classique de ce mot. C'est à la description objective du comportement qu'ils s'intéressent tous les deux. La différence est évidemment grande, car si pour ce psychologue, faire une psychologie du comportement, c'est en faire, comme Descartes, un morceau d'étendue, pour Merleau-Ponty, revenir au corps, c'est en faire une conscience. Essayons de préciser avec la *Phénoménologie de la perception* ce problème capital pour notre auteur.

Pour le psychologue classique, William James par exemple, l'affectivité n'est qu'un désordre corporel projeté dans la conscience, c'est-à-dire désordre et conscience de ce désordre.[8] Et pour l'antithèse de cette doctrine, l'intellectualisme, la conscience de soi détruit la passion : elle désengage.[9] Ainsi, ici et là, « le sujet se définit par son pouvoir de représentation, (et) l'affectivité n'est pas reconnue comme un mode original de conscience ».[10]

Mais dire que l'affectivité est un mode original de conscience, c'est dire que ce mode d'être du corps est constitutif de nous-mêmes, qu'il possède en lui-même sa signification ou qu'enfin aucune signification n'est « hors de » ou « derrière » l'« expression corporelle ». La colère, par exemple, n'est pas un fait psychique derrière le geste : celui-ci est la colère elle-même.[11] Le psychisme à l'égard du corps est dans un rapport comparable à celui du sens à l'égard de l'expression : celui-ci n'est rien d'autre que la « façon » ou la « manière » dont la « parole » manie un « monde linguistique ».[12] L'émotion est un « mode » d'être au monde et dont la signification est ce mode lui-même.[13] Elle est une manière d'exister de la conscience,[14] et toute manière d'exister est une manière de signifier et de comprendre le monde. Si l'originalité de Husserl était d'affirmer que «Bewusstsein ist Intentionalität», celle de Merleau-Ponty est de faire du corps le «sol» de toute intentionnalité. L'affectivité, la perception et l'imagination sont des modalités de la conscience, des intentionnalités : je perçois quelque chose (je vois un arbre), je suis ému par une situation (je suis bloqué dans l'ascenseur), j'imagine mon frère en plein combat, <u>c'est mon «corps» qui exprime ces modalités d'être-au-monde</u>. Perception, affectivité et imagination n'ont pas d'autres points d'ancrage que le corps lui-même et c'est pourquoi elles doivent posséder en elles-mêmes leur signification.

L'affectivité, et par exemple l'affectivité sexuelle, est le moyen <u>grâce</u> auquel autrui se met à exister pour moi.[15] Mais le sol de cette affectivité, comme le sol de toute intentionnalité, est le corps. Faire de celui-ci le sol de toute intentionnalité, c'est pour Merleau-Ponty en faire un <u>corps-sujet</u> ou le *cogito*. C'est en effet sur cette notion du <u>corps-sujet</u>, du «psychisme incarné dans la chair» que se trouve «centrée» la psychanalyse existentielle chez Merleau-Ponty.

C'est par mon corps que je peux approcher autrui et que je comprends le monde :[16]

> La perception érotique (par exemple), n'est pas une <u>cogitatio</u> qui vise un <u>cogitatum</u> ; à travers un corps elle vise un autre corps, elle se fait dans le monde et non pas dans une conscience. Un spectacle a pour moi une signification sexuelle non pas quand je me représente, même confusément, son rapport possible aux organes

sexuels ou aux états de plaisir, mais quand il existe pour mon corps, pour cette puissance toujours prête à nouer les stimuli donnés en une situation érotique et à y ajuster une conduite sexuelle.

Il y a une «compréhension» érotique qui n'est pas de l'ordre de l'entendement puisque l'entendement comprend en apercevant une expérience sous une idée, tandis que le désir comprend aveuglément en reliant un corps à un corps.[17]

Et c'est sur cette notion du «corps-sujet» que Merleau-Ponty se voit proche de la psychanalyse. Pour celle-ci, c'est la sexualité ou le corps qui établit nos relations avec le monde et autrui. La psychanalyse retrouve dans le corps des relations et des attitudes qui autrefois passaient pour celles de la conscience.[18] La vraie signification de la psychanalyse n'est pas d'expliquer l'homme par l'infrastructure sexuelle, à la manière dont on explique les gouttes de pluie par les nuages, ou de rendre la psychanalyse biologique, mais de retrouver dans cette «fonction corporelle», que l'on croyait purement biologique, des fonctions psychologiques et de réintégrer par là le corps à l'être humain.[18] En réduisant les superstructures à des infrastructures, Freud montre qu'il n'y a rien d'_inférieur_ dans la vie humaine.[19] C'est la vie de l'esprit que Freud a trouvée anticipée dans la vie corporelle. C'est la vie adulte qui est anticipée dans la sexualité infantile : les conduites sphinctériennes de l'enfant déterminent déjà pour celui-ci la qualité de ses relations avec autrui : générosité ou avarice.[19] Faire comme les psychanalystes, expliquer la vie psychologique de l'individu par la chair, c'est montrer que celle-ci possède en elle une signification psychologique ou une logique secrète (Cf. le premier chapitre).

Comme méthodes, la phénoménologie et la psychanalyse ne s'opposent pas : elles s'accordent toutes les deux pour décrire « les motifs psychologiques ». Tout acte humain « a un sens » disait Freud[20] et c'est pourquoi la psychanalyse cherche partout à « comprendre » et à déchiffrer le sens des symptômes plutôt qu'à les rattacher à des conditions strictement mécaniques.[21] En affirmant que les symptômes ont plusieurs significations ou sont « surdéterminés », Freud quitte – selon Merleau-Ponty – la pensée causale : un symptôme trouve, lors de son installation, plusieurs raisons d'être chez le sujet.[22] Avec la psychanalyse, le corps passe dans l'esprit et inversement l'esprit passe dans le corps.[23]

Ainsi l'affectivité ne peut être un processus purement corporel : elle possède en-soi une signification psychologique. Le psychisme se fait somatique et le somatique se fait psychisme. Celui-ci est une réalité objective, c'est-à-dire une « structure de la conduite », et c'est pourquoi le psychisme est visible pour moi et pour autrui.[24] L'existence est une incarnation perpétuelle et le corps est l'existence figée ou généralisée.[25]

Si, par exemple, l'affectivité est dramatique, c'est parce que c'est notre « existence personnelle » tout entière qui s'y engage.[26] Le corps, pour ainsi dire, est le « miroir » de notre être :[26] il reprend, développe et explicite en lui et à chaque instant les modalités de l'existence (âme). C'est ainsi que, par exemple, la frigidité est la manifestation d'une « détresse psychique » ou d'un conflit embarrassant, et c'est pourquoi aussi la solution cherchée par le médecin est presque toujours individuelle, personnelle et existentielle :

> Chose curieuse : la frigidité n'est presque jamais liée à un « déséquilibre hormonal », ce sont le plus souvent des motifs psychiques qui en sont responsables. Déjà Stekel a montré que ce ne sont presque jamais des conditions anatomiques ou physiologiques qui sont responsables de la frigidité : celle-ci traduit le plus souvent le refus de la condition féminine ou le refus d'être sexué – et celui-ci traduit à son tour le refus du partenaire sexuel et du destin qu'il représente.[27]

> Une jeune dame qui noya, par accident, un bébé devint frigide.[28] Après le mariage, une dame devient insensible et déclare au médecin : je préfère ma mère abandonnée par mon père à mon mari trop doux.[29] Un veuf obligeant sa seconde épouse à dormir dans le lit où sa première femme était morte et au-dessous d'une photo de la défunte, la nouvelle épouse tomba malade : le vaginisme commence. La photo supprimée, le lit changé, le vaginisme guérit aussitôt.[3]

> Quelquefois aucun médicament, psycho-pharmacologique ou psychologique au sens abstrait de ce mot, ne réussit à rendre la sensibilité au sujet. Une hystérique, fort intelligente, devenue insensible, multiplie des expériences et des aventures sans succès, – mais changeant de

> structure existentielle, entrée dans une structure conjugale propice, elle devient heureuse.³¹ « Un trouble fonctionnel dans la sphère génitale est nécessairement lié à des troubles du comportement d'ordre affectif et, inversement, des troubles psycho-affectifs s'accompagnent toujours d'un comportement (...) (corporel) caractéristique ».³² Sont nombreux les motifs psychiques responsables de la frigidité : « annoncer : "je suis frigide" signifie n'importe quoi. Le symptôme est une carte de visite qu'il ne faut pas jeter au panier ».³³

C'est de cette manière que le corps est le « miroir » de notre être : qu'il est l'explicitation de notre « existence personnelle » (la conscience).

> À la suite d'une interdiction qui lui a été faite par sa mère de revoir l'homme qu'elle aime, une jeune fille perd le « sommeil », l'appétit et finalement elle est devenue « aphone ».³⁴ Dans l'histoire de l'enfance du sujet, il y a eu deux manifestations de l'aphonie : l'une à la suite d'un tremblement de terre et l'autre à la suite d'une peur violente.

Si pour commencer on veut tenter une interprétation freudienne, c'est la phase orale du développement qu'il faudrait mettre en question : le symptôme serait défini en termes de « régression » et de « fixation ». « Mais ce qui est « fixé » sur la bouche, ce n'est pas seulement l'existence sexuelle, ce sont, plus généralement les relations avec autrui dont la parole est le véhicule ».[35] Si l'émotion a choisi de s'exprimer par « l'aphonie », c'est parce que de toute l'expression du corps, la « parole » en est l'expression la plus étroitement liée à la coexistence.[35] Le sens du symptôme est le refus de la coexistence ; exactement comme la crise de nerfs est le moyen de fuir la situation.[35] Parler, c'est se communiquer et la malade ne le désire plus. La malade ne peut plus déglutir les aliments, elle tente de rompre avec la vie, car la déglutition symbolise le mouvement de l'existence et la malade n'y voit plus de sens.

Même dans l'enfance du sujet, l'aphonie a eu une signification existentielle : pendant le tremblement de terre l'angoisse s'est traduite par l'aphonie, car la malade s'est trouvée brusquement et violemment coupée de la coexistence et condamnée à son sort personnel.[36] Le symptôme d'aphonie réapparaît, car l'interdiction maternelle ramène la même situation au figuré : elle ferme l'avenir au sujet.[37] La malade s'est régressée et s'est fixée sur la sexualité buccale, car le symptôme a aussi une signification sexuelle[38] – c'est pourquoi, la malade trouve une sensibilité particulière dans sa bouche. Le symptôme est en-soi surdéterminé, c'est un carrefour de références : références au passé (tremblement de terre), au passé libidinal (le développement sexuel) et référence à l'avenir (refus de relation avec autrui). Ainsi le corps est la « reprise » et l'explicitation non seulement de « l'existence sexuelle » mais aussi de l'existence en commun : la coexistence :

> Josette, enfant de trois ans, tomba gravement malade après la décision de ses parents de lui préparer une chambre à elle seule et de ne plus

la loger dans la même chambre qu'eux.[39] Voyant les préparations, un matelas nouveau arrivé, la malade perd le sommeil et présente le tableau suivant : pâleur, crise de nerfs, amaigrissement, anorexie, etc. Ces symptômes ont encore entraîné d'autres symptômes régressifs, telle que l'énurésie par exemple. « Par ces symptômes dont le mobile lui était inconscient, l'enfant exprimait un refus de quitter la chambre de ses parents, d'abandonner sa mère (...) (et) son père ».[40] En plus de leur référence à la coexistence, ces symptômes ont encore une référence au passé et à l'avenir. Référence au passé car la fillette veut continuer l'enfance dont elle était assurée, et référence à l'avenir, car elle en a peur. Elle est traitée en grande fille, mais sans qu'elle voie ce que cela lui rapportera ou ce que cela signifie, ce qui a provoqué chez elle l'angoisse, <u>la peur de l'inconnu</u>. (Goldstein)

Mais ces symptômes ont encore une référence à « <u>l'existence personnelle</u> », c'est le sens fondamental que leur donne l'auteur.[41] <u>Ils sont, pour parler comme Merleau-Ponty, la réalisation de l'existence personnelle = le psychisme</u>. L'aphonie et le pithiatisme en général sont, pour notre auteur, des <u>maladies du cogito</u> : « c'est la conscience devenue ambivalente ».[42] Cette ambivalence recouvre chez Merleau-Ponty deux niveaux différents : celui de la « liberté et du déterminisme » et celui de la « conscience et l'inconscient » (= le refoulement) :

L'aphonie n'est pas une décision d'être aphone, un silence

voulu ou concerté, car on ne se tait que quand on peut parler ; mais l'aphonie n'est pas davantage une paralysie, car laissée libre de revoir le jeune homme qu'elle aime, et traitée par des médicaments psychologiques, la malade retrouve la parole.[43] Être aphone, ce n'est pas se taire, car on se tait quand il y a un choix : « voici Pierre, je peux lui parler ou ne pas lui adresser la parole ».[44] La malade demeure en effet sans voix, elle s'en est séparée comme certains insectes tranchent leur propre patte.[45] C'est la conscience devenue malade, c'est-à-dire « ambivalente » : « libre » et « non-libre » et « consciente » et « inconsciente ».

Mais parler de la conscience malade, est-ce dire que la maladie ou l'ambivalence se joue au niveau de la conscience et non pas dans le corps ? La réponse est anticartésienne : c'est le corps qui « exprime » ou qui « réalise » à chaque instant les modalités de l'existence personnelle = le psychisme.

L'aphonie n'est pas une simple manifestation de la conscience : un signe qui traduit au dehors un état intérieur. Si l'aphonie était pure conscience d'une situation, la voix perdue, le souvenir, le bras ou la jambe oubliés seraient étalés devant moi au même titre que les régions conservées de mon corps et de mon passé.[46] Si le corps « exprime », « reprend » et « explicite » à chaque moment les modalités de la conscience, ce n'est pas dans le sens où l'on disait jadis que la parole exprime la pensée.

L'aphonie n'exprime pas ici la conscience à la manière d'un chiffre conventionnel désignant une maison. Le signe est ici inséparable de sa signification : celle-ci est immanente au signe.[47] « La malade ne mime pas avec son corps un drame qui se passerait "dans sa conscience". En perdant la voix, elle ne traduit pas au-dehors un "état intérieur", elle ne fait pas une "manifestation", comme le Chef d'État qui serre la main au chauffeur d'une locomotive et qui donne l'accolade à un paysan, ou comme un ami vexé qui ne m'adresse plus la parole ».[48] La « maladie », la « santé », le « sommeil » et le réveil sont des « modalités » du corps : ils exigent « <u>un pas existentiel</u> ». L'aphonie ne « représente » pas un refus de parler et l'anorexie un refus de vivre : elles sont ce refus de parler ou ce refus de l'avenir « arrachés à la nature transitive des "phénomènes intérieurs", généralisés, consommés, (et) devenus situation de fait ».[48] Si le corps donc peut symboliser l'existence, c'est qu'il la réalise ou qu'il en est l'actualité.[50] Mais puisqu'il en est l'actualité, c'est <u>le corps qui est malade ou ambivalent</u>.

Le corps est le moyen pour ma conscience d'accomplir la « transcendance » dont elle est faite, de se réaliser ; mais il est aussi le moyen de se démettre d'elle-même, de se « fixer » dans une « scolastique », de se faire « inconsciente » ou anonyme.[51] Chez notre malade, la temporalité ou le mouvement de l'existence se trouve bloqué ; pas de mouvement vers le futur, vers le passé ou vers le présent vivant ; pas de pouvoir d'apprendre, de mûrir ou d'entrer en communication avec autrui. L'existence s'est nouée sur le système corporel.[52] Il n'y a, pour le malade, plus rien qui arrive, rien ne prend forme « ou plus exactement il n'arrive que des "maintenant" toujours semblables, la vie reflue sur elle-même et l'histoire se dissout dans le temps naturel ».[53] Même pour l'homme normal, le corps est le moyen pour lui de se dérober à la vie : comme j'ai un corps, je peux couper mes relations avec autrui, abandonner mes projets, vivre tout à fait chez moi dans la mesure du possible, jeûner pour ne pas pouvoir travailler et me faire ainsi ermite. Mais c'est parce qu'il peut se fermer au monde, se fixer sur un « symptôme corporel » ou dans une « scolastique » que mon corps peut m'<u>ouvrir</u> au monde et m'y met en situation.[53] Le mouvement de l'existence vers le monde, l'avenir et autrui, peut « reprendre » comme un fleuve qui se dégèle. Mais justement (et c'est là l'essentiel) cette « reprise » ne se fait pas « par » ou « dans » un « monde intelligible » : elle se fait « par le corps » – et elle est donc <u>visible</u> pour le « malade » et le « médecin », moi et autrui.

Dire que le pithiatisme est une maladie de la conscience, ce n'est pas dire que celle-ci est une entité dont l'aphonie serait un signe. Ramener la « névrose » à l'ambivalence de la conscience c'est la ramener à celle du corps. L'ambivalence du complexe d'Œdipe n'est pas celle qui se passerait dans une « conscience pure », c'est un drame « vécu » ou existentiel. Si l'ambivalence est constituée du conflit, celui-ci est entre deux manières d'être. C'est ainsi que le petit Hans « bat » et « embrasse » aussitôt l'endroit battu de son père.[54]

Mais Merleau-Ponty parle non seulement du corps comme « actualisation » du « psychisme » mais aussi de celui-ci comme reprise et explicitation de l'existence donnée et anonyme du corps,[55] c'est-à-dire du corps en situation.[56]

Dire que le « psychisme » est la reprise du corps en situation donnée, c'est pour notre auteur la manière la plus essentielle et la plus fondamentale de concevoir de manière précise le rapport du corps et de « l'âme ».

Une maladie organique ne peut pas, en principe, ne pas

avoir de répercussion psychique : le psychisme est l'explication de la défaillance organique.

Ainsi le corps et le psychisme s'entrelacent et s'intègrent l'un à l'autre pour former une puissance significative ou intentionnelle : pas de mouvement corporel qui ne soit pénétré de motifs physiques et « pas un seul acte psychique qui n'ait trouvé au moins son germe ou son dessin général dans les dispositions physiologiques ».[57] Parler du psychisme et du somatique ce n'est pas parler d'une rencontre entre deux causalités. Il n'y a pas de maladie qui soit ou bien « somatique » ou bien « psychique » : leur échange empêche de qualifier ainsi la maladie :

> Entre le psychique et le physiologique il peut y avoir des rapports d'échanges qui empêchent presque toujours de définir un trouble mental comme psychique <u>ou</u> comme somatique. Le trouble dit somatique ébauche sur le thème de l'accident organique des commentaires psychiques et le trouble « psychique » se borne à développer la signification humaine de l'événement corporel.[58]

La maladie dite psychique ne laisse pas le corps « intact ». Mais qu'est-ce alors que la « maladie » ? Celle-ci est une signification, c'est-à-dire une grammaire « sui generis », une structure = une manière typique de nouer ses relations avec autrui et le monde. Mais concevoir ainsi la maladie, c'est « ipso facto » concevoir une « psychothérapie existentielle ». Celle-ci n'est pas une restauration du spiritualisme : revenir à l'existence comme milieu où se comprend la communication du psychisme et du corps, ce n'est pas revenir à l'Esprit.[59] Intégré au corps, celui-ci n'est qu'une «présence» au monde. Sommeil, éveil, santé et maladie sont des situations de fait, des modalités du corps ou de l'existence. C'est dans ce courant de Binswanger et Jaspers que Merleau-Ponty se trouve situé. Jaspers définissait déjà le «délire» comme une expérience particulière, une certaine manière d'exister, de «nouer des relations», de signifier ou d'être au monde.[60] La guérison de même que la maladie est une situation de fait: «rouvrir» le corps dans le cas de l'aphonie par exemple et «renoncer» aux symptômes lorsque ces symptômes sont des satisfactions substitutives[61] (des déviations).

Mais pour rompre l'aphonie, la décision doit venir non de la conscience de soi, mais d'un niveau plus bas que la volonté.[62] La maladie étant une structure – le corps gelé – la médecine psychologique n'est pas de l'ordre cognitif: celle-ci exige un pas existentiel, elle doit être incarnée dans cette dimension fondamentale de l'existence, qui est la relation du médecin au malade. La psychothérapie existentielle est en elle-même une «grammaire»: un changement de situation du malade et non pas un effort intellectuel déployé sans fond affectif ou «relationnel» entre le médecin et le malade:

> (…) la médecine psychologique n'agit pas sur le malade en lui faisant connaître l'origine de sa maladie: un contact de la main met fin quelquefois aux contractures et rend la parole au malade,[63] et la même manœuvre, devenue rite, suffira dans la suite à maîtriser de nouveaux

> accès. En tout cas la prise de conscience, dans les traitements psychiques, resterait purement cognitive, le malade n'assumerait pas le sens de ses troubles qu'on vient de lui révéler sans le rapport personnel qu'il a noué avec le médecin, sans la confiance et l'amitié qu'il lui porte et le changement d'existence qui résulte de cette amitié. Le symptôme comme la guérison ne s'élaborent pas au niveau de la conscience objective ou thétique, mais au-dessous.[64]

Jaspers insistait, lui aussi, sur ce fond existentiel de « relation » entre le médecin et le malade, – et sur la nécessité de tenir compte de tout ce que peut révéler ce contact avec le médecin.[65] « La suprême relation du médecin avec son malade est une <u>communication existentielle</u> qui dépasse toute thérapeutique, c'est-à-dire tout ce qui peut être organisé ou méthodiquement mis en scène. La cure, dès lors, s'accomplit et se circonscrit dans la communauté de deux êtres libres et doués de raison sur le plan de l'existence possible ».[66]

Ce n'est donc pas par un effort intellectuel (= abstrait) que la malade retrouvera la voix, mais c'est par une «<u>conversion existentielle</u>»; conversion dans laquelle tout le corps de la malade se rassemble – par un véritable geste – et conversion du «mode du Mitsein».[67] Pour l'homme qui avait perdu le souvenir, la réconciliation avec sa femme suffisait à retrouver le livre perdu.

Si Merleau-Ponty redoute l'efficacité d'une thérapeutique « intellectuelle », celle qui se limite à la prise de conscience du malade, c'est parce qu'il distingue la structure effective de nos

« Erlebnisse » de la signification idéelle que nous en avons. En d'autres mots, il y a à distinguer dans le développement ou la guérison une « libération idéelle » et une « libération réelle ». La première ne nous transforme pas dans notre être, elle ne change pas la structure de la maladie, elle change seulement la conscience que nous avons de nous-mêmes. C'est la seconde qui est « Umgestaltung », un changement concret de la maladie ou de l'existence.[68] Mais pour que celle-ci se réalise, que le malade retrouve la santé, la psychothérapie doit être elle-même une dimension existentielle, le minimum en est la présence du médecin. Pour schématiser nos idées, nous aurons le tableau suivant :

a) le psychisme = une structure de conduite = une manière d'être au monde.

b) la maladie = une structure existentielle = une manière d'exister.

c) la guérison = (retrouver la santé précédente, retrouver la parole ou laisser tomber un symptôme).

d) le traitement psychologique = une structure concrète : rapport existentiel avec le thérapeute (névrose de transfert).

Dans la psychothérapie, la question n'est pas uniquement de faire « comprendre » sa vie au malade : celui-ci doit « revivre » ses conflits pour les liquider. Mais « revivre » ses conflits exige un pas existentiel, une relation avec l'analyste. C'est grâce au « transfert » que le malade « reprend » l'ensemble de ses attitudes à l'égard des choses et à l'égard des gens qui l'ont fait

« ce qu'il est ».[69] La situation analytique substitue à la névrose une autre névrose : une névrose de transfert.[70]

> Ainsi, « le traitement psychanalytique ne guérit pas en provoquant une prise de conscience du passé, mais d'abord en liant le sujet à son médecin par de nouveaux rapports d'existence. Il ne s'agit pas de donner à l'interprétation psychanalytique un assentiment scientifique et de découvrir un sens notionnel du passé, il s'agit de le revivre comme signifiant ceci ou cela, et le malade n'y parvient qu'en voyant son passé dans la perspective de sa coexistence avec le médecin. Le complexe n'est pas dissout par une liberté sans instruments, mais plutôt disloqué par une nouvelle pulsation du temps qui a ses appuis et ses motifs. Il en est de même dans toutes les prises de conscience : elles ne sont effectives que si elles sont portées par un nouvel engagement. Or cet engagement à son tour se fait dans l'implicite, il n'est donc valable que pour un cycle de temps. »[71]

Même sous ses formes les plus respectueuses et les plus canoniques, la psychanalyse ne rejoint la vérité d'une vie qu'à travers le rapport de deux vies : l'atmosphère solennelle du transfert.[72] Dans cette atmosphère solennelle de transfert ou à travers la « névrose de transfert » le problème est de restituer l'histoire du malade ou de retrouver le « drame » (selon le mot de Politzer), le « jeu » (selon Mucchielli),[73] ou « l'événement essentiel » (Merleau-Ponty) d'une vie, les traumatismes et les mécanismes de défense par lesquels le malade s'oppose à ses troubles.[74] Mais quand la psychanalyse devient trop ambitieuse, une « institution universelle », c'est-à-dire lorsque la psychanalyse veut expliquer la vie des sociétés tout entière elle cesse d'être une psychothérapie : l'objet de celle-ci est de guérir, c'est une conception que l'on peut « vérifier » et discuter par les cas. Mais lorsque la psychanalyse devient un « formalisme » : elle façonne des sujets conformes à ses « lois », mais elle ne guérit plus.[75] La psychanalyse existentielle se distingue de ce structuralisme : c'est le drame personnel, et le passage du psychisme dans le corps qui l'intéresse. Dire que le corps et le psychisme sont dans un rapport d'expression réciproque, ce n'est donc pas opter pour l'homo natura – car le corps se fait conscience (Freud) – ni davantage pour l'intellectualisme puisque la conscience se fait corps.

Ainsi, pour reprendre notre point de départ, le psychisme n'est pas une réalité distincte du somatique, <u>mais une structure du comportement. Il est la « manière » ou la « forme » dont la conduite est « structurée »</u>.[76] « La structure et le sens immanent de la conduite (…) sont – dit Merleau-Ponty – la seule "réalité" psychique (…). Ce que nous appelons psychisme est (…) un objet devant la conscience ».[77] Ainsi, puisqu'il est une manière d'organiser la conduite, <u>le psychisme est une réalité objective et observable du dehors</u>.[78] Puisqu'il en est ainsi, le soi-disant problème de l'introspection devient, chez Merleau-Ponty, un procédé de connaissance comparable à l'observation extérieure.[79]

La définition du psychisme comme structure de conduite ou comme réalité donnée à la perception externe est celle-là même que met en évidence la phénoménologie et plus précisément l'idée de l'intentionnalité. Comme l'a dit Sartre, la conscience n'a pas de « dedans »,[80] elle est tout entière au « dehors » – et c'est cette fuite incessante hors d'elle-même qui la constitue comme telle. Le psychisme n'est que par ce mouvement actif du « <u>corps</u> » vers le monde ; il n'est pas un ensemble d'états internes, mais une « structure manifeste » de la chair, une <u>grammaire accessible du dehors</u>.[81] C'est là où, selon Merleau-Ponty, la phénoménologie donne à la psychanalyse le moyen de reconnaître sans équivoque la « réalité psychique ».[82] L'objet de la psychologie n'est pas une intériorité pure, intériorité accessible à l'intuition seule ou l'introspection pure : son objet est une « structure », une « grammaire » ou une « signification ».[83]

Mais si le psychisme est saisissable du dehors, l'« inconscient » – puisque c'est du psychisme[84] – doit être, lui aussi, saisissable du dehors. Nous verrons plus loin comment, pour Merleau-Ponty, l'inconscient est une forme ou une structure spéciale de la conscience et ce que sont justement ces structures. Pour Freud, d'après Politzer,[85] ce sont les effets seuls de l'inconscient qui sont visibles ou manifestes, jamais l'inconscient lui-même. On voit des effets, des actes manqués, des symptômes, le contenu manifeste du rêve, mais pas l'« inconscient » = la cause. Cela n'a cependant pas empêché Freud, d'après Politzer, de postuler l'inconscient comme une réalité objective, un être réel. Ce dédoublement – cause et effet, rêve et inconscient – est illégitime, pense Politzer, car tout d'abord, c'est du manifeste que l'on part (ce qui veut dire pour Politzer que l'inconscient y est impliqué, sinon comment y trouver un point de départ ?), mais, une fois arrivé à ce que l'on appelle le « contenu latent », on lui donne un statut d'être et on tombe ainsi dans l'ontologie du réalisme. Mais le « sens » d'une conduite ou même d'une « vie longue » n'exige pas d'ontologie réaliste pour comprendre sa force d'orientation. C'est ainsi que, par exemple, un sujet ayant très peur de l'échec ne se présente pas à l'examen malgré ses efforts : il a raté son train et son métro (faisant le trajet en sens inverse) alors qu'il connait parfaitement son chemin – il le fait quotidiennement. Le sens inconscient (la peur d'être jugé) s'annonce dans ces conduites-mêmes d'échecs. L'inconscient est, en ce sens, lui-même un <u>objet de perception</u> externe ou une structure manifeste de la chair. C'est en termes d'un psychisme (ou grammaire) figé que Merleau-Ponty va s'efforcer de dépasser Freud ! Mais commençons par systématiser un peu ces deux reproches que fait Merleau-Ponty à Freud : celui-ci ne distingue pas la « dialectique vitale » de la « dialectique humaine ». Freud est, en outre, prisonnier de toute une philosophie et de toute une psychologie de représentations – ce qui est pour Merleau-Ponty inacceptable.

2. <u>La vie de la conscience ou de la perception (la dialectique humaine)</u>

À vrai dire, Merleau-Ponty se contente ici d'une simple allusion – mais l'allusion est fondamentale – pour affirmer que Freud ne distingue pas la dialectique humaine de la dialectique vitale.[86] Ce que Merleau-Ponty vise, mais sans effectivement le discuter ou le préciser, c'est, au fond, l'aspect « pulsionnel » du Freudisme. La vie humaine ne serait pour celui-ci, d'après ce reproche que lui fait Merleau-Ponty, qu'une «vie vitale». Une vie vitale pour Merleau-Ponty est celle déterminée par des a priori biologiques. Or pour Merleau-Ponty la dialectique humaine ne se réduit ni à une dialectique vitale (= pulsion – comportement) ni à celle de l'organisme et de son milieu (= excitants physiques ou sociologiques et réponses). Il ne saurait être question d'expliquer tout à fait la vie de la conscience du «dehors» ou du «dedans», par des excitants et des causes sociologiques, ou par des pulsions et leur représentation :[87]

A.   Le rapport de la conduite à ses variables, avons-nous vu, est celui de «signification», la «relation» est intrinsèque.[88] C'était en vue de réagir contre la causalité dans la perception, c'est-à-dire contre l'origine empirique de la perception, que Merleau-Ponty a affirmé contre les gestaltistes que la «structure» est pour la perception.[88] C'est celle-ci qui la confère comme «sens» à des données perceptibles. Dire que la structure est pour la perception, c'est, pour Merleau-Ponty, dire que je ne suis pas inséré dans les choses, déterminé par elles. C'est ainsi que la notion de structure intervient chez Merleau-Ponty non comme une réalité objective au sens de Goldstein et Paul Guillaume, mais comme une notion philosophique.[89] Plutôt donc que de dire que le comportement est tout à fait déterminé et structuré par son milieu, il faut dire que celui-ci est immanent comme «sens» ou signification[90] (Cf. Chapitre 3).

B.   Mais si la conduite n'est pas déterminée par des forces externes, elle ne peut davantage, pour Merleau-Ponty, être déterminée par des «forces biologiques internes». On ne doit pas perdre d'un côté ce que l'on a gagné de l'autre. C'est pour mettre en évidence la dialectique humaine (le *cogito*) que Merleau-Ponty a distingué trois dialectiques différentes. Un système physique, avons-nous vu, se caractérise dans son mode d'être par l'«équilibre» à l'égard des forces qui l'entourent.[91] Il est, pour parler le langage phénoménologique, dépourvu de toute intentionnalité. L'organisme animal, lui, «s'aménage un milieu stable correspondant aux a priori monotones du besoin et de l'instinct».[92] L'homme seul, par le travail au sens de Hegel,[93] inaugure une troisième dialectique.[94] Celle-ci désigne cette capacité qu'a l'homme de créer des structures et d'en dépasser d'autres : celles qui sont déjà là.[95] Et c'est encore pour distinguer la dialectique humaine de la dialectique vitale que Merleau-Ponty a distingué trois types de comportement : les comportements syncrétiques – la vie des invertébrés –, les comportements amovibles – ceux des singes par exemple –, et les comportements symboliques – la dialectique ou la vie proprement humaine.[96]

La dialectique humaine se caractérise par la capacité de «varier» des perspectives,[97] et de ne pas être «rivée» à des a priori biologiques internes. La vie humaine n'est pas «pulsion», «représentations» et décharge = comportement. L'homme introduit entre lui et ses besoins tout un monde – un troisième monde – au sens de Popper. Ce monde est celui de la création, notamment le langage.[98] Si l'homme est capable d'inaugurer une dialectique humaine, c'est parce qu'il n'est pas tout à fait rivé à des forces biologiques internes et impitoyables. Le comportement n'est pas la simple exécution d'une intériorité biologique. Voilà Merleau-Ponty contre Freud.

La Pensée logique et politique de M. Merleau-Ponty

Il y a donc une dialectique humaine et une dialectique vitale. Celle-ci est une activité instinctive et biologique.[99] Une activité biologique est celle qui, selon Merleau-Ponty, n'offre pas d'ambiguïté : elle vise des objets vitaux bien déterminés.[99] La perception animale, a-t-on montré, n'est sensible qu'à une certaine forme concrète de stimuli dont l'instinct prescrit lui-même la forme, et ce qui ne correspond pas à l'instinct reste hors du champ sensoriel de l'animal.[100] Celui-ci donc est orienté par ses tendances, il ne saurait faire autre chose que cela. Mais des malades trop tôt replacés dans leur milieu ancien tentent le suicide.[101] Ils se situent ainsi non dans l'univers biologique, mais dans celui des « relations humaines ».[102] La perception primitive, ou la conduite enfantine, n'est pas le résultat des processus énergétiques, des tendances ou des besoins émergés dans le psychisme et lui donnant des consignes à exécuter docilement sous forme de corps-vécu.[103] Si la psychanalyse ne distingue pas ces deux dialectiques, il ne lui reste qu'à décomposer ou analyser des « pulsions », faire correspondre à chaque activité particulière un certain nombre déterminé de « pulsions ». La psychanalyse deviendrait une <u>biologie raffinée</u> et sans aucune plasticité dans les données organiques. Mais la pulsion, a-t-on dit,[104] est susceptible de toute une série de métamorphoses, il y a donc en elle une plasticité. C'est cette plasticité qui permet la sublimation.[104]

Pris donc sans le nuancer, ce reproche de Merleau-Ponty à Freud risque d'être inexact. La pulsion n'est pas un a priori biologique synonyme de l'instinct. Si l'instinct désigne des comportements préformés et fixes, la « pulsion » désigne plutôt une « poussée ». Dans *La Structure du comportement*, Merleau-

Ponty fait comme si Freud ne parlait que de la dialectique vitale : sinon quel sens y a-t-il à dire que Freud ne distingue pas la dialectique humaine de la dialectique vitale ? Mais Freud n'est-il pas l'auteur de cette fameuse « <u>pulsion de mort</u> » ? En effet, Merleau-Ponty parle lui-même, dans *La Structure du comportement*, de la sublimation.[105] Il reproche ici à Freud d'avoir tout réduit à la sexualité ou à l'histoire de la libido.[105] Parlant de la sublimation chez Freud, Merleau-Ponty reconnaît implicitement par là la plasticité des pulsions chez celui-ci.

    La thèse cependant est ambivalente chez Freud lui-même. Pour savoir ce qu'est la nature de la libido, comment elle poursuit son développement, Freud semble – d'après Merleau-Ponty – en avoir fait deux hypothèses. La libido serait, d'après la première, une « tendance » qui porte en elle la <u>date</u> et toute la nature de ses phases successives.[106] La libido serait donc prédestinée et aurait un but « fixé » une fois pour toutes.[107] L'organisme aurait, en ce sens, un <u>calendrier inné</u> : « mort ». Le déclin du complexe d'Œdipe, par exemple, ne serait qu'une phase atteinte. La libido serait une entéléchie qui aurait fixé une fois pour toutes les étapes de développement, le déclin du complexe d'Œdipe, l'arrivée et le départ de la puberté etc. La seconde hypothèse, elle, est tout autre, elle est l'opposé de la première : « La libido ne serait pas prédestinée, elle n'aurait pas un but fixé une fois pour toutes ».[108] Le déclin du complexe d'Œdipe est dû, dans cette hypothèse, à l'expérience, <u>à l'échec</u>.[109] La petite fille qui se croyait bien aimée du père, la voilà un jour punie par lui. La frustration répétée et l'impasse sur laquelle débouche le complexe d'Œdipe serait donc la cause de sa disparition.[110] <u>L'homme est un être qui se fait</u>. Ce

La Pensée logique et politique de M. Merleau-Ponty

que vise donc Merleau-Ponty, c'est la première hypothèse : hypothèse (qui n'est pas la seule) d'un organisme qui aurait un calendrier inné : « mort ».

C'est un fait qu'on reproche à Freud sa tendance parfois un peu trop biologiste. Mais si l'on considère la conduite comme déterminée par des forces biologiques, la psychanalyse risque, comme on l'a dit,[111] de devenir une thématisation des pulsions. S'il en est ainsi, Merleau-Ponty aurait plus en commun avec Watson qu'il n'en a avec la psychanalyse. La phénoménologie n'est-elle pas cette philosophie qui fait jouer au maximum le rôle de l'extériorité ? Mon rapport au monde et à autrui ne sont-ils pas ses thèmes inépuisables ? Une psychologie pour laquelle tout est inné, c'est-à-dire pour laquelle il y a un calendrier inné de l'organisme n'est pas pour Merleau-Ponty si différente de la philosophie idéaliste (celle des idées).[112] Et elles ne sauraient se distinguer si, pour l'une comme pour l'autre, la tâche, c'est de décrire le sens des événements psychologiques.[112]

En somme, le comportement, le développement de la personnalité, n'est ni tout à fait dans le monde – structuré et déterminé par lui – ni tout à fait dans le corps, c'est-à-dire structuré et poussé par des besoins internes : il est dans le monde, en rapport « de sens » (transcendantal) avec lui ; l'homme, ainsi que le dit Goldstein, n'est pas rivé à ses instincts.[113]

Le reproche que l'on vient de voir et qui, en dernière analyse, ne touche qu'un aspect de la thèse freudienne, n'est pas le seul ; un autre est celui de l'interprétation de l'inconscient ou du refoulé en termes de représentations. Mais pour comprendre ce reproche souvent répété par notre auteur, il convient de comprendre ce que Freud entend par là, ou du moins comment il parle.

3. Freud et la philosophie de « Vorstellungen »

Dans la « Métapsychologie », Freud distingue deux types d'excitations : une excitation externe et une excitation interne = pulsionnelle. Si le sujet peut fuir la première, il ne peut, dit Freud,[114] fuir la seconde : il doit coûte que coûte l'assumer. Les pulsions ont, d'après Freud, quatre destins : a) le renversement dans le contraire ; b) le retour sur la personne elle-même ; c) le refoulement ; et enfin d) la sublimation.[115] Un autre destin, nous semble-t-il, doit être ajouté, dont Freud ne parle pas ici : c'est celui où la pulsion suit son cours normal. C'est au fond de ce dernier destin que nous avons parlé dans le paragraphe précédent, c'est là où les pulsions sont considérées comme des forces motrices du comportement. Nous nous limitons ici aux pulsions refoulées ou plus exactement aux représentants refoulés des pulsions.

Mais que veut-on dire, au juste, par refoulement ? Quel est son sens et comment arrive-t-il à avoir lieu ? « Le motif et la finalité du refoulement, (…) ne sont rien d'autre, dit Freud, que l'évitement du déplaisir ».[116] Il y a refoulement lorsque la réalisation d'une pulsion est opposée aux autres exigences, c'est-à-dire quand sa réalisation est pour celles-ci et non pour elle-même, un déplaisir. Mais comme la pulsion est, par définition, une force constante et dynamique, un conflit est inévitable. Deux pulsions opposées – la réalisation (= le plaisir) de l'une est le déplaisir de l'autre – ne peuvent coexister. Le refoulement intervient comme une solution. Mais pour que le refoulement ait lieu, une condition est nécessaire : il faut que le motif de déplaisir acquière, dit Freud, une puissance supérieure à celle de la pulsion de satisfaction.[117] On a là ce que Merleau-Ponty appelle, avec Politzer, des forces et des contre-forces, des forces refoulantes et des forces refoulées.[118] Mais si, comme le dit Freud, une pulsion est une force et que le sujet ne peut s'y soustraire, comme nous l'avons vu, que veut dire au juste : refouler et être refoulé ? Pour le comprendre, il faut revenir à cette idée que se faisait Freud du psychisme. Freud en parle comme d'un <u>appareil</u>. Il est composé de deux systèmes : l'inconscient, le préconscient et la censure entre les deux.[119]

On a là l'appareil psychique et le somatique (situation à comparer, pour la comprendre, à celle du corps et de l'âme ou à celle du corps et du cerveau). L'origine et la source dernière de la pulsion, c'est le somatique. La pulsion, c'est la demande du somatique faite au psychique. Elle est, dit Daniel Lagache : « un concept frontière entre le biologique et le mental ».[120] Une fois pénétrée dans l'appareil psychique, elle devient <u>représentation</u> : « représentant de la pulsion ». Celui-ci est donc la tradition de la pulsion.[121] Les pulsions sont pour Freud essentiellement inconscientes, ce sont les représentants des pulsions, qui eux, peuvent être conscients ou inconscients.[122] Et ce sont les représentants des pulsions qui font l'objet du refoulement. <u>Ce qui est refoulé, en d'autres mots, ce n'est pas la pulsion, mais c'est sa représentation.</u>[122] Une motion d'affect peut être perçue, vécue mais méconnue, c'est le cas par exemple là où sa représentation a été refoulée, qu'elle s'est attachée à une autre représentation et que la conscience la prend à tort pour celle-ci.[123] Bien que l'effet de la motion d'affect ne soit pas, lui, inconscient, <u>il est considéré comme inconscient en raison de sa représentation refoulée</u>.[124, 125] Mais refouler, ce n'est pas supprimer ou anéantir la représentation représentant la pulsion, c'est, dit Freud, l'empêcher de devenir consciente.[126] Refouler, c'est ne pas laisser la représentation arriver à la conscience et l'inhiber pour la mettre dans l'inconscient, « espèce de réservoir », dit Piron.[127] Être refoulé, c'est se voir interdire l'accès au système préconscient et être mis dans l'inconscient (Ics). Une fois refoulée, la représentation « demeure dans le système Ics comme formation réelle. (…) les représentations sont des investissements fondés sur des traces mnésiques ».[128, 129] Toute représentation est, en outre, investie d'une certaine quantité d'énergie et située quelque part dans l'appareil psychique. Sont dites refoulées, et par conséquent inconscientes, les représentations situées dans l'Ics. « Le noyau de l'Ics est constitué par des représentants de la pulsion qui veulent décharger leur investissement, donc par des motions de désir ».[130]

On comprend à présent que le « refoulé », c'est-à-dire « l'inconscient », est une représentation représentant la pulsion. Le refoulement se fait au moyen des contre-forces. Celles-ci barrent le chemin de la pulsion vers la conscience et conduisent ses représentants à être refoulés ou placés dans l'inconscient. Mais les représentants refoulés doivent être constamment ainsi maintenus, car étant des forces énergétiques, ils risquent à tout moment de franchir l'inconscient et d'envahir la conscience. Aussi Freud conçoit-il un refoulement permanent. Celui-ci « exige une dépense persistante de force ; si elle venait à cesser, le succès de celui-ci (le refoulement) serait mis en question,

La Pensée logique et politique de M. Merleau-Ponty

un nouvel acte de refoulement deviendrait alors nécessaire. (...) le refoulé exerce, en direction du conscient, une pression continue, qui doit être équilibrée par une contre-pression incessante. Maintenir le refoulement suppose donc une dépense constante de force ; le supprimer, cela signifie, du point de vue économique, une épargne ».[131]

Pour exprimer le refoulement, Freud parle aussi d'« investissement » et de « désinvestissement ». Une représentation est dite refoulée (= inconsciente) si elle a été désinvestie par le système préconscient (PCS) – ou ce qui revient au même, si elle a été investie par le système inconscient (Ics).[132] L'investissement de celui-ci, sa capacité de lui attirer des représentations, semble jouer chez Freud, d'après Laplanche et Pontalis, un rôle capital dans le refoulement.[133]

Mais devenir inconsciente ou être refoulée, ce n'est pas malgré tout, devenir à jamais impuissante. Une représentation refoulée peut se manifester.[134] C'est ce que l'on appelle les manifestations de l'inconscient : le rêve, les actes manqués, les symptômes névrotiques etc. Tout refoulement n'est donc pas réussi[135] et c'est le non-réussi, dit Freud, qui intéresse la psychanalyse ; le refoulement réussi échappe la plupart du temps à notre étude.[135]

Pour nous rappeler un point fondamental, l'identification de l'inconscient au refoulé saute aux yeux. L'inconscient identifié au refoulé ne correspond cependant qu'à la première conception freudienne, celle d'après laquelle le psychisme (ou l'appareil psychique) se divise en trois parties différentes : l'inconscient, le préconscient et le conscient. La seconde conception de Freud est celle du « Ça », du « Moi » et du « Sur-

Moi ». Le Ça et le Sur-moi sont inconscients. Et même une partie du Moi est inconsciente : sinon comment comprendre la résistance des malades, l'homme qui s'oppose à sa propre santé ? Le refoulement peut se faire d'une manière consciente, préconsciente et inconsciente. Avec l'idée d'une partie du Moi inconsciente, Freud arrive à l'idée de l'inconscient refoulant. L'inconscient donc n'est plus identifié au refoulé. Il nous est impossible de développer davantage cette dernière conception.

Pour nous résumer, l'interprétation de l'inconscient chez Freud, en termes de représentations, saute aux yeux. Freud parle encore le langage de Vorstellung, celui de la psychologie de son temps (les traces mnésiques) et même celui des naturalistes : (chaque pulsion et chaque représentation est douée d'une qualité d'énergie). La pulsion est le ressort du mécanisme psychique, c'est elle qui entretient toute activité psychique.[136] Elle est, en d'autres mots, en position d'alimenter constamment le psychique.[137]

Mais si, pour Freud, le psychisme est un appareil et le refoulé une représentation, pour Merleau-Ponty, le psychisme, nous l'avons vu, est une structure du comportement. C'est maintenant en tenant compte de cette théorie – du psychisme (esprit) comme structure du comportement (la chair) – dont M. De Waelhens se fait aujourd'hui prophète parmi les psychiatres que d'autres problèmes doivent recevoir, aux yeux de Merleau-Ponty, leur solution exacte. Mais chose étrange (pourtant jamais soulignée) celle-ci ne serait pas étrangère à l'idée que Merleau-Ponty se fait de la transcendance. Le refoulé (l'inconscient freudien) sera compris non comme une représentation (idée), mais comme une « structure typique »

(Lacan) du psychisme (*cogito*). Voyons en détail ce problème fort important.

4. Le refoulé = l'arrêt du *cogito*

Ce que Freud appelle l'«inconscient» ou le «refoulé» n'est rien d'autre pour Merleau-Ponty qu'une grammaire figée : l'opposé du développement, de la conduite, ou l'intemporel de nos expériences. Le complexe, nous le verrons, est interprété en termes analogues.

Le développement de la conduite est à considérer non comme une dialectique de forces, c'est-à-dire des forces comportementales ou des besoins se fixant sur des objets donnés et hors d'elles, mais comme une structuration progressive, temporelle et discontinue du comportement.[138] Le développement de la personnalité n'est pas celui d'un apprentissage «excitant-réponse» (ER), ni celui de l'idée d'après laquelle l'avenir est tout entier dans le passé ou dans des forces innées. Le développement implique, chez Merleau-Ponty, deux horizons : celui de nos expériences passées et celui de nos expériences actuelles, la multitude d'actes que j'accomplis à présent. L'organisation non-pathologique du comportement «est celle qui réorganise la conduite en profondeur, de telle manière que les attitudes enfantines n'aient plus de place ni de sens dans l'attitude nouvelle ; elle aboutirait à un comportement parfaitement intégré dont chaque moment serait intérieurement lié à l'ensemble».[139] La puberté, par exemple, doit être un stade et un comportement qui intègre en lui tous les autres stades et toutes les attitudes de la sexualité infantile. La sexualité buccale et anale, par exemple, ne doivent pas figurer dans le comportement adulte : elles devaient être intégrées et dépassées comme telles. L'amour initial, celui qu'a l'enfant à l'égard de sa mère – amour de nature œdipien – doit, pour laisser place à un autre amour – l'amour conjugal –, être intégré et dépassé comme tel. Il ne doit pas, en d'autres termes, constituer dans la vie du sujet, physiquement adulte, un système non intégré, une zone d'expérience isolée ou intemporelle, c'est-à-dire fixe. <u>L'inconscient freudien</u> – et plus précisément celui où Freud identifie l'inconscient au refoulé – n'est rien d'autre pour Merleau-Ponty qu'une zone d'expérience non-intégrée, refoulée ou <u>non dépassée,</u> un système relativement isolé : <u>une expérience fixe</u> = <u>intemporelle :</u>

> Ainsi, « on dira qu'il y a refoulement lorsque l'intégration n'a été réalisée qu'en apparence et laisse subsister dans le comportement certains systèmes relativement isolés que le sujet refuse à la fois de transformer et d'assumer ».[140] « Le refoulement dont parle la psychanalyse consiste en ceci que le sujet s'engage dans une certaine voie, – entreprise amoureuse, carrière, œuvre – qu'il rencontre sur cette voie une barrière, et que, n'ayant ni la force de franchir l'obstacle ni celle de renoncer à l'entreprise, il reste <u>bloqué dans cette tentative</u>[141] et emploie indéfiniment ses forces à la renouveler en esprit. Le temps qui passe n'entraîne pas avec lui les projets impossibles, il ne se referme pas sur l'expérience traumatique, le sujet reste toujours ouvert au même avenir impossible, sinon dans ses pensées

explicites, du moins dans son être effectif. Un présent parmi tous les présents acquiert donc une valeur d'exception : il déplace les autres et les destitue de leur valeur de présents authentiques. Nous continuons d'être celui qui un jour s'est engagé dans cet amour d'adolescent ou celui qui un jour a vécu dans cet univers parental. Des perceptions nouvelles remplacent les perceptions anciennes et même des émotions nouvelles remplacent celles d'autrefois, mais ce renouvellement n'intéresse que le contenu de notre expérience et non sa structure[141], le temps impersonnel continue de s'écouler, mais le temps personnel est noué[141] (...) Cette fixation[141] (...) ce passé (...) demeure notre vrai présent, (Il) ne s'éloigne pas de nous (...). J'aliène mon pouvoir perpétuel de me donner des "mondes" au profit de l'un d'eux, et par là même ce monde privilégié perd sa substance et finit par n'être qu'une certaine angoisse. Tout refoulement est donc le passage de l'existence en première personne à une sorte de scolastique,[141] de cette existence, qui vit sur une expérience ancienne ou plutôt sur le souvenir de l'avoir eue, puis sur le souvenir d'avoir eu ce souvenir, et ainsi de suite, au point que finalement elle n'en retient que la forme typique. (...) L'expérience refoulée (est) un ancien présent, qui ne se décide pas à devenir passé ».[142] Le refoulé (...) (est cette) zone d'expérience que nous n'avons pas intégrée.[143] Et il y a «un refoulement au sens restreint lorsque je maintiens à travers le temps un des mondes momentanés que j'ai traversés et que j'en fais la forme de toute ma vie».[144]

Ainsi, et sans qu'il y ait besoin de plus d'explication, le refoulé est défini, dans toute l'œuvre de Merleau-Ponty, comme une expérience non-intégrée, un genre d'automatisme monté et constitué dans le flux de la conscience.[145] Le refoulé n'est pas compris comme la mise dans l'inconscient d'une représentation représentant le désir ou la pulsion. C'est une conduite, une grammaire ou une expérience soustraite à l'emprise du sujet et devenue intemporelle, c'est-à-dire, «fixe». Le refoulé perdrait toute son efficacité, dit Merleau-Ponty, s'il n'existait que comme des «traces mnésiques» ou des «représentations» inconscientes.[146] Un auteur comme Hesnard approuve bien cette manière «merleau-pontienne» de définir le refoulé ou l'inconscient.[146] Le refoulé n'est pas une représentation mais une «attitude». Ainsi, le conflit ne peut être entre deux représentations mais entre deux manières d'être! La définition du refoulé comme un système relativement isolé, une zone d'expérience non-intégrée, ne se confond donc ni avec l'irréfléchi, l'inconscient primordial, ni avec la profondeur de la vie intentionnelle, ni avec l'idée d'une signification inaperçue (l'idée maîtresse de Politzer), ni avec la mauvaise foi de Sartre. C'est un arrêt du *cogito* = de la conscience transcendantale.

Le refoulé est ici à comparer au refoulement organique et plus exactement au membre-fantôme, le corps imaginaire.

Le malade se fixe sur une expérience ancienne – sa jambe réelle – et refuse la mutilation. Le malade n'a pas renoncé à sa vraie jambe, celle-ci n'est pas intégrée ou dépassée, le <u>malade y «tient» et «compte» encore sur elle</u>. Il y a là à distinguer, d'après Merleau-Ponty, deux corps : un habituel et l'autre actuel.[147] Le premier, c'est le corps tel qu'il était, c'est le corps sain. Le second, c'est le corps devenu amputé. Le malade <u>refuse</u> celui-ci et se <u>fixe</u> sur le <u>«corps habituel»</u> et plus précisément sur sa <u>jambe</u>. Il fait comme si rien ne s'était passé. Le temps ne s'écoule plus pour lui. Il fait comme cette malade internée à dix-neuf ans et qui, à l'âge de trente ans, dit n'avoir que dix-neuf ans. La malade explique elle-même son drame : tant que cette situation n'a pas changé, tant que je suis là, tant que je ne suis pas sortie d'ici, – et peut-être veut-elle dire aussi tant que je ne suis pas guérie – je n'ai et je n'aurai que dix-neuf ans.[148] Si donc le temps impersonnel s'écoule, le temps personnel, lui, comme l'a dit Merleau-Ponty, <u>reste noué</u>. Si le malade souffre de sa jambe fictive, c'est parce qu'il reste encore ouvert aux actions dont ce membre seul était la clef.[149] Le refus de l'infirmité, du réel si l'on veut, signifie donc que le malade tient «encore» à ses projets, à son monde habituel où sa jambe jouait un rôle capital. Si l'on veut parler en termes de choix, comme le fait M. De Waelhens, il faut dire qu'ayant à opter entre un monde à faire à sa mesure et la perte de son monde prochain – le monde où il s'est choisi et s'est exercé jusqu'à présent – le malade préfère se <u>nier</u> comme <u>liberté</u> pour sauver celui-ci :[150] son monde habituel. En somme, refouler, pour Merleau-Ponty, ce n'est pas comme on le définit généralement en psychanalyse, «interdire» ou «refuser» à quelque chose d'apparaître à sa conscience, mais c'est se <u>fixer</u> à un <u>organe</u>, un <u>souvenir</u> ou une <u>expérience</u>. <u>C'est la «fixation» qui constitue le drame</u>, celle-ci peut être une fixation à un organe réel ou imaginaire, à une expérience «fictive» ou «réelle».

Mais le malade, celui qui souffre de son membre fictif, ignore-t-il sa mutilation ? Il ne l'ignore pas, car le monde la lui révèle justement en tant qu'il s'y tient : la conscience se découvre, comme on l'a dit, dans le monde. Comment peut-il l'ignorer quand il se fixe sur sa jambe ancienne et quand il essaie d'activer une région de son corps qu'il ne possède plus ? Mais il ne la connaît pas davantage, car sinon il ne tenterait pas sans cesse, et malgré les échecs, de marcher sur sa jambe qui n'est, en fait, qu'un corps fictif. Refouler, donc un organe de son corps – au sens donné à ce mot – ce n'est pas l'ignorer, et pas davantage le connaître. De même, le sujet de la psychanalyse n'ignore pas son drame, mais il ne le connaît pas davantage nommément.

Refouler une expérience traumatisante ou une région de son corps, n'est pas, pour Merleau-Ponty, le seul refoulement. Il y a en effet toute une théorie générale du refoulement chez lui. C'est à l'intérieur de celui-ci que se forme le «<u>refoulement secondaire</u>», celui auquel Merleau-Ponty réduit le refoulé freudien.

Cette théorie consiste à considérer le «corps» comme, par sa nature et par son essence, une fixation sur le passé, c'est-à-dire une <u>répétition de nos expériences anciennes</u>. Mon corps est un gardien du passé. Si par exemple l'essence du temps est de dépasser mes expériences anciennes, c'est-à-dire de faire qu'elles s'écoulent et de donner par là le primat à l'avenir, le corps lui est un « complexe inné »,[151] un « corps habituel » et non seulement un corps actuel = créateur. En effet, Merleau-Ponty explique le corps comme un « complexe inné » par le temps lui-même. Celui-ci est un acte de « dépassement » et de « reprise ». Le temps reprend et répète toujours le passé. Il est donc, comme le corps, un « temps habituel » et un « temps actuel ».[152] L'idée du corps comme un « complexe inné », c'est-à-dire l'idée du corps comme un « corps habituel », c'est l'idée d'une conscience (= le corps) dont le refoulement, c'est-à-dire la fixation sur le corps ancien – ou la répétition des expériences passées – en est l'essence même. Être-au-monde, ce n'est pas se fixer uniquement à l'actuel mais c'est se fixer aussi à l'habituel. L'homme que je suis est aussi l'enfant que j'étais. Le présent pour Freud, a-t-on dit, est essentiellement répétition.[153] Merleau-Ponty ne dit pas autre chose, à condition cependant de ne voir dans cette affirmation que la moitié de la vérité, car, pris d'une manière générale, le présent est aussi dépassement ou création. Le refoulement général désigne cet aspect particulier qu'a toute expression ou tout instant d'être une « répétition » ou une « reprise » du passé. Chaque opération expressive, chaque période de notre vie, comporte en elle ce double mouvement de « progrès » et de « rechute ». Il n'y a pas, selon cette théorie, de jeunesse sans l'enfance, pas de sexualité adulte sans la sexualité infantile. Cela ne dit pas uniquement que l'une prépare l'autre, mais que la sexualité, dite adulte, comporte toujours en elle la sexualité infantile : cette sexualité pré-génitale, dit Freud. Mais le refoulement du passé peut constituer un drame tout particulier. S'y fixer, c'est être malade.

À côté donc du refoulement général, il y en a un autre –

l'« inconscient Freudien » : <u>un refoulement comme fixation secondaire</u>. Celle-ci désigne une fixation toute spéciale, devenue la « <u>maladie</u> ». La reprise de la sexualité infantile chez l'homme aux loups, par exemple, devient une « homosexualité » inconsciente.[154] La jeune fille à qui sa mère avait interdit de revoir le garçon qu'elle aime, devient aphone.[155] La perte de la parole est la reprise, ou plus exactement, à la fois la « reprise » et la « fixation » de la sexualité orale.[156] « En devenant père un homme peut redevenir aussi l'enfant qu'il fut, se replacer sous la constellation œdipienne, (et) se désavouer comme père, avec les conséquences imaginables pour le couple (d'autant plus qu'au même moment la femme souvent reporte sur son propre père la paternité de l'enfant qu'elle met au monde) ».[157] Une œuvre littéraire peut aussi être la reprise et la répétition d'un drame particulier.[158] Il y a là un échange de rôles, l'homme devient l'enfant qu'il était : échange du corps et de l'âme, la mère devient la fille qu'elle fut, échange de l'imaginaire et du réel, l'homme refoule – au sens freudien maintenant – le réel (le papa qu'il est) et épouse l'imaginaire (il devient enfant).[158] Ceci cependant n'a pas échappé à Freud. Celui-ci décrit, d'après Merleau-Ponty, ce genre d'expérience, d'échange de rôles, par un langage fait quelquefois sur mesure : « surdétermination », « complexe » et « instance ».[159] S'il y a toujours reprise – le refoulement général – la fixation dont il est question, est un état pathologique : <u>un refoulement secondaire, un inconscient ou une fixation à la « seconde puissance »</u>.

Mais si un moment de la vie infantile, et par exemple celui de la sexualité pré-génitale, peut être repris et devenir la dimension fondamentale de conduite, il ne peut pour autant être question, pour Merleau-Ponty, d'une «explication causale». La sexualité anale, par exemple, ne peut être la cause d'une quantité de conduites. Ce n'est pas parce que le sujet est anal qu'il est sculpteur : s'il en était ainsi, tout le monde le serait ;[160] ce dont il s'agit, ce que Freud veut dire, c'est, dit Merleau-Ponty, «la fixation d'un caractère».[161] Et comme à chaque intentionnalité correspond un noème, une structure existentielle du monde, celui-ci ne manquera pas de se faire voir, c'est-à-dire de révéler lui-même cette fixation, la «grammaire figée» (= l'arrêt du *cogito*). La formation secondaire de l'inconscient, – l'«homosexualité» chez l'homme aux loups, le père devenu l'enfant qu'il fut etc. – n'est rendue enfin possible que par le *cogito* lui-même = «l'irréfléchi» ou le laisser-être (la spontanéité)[162] C'est le refoulement originaire, on pourrait aussi le dire, qui rend possible le refoulement secondaire. Celui-ci est encore comparable, pour ne pas le confondre avec le refoulement général, à l'émotion. «Être ému, c'est se trouver engagé dans une situation à laquelle on ne réussit pas à faire face et que l'on ne veut pourtant pas quitter».[162] Mais ce refoulé, cette fixation d'une expérience ou d'une attitude ancienne n'est pas, dit Merleau-Ponty, celle d'un «souvenir», au contraire, elle l'exclut même, car si le «souvenir» rend une expérience ancienne claire, ce passé (le refoulé), lui, se dérobe à la conscience.[163] L'expérience traumatique ne subsiste pas dans la conscience comme une «représentation» et un moment clair et distinct ; elle est, écrit Merleau-Ponty : «<u>un style d'être</u>»,[163] bref, une «grammaire typique», figée – et par là <u>même douloureuse</u>.

Comme le refoulé, le <u>complexe</u> est interprété à la lumière de cette théorie du psychisme et du *cogito*. Le complexe reçoit, lui aussi, une définition analogue au refoulé. C'est une <u>structure stéréotypée</u> de la <u>conduite</u>, une <u>expérience (grammaire) immuable au sein du *cogito*</u> : un arrêt de la conscience créatrice (transcendantale) :

> Un complexe est un segment de conduite de ce genre, une attitude stéréotypée, une structure de conscience acquise et durable à l'égard d'une catégorie de stimuli. (…) <u>Certains stimuli objectifs ont revêtu un sens dont nous ne les dégageons pas, ont donné lieu à un montage rigide et stable.</u>[164]

> <u>Complexe</u> = attitude stéréotypée à l'égard de certaines situations, en quelque sorte l'élément le plus stable de la conduite, étant l'ensemble des traits de comportement qui se reproduisent toujours lorsqu'il y a analogie entre certaines situations.[165]

Ainsi, le « complexe » est compris comme une « conduite monotone » ou <u>« intemporelle »</u> = <u>non-créatrice</u>. L'origine en est ici une expérience traumatisante, c'est, autrement dit, l'échec.[166] Une situation non maîtrisée lors d'une expérience initiale donne lieu à l'angoisse et à la désorganisation qui accompagnent l'échec.[167] Cette conduite d'échec tend à se conserver, elle devient une conduite stéréotypée, qui se répète. Mais cette conduite peut être le fil conducteur de tout l'avenir du sujet. Tout l'avenir, en d'autres mots, peut être <u>juché</u> sur cette expérience. Le sujet reste donc tributaire de cette expérience et l'avenir n'en sera que l'écho. Certains épisodes de notre vie peuvent, par leur inertie propre, avant d'être ramenés aux souvenirs disponibles et inoffensifs, nous imposer des comportements stéréotypés, rétrécir notre vision du monde et emprisonner ainsi notre liberté.[168] Mais lors de la formation du complexe, le sujet n'éprouve pas directement le drame, c'est-à-dire que le sujet ne s'aperçoit pas de la situation en tant que telle, il ne s'en aperçoit qu'à travers le symptôme qu'elle a pris, c'est-à-dire le complexe.[166] Le complexe comme conduite monotone peut se manifester, disparaître et revenir. On pourrait dans ces situations le comparer – du point de vue de sa manifestation ou de son activation – à l'épilepsie. Mais dans certains cas, le complexe, lui seul, se manifeste. « Dans ces conditions chaque expérience nouvelle, n'étant pas en réalité une expérience nouvelle, vient répéter le résultat des précédentes et en rendre le retour encore plus probable à l'avenir ».[169] Le complexe peut donc bloquer de deux manières la conscience : la première est celle où le complexe se manifeste et disparaît, tel est le cas par exemple de l'émotion : elle se manifeste dans les situations que le sujet ne peut ni maîtriser ni dépasser, et la seconde, c'est quand toute la conduite est confisquée au profit du complexe – mais celui-ci n'est rien d'autre qu'une grammaire comportementale figée.

Il faut cependant distinguer, chez Merleau-Ponty, le complexe comme « formation maladive » et « non-maladive ». Il devient maladif quand, par exemple, une situation non liquidée ou une expérience traumatisante sous-tend et structure toute la conduite.[170] Il est maladif donc, lorsque comme on vient de le voir, il est une conduite stéréotypée et qu'il secoue toute la personnalité dès sa formation comme complexe. Le complexe serait ici la clef de la personnalité comme la religion pourrait être la clef d'une société. La difficulté cependant est que même lorsqu'il n'est pas une formation maladive, Merleau-Ponty semble identifier le complexe à ce qui serait la clef de toute formation même normale.[171] Mais que serait alors cette clef ou ce complexe ? Faute d'explication, faisons cette hypothèse : il n'y a pas de conduite qui n'aurait pas certains <u>traits typiques et stables</u>. Ces traits ne forment pas des stéréotypes, mais plutôt l'« individualité » ou le <u>style</u>. Chaque individu a son « style ». Celui-ci ne va jamais sans une certaine <u>monotonie, certains traits stables</u>. Le complexe serait ici le trait le « plus stable » et le « plus caractéristique de l'individu ». En tant que tel, ce trait aurait toujours dans sa genèse un point de départ, une expérience particulière. Mais celle-ci, à la différence de celle du complexe maladif, n'est pas une expérience traumatisante. Avec cette distinction de formation maladive et non maladive du complexe, nous sommes ramenés – ce qui vérifie encore notre hypothèse – presque à la même distinction qu'entre le refoulement général et le refoulement secondaire. Nous avons là l'idée d'un complexe dont personne ne s'est tout à fait sauvé mais sans pour autant que ce soit une tragédie. Le complexe d'Œdipe est peut-être ce qui pourrait le mieux expliquer cette nuance. Celui-ci, comme le disent les psychanalystes, est commun à tous les enfants du monde. Et conformément à la théorie de notre auteur du refoulement général et du complexe, aucun adulte, dirons-nous, ne s'en serait tout à fait délivré. Mais s'il est pour tous une difficulté, il est pour certains un véritable complexe, une formation maladive ou une fixation exagérée. Celle-ci pourrait être génératrice de névrose (peur de représailles du père, sentiment de culpabilité, etc.) et pourrait amener le garçon à s'identifier à sa mère. Pour ceux qui l'ont maîtrisé, ce complexe n'est pas une formation maladive. La différence entre la formation maladive et non-maladive du complexe serait donc celle-ci : le premier est une fixation stéréotypée, et l'autre serait une formation temporelle. Cette distinction se ramène finalement à une différence de degré et non de nature.

Le refoulé défini comme zone d'expérience non dépassée (fixe) et le complexe considéré comme une structure stéréotypée de la conscience peuvent se manifester et réaliser des degrés différents de maladie. Si un amour primordial, un amour maternel et de nature œdipienne peut être chez certains sujets intégré – ou relativement intégré –, il est pour d'autres le prototype et l'unique action dont ils sont capables. Le complexe, pour conclure, est une structure stéréotypée de la conscience. Il est interprété, lui aussi, comme le refoulé, en termes de fixations = arrêt de *cogito* (grammaire figée).

Ainsi le complexe, le refoulé et même le rêve,[172] deviennent des manières primitives – non-créatrices – d'organiser la conduite. L'inconscient n'est rien d'autre que le retour des structures plus élaborées ou plus exigeantes à des structures plus faciles : moins créatrices. « La régression du rêve, l'efficacité d'un complexe acquis dans le passé, enfin l'inconscience du refoulé ne manifestent que le retour à une manière primitive d'organiser la conduite, un fléchissement des structures les plus complexes et un recul vers les plus faciles ».[173] Et là encore, on peut distinguer une régression générale – la fixation générale dont nous avons déjà parlé – et une régression secondaire. Devant par exemple une situation angoissante et difficile à résoudre, le sujet retombe dans le passé et répète une conduite infantile : dépression, maladie, pleurs, etc. Dans ces défaillances, le sujet vit à la manière des enfants : il se guide sur le sentiment immédiat du permis et de l'interdit sans en chercher le « sens ».[174] L'inconscient – mot désignant le refoulé et le complexe – est donc la <u>réapparition</u> des comportements antérieurs, <u>primitifs</u> = <u>figés</u>. Régression et fixation sont donc deux concepts auxquels Merleau-Ponty réduit l'inconscient freudien.

5. Le *cogito* : créateur de l'inconscient

Ainsi, l'inconscient est interprété en termes de « relation morte » (figée). Mais cette théorie n'est pas la seule : une autre est celle du refoulé compris comme une région <u>« évitée »</u> de notre vie. C'est cette signification, cet <u>inconscient engendré</u> (créé) que nous devons maintenant voir. Nous ne serons pas si loin de Freud cette fois-ci, du moins par le langage. L'homme qui est entré en conflit avec sa femme barre de sa vie toutes les conduites qui la concernent.[175] Tout ce qui est à elle, tout ce qui peut la lui rappeler, le sujet s'efforce de l'éviter. Ainsi le sujet « met » hors circuit toute conduite qui se rapporte à sa femme et essaie de l'ignorer comme l'anosognosique fait tout son possible pour ignorer et laisser hors pratique son bras paralysé. Des régions autrefois vivantes se trouvent ainsi étouffées dans la vie du sujet. « Le souvenir perdu n'est pas perdu par hasard, <u>il ne l'est qu'en tant qu'il appartient à une certaine région de ma vie que je refuse</u> ».[176] L'homme qui a oublié le livre reçu de sa femme comme cadeau et qu'il retrouve une fois réconcilié avec elle[177] avait donc refusé ce souvenir comme d'autres conduites qui la concernent. <u>L'oubli et le refoulé sont donc des régions évitées de notre vie</u>. Le paradoxe cependant est que pour Merleau-Ponty l'«oubli» est un acte,[178] ou si l'on veut, une intentionnalité. Le souvenir oublié, c'est-à-dire mis hors circuit, ne l'est qu'en tant qu'il a une signification, et comme toute signification, <u>celle-ci n'est que pour un sujet</u>.[178] L'anosognosique par exemple ne peut mettre hors d'action son bras que parce qu'il sait qu'il n'est là que comme un vide. Il ne peut se détourner de la déficience que parce qu'il <u>sait</u> où il risquerait de la rencontrer.[179] L'anosognosique essaie constamment d'éviter une région de son corps. Mais comment pourrait-il l'éviter s'il ne la connaît pas ? L'anosognosique sait donc le refoulé, son bras « évité ». Il en est de même pour le sujet de la psychanalyse ; celui-ci « sait ce qu'il ne veut pas voir en face, sans quoi il ne pourrait pas l'éviter si bien ».[179] Mais pas davantage ici que chez l'anosognosique, celui-ci n'a pas une connaissance thétique de son bras. Il n'en a qu'un savoir préconscient.[179] De même pour le sujet de la psychanalyse ; celui-ci n'a pas une connaissance positionnelle du souvenir refoulé, « si la résistance suppose bien un rapport intentionnel avec le souvenir auquel on résiste, elle ne le place pas devant nous comme un objet, elle ne le rejette pas nommément ».[180] Ainsi si l'oubli ou le refoulé est la mise hors circuit, le champ pratique ou le champ mental d'un souvenir – comme l'anosognosique met hors d'action son bras paralysé –, s'il est un acte ou une intentionnalité, celle-ci n'est pas malgré le mot, une figure sur un fond ; plutôt que différenciation elle est «dé-différenciation».[181] Elle n'est qu'«équivoque». La haine refoulée (empêchée de paraître à la conscience) de son père n'est pas chez «l'homme aux rats» un «objet». L'intentionnalité refoulante ne place pas le refoulé devant nous comme une «figure». L'homme qui a donc oublié dans un tiroir le livre reçu de sa femme comme cadeau, ne l'avait pas tout à fait perdu, pas plus qu'il ne savait où il se trouvait.[182]

Le refoulé et le complexe étant des <u>structures typiques</u> et <u>visibles</u> de la conscience, il ne peut, pour Merleau-Ponty, être question de les poser en termes de <u>«représentations»</u> ou «idées». Le complexe n'est pas une «chose» qui subsisterait au fond de nous et qui produirait de temps en temps ses effets au dehors ou à la surface.[183] Le complexe n'est présent en nous, hors ses moments de manifestations, que comme la connaissance que nous avons d'une langue, quand nous ne la parlons pas.[184]

Mais comment comprendre que dans la conscience dont l'essence, avons-nous vu, est d'être <u>créatrice</u> (Cf. chapitre 2, 3, 4), une inertie de certaines structures de conduite, certaines dialectiques séparées, certains automatismes spirituels doués d'une logique interne peuvent se constituer dans le flux de la conscience et donner par là une justification apparente à la pensée causale,[185] et aux explications par l'inconscient? C'est là en fait, pense Merleau-Ponty, un problème. Considérer cependant l'inconscient comme une réalité opposée à la conscience ne peut, pense Merleau-Ponty, être la cause des conduites inertes (le refoulé, le complexe et la régression). On ne peut résoudre ces problèmes en prêtant au complexe une réalité psychique et une efficacité propre comme si ces conduites «isolées» ou «stéréotypées» n'étaient pas conditionnées par l'ensemble de la conscience, qui évite d'y penser pour ne pas avoir à les intégrer et à en être responsable.[186] Si le souvenir d'enfance donne la clef d'un rêve et l'expérience traumatique celle d'une attitude que l'analyste parvient à mettre à nu, ils ne peuvent être pour autant, dit Merleau-Ponty, les causes du rêve et du comportement.[187] Le souvenir et l'événement ne sont que le moyen pour l'analyste de comprendre un montage et une attitude présente.[188] «L'attitude catastrophique ou celle du rêveur n'est pas reliée aux antécédents historiques qui en expliciteraient le sens vrai».[189] il n'y a donc pas derrière l'inertie manifeste du complexe ou du refoulé une «entité psychique» inconsciente, facteur de ces conduites.[190] L'inconscient est une «structure», «grammaire», «syntaxe figée du *cogito*». «Dire de l'inconscient qu'il est l'envers du conscient est assurément erroné si l'on se réfère à l'idée de symétrie».[191] Et c'est pour affirmer l'inconscient comme une modalité et une structure (mais non-créatrice) de la conscience que Merleau-Ponty faisait ces mystérieuses allusions à Kant. Pour celui-ci, d'après Merleau-Ponty, la «haine» n'est qu'un «amour négatif» et le «voler» n'est qu'un «don négatif».[191] Ainsi le refoulé et le complexe ne sont que des modalités spéciales (figées) de la conscience.[192]

Si finalement, le psychisme est une structure du comportement, l'âme n'est pas l'opposé du corps, l'inconscient ne peut être qu'une modalité – une grammaire figée – du *cogito*. Mais le paradoxe n'est pas seulement de parler de l'inconscient comme une relation figée, mais de parler de celle-ci comme engendrée par le *cogito* lui-même. Mais, c'est ce paradoxe, dont

Lacan se fait aujourd'hui le grand Maître, qui anime, de nos jours, les recherches. Et ce notamment dans le domaine du langage, la « syntaxe ».

6. <u>Le réalisme: un problème ontologique (conclusions et réflexions)</u>

Ce que nous avons dit plus haut du psychisme (§1) est ici capital: il va nous aider à comprendre cette ontologie. L'ontologie freudienne a gêné de grands philosophes: Sartre, Merleau-Ponty, Wittgenstein, etc. Mais la réfutation de cette ontologie, de l'inconscient comme <u>substantif</u>, n'est pas aisée: chez Freud, elle a ses racines dans la neurologie. Or aucun philosophe ne peut se risquer dans ce domaine. Merleau-Ponty, néanmoins, a une théorie du psychisme: ce sont les conséquences de celle-ci avec ses implications qui étaient en jeu. Reprenons Merleau-Ponty avec Politzer.

Deux objections de ce chapitre se ramènent, pensons-nous, à ces deux objections majeures que fait Politzer à Freud: <u>l'abstraction et le réalisme</u>. L'abstraction, c'est l'explication par notions causales, donc conventionnelles dont le résultat premier est l'élimination du « Je ».[193] il y a deux problèmes: celui de la causalité et celui du « Je ». Une fois que l'explication devient causale et par là conventionnelle – invention des schémas mécaniques universels, des forces psychiques, des conflits entre forces etc. – l'individualité ou le « je » s'efface. Le problème d'abolition est ce problème même que pose le « structuralisme »: le moi concret ou l'individualité n'a plus de place. Politzer s'en prend plutôt au formalisme impliqué par des schémas mécaniques qu'à la causalité ou à l'explication chosiste elle-même. Cela ne signifie cependant pas que Politzer en minimise la difficulté. Merleau-Ponty ne s'en prend pas, lui, au problème de l'individualité posée, selon Politzer, par l'explication causale de Freud. Il s'en prend, par contre, comme on l'a déjà vu, à l'explication causale en psychologie. Mais par ses explications causales, Freud – pense Politzer – est inconséquent avec lui-même, car l'essentiel de sa découverte, c'est le « Je » concret ou le drame individuel.[194] C'est, en d'autres termes, la substitution du « Je » à des mécanismes impersonnels. Le rêve est donc un acte d'un sujet particulier. Il exprime un drame individuel précis, celui de Pierre, par exemple. C'est un drame dont l'explication causale (conventionnelle et qui vaut pour tous) ne peut rendre compte. Il y a donc une alternative entre le « mécanisme » et le « je », entre la découverte freudienne – celle précisément du « Je » – et la manière dont il l'explique. Le second reproche que fait Politzer à Freud, c'est celui du réalisme. L'analyse du rêve donne l'impression que l'on passe d'un contenu manifeste à un « contenu latent ».[195] Conduit par cette impression, Freud pose celui-ci comme réalité objective, c'est-à-dire comme une entité en-soi et antérieure au contenu manifeste. Mais réifier ledit contenu latent, c'est immédiatement dédoubler le rêve et déduire le contenu manifeste du contenu latent.[196] Mais « le rêve », dit Politzer, « n'a qu'un contenu »,[197] le contenu manifeste. Ledit « contenu latent » n'existe pas, c'est-à-dire que ce n'est pas un <u>genre d'être sui generis radicalement opposé</u> ou <u>manifeste</u> et qui exigerait une <u>double ontologie</u> ou une nouvelle ontologie : celle du contenu latent. Ce que Freud appelle le contenu latent ou l'inconscient, ne désigne – d'après Politzer

– que «des intentions significatives». Le récit manifeste peut être sous-tendu par des «intentions significatives» qui ne se sont pas servies de leurs <u>signes ou instruments adéquats</u>.[198] La tâche de l'analyste serait, d'après Politzer, de dépasser et d'aller au-delà du langage conventionnel, langage qui est justement le récit manifeste, pour saisir les vraies intentions significatives du sujet, le sens du récit manifeste. Mais ces intentions significatives ne doivent pas être réifiées, posées en-soi et réalisées avant le récit manifeste. Car s'il en était ainsi, on ne fait que répéter autrement le réalisme freudien ou le *cogito* cartésien. Il faut donc de nouveau renoncer au réalisme des significations.[199]

À tout réalisme Politzer oppose, pensons-nous, une théorie de l'immanence du sens.[200] Cette théorie nous conduira à la compréhension du rapport qu'il y a entre le contenu manifeste et le contenu latent, la conscience et l'inconscient ; cette théorie va nous montrer aussi que le langage de Politzer est en effet équivoque. C'est par diverses comparaisons que Politzer met en évidence sa conception de l'immanence du sens et par là son rejet du contenu latent, de l'inconscient et de tout réalisme métaphysique général. Le contenu latent (= les intentions significatives) est présent dans le contenu manifeste – rêve, acte manqué etc. – de la même manière que les règles d'une partie de tennis sont présentes en elle et que les règles de grammaire sont présentes dans le texte. Prenons pour préciser ce dernier exemple : pour conjuguer, par exemple, le verbe «conduire» à la première personne du pluriel, la règle grammaticale exige que la fin du verbe soit terminée par «ons», = nous conduis(<u>ons</u>). La règle grammaticale n'est rien d'autre que : (ons). Elle fait partie du verbe conjugué. Si par exemple, par méconnaissance de la règle, j'écrivais ou je disais : « nous condui », le lecteur ou l'auditeur s'apercevrait d'un manque manifeste, qui devait faire partie du verbe lui-même. Si la règle est séparée et distincte du verbe conjugué, il importe peu alors que je dise : nous conduisons ou nous « conduizer » ! Mais il n'en est pas ainsi : j'écris et je prononce la règle au même titre que le verbe lui-même. La règle : « ons » est donc manifeste, elle fait partie du texte lui-même. Dans une partie de tennis, par exemple, les règles sont en plein jeu quand celui-ci s'effectue comme il faut ; les règles sont violées quand le jeu s'effectue mal. Pourrait-on, en d'autres mots, dans ce jeu séparer les règles et le jeu lui-même ?[201] Mais si nous radicalisons, comme Politzer, le fait lui-même, l'idée de l'immanence de sens, nous craignons de ne pas être tout à fait fidèles à Politzer – et c'est là l'équivoque chez lui. Car n'est-ce pas Politzer qui parle des intentions significatives qui ne sont pas servies de leurs signes adéquats ? Cette théorie ne réclame-t-elle pas une théorie cartésienne du langage ? Mais on ne doit pas conclure qu'il y a là une contradiction, mais plutôt un paradoxe. Politzer nous semble vouloir tenir compte de l'immanence de sens et de l'opposition entre expression (ou signe) et sens en même temps. Si ledit « contenu latent » n'était pas de quelque manière manifeste, impliqué dans ou immanent au signe (= expression prise au sens général et non dans le sens purement linguistique), comment l'analyste pourrait-il y arriver ? Mais si, d'autre part, ce contenu était tout à fait manifeste, pourquoi alors l'analyste doit-il, comme le dit Politzer, chercher au-delà du langage conventionnel le drame ou la signification personnelle ? Il n'y a donc ni immanence absolue du «psychisme» (l'inconscient), ni transcendance pure et simple. Une chose reste claire, c'est la négation du «réalisme absolu» (substantiel) = du <u>psychisme inconscient chez Politzer</u>. C'est ce dernier point que Merleau-Ponty, pensons-nous, a nié lui aussi, mais à sa manière. <u>La négation du psychisme comme une réalité interne, l'affirmation de celui-ci comme une structure du comportement est bel et bien une négation du réalisme métaphysique</u>. Ainsi, Merleau-Ponty renvoie dos à dos <u>l'ontologie cartésienne,</u> le <u>réalisme de l'âme</u> et l'<u>ontologie freudienne :</u> le <u>réalisme de l'inconscient</u>.

Mais la négation de ce réalisme a aussi cette conséquence chez Merleau-Ponty : l'inconscient, le refoulé ou le complexe sont tous compris comme modes spéciaux de psychisme – des manières spéciales ou pathologiques du comportement. L'inconscient devient lui aussi, <u>accessible à la perception externe : il n'est qu'un arrêt de la conscience transcendantale</u>.

En ramenant le psychisme à la structure du comportement, Merleau-Ponty échappe à l'idée dont parle MacIntyre : l'inconscient comme hypothèse inobservable.[202] <u>Celui-ci, avons-nous vu, est un arrêt du cogito</u>. Le problème néanmoins est que les cartésiens peuvent toujours revenir avec cet argument : si je peux mentir et passer inaperçu, c'est que le psychisme n'est pas étalé devant autrui, n'est pas une extériorité, et le problème de l'introspection revient de nouveau. L'objection est, à notre sens, sérieuse. Le problème du langage n'est-il pas ici crucial ? Si je peux prononcer des mots et des phrases pour dire le contraire de ce que je <u>sens</u> – mon état d'âme ne pourrait-il pas passer inaperçu ? L'idée du «language-game», chez Wittgenstein, nous semble être intéressante : le mot, pour celui-ci, n'a de sens qu'en connexion avec d'autre mots, et d'autre expressions. On ne peut donc comprendre la signification d'un mot tant qu'on n'est pas familiarisé avec ses contextes : language-game. Apprendre à utiliser un nouveau mot, une nouvelle phrase, c'est apprendre de <u>nouveaux comportements</u> : apprendre à prendre part dans un certain genre d'activité, à répondre aux questions dans des situations particulières.[203] En somme, les mots ont un contexte (ce qui peut servir d'indication) et leur utilisation, même si elle ne contient pas un critère de vérification ou de justification, n'est néanmoins pas <u>arbitraire</u>.[204] Donc, l'objection cartésienne n'est pas définitive : les mots ont un contexte : un <u>contexte visible</u>. L'idée de Wittgenstein s'identifie, pensons-nous, à cette découverte fondamentale de la pensée contemporaine : toute conscience est conscience de quelque chose. Et comme il n'y a pas du « *cogito* » et de « perception » sans le langage (Cf. Chap. 1 et 2) dire que toute conscience est conscience de quelque chose, c'est dire : les mots ne sont rien sans référence à <u>quelque chose</u>. Mais cette référence à l'extérieur – c'est là le point important – est la <u>négation</u> de l'intériorité pure (Descartes).

Deux auteurs se trouvent aujourd'hui opposés quand il s'agit du réalisme freudien : A. De Waelhens et P. Ricoeur. Pour celui-ci la découverte freudienne de l'inconscient ne doit pas être séparée de son aspect scientifique.[205] Ricoeur ne précise pas, n'essaie pas de défendre l'aspect scientifique du Freudisme, mais il s'agit là pour lui d'une idée de <u>principe</u> : la découverte freudienne doit rester liée à son aspect scientifique. Mais c'est là une manière subtile, pense De Waelhens, de revenir au réalisme ontologique de l'inconscient. Or cela ne peut être accepté, pense De Waelhens :[206] celui-ci ne voit dans la découverte freudienne que celle du « sens » — il faut renoncer au réalisme de l'inconscient. De Waelhens reproche à Ricoeur de valoriser un scientisme qui, pris en lui-même, peut être douteux. Mais <u>ni</u> chez De Waelhens, <u>ni</u> chez Ricoeur ne se trouve une théorie du psychisme comme celle que nous venons de voir, dans ce chapitre, chez Merleau-Ponty. Si donc il y a chez Merleau-Ponty un refus du réalisme, celui-ci est fait à la lumière de cette théorie : l'inconscient, puisque c'est du psychisme, doit être ramené, comme celui-ci, à la structure du comportement. Pour comprendre le psychisme il faut revenir au corps, à la manière d'exister de celui-ci : le psychisme une fois compris, le réalisme de l'inconscient, de même que celui de l'âme, ne peut être, pense Merleau-Ponty, compris à part de celui de la conscience = psychisme. Chose intéressante — mais qui est toujours passée inaperçue ou a été mal interprétée — c'est que Merleau-Ponty n'a jamais essayé une <u>réfutation</u> du Freudisme : ce que Merleau-Ponty a tenté, c'est une <u>réinterprétation</u> du Freudisme. En parlant de Freud, Merleau-Ponty n'a jamais pensé que Freud manquait d'observation : en d'autres mots l'inconscient n'est pas une construction gratuite. Le contact que Freud avait avec ses malades lui était bien suffisant, pense Merleau-Ponty, pour se corriger et vérifier ses théories.[207] Mais comme Freud l'a dit, l'enthousiasme du public l'a empêché de vérifier bien des aspects de ses théories. Mais Freud est revenu deux fois sur le problème de l'inconscient, le réalisme de celui-ci est toujours demeuré au sein de sa pensée. C'est finalement sa pensée neurologique qui en était responsable : celle-ci constitue le point de départ de Freud. Or pour Merleau-Ponty, le réalisme de l'inconscient (de même que celui de l'âme) est à rejeter : celui-ci n'est pas un <u>substantif,</u> mais un <u>adjectif</u>. La raison en est simple : <u>le psychisme est une structure du comportement.</u> Ainsi, pour Merleau-Ponty le problème est résolu : l'inconscient (comme la haine de Kant est l'arrêt de l'amour) est <u>l'arrêt du *cogito* : la conscience transcendantale.</u>

Les références du Chapitre V

1. « …ni le psychique à l'égard du vital, ni le spirituel à l'égard du psychique ne peuvent être traités comme des substances ou des mondes nouveaux. Le rapport de chaque ordre à l'ordre supérieur est celui du partiel au total ». Merleau-Ponty, *SC.*, p.195.
2. Merleau-Ponty, *SC.*, p.195.
3. Merleau-Ponty, *SC.*, p.195-196.
4. Merleau-Ponty, *SC.*, p.196 – Référence à Goldstein, *Der Aufbau des Organismus*, p.300.
5. « Il s'agit d'une « opposition fonctionnelle » qui ne peut être transformée en « opposition substantielle ». Merleau-Ponty, *SC.*, p.196. Référence à Cassirer, *Geist und Leben in der Philosophie der Gegenwart. Die Neue Rundschau*, t.XLI, p.244 sqq.
6. Merleau-Ponty, *SC.*, p.196. Référence à Goldstein, *Der Aufbau des Organismus*, p.301.
7. Merleau-Ponty, *PP*; p.104.
8. F. Jeanson, *Le Problème moral et la pensée de Sartre*, p.42.
9. A. De Waelhens, *Existence et signification*, p.196.
10. Merleau-Ponty, *PP.*, p.180-181.
11. Merleau-Ponty, *PP.*, p.215.
12. Merleau-Ponty, *PP.*, p.217.
13. Merleau-Ponty, *PP.*, p.217. « (…) Le sourire, le visage détendu, l'allégresse des gestes contiennent réellement le rythme d'action, le mode d'être au monde qui sont la joie même ». Merleau-Ponty, *PP.*, p.217.
14. « L'émotion n'est pas un accident, c'est un mode d'existence de la conscience, une des façons dont elle

comprend (au sens heideggerien de "Verstehen") son «être-dans-le-Monde» J. P. Sartre, *Esquisse d'une théorie des émotions*, p.60. Dans certains passages de *L'Être et Le Néant*, Sartre parle de deux termes : corps et conscience. Et dans l'*Esquisse d'une théorie des émotions* on trouve par exemple ces lignes : « En un mot dans l'émotion, c'est le corps qui, dirigé par la conscience, change ses rapports au monde pour que le monde change ses qualités », p.42. Pour Sartre, dans ces conditions, le corps n'est pas un corps-sujet.
15. Merleau-Ponty, *PP.*, p.180.
16. Merleau-Ponty, *PP.*, p.216.
17. Merleau-Ponty, *PP.*, p.183. La parenthèse est de nous. « Mon corps (…) comprend son monde sans avoir à passer par des "représentations", sans se subordonner à une "fonction symbolique" ou "objectivante" ». Merleau-Ponty, *PP.*, p.164.
18. Merleau-Ponty, *PP.*, p.184.
19. Merleau-Ponty, *Signes*, p.290.
20. *Introduction à la psychanalyse*, p.48-49.
21. Cf. Merleau-Ponty, *PP.*, p.184-185.
22. Merleau-Ponty, p.184 No.3.
23. Merleau-Ponty, *Signes*, p.290.
24. Merleau-Ponty, *PP.*, p.186-187.
25. Merleau-Ponty, *SC.*, p.238, p.199.
26. Merleau-Ponty, *PP.*, p.194, p.199.
27. Merleau-Ponty, *PP.*, p.184.
28. Dr. Hélène Michel-Wolfromm, *Cette chose-là. Les conflits sexuels de la femme française*, p.153-154.

29. *Ibid.*, p.225.
30. *Ibid.*, p.247.
31. *Ibid.*, p.228.
32. F. Dolto, *Psychanalyse et pédiatrie*, p.30. La parenthèse est de nous.
33. Michel-Wolfromm, *Cette chose-là. Les conflits sexuels de la femme française*, p.38.
34. L'exemple est de Binswanger, *Über Psychotherapie*, p.113 et suivantes, Cité par Merleau-Ponty, *PP.*, p.187.
35. Merleau-Ponty, *PP.*, p.187.
36. Merleau-Ponty, *PP.*, p.187.
37. Cf. Merleau-Ponty, *PP.*, p.187-188.
38. Merleau-Ponty, *PP.*, p.188.
39. Cf. surtout cet exemple : F. Dolto, *Psychanalyse et pédiatrie*, p.11-13, p.149-150.
40. F. Dolto, *Psychanalyse et pédiatrie*, p.12.
41. *Ibid.*, p.10-11 et tout l'ouvrage.
42. Merleau-Ponty, *PP.*, p.188.
43. Merleau-Ponty, *PP.*, p.188.
44. Merleau-Ponty, *PP.*, p.189.
45. Merleau-Ponty, *PP.*, p.190.
46. Cf. Merleau-Ponty, *PP.*, p.189.
47. Merleau-Ponty, *PP.*, p.188.
48. Merleau-Ponty, *PP.*, p.188.
49. Merleau-Ponty, *PP.*, p.191.
50. Cf. Merleau-Ponty, *PP.*, p.191-192.
51. Cf. Merleau-Ponty, *PP.*, p.192.
52. Cf. Merleau-Ponty, *PP.*, p.192.
53. Merleau-Ponty, *PP.*, p.192.

54. J. Boutonier : *La Notion d'ambivalence : Étude critique, valeur séméiologique*, p.48.
55. Merleau-Ponty, *PP.*, p.186.
56. Merleau-Ponty, *PP.*, p.193.
57. Merleau-Ponty, *PP.*, p.104.
58. Merleau-Ponty, *PP.*, p.104.
59. Merleau-Ponty, *PP.*, p.187.
60. F. L. Mueller, *La Psychologie contemporaine*, p.176.
61. André Akoun, *l'Inconscient, son langage et ses lois*, p.104.
62. Merleau-Ponty, *PP.*, p.190.
63. Référence à Binswanger, *Über Psychotherapie*, p.113 sqq.
64. Merleau-Ponty, *PP.*, p.190-191.
65. Cf. F. L. Mueller, *La Psychologie contemporaine*, p.175-176.
66. Jaspers, *De la psychothérapie*, P.U.F., 1956, p.1, cité par F. L. Mueller, op. cit., p.176.
67. Merleau-Ponty, *PP.*, p.192.
68. Cf. Merleau-Ponty, *SC.*, p.237-239.
69. Cf. Merleau-Ponty, *Bulletin de psychologie*, p.306.
70. Merleau-Ponty, *Bulletin de psychologie*, p.306.
71. Merleau-Ponty, *PP.*, p.519.
72. Merleau-Ponty, *Signes*, p.153. Tout récemment une psychanalyste écrivait : « le traitement psychanalytique est fondé sur l'analyse des résistances. Ce n'est pas une interprétation intellectuelle que le médecin donnerait à son malade comme la clef d'un rébus. Le traitement se fait dans le "transfert", c'est-à-dire le déploiement de la part du malade d'une situation affective vis-à-vis

du médecin ; positive, négative, le plus souvent mixte ». Françoise Dolto, *Psychanalyse et pédiatrie*, p.28.
73. *Analyse existentielle et psychothérapie phénoméno-structurale.*
74. Cf. Merleau-Ponty, *Bulletin de psychologie*, p.306.
75. Merleau-Ponty, *Signes*, p.153. Cf. *Signes*, p.143-154.
76. Cf. Merleau-Ponty, *SC.*, p.197-199 et p.247.
77. Merleau-Ponty, *SC.*, p.198-199.
78. « Le psychique ainsi entendu (comme structure de la conduite) est saisissable du dehors ». Merleau-Ponty, *SC.*, p.198.
79. Merleau-Ponty, *SC.*, p.198.
80. J. P. Sartre, *Situation I*, p.30. Cité par André Dartiques, *Qu'est-ce que la phénoménologie ?* p.97.
81. Cf. Merleau-Ponty, *SC.*, p.198. « La phénoménologie, dit Sartre, est venue nous apprendre que les <u>états</u> sont des objets, qu'un sentiment en tant que tel (un amour ou une haine) est un objet transcendant et ne saurait se contracter dans l'unité d'intériorité d'une "conscience" ». *La Transcendance de l'Ego*, p.75-76.
82. Merleau-Ponty, Préface à *L'Œuvre de Freud et son importance pour le monde moderne*, par Dr. A. Hesnard, p.5.
83. Merleau-Ponty, *SC.*, p.198.
84. La découverte freudienne du psychisme inconscient constitue, selon Politzer, un progrès considérable sur la philosophie idéaliste pour qui l'essence du psychisme ne peut être que conscient. *Critique des fondements de la psychologie.*

85. *Critique des fondements de la psychologie*.
86. « On aurait pu croire que Freud se proposait de les distinguer (la dialectique vitale et la dialectique humaine) ; puisqu'il avait protesté contre les théories physiologiques du rêve, qui n'en fournissent, selon lui, que les conditions les plus générales, et qu'il en cherchait l'explication dans la vie individuelle du rêveur et dans sa logique immanente ». Merleau-Ponty, *SC.*, p.191.
87. Cf. Merleau-Ponty, *SC.*, p.191.
88. Merleau-Ponty, *SC.*, p.174.
89. Goldstein (*La Structure de l'organisme*) et Paul Guillaume (*La Psychologie de la forme*) parlent de la structure au sens objectif : il y a par exemple des structures dans le monde physique, dans le monde organique, etc. Ces auteurs ne font jouer à l'idée de structure aucun rôle ontologique ou transcendantaliste. P. Guillaume dit dans ce livre que la psychologie de la forme n'a pas à affirmer vaguement l'existence de structures. Cela veut dire que la structure ne peut désigner que l'existence <u>réelle</u> d'un <u>ensemble</u> qui ne peut exister comme élément séparé. En d'autres mots, la structure est une découverte et elle est à l'opposé de l'idée qui décompose tout en éléments simples.
90. Merleau-Ponty, *SC.*, p.174.
91. Merleau-Ponty, *SC.*, p.175.
92. Merleau-Ponty, *SC.*, p.175.
93. Par le travail, l'esclave arrive à s'imposer indirectement au maître, et c'est aussi dans son travail que l'esclave se

découvre et prend conscience de soi. Aussi l'esclave se transforme et transforme le monde et autrui avec lui. Merleau-Ponty prend la dialectique humaine dans un sens très général pour qu'elle ne reste plus une « action vitale ».

94. Merleau-Ponty, *SC.*, p.175.
95. Merleau-Ponty, *SC.*, p.189.
96. Merleau-Ponty, *SC.*, p.113-138.
97. Merleau-Ponty, *SC.*, p.189. Cf. Chapitre 3 dans ce travail.
98. Merleau-Ponty, *SC.*, p.175.
99. Merleau-Ponty, *SC.*, p.176.
100. Merleau-Ponty, *SC.*, p.178.
101. Merleau-Ponty, *SC.*, p.190 Note 1.
102. Merleau-Ponty, *SC.*, p.190 Note 1.
103. Merleau-Ponty, *SC.*, p.179.
104. Vergote A., *La psychanalyse, science de l'homme*, p.93.
105. Merleau-Ponty, *SC.*, p.194-195.
106. Merleau-Ponty, « Méthode en psychologie de l'enfant », in *Bulletin de psychologie*, p.123.
107. Cf. Merleau-Ponty, *Ibid.*, p.123.
108. Merleau-Ponty, « Méthode en psychologie de l'enfant », in *Bulletin de psychologie*, p.123.
109. Cf. Merleau-Ponty, *Ibid.*, p.123.
110. Cf. Merleau-Ponty, *Ibid.*, p.123.
111. « Si l'on considère la conduite et le développement de la personnalité comme étant résultantes de l'interaction de facteurs biologiques, (innés se développant de façon relativement indépendante du milieu à travers

des phases de maturation, et soumis à des lois de fonctionnement biologiques) et de facteurs de milieu, il faut dire que la psychanalyse reste plus près du "biologique" en thématisant la pulsion alors que les théoriciens S – R (stimulus – réponse) accentuent l'importance de l'apprentissage et du milieu ». Huber W., « Psychanalyse et psychologie », in *La psychanalyse, science de l'homme*, p.262-263.

112. Cf. Merleau-Ponty, *SC.*, p.179, note 1.
113. Goldstein, *SO.*, p.375.
114. « S'il s'agissait de l'effet d'une excitation externe, la fuite serait évidemment le moyen approprié. Mais, dans le cas de la pulsion, la fuite ne peut servir à rien, car le moi ne peut s'échapper à lui-même ». Freud, *Métapsychologie*, p.45.
115. Freud, *Métapsychologie*, p.25.
116. Freud, *Métapsychologie*, p.56.
117. Freud, *Métapsychologie*, p.47.
118. Merleau-Ponty, *SC.*, p.191-195.
119. Lagache, Daniel, *La psychanalyse*, p.33-34.

« En admettant ces (deux ou trois) systèmes psychiques, la psychanalyse a fait un pas de plus dans la direction qui l'éloigne de la psychologie de conscience descriptive, elle s'est donné une nouvelle façon de poser les problèmes et un nouveau contenu. Ce qui la distinguait jusque-là de la psychologie, c'était principalement la conception dynamique des processus psychiques ; à cela s'ajoute maintenant sa décision de se référer également à la topique psychique et d'indiquer, pour un acte psychique quelconque, à l'intérieur de quel système ou bien entre quels systèmes il se joue ». Freud, *Métapsychologie*, p.77.

120. *La psychanalyse*, p.26. « La pulsion, dit Freud, (…) est à la limite des domaines psychique et physique ». *Trois essais sur la théorie de la sexualité*, p.56.
121. La difficulté est que Freud parle aussi de la pulsion comme étant elle-même représentant psychique, un représentant des excitations internes du corps. « Par pulsion », dit-il, nous désignons le représentant psychique d'une source continue d'excitation provenant de l'intérieur de l'organisme, que nous différencions de l'« excitation » extérieure et discontinue ». (*Trois essais sur la théorie de la sexualité*, p.56). Bien qu'il soit difficile de choisir entre les deux formulations freudiennes, celle dont nous parlons plus haut et celle-ci, il semble que la pulsion considérée comme somatique est la solution la plus rigoureuse (Laplanche et Pontalis : *Vocabulaire de la psychanalyse*, p.411-418). C'est dans ce sens que la prennent beaucoup d'auteurs. Mais d'autres soulignent aussi l'idée de pulsion comme étant elle-même représentation (Voir par exemple Michel Tort : Le « Concept freudien de "représentant" », p.37-63 in *Cahiers pour l'analyse*, no.5). Quant à nous, ce n'est pas un choix que nous avons fait : la pulsion comprise comme « somatique » nous a été imposée par ce texte freudien lui-même.
122. « En fait, dit Freud, je pense, que l'opposition entre conscient et inconscient ne s'applique pas à la

pulsion. Une pulsion ne peut jamais devenir objet de la conscience, seule le peut la représentation qui la représente. (…) Si la pulsion n'était pas attachée à une représentation ou n'apparaissait pas sous forme d'état d'affect, nous ne pourrions rien savoir d'elle. Mais si nous parlons cependant d'une motion pulsionnelle inconsciente ou d'une motion pulsionnelle refoulée, c'est là une négligence d'expression sans conséquence ». *Métapsychologie*, p.82.
123. Freud, *Métapsychologie*, p.83.
124. Freud, *Ibid*. p.83.
125. On pourrait s'exprimer ainsi : il y a des pulsions et des représentations. À chaque pulsion correspond une représentation adéquate. Mais la dissociation est possible. Une pulsion peut se rattacher à une représentation autre que la sienne. Celle-ci, disons, est refoulée, alors que celle-là ne l'est pas. La conscience alors prend un effet pour une représentation inadéquate. L'effet devient un parasite : il ne se nourrit pas, ou plus exactement, il ne s'est pas rattaché à sa propre représentation, car chez Freud, c'est la représentation (ou toute la vie psychique) qui se nourrit de la pulsion et non l'inverse. Si l'on fait abstraction de la pensée de Freud, de toute cette philosophie de « Vorstellungen », de cette manière de parler de Freud, et si l'on ne confond pas enfin Freud et Politzer, nous pourrions dire que celui-ci s'exprime dans un langage analogue à celui de Freud, mais pour dire autre chose. Politzer parle des « intentions » et de leurs instruments adéquats, le

moyen de s'exprimer. Une intention peut user, selon lui, d'un instrument inadéquat. L'inconscient pour lui est cette intention qui ne s'est pas servie de son instrument adéquat et qui est par conséquent inaperçue. Mais là on est dans le *cogito* cartésien, ce qui ne résout pas le problème à notre avis.

126. Freud, *Métapsychologie*, p.65.
127. *La psychanalyse, science de l'homme*, p.24.
128. Freud, *Métapsychologie*, p.84.
129. On comprend par là pourquoi Politzer dit que la représentation pour Freud est une entité psychique. *Critique des fondements de la psychologie*.
130. Freud, *Métapsychologie*, p.96.
131. Freud, *Métapsychologie*, p.53.
132. Cf. Freud, *Métapsychologie*, p.87 sqq.
133. *Vocabulaire de la psychanalyse*, p.214.
134. Cf. Freud, *Métapsychologie*, p.65.
135. Freud, *Métapsychologie*, p.57.
136. Michael Tort, Le « Concept freudien de "représentant" », in *Cahier pour l'analyse*, no. 5, p.41.
137. *Ibid.*, p.41-42.
138. Merleau-Ponty, *SC.*, p.192. Référence à Goldstein, *Der Aufbau des Organismus*, p.213 sqq.
139. Merleau-Ponty, *SC.*, p.192.
140. Merleau-Ponty, *SC.*, p.192.
141. Souligné par nous.
142. Merleau-Ponty, *PP.*, p.98-101.
143. Merleau-Ponty, Préface à *L'Œuvre de Freud et son*

importance pour le monde moderne, par le Dr. A. Hesnard, p.5.
144. Merleau-Ponty, *PP.*, p.99.
145. Merleau-Ponty, *SC.*, p.193.
146. Merleau-Ponty, Préface à *L'Œuvre de Freud et son importance pour le monde moderne*, par le Dr. A. Hesnard, p.5.
147. Merleau-Ponty, *PP.*, p.97 et suivantes.
148. Observation de M. De Waelhens, Préface à l'Œuvre du Dr. Demoulin, *Névrose et psychose*, p.24 Note 7.
149. A. De Waelhens, *Une philosophie de l'ambiguité, l'existentialisme de M. Merleau-Ponty*, p.III.
150. *Ibid.*, p.114.
151. Merleau-Ponty, *PP.*, p.99 cf. aussi Merleau-Ponty, Préface à l'Œuvre de Hesnard, p.5 «…notre existence ouverte et personnelle repose sur une première assise d'existence acquise et figée». Merleau-Ponty, *PP.*, p.493-494.
152. «…l'histoire n'est ni une nouveauté perpétuelle, ni une répétition perpétuelle, mais le mouvement <u>unique</u> qui crée des formes stables et les brise. L'organisme et ses dialectiques monotones ne sont donc pas étrangers à l'histoire et comme inassimilables pour elle». Merleau-Ponty, *PP.*, p.104.
153. A. Vergote, *La psychanalyse, science de l'homme*, p.184.
154. « Quand le concept de refoulement est présenté par Freud dans toute sa richesse opérationnelle, il comporte un double mouvement de progrès et de rechute, d'ouverture à l'univers adulte et de reprise en sous

main de la vie prégénitale, mais désignée désormais par son nom, devenue "homosexualité" inconsciente (*Cinq psychanalyses* : «l'homme aux loups»). L'inconscient de refoulement serait donc une formation secondaire, contemporaine de la formation d'un système perception-conscience, et l'inconscient primordial serait le laisser-être, le oui initial, l'indivision du sentir».
«Nature et logos», *Résumés de cours*, p.179.

155. Merleau-Ponty, *PP.*, p.187. Référence à Binswanger, *Über Psychotherapie*, p.113 et suivantes.
156. Merleau-Ponty n'admet cependant pas que la perte de la parole ait cette seule signification, comme le veut par exemple une interprétation strictement freudienne et réductrice ; il faut qu'elle ait, en outre, une signification existentielle : le refus de communication ou de relation avec autrui, (Cf. notre premier paragraphe dans ce chapitre) (Cf. Merleau-Ponty, *PP.*, p.187). Cela ne dit cependant pas que la perte de la parole n'ait pas une signification sexuelle ni que les autres significations n'aient pas la même puissance que celle de la sexualité. La critique de toute pensée réductrice ébauche une théorie fondamentale chez Merleau-Ponty : l'idée de la «surdétermination».
157. Merleau-Ponty, Préface à L'Œuvre de Hesnard, p.6.
158. Cf. *Ibid.*, p.6.
159. *Ibid.*, p.6. «(…) mais souvent aussi il (Freud) n'y fait que des allusions dans les termes de la médecine et de la psychologie de son temps» («projection», «traces», «représentations»). Merleau-Ponty, *Ibid.*, p.6.

160. « Interprétation superficielle du freudisme : il est sculpteur parce qu'il est anal, parce que les fèces sont déjà glaise, façonner etc. Mais les fèces ne sont pas cause ; si elles l'étaient tout le monde serait sculpteur ». Merleau-Ponty, *VI.*, p.323.
161. Merleau-Ponty, *VI.*, p.323.
162. Cf. *Résumés de cours*, p.179. Merleau-Ponty, *PP.* p.101-102.
163. Merleau-Ponty, *PP.*, p.98.
164. Merleau-Ponty, *SC.*, p.192. C'est nous qui soulignons.
165. Merleau-Ponty, « L'enfant vu par l'adulte », dans Bulletin de psychologie, p.268.
166. Merleau-Ponty, *SC.*, p.192.
167. Merleau-Ponty, *SC.*, p.192.
168. Merleau-Ponty, *SC.*, p.239.
169. Merleau-Ponty, *SC.*, p.192.
170. Cf. « L'enfant vu par l'adulte », in *Bulletin de psychologie*, p.268.
171. « Il faut entendre la notion de "complexe" non pas au sens de la formation maladive, mais en tant que clef de toute formation normale (il n'existe pas d'"homme sans complexes") ». Merleau-Ponty, « L'enfant vu par l'adulte », dans *Bulletin de psychologie*, p.268.
172. « La conscience devient conscience enfantine chez le rêveur (…) ». Merleau-Ponty, *SC.*, p.193.
173. Merleau-Ponty, *SC.*, p.193. Les soulignés sont de nous.
174. Merleau-Ponty, *SC.*, p.193.
175. Merleau-Ponty, *PP.*, p.189.

176. Merleau-Ponty, *PP.*, p.188-189, C'est nous qui soulignons.
177. Merleau-Ponty, *PP.*, p.189. L'exemple est de Freud, *Introduction à la psychanalyse*, p.66.
178. Merleau-Ponty, *PP.*, p.189.
179. Merleau-Ponty, *PP.*, p.96.
180. Merleau-Ponty, *PP.*, p.189.
181. Cf. Merleau-Ponty, *PP.*, p.189.
182. Merleau-Ponty, *PP.*, p.189.
183. Merleau-Ponty, *SC.*, p.192.
184. Merleau-Ponty, *SC.*, p.192. Référence à Goldstein, *Der Aufbau des Organismus*, p.213.
185. Merleau-Ponty, *SC.*, p.192.
186. Merleau-Ponty, *SC.*, p.193. Référence à Politzer, *Critique des fondements de la psychologie*, p.130.
187. Merleau-Ponty, *SC.*, p.193. Référence à Politzer, *Ibid.* p.145.
188. Merleau-Ponty, *SC.*, p.193. Référence à Politzer, *Ibid.* p.193.
189. Merleau-Ponty, *SC.*, p.193.
190. « …l'apparition du souvenir n'apporte pas la <u>révélation d'une réalité psychologique distincte du rêve lui-même,</u> mais permet simplement <u>l'identification du montage actuellement présent dans le rêve tel qu'il est</u>. En d'autres termes, en entrant en possession du souvenir en question, nous n'avons pas arraché le voile qui recouvrait une entité, mais nous avons obtenu une lumière nouvelle, une précision décisive sur le problème qui nous occupe. Ce n'est pas notre vision

qui s'est déplacée <u>d'une réalité à une autre réalité</u>, mais nous avons approfondi notre compréhension à l'aide d'une nouvelle relation. Si l'on se transporte sur le plan de l'abstraction, on commence par réaliser le rêve manifeste ; on réalisera ensuite le souvenir d'enfance apparu, et on en fera une chose, de telle sorte que le souvenir qui n'était tout à l'heure qu'un <u>instrument de reconnaissance</u> deviendra maintenant la <u>révélation d'une chose</u>, et il faudra alors, d'une part, inventer un schéma mécanique pour expliquer son action et, d'autre part, parler du retour à la conscience d'un facteur qui avait agi inconsciemment ». Politzer, *Critiques des fondements de la psychologie*, P.U.F., p.186-187.

191. Merleau-Ponty, « Compte rendu par Pontalis », in *l'Inconscient*, p.143.
192. Cf. Cf. Merleau-Ponty, *SC.*, p.193.
193. Il y a à distinguer le « je » de Politzer de celui des phénoménologues ou du moins de celui de Merleau-Ponty et de Sartre. Le « Je » pour Merleau-Ponty c'est le moi objet, c'est-à-dire le moi ayant conscience claire de lui-même. Dans l'expérience, c'est-à-dire quand la conscience est conscience du monde, il n'y a pas pour Merleau-Ponty de même que pour Sartre de « Je ». Pour que le « Je » soit, il faut que j'aie une conscience thétique de moi-même. Hors cet instant de thématisation, il n'y a pas de « Je », c'est l'irréfléchi ou l'anonymat inné. Or pour Politzer il y a toujours un « Je ». Mais ce « Je » ne signifie pas la conscience claire de soi. Ce qu'il signifie c'est l'« <u>individualité</u> », c'est-à-dire « tous » les

caractères constitutifs de la personnalité et qui font par exemple que Pierre soit différent de tous les autres : sa manière de se comporter, de nouer des relations etc. Si par exemple le complexe d'Œdipe constitue un drame universel, il est pour Pierre un drame particulier : il y a là des composantes particulières, par exemple sa mère trop protectionniste, sa faiblesse etc. Le « Je » pour Politzer c'est donc l'individualité ou l'identité concrète de la personne de Pierre. Et puisqu'il y a le « Je » (ou l'individualité concrète), l'analyste est obligé chaque fois dans son cabinet de travail d'analyser un drame individuel et précis. Et si la psychanalyse commence à faire des schémas mécaniques pour expliquer le drame individuel, elle manquera son but. Car les schémas mécaniques se placent sur un niveau universel ou conventionnel et ne font aucune place à l'individualité, au drame personnel.

194. Cf. J. Laplanche et Serge Leclaire, « L'inconscient : une étude psychanalytique », in *l'Inconscient*, p.96.
195. Jean Laplanche et Serge Leclaire, op. Cit., p.97.
196. « (…) ce qui s'exprime dans le contenu manifeste, disent Laplanche et Leclaire au nom de Politzer, comme l'acte d'un Je ne doit pas être réduit, au niveau latent, à l'interaction de choses psychiques, le contenu latent, le désir du rêve ne doit pas quitter le champ, qui définit la psychologie, celui de la subjectivité ». op. cit., p.96.
197. Politzer, *Critique des fondements de la psychologie*, P.U.F., p.177.
198. « (…) l'analyse (du) rêve constitue un récit qui n'est pas

celui qu'il aurait dû être <u>si les intentions significatives s'étaient servies</u> de leurs signes adéquats ». Politzer, *Critique des fondements de la psychologie*, p.177.

199. Certains pensent que l'opposition de lettre et de sens rend compte de l'intention de Politzer. Merleau-Ponty, d'après Pontalis, ne le pense pas. (Cf. *L'Inconscient*, p.143.)
200. J. Laplanche et S. Leclaire, op. cit., p.97.
201. « (…) il n'est point nécessaire, dit Politzer, que le désir ou le montage en question (le montage infantile) soit, antérieurement au rêve lui-même, l'objet d'une représentation distincte pour le sujet, de même qu'il n'est pas nécessaire de penser que pendant une partie de tennis les règles du jeu agissent "inconsciemment". Il est inutile, de la même manière, d'attribuer au désir ou au montage <u>une existence psychologique distincte</u>. Car ce désir et ce montage sont dégagés de l'analyse même du récit et représentent des résultats d'abstractions. Ce qui est véritablement réel, c'est la <u>signification</u> du récit lui-même, et si l'on s'en tient à cette <u>signification</u>, on n'aura aucune raison pour réaliser à part et dans l'inconscient ce qui est <u>impliqué</u> comme dialectique dans le montage du rêve. Dans ces conditions la symbolique du rêve n'est pas précisément le "déguisement d'un texte primitif". (…) En somme, nous sommes en présence de deux hypothèses. L'une, hypothèse freudienne, conçoit le rêve comme une transposition véritable partant d'un texte original que le travail du rêve déforme ; pour l'autre (celle de Politzer)

au contraire, le rêve est le résultat du fonctionnement d'une dialectique individuelle. La différence essentielle entre ces deux conceptions réside dans le fait que dans la première le rêve est quelque chose de dérivé, tandis que dans la seconde, <u>il est le phénomène premier et il se suffit à lui-même</u>. (…) Le rêve n'a (…) qu'un seul contenu, celui que Freud appelle le contenu latent. Mais ce contenu, le rêve l'a immédiatement, et non pas <u>postérieurement à un déguisement</u> ». *Critique des fondements de la psychologie*, p.183-184.

202. « Certainly the unconscious and its contents are <u>exhypothesk</u> :- unobservable », *The Unconscious, A Conceptuel Analysis*, p.46. Atlantic Highlands : Humanities Press, 1916.

« The concept of the unconscious has been compared to the various theoretical concepts developed by scientists. Behind this comparison lies the assumption that what is unconscious is <u>exhypothesi</u> unknowabie ». Ilham Diman, *Is the Unconscious A Theoretical Construct ?* p.313.

203. Cf. Ilham Dilman, *Is the Unconscious a Theoretical Construct ?* p.326.
204. « To use a word without a justification does not mean to use it without right ». Wittgenstein, *Philosophical Investigations* sec. 289.
205. Cf. *Le Conflit des interprétations, essais d'herméneutique*.
206. A.De Waelhens. « Sur une herméneutique de

l'herméneutique ». *Revue philosophique de Louvain*, tome 6 année 1962 (p.573-591).
207. Tout ce qui peut avoir un statut scientifique n'exige pas, pense Merleau-Ponty, la notion d'observation. C'est là une idée généralement admise. Un auteur écrit : « In scientific theorising concepts which refer to unobservables have a legitimate, important and necessary place. And in elucidating the nature of the concept of the unconscious, the possibility that it is a concept of this kind must be taken very seriously ». MacIntyre, *The Unconscious, A Conceptual Analysis*, p.46.

JOSEPH M LABAKI

La Pensée logique et politique de M. Merleau-Ponty

TROISIÈME PARTIE

LE COGITO ET L'HISTORICITÉ

JOSEPH M LABAKI

CHAPITRE VI

LE COGITO, LA TEMPORALITÉ, ET L'HISTOIRE

(La dialectique de dépassement et de reprise)

1. La conscience comme passé (poids) et présent (création)

Si pour Freud, comme nous venons de voir, la conscience, c'est-à-dire le corps, (mais pour Freud la conscience est un organe) est rempli de pulsions motrices, pour Sartre elle est vide : elle est sans particularité (« Je » de Politzer), sans poids de l'être (Merleau-Ponty : voir notre premier chapitre), bref sans le passé.[1] Accepter la possibilité pour la conscience d'être déterminée, c'est pour Sartre, dit-on, renoncer à définir celle-ci comme transcendance ou intentionnalité.[2] La néantisation du pour-soi, dit-on,[3] est la possibilité de la liberté. Nous verrons que c'est par une « rectification » du pour-soi, pense Merleau-Ponty, que nous pourrions arriver à une « compréhension » et à une définition meilleure (exacte) du sujet, de la temporalité et de l'histoire. Un sujet défini comme présence absolue de soi à soi est un sujet rigoureusement indéclinable.[4] Rien ne saurait lui advenir. Pas de signes naturels pour lui : affirmer des signes, c'est pour les idéalistes reconnaître la passivité de la conscience, faire de celle-ci une passivité.[5] Connaître c'est tout simplement poser. Si cette conscience veut considérer son passé, elle ne sait qu'en former la notion : entre mon présent actuel et mon passé rien n'existe de commun.[6] C'est par une suite d'éclatements continus que mon passé a cédé place au présent.[7] « Les divers temps et les diverses temporalités sont incompossibles et ne forment qu'un système d'exclusions réciproques ».[8]

Mais la passivité est possible, dit Merleau-Ponty, dès qu'avoir conscience ne soit plus « poser » la « notion », mais réaliser une différence : avoir une figure sur fond.[9] La coexistence des temps est aussi possible dès que l'on définit la subjectivité non par la constitution, mais par l'« institution ».[10] Une conscience instituante peut être « instituée » : la présence du monde et celle d'autrui peut s'affirmer en elle – ou plutôt elle s'y affirme toujours.

L'intentionnalité est constituée, si l'on peut s'exprimer ainsi, de la passivité (la réceptivité) et de l'activité (la constitution). Nos actes ne sont, en d'autres mots, ni tout à fait passifs ni entièrement créateurs quant à leur sens.[11] Dire que les choses me touchent et me voient – où l'être parle en moi – ce n'est pour Merleau-Ponty ni renouveler un animisme, ni user de métaphores sans aucune signification, c'est la passivité ou la « réceptivité » que Merleau-Ponty voulait par ces métaphores insérer au sein de la conscience transcendantale.[12] La passivité ou la réceptivité c'est notre « intériorisation » des choses et d'autrui.[13] La passivité ou l'introjection est à l'origine de la formation du Sur-moi.

Les conflits œdipiens sont caractéristiques de « l'institution » ou de la « réceptivité ».[14] Certains événements ou expériences ont <u>doté</u> la conscience de <u>dimensions durables</u> et par rapport auxquelles d'autres expériences auront sens et formeront une histoire ; certains événements ont « <u>déposé</u> » en moi un sens, qui fonctionne comme « <u>appel</u> » à une suite ou <u>exigence d'un avenir</u>.[15]

Être institué, c'est continuer un système ou une expérience passée dont le sens m'est imposé. Être institué, c'est « reprendre » et continuer une expérience passée dans l'avenir. Vivre ce n'est pas seulement imposer des significations, dit Merleau-Ponty, mais aussi continuer un tourbillon d'expériences qui s'est « constitué » dans le passé.[16]

Vu la « réceptivité » et l'institution, le sentiment n'est en première approximation, dit Merleau-Ponty, qu'« une illusion et l'institution une habitude, puisqu'il y a transfert d'une manière d'aimer apprise ailleurs ou dans l'enfance, puisque l'amour ne porte jamais que sur une image intérieure de l'"objet", et que, pour être vrai et atteindre l'autre lui-même, il faudrait que l'amour ne fût pas vécu par quelqu'un ».[17]

L'amour pur est impossible :[18] il ne semble être qu'un écho du passé. Ainsi, un Sur-moi est déposé en moi par la passivité ou la réceptivité. Mais si j'étais une conscience « transcendantale absolue », ceci serait évidemment impossible. Ce Sur-moi désigne tout ce que j'ai intériorisé (autrui, les choses, le langage) ou tout ce qui a déposé en moi un sens et que je répète à mon insu. Et c'est la temporalité qui rend ce Sur-moi irréparable. Mais, si pour Freud le présent est essentiellement répétition, il ne peut, pour Merleau-Ponty, être uniquement répétition : le temps étant « dépassement » et « reprise », on ne sait plus par quel élément il faut expliquer la conduite.[19]

Ainsi, la temporalité est essentiellement chez Merleau-Ponty « dépassement » (création) et « reprise » (conservation).[19] Mais puisque le dépassement et la reprise se font d'une manière si profonde, il est impossible de circonscrire nos « Erlebnisse » en une série individuelle pour dire : ceci est mon amour d'hier, je l'ai reçu dès mon enfance et ceci est mon amour personnel : amour pur. Et il est aussi impossible de dire : ceci est mon amour, le circonscrire, et ceci est ma jalousie. Il faut donc comprendre tout acte de reprise (répétition d'une expérience passée) comme acte de dépassement (création), – et inversement tout acte de dépassement comme un acte de reprise. Puisque tout acte de reprise est un acte de dépassement, il est bien impossible de dire : puisqu'il n'y a pas d'amour pur, le sentiment d'amour n'est qu'un écho du passé.[20] Mais cette dialectique du « passé » et du « présent », de dépassement et de reprise est loin de simplifier le problème du sens, de la constitution ou de l'histoire ; tout y réside : comment savoir ce qui est venu du passé et comment en préciser encore la part reçue (la réceptivité) ? il y a une « simultanéité » du passé et de l'avenir, une cristallisation de l'un sur l'autre – et du sujet et de l'objet – au point qu'il est difficile de préciser cette part importante du passé : cette part qui oriente le flux de l'expérience. Cette dialectique de « dépassement » et de « reprise » se trouve, selon Merleau-Ponty, dans notre vie, dans le travail du peintre dans l'histoire et même dans le savoir théorique.[21]

Pour faire ses propres œuvres, le peintre prend appui sur celles de ses devanciers : même dans ses propres œuvres, ce sont celles des devanciers qu'il « reproduit ». C'est le passé des autres qui réapparaît dans ses œuvres actuelles et à venir. Et même entre ses œuvres à venir et celles d'aujourd'hui, il y a une simultanéité : ce sont celles d'aujourd'hui que ses œuvres à venir vont reproduire. Mais cette reproduction est liée à celle du « dépassement ». La même dialectique qui s'offre entre ses propres œuvres (œuvres passées et à venir) s'offre entre celles de ses devanciers et les siennes : « Le peintre apprend à peindre autrement en imitant ses devanciers ».[22] La circularité entre le passé et l'avenir se trouve dans le savoir même, dit théorique.[23] La temporalité comprise comme synthèse, c'est-à-dire dépassement et reprise, est constitutive de la vie humaine = individuelle ou collective (historique).

« Il y a simultanément décentration et recentration des éléments de notre propre vie, mouvement de nous vers le passé et du passé ranimé vers nous (...) ».[24] Le passé comme reprise est un travail <u>contre</u> le présent : le présent est jusqu'à un certain point répétition. Mais si l'idée du « dépassement » et de « conservation » permet de dépasser Freud – car pour celui-ci le passé l'emporte sur l'avenir – et les philosophies de la conscience – car pour celles-ci le présent est une pure création et par conséquent nullement d'idée de reprise – elle n'est nullement une solution au problème du « sens », au contraire, elle en est l'élément constitutif : vu la complexité du temps – dépassement et reprise – on ne peut plus voir la « part » du sens passé dans le sens nouveau (présent). C'est au problème du temps que Merleau-Ponty a lié le problème de la « constitution » et le « marxisme ». Donc pour mieux saisir la pensée de Merleau-Ponty nous devons analyser un peu mieux la nature du temps.

Définir la conscience par la temporalité, c'est-à-dire acte de dépassement et de reprise, c'est dire que la conscience est essentiellement « référence » a) au passé b) au présent, et c) à l'avenir. De même qu'en raison de ses potentialités dont il est lourd, un événement renvoie au passé et à l'avenir,[25] un présent actuel est « déchiré » entre un passé qu'il reprend et un avenir qu'il projette.[26] Mon champ de présence comporte un horizon de passé et un horizon d'avenir. Dans l'instant actuel, par exemple, où je travaille, j'ai derrière moi toute la matinée écoulée et devant moi tout l'après-midi. Mon champ de présence se prolonge en horizon de « rétentions » (je tiens encore en main ma matinée) et se projette en horizon de « protention » (ma matinée s'achève au repas). Mais étant un horizon mouvant, mon présent actuel, le moment d'écouter cette mélodie, se modifie dès qu'un autre moment ou une autre « protention » arrive au présent. À chaque instant qui vient, l'instant précédent se modifie : du présent qu'il fut, il devient « passé immédiat ». Cette « rétention » je l'ai encore en main, elle est là, cependant elle n'est plus le présent qu'elle fut : elle sombre déjà dans le passé immédiat. Pour la garder, je dois me tourner vers elle et traverser pour la rejoindre une mince couche de temps. En y retournant, c'est bien mon présent d'il y a un instant que je rejoins, j'ai donc bien le pouvoir de l'atteindre, je ne suis pas coupé de lui, et ce n'est cependant pas tout à fait lui que j'atteins : « il ne serait pas passé si rien n'avait changé ».[27] Et quand une troisième « protention » se réalise, tout à fait comme présent, le moment originaire d'entendre la mélodie qui est actuellement une « rétention » se modifie de nouveau : de la rétention qu'il fut, il devient rétention d'un second degré, c'est-à-dire rétention de rétention. Mais en devenant rétention de rétention, la distance s'épaissit inévitablement entre lui et moi.

Lorsque Merleau-Ponty parle de l'acte de « dépassement » et de « reprise » il s'agit chez lui d'un mouvement temporel fort complexe. Pour mieux le saisir, voyons ce mouvement sur un schéma. Comme l'a fait Lyotard, nous ajouterons, au schéma de Merleau-Ponty (dont l'essentiel est emprunté à Husserl) les perspectives symétriques des protentions pour être plus complet :

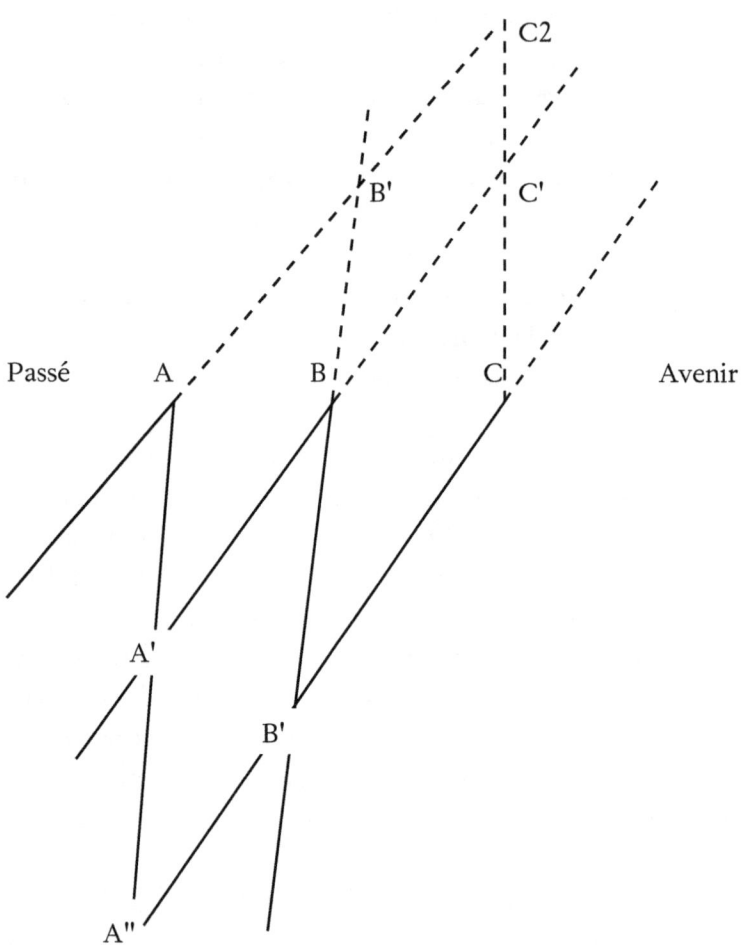

D'après Husserl (*Zeitbewustsein et la traduction française*, p.43), Merleau-Ponty, *PP.*, p.477 et Lyotard, *La Phénoménologie*, p.98.

a) La ligne horizontale : la série des « maintenant ».

b) Les lignes obliques : les esquisses de ces mêmes « maintenant » vues d'un maintenant ultérieur.

c) Les lignes verticales : les esquisses successives d'un même « maintenant ».

Mais Merleau-Ponty ne fait aucune allusion, dans son schéma, aux perspectives des protentions. Cela est d'une importance capitale : il montre la prédominance du passé et du présent chez notre auteur. Nous verrons les conséquences de cette idée au chapitre suivant – avec le marxisme.

1. Quand je passe de A à B (de mon premier instant d'écouter la musique au second instant) A se profile en A', – et quand je passe de B à C, A' se profile en A' et B en B'. A étant par exemple le moment que j'ai passé à écouter la IXe symphonie à l'Opéra de Londres et A' et A" ce même moment tel qu'il m'apparaît au fur et à mesure que je m'en éloigne. A' est la rétention de A et A" de A'. B' est la rétention de B etc. Le temps est un réseau d'intentionnalités et non une ligne.[28] À chaque instant qui vient, l'horizon temporel se modifie tout entier et la distance se crée de plus en plus entre mon présent au sens strict (cette heure de travailler) et mon passé (ma perception originaire de la IXe symphonie). Mais par le système de rétentions, A se trouve constamment « retenu » et « reconnu » à travers ses esquisses A' et A". Ma perception originaire

(entendre la IXe symphonie) ne tombe pas dans le néant dès que je sors de l'Opéra, dès que d'autres perceptions viennent de s'effectuer : prendre le métro et voir les lumières de la ville.[29] C'est grâce à ce système de « rétentions » – généralement on dit souvenirs – que ma conscience n'est pas uniquement (comme le croit Bergson) conscience du présent, mais aussi conscience du passé. Mais si le temps glisse constamment dans le passé, comment pourrais-je encore dire : tout dépassement est un acte de « reprise » ? Comment, en d'autres termes, ce passé m'est-il donné ? Ne faut-il pas une synthèse d'identification ? Si A' se trouve constamment « reconnu » comme rétention de A et A" de A', c'est, dit-on, qu'une synthèse d'identification les réunit.

Mais cette idée kantienne de synthèse détruit, selon Merleau-Ponty, le temps lui-même. Car dire que A, A' et A" sont rigoureusement unis dans une synthèse d'identification, c'est, pour notre auteur, faire de A une unité idéelle.[30] Mais faire de A une unité idéelle, c'est nier le passé : une unité idéelle ne saurait se dégrader. Avec la synthèse d'identification, il ne peut y avoir du temps : tous les moments antérieurs à A et A lui-même sont « identifiables », le temps n'a plus ce caractère de « fuite » et de confusion, l'avant et l'après que l'on distingue par le glissement même du temps perdent leur sens et la série temporelle n'est plus « distinguable » de la multiplicité spatiale.[30] La synthèse d'identification a ce défaut, d'après Merleau-Ponty, de figer le temps : celui-ci n'a plus de caractère de dépassement et de reprise. Mais alors comment faut-il expliquer la synthèse du temps, celle des esquisses entre elles (A'A") et celle du passé, du présent et de l'avenir (ABC) ? Il n'y a pas, pour Merleau-Ponty, de problème : nous ne sommes pas devant une « diversité », l'unité est donnée comme celle du corps (Chapitre 1). Ainsi, c'est la problématique kantienne elle-même qui est modifiée : on n'a pas A' puis A", c'est A' lui-même qu'on voit à travers A".[31] Et de même qu'entre A' A" et A il y a une unité naturelle, de même entre A, B et C (le passé, le présent et l'avenir) l'unité est donnée – c'est ce que l'on exprime quand on dit le temps est d'un seul coup : passé, présent et avenir.[32] C'est généralement cette problématique de diversité des instants que l'on pose qui conduit à parler d'un « Je » empirique et d'un « Je » transcendantal, principe de la synthèse. Mais si la diversité n'existe plus, l'existence d'un « Je » transcendantal unificateur est injustifiable. En fait il n'y a pas pour notre auteur de « Je » : principe de la synthèse.[33] Le temps est à comprendre comme la chair ou le chiasme. Mais l'affirmation de l'unité du temps ne revient pas chez Merleau-Ponty à niveler le temps, car c'est pour cela qu'il a rejeté la synthèse d'identification. En effet, Merleau-Ponty opère une distinction fondamentale : il y a, selon lui, une synthèse d'identification et une « synthèse de transition » ou, comme on dit souvent, la synthèse passive.

Il y a bien une synthèse d'identification, mais non dès le départ de notre spontanéité ou de la temporalité. Il n'y a de synthèse d'identification que lorsqu'un souvenir (une rétention) est rendu exprès, c'est-à-dire lorsque par un acte libre, j'évoque mon passé lointain, lorsque dans ma conscience du passé, je réalise des modes dérivés.[34] Et pour vraiment opérer la synthèse d'identification, il faut comme l'exige chez Merleau-Ponty toute réflexion, avoir les mots. Il y a la synthèse d'identification quand par exemple j'accroche un souvenir (l'achat de ma montre) à sa date précise : je l'ai achetée tel ou tel jour et dans telle ou telle ville. Mais au-dessous de la synthèse d'identification ou intellectuelle, il y a la synthèse passive ou de transition. Au-dessous de l'intentionnalité d'acte (la réflexion), il faut reconnaître une intentionnalité opérante (la spontanéité ou l'irréfléchi).[35] La première est une conscience positionnelle du passé – c'est une conversion du passé en idée.[35] Mais la synthèse d'identification ne serait pas possible s'il n'y avait pas l'intentionnalité opérante.[35] Notre passé ne nous est donc pas transparent : ce n'est pas par une synthèse d'identification que nous le possédons.

Notre passé est sans cesse plus rétentionnel, mais il n'est jamais pour autant <u>aboli</u>. Son existence <u>pèse</u> constamment sur le présent[36] = <u>la création</u>. C'est sur l'idée de « rétention » et de « transition » que se trouve fondé le concept de la « mémoire » chez Merleau-Ponty.[37] Par l'idée d'un passé vécu, mais jamais aboli,[38] Merleau-Ponty rejoint Freud et Bergson. Mon présent n'est jamais nettoyé de mes expériences passées. Celles-ci me sont présentes dans chaque instant comme « horizon ».[39] Le passé est une dimension irrécusable de la subjectivité.[40] Il est impliqué, affirmé et repris dans chaque opération expressive.[41] En devenant passé, un événement ne cesse pour autant d'être <u>présent</u> (= poids). Mais cette présence de même que celle de l'avenir ne sont évidemment pas à confondre avec le <u>présent vivant</u>. La présence du passé comme celle de l'avenir n'est qu'une « présence virtuelle ». Mais si l'on ne peut confondre les phases temporelles, cela n'empêche pas que l'essence de la temporalité soit <u>appel</u> (reprise du passé tel que le diagramme l'explique) et <u>anticipation</u> (anticipation par protention). La reprise du passé dans le présent nous est maintenant claire. La question maintenant est celle-ci : qu'en est-il de ce <u>passé</u> dont on a dit qu'il a le pouvoir d'orienter l'avenir, du point de vue du *cogito* ?

Le passé peut être récupéré, d'après la *Phénoménologie de la perception*, sous deux formes distinctes : c'est ou bien sous forme d'« horizon » ou bien sous forme de « figure ». Le passé peut être récupéré sous forme d'un « <u>souvenir exprès</u> » – c'est le cas où je retourne vers mon passé et je le prends pour thème de remémoration ou d'identification.[42] La seconde manière pour mon passé d'être récupéré et dont la première n'est qu'un mode dérivé, c'est d'être présent comme un <u>horizon</u>.[42] Il faut cependant encore comprendre le mode d'être de cet horizon et le pouvoir qu'a la synthèse d'identification ou l'analyse intentionnelle à son égard. On sait bien, par exemple, que pour Husserl une « rétention inconsciente » est un non-sens.[43] Bergson est à considérer comme entièrement opposé à Husserl. Tout état psychique n'est pas pour Bergson « ipso facto » un état « conscient ». La conscience est une propriété du « présent », c'est-à-dire des états psychiques <u>en acte</u>. Et comme il y a des états psychiques existants mais non en acte, ces états sont dits « inconscients ». Bref, la conscience étant limitée au présent, à l'action, le non-présent ou le non-agissant est inconscient.[44] Pour Merleau-Ponty, le passé ne peut être pris au sens bergsonien, il ne peut être considéré comme un en-soi kantien, car s'il n'est pas donné par la synthèse d'identification, il est donné par « <u>la synthèse de transition</u> » comme un <u>non-vu</u> dans ce qui est <u>vu</u>.[45] C'est par la synthèse de transition que je saisis A en A". C'est aussi par la <u>synthèse de transition</u> que je saisis la chose tout entière à travers ses esquisses. Il y a cependant chez Merleau-Ponty l'idée fort intéressante du « ratatinement » du passé dû à la temporalité ou à la nature perspectiviste de la conscience. La limite de ce « ratatinement » cependant, dit la *Phénoménologie de la perception*, est « l'oubli ».[46] Retenir pour la conscience, c'est tenir, mais à distance.[47] La *Phénoménologie de la perception* ne peut faire de l'oubli un non-savoir radical. *Le Visible et l'Invisible* y revient bien explicitement.[48] Si Bergson a le mérite, selon Merleau-Ponty, d'avoir posé le problème de la transcendance du passé,[49] il ne faut cependant pas comprendre l'oubli (le passé) comme l'inconscient bergsonien.[50] En comprenant la perception – c'est-à-dire l'avoir conscience de … – comme « différenciation », l'« oubli » sera la « <u>dé-différenciation</u> ».[51] La « désarticulation », voilà, dit Merleau-Ponty, le noir de l'oubli.[51]

En somme, la transcendance du passé, dont Bergson a le mérite de poser le problème, serait <u>cet horizon opérant et non thématisé</u>. Il serait cependant inexact de niveler le <u>passé architectonique</u> chez Merleau-Ponty. Il faut donc dans cet horizon des « montages » de moins en moins clairs en raison de la distance temporelle. Notre « <u>institution primordiale</u> » constituerait inévitablement la couche la moins claire – et aussi la <u>plus opérante</u> en raison de la passivité. Mais notre institution primordiale et le passé en général manifestent-ils quelquefois de la résistance à l'égard de la synthèse d'identification ou le « Je » réflexif ? La dernière pensée de Merleau-Ponty porte un élément nouveau.

Pour la *Phénoménologie de la perception*, le « Je » réflexif a, de droit, accès au passé ; celui-ci est un champ toujours disponible à la conscience.⁵² Plus tard cependant, dans le *Résumé de cours* (1954-1955) et dans *Le Visible et l'Invisible* (1960), Merleau-Ponty ne semble plus voir l'analyse intentionnelle comme ayant, de fait, accès au passé : celui-ci « peut non seulement orienter l'avenir ou fournir les termes des problèmes de l'adulte, mais encore donner lieu à une <u>recherche</u> au sens de Kafka, ou à une élaboration indéfinie : conservation et dépassement sont plus profonds, de sorte qu'il devient impossible d'expliquer la conduite par son passé, comme d'ailleurs par son avenir, qui se font écho l'un à l'autre ».⁵³ Il y a dans chaque <u>conduite</u> une ambiguïté qui n'est pas à confondre avec ce que Merleau-Ponty appelle « la synthèse perceptive est inachevée », la réflexion ne fait pas le tour de son « objet ». La synthèse de transition fait toujours chez Merleau-Ponty le contre-poids de la nature perspectiviste de la conscience. *Le Visible et l'Invisible* semble bien considérer la <u>complexité du passé</u> et vouloir par là en limiter l'accès à l'analyse intentionnelle. Ce qui montre encore une fois que l'ontologie de Merleau-Ponty (voir Chapitre 1 et la première partie) ne l'a pas amené à un <u>idéalisme véritable</u> : *Le Visible et l'Invisible* est beaucoup moins transcendantaliste que *La Structure du comportement*⁵⁴ et la *Phénoménologie de la perception* elle-même – c'est là une différence à noter.

Ainsi, il y a un poids du passé, un passé opérationnel ou qui oriente l'avenir, mais à l'égard duquel le « Je » réflexif trouve ses limites : dépassement et reprise – la temporalité – étant si profonds, l'analyse intentionnelle ne peut s'élever à ce <u>méta-intentionnel</u> qui est le passé.⁵⁵ Certains événements ont déposé en moi un « sens », « un système de référence », ont « rétréci » ma vision du monde sans que je puisse, par l'analyse intentionnelle, déceler la synthèse passive et retrouver l'origine de ce « sens ». Celui-ci peut rester inaperçu, le sens apparent de mes expériences peut être une illusion.

Considérant le sommeil, Merleau-Ponty y voit la même référence : la référence au passé (passivité) et la référence au présent (création).[56] Dormir n'est, à strictement parler, pas un acte, un cheminement perceptif : c'en est plutôt l'involution provisoire.[57] Dormir, c'est se replier sur soi, revenir à l'inarticulé, mais sans pour autant quitter tout à fait le monde, car s'il en était ainsi, le réveil serait impossible.[57] Le monde n'est donc pas absent pour le rêveur, mais plutôt distant.[58] Étant donc encombré des débris du passé et du présent,[59] le rêve ne peut, selon Merleau-Ponty, être un récit du néant pur, un pur pouvoir de viser n'importe quoi et à travers n'importe quel emblème.[60] Si le rêve était ce pouvoir capricieux, on ne voit pas comment le réveil serait possible ni d'où vient ce poids que nos rêves doivent justement au passé.[60] Freud a bien raison contre Sartre :[61] le rêve n'est pas une simple variété de la conscience imageante telle qu'elle est dans l'état d'éveil, nos rêves sont bien en relation avec le passé – mais Freud a aussi le tort d'avoir donné quelquefois l'air de parler, aux yeux d'un lecteur pressé, d'un second sujet rêvant en nous. Ce qui est responsable du rêve et plus généralement de notre vie, ce n'est pas un second « je pense », c'est-à-dire l'inconscient freudien, mais un symbolisme primordial, originaire ou non conventionnel.[62] Ainsi, le passé s'affirme même dans le rêve et c'est cette référence au passé et au présent qui lui donne une consistance propre. Si cependant le rêve témoigne du désir du sujet, il ne peut pour autant être réduit à une élaboration complète du passé : il est aussi création. C'est avec le problème de l'art que nous aimerions aussi concrétiser nos analyses. Là le conflit d'interprétation est aigu.

Aucune œuvre ne peut être – aux yeux de Merleau-Ponty – réduite au passé : être comprise comme vie ou temporalité appauvrie. C'était là pourtant l'erreur de Zola et d'Émile Bernard : ayant une connaissance personnelle de Cézanne (de son caractère), ils ont cru à un échec.[63] C'était là aussi l'erreur du freudisme et du marxisme : le premier a réduit l'art à l'affectivité, au passé, et le second a réduit l'existence à l'économie. Freud a raison contre Heidegger : l'expression ou l'art n'est pas indépendante à l'égard du passé, du caractère, mais il a tort d'avoir réduit l'expression esthétique à la « répétition du passé ». À suivre Merleau-Ponty, l'art n'a, pour Freud, qu'une seule signification : une signification affective. L'art n'est qu'une manière camouflée pour désigner la vie passée : les premières années de l'enfance. Et c'est pourquoi, pense Merleau-Ponty, l'idée de « sublimation » est importante chez Freud :[64] ce qui est apparemment humain doit être réduit à l'affectivité enfantine.[65] Ainsi, il y aurait des hommes dont toute l'œuvre s'expliquerait par l'histoire affective : leurs actes n'auraient pas d'autre sens que de répéter le sens passé.[66] Il n'y aurait en somme, pour ces sujets, pas de monde culturel : ils ne visent que des objets déterminés par le passé. Il y en aurait aussi d'autres (seconde catégorie) pour Freud, dont l'œuvre s'expliquerait par la sublimation : ils croiraient transcender leur enfance, leur caractère, mais en fait ils ne pourraient que s'en divertir.[66] Ces hommes croient se marier, mais en fait c'est une protection maternelle qu'ils cherchent. Il y aurait donc un art, une religion, mais dont le sens vrai est de compenser dans un monde virtuel des échecs rencontrés. L'art ne serait ici qu'un <u>rêve, un symptôme</u>: son sens vrai n'est pas celui qu'on voit. Si cela est vrai, ce que nous avons dit plus haut de l'art (la temporalité comme dépassement) serait à rejeter: à rejeter car, l'art, et en particulier la peinture, ne dirait <u>rien de neuf</u>. Mais on ne peut réduire l'expression, tout le présent et tout l'avenir, au passé.[67] Et ce pour la simple raison que l'expression – art ou autre – est <u>essentiellement créatrice: dépassement</u>.[68]

Merleau-Ponty renvoie dos à dos Freud et Valéry. En examinant un souvenir de Léonard de Vinci – où il est question de vautour – Freud y découvre l'importance décisive de ses quatre premières années. Valéry, par contre, ne voyait dans Léonard que l'intelligence: une puissance <u>créatrice,</u> libre à l'égard du temps et du monde.[69] Mais il s'agit là, pense Merleau-Ponty, de deux interprétations rivales: elles masquent toutes les deux la moitié de la vérité. Valéry, comme Heidegger, a tort de couper le lien entre le passé de Léonard et son œuvre (vautour). En revenant à l'enfance de Léonard, à l'affectivité infantile du peintre, on revient à la vérité: à l'origine de l'œuvre. En revenant à l'enfance, on découvre, non comme le croyait Valéry, un *cogito* impartial, mais engagé « dans une forêt de symboles ».[70] Freud a raison de tenter de déchiffrer l'énigme: le vautour.[70] L'œuvre que Valéry chérissait dans le peintre n'est pas sans lien avec le drame de ses premières années d'enfance. C'est dans le passé même de Léonard qu'il faut chercher les motifs de cette peinture, de cette parole.[71]

Mais réduire tout l'amour dont Léonard est capable à l'amour maternel, ce n'est pas davantage acceptable.[72] Et c'est là le paradoxe chez Merleau-Ponty. Expliquer la *Joconde* par l'histoire infantile et affective de Vinci, c'est céder à l'illusion rétrospective : réaliser d'avance ce qui est à faire – à créer.[73] En somme, Émile Bernard, Zola, Freud, Marx ignorent l'essence de la conscience transcendantale : la nature de celle-ci est d'être <u>créatrice</u>.[74] Étant création, la peinture ne peut être tout à fait réalisée ni dans l'affectivité (celle-ci est elle-même à faire), ni dans le passé (Vinci) ni dans la maladie (Cézanne). Mais encore une fois (c'est là le paradoxe) cette création n'est pas <u>ex-nihilo</u> : elle n'est pas indépendante à l'égard de l'enfance, de l'affectivité et de la maladie. Elle est en d'autres mots reprise de la culture, du langage (déjà employé), de l'affectivité (sexuelle ou non) de l'enfance et de la maladie suivant les cas : une telle enfance, une telle vie ou une telle maladie exige une telle œuvre.[75] Il y a donc un rapport étroit entre la constitution schizoïdique de Cézanne et son œuvre : celle-ci révèle, comme le vautour, le caractère de l'artiste.[76]

Le rapport de l'histoire à une œuvre d'art est ce rapport de la <u>liberté</u> au <u>déterminisme</u>. Il n'y a pas de liberté qui soit absolument déterminée, car l'essence de la conscience est d'être <u>création, dépassement (au sens de *La Structure du comportement*</u>). Mais une liberté absolue – sans aucun point d'appui – est inconcevable : il n'y a pas de conscience qui ne soit située dans le monde et sur un passé (la *Phénoménologie de la perception*). C'est donc la dialectique du « même » et de l'« autre » dont parlait Platon qu'il faut appliquer à l'œuvre d'art : par l'acte d'<u>expression</u> (le maniement des couleurs, de la ligne, de la profondeur etc.), l'œuvre d'art est <u>toujours neuve</u> (autre). Étant donc <u>création</u> elle ne peut être déterminée, –

mais par l'acte de reprise (reprise des couleurs, du passé) elle est toujours la même – elle n'est pas sans influences. Réduire donc l'art à l'histoire de l'art, c'est réaliser d'avance ce qui est à faire : l'expression. La peinture, comme parole, atteint toujours le moment <u>critique</u> de sa réalisation. Il y bien des liens entre la <u>perspective</u> et le caractère du peintre (son passé, son éducation), mais jamais on ne peut réduire un « texte écrit » (créé) à un <u>passé</u> qui l'<u>ignore</u>. Le passé infantile de Léonard et le fantasme du vautour qui s'en dégage ne peuvent être considérés comme l'auteur de l'œuvre.[77] Ce rapport n'est à concevoir, pense Merleau-Ponty, que comme celui de motivation.[78] Si l'œuvre d'art n'est pas une création, et en ce sens personnel, tous les enfants dont l'enfance est semblable à celle de Léonard devraient non seulement être des peintres, mais peindre comme lui : faire la *Joconde*. Mais puisque l'essence d'expression est d'être créatrice on n'aura jamais qu'une <u>seule *Joconde*</u>.[79] Mais s'il en est ainsi de l'historicité à l'égard de Léonard de Vinci, qu'en est-il à l'égard du langage ? Celui-ci va nous révéler des nuances : la reprise non seulement du passé, mais des reprises générales du présent lui-même (le « il y a »).

2. <u>Le langage (réflexion ontologique)</u>

Avec Sartre, écrit Merleau-Ponty, on est dans le « subjectivisme absolu ».[80] On ne peut prétendre, reprend M. De Waelhens, que les choses ne nous influencent que <u>« par leur sens, et ce sens est constitué par nous »</u>.[81] Mais ce reproche ne devrait-il pas être tourné contre Merleau-Ponty lui-même (Cf. Chap. 3) ? C'est exact, pensons-nous, mais il ne concernerait que le premier Merleau-Ponty : celui qui a affirmé la structure comme syntaxe, et comme concept.[82] Mais si la conscience vit dans le monde, – c'est-à-dire en tire ce qu'elle est (*Phénoménologie de la perception*),[83] en fait partie (*Le Visible et l'Invisible*) – elle ne peut éviter la part de la passivité (reprise).[84] Mon rapport au monde n'est pas ce rapport de tout ou rien. La pensée de Parménide n'a pas de place ici : comment l'être qui « est » pourrait-il se faire « néant » et le néant qui « n'existe » pas pourrait-il se faire « être » ? C'est la dialectique hégélienne qu'il faut admettre ici : le Maître peut devenir Esclave et l'Esclave peut devenir Maître. Cette dialectique n'exprime pourtant pas toute la vérité de la conscience. Et ce, car, entre le Maître et l'Esclave il y a une troisième position : celle de n'être ni tout à fait Esclave (l'empirisme), ni tout à fait Maître (l'idéalisme) – ou d'être les deux à la fois = Maître et Esclave (réversibilité Cf. Chap. 1).

La réflexion de M. S. Hampshire sur le langage est éclairante. Il y a, généralement, dans toutes les langues des « verbes », des « négations », des « phrases », des « formes grammaticales » etc. Ces dernières sont très nuancées.[85] Les expressions idiomatiques peuvent, parfois, être comprises soit comme « question », soit comme « réponse ». L'expression « rendre à César ce qui est à César » peut être comprise de différentes manières : comme un jugement moral (il ne faut pas voler) ou politique (l'approbation du capitalisme). La forme grammaticale du <u>conditionnel</u> se trouve dans toutes les langues connues. Je peux (I can) n'a pas la même signification que je pourrais (I could). Si l'expression « je peux » signifie l'absence de tout obstacle, <u>la capacité de faire</u> ou de constituer, il n'en est pas ainsi de celle-ci : je pourrais (I could). Celle-ci introduit une probabilité de ne pas pouvoir faire. Mais il n'y a pas que le conditionnel pour mettre en évidence le <u>rétrécissement de la transcendance</u>. Il y a aussi la négation. Le « je ne peux pas » (I cannot) est l'opposé de « je peux » (I can). La négation – ne pas – peut s'appliquer à tous les verbes : je ne comprends pas (négation de l'entendement), je n'entends pas etc… Mais il est intéressant de noter, avec Hampshire, que la négation peut affecter le verbe même que l'on vient d'affirmer comme « transcendance » : « je peux » devient « je ne peux pas ».[86]

Et il n'y a pas que la négation : il y a aussi la forme passive des verbes. Ainsi on dit : j'ai été frappé, touché etc.. Il y a même des expressions qui semblent mettre « hors jeu » le « sujet signifiant » : « <u>cela ne dépend pas de moi</u> », « ce n'est pas de ma faute », « cela était plus fort que moi », etc. Ainsi la conscience n'est pas uniquement <u>syntaxe inédite</u> : elle est aussi reprise = passivité. Avant de signifier, il y a des significations. Avant de faire son propre projet, il y a celui des autres. Le langage en est un exemple. C'est toute une culture, une tradition, un ensemble de jugements – de valeurs et de morales – qui est impliqué ou signifié dans le langage = « la parole parlée ». Husserl s'est aperçu après des années de travail, que la réduction eidétique – revenir aux essences pures – est impossible. Impossible car ces essences sont déjà « culturelles ». En opérant la réduction, en revenant à la conscience, on ne trouve pas des essences pures mais incarnées : incarnées dans le langage, la culture, la temporalité, l'histoire etc.

Mais si plus haut, l'analyse du langage a révélé la passivité, comme le temps l'institution, la même analyse doit révéler un sujet transcendantal. Le mot « responsabilité » n'aurait aucun sens juridique ou moral si aucune marge de liberté ne pouvait exister. Le « je peux » a donc sa signification : constitution du soi et du monde (Husserl). L'analyse du langage a conduit Aristote à une morale de « juste milieu ». L'analyse du temps, et la réflexion sur le langage font de la pensée de Merleau-Ponty à l'égard du problème qui nous occupe – la constitution – une pensée de juste milieu :

> La puissance qu'a le langage de faire exister l'exprimé, d'ouvrir des routes, de nouvelles dimensions, de nouveaux paysages à la pensée, est, en dernière analyse, aussi obscure pour l'adulte que pour l'enfant.[87]

> Parlant aux autres (ou à moi-même), je ne parle pas de mes[88] pensées, je les parle, et ce qui est entre elles, mes arrières-pensées, mes sous-pensées, (…) ce sont des choses qui se trouvent dites avant qu'on y rêve.[88] Dites par qui ? (…) les choses se trouvent dites et se trouvent pensées comme par une Parole et par une Pensée que nous n'avons pas et qui nous ont.[89]

> Le Cogito que nous obtenons en lisant Descartes (…) est (…) un Cogito parlé, mis en mots, compris sur des mots et qui, pour cette raison même, n'atteint pas son but (…). Allons-nous conclure de là que le langage nous enveloppe, que nous sommes menés par lui comme le réaliste croit être déterminé par le monde extérieur ou le

théologien conduit par la providence ? Ce serait oublier la moitié de la vérité.[90]

Jamais donc – en principe – une activité ne saurait être tout à fait passive ou création pure : constitution et institution (dépassement et reprise) sont deux aspects d'une seule et même opération. Là *Le Visible et l'Invisible* rejoint la *Phénoménologie de la perception*. Si donc il est exact que la réflexion de Wittgenstein sur le langage l'amène à l'idée d'un « sujet mort »,[91] il ne peut y avoir, pour notre auteur, de « reprise » sans « dépassement ». Ce qui sauve Merleau-Ponty de la difficulté ce n'est pas son refus explicite du « déterminisme » du langage, mais l'idée fondamentale, chez lui, du « sujet parlant » : celui-ci est le « <u>sujet grammatical</u> ». En commençant par un « adjectif », un « pronom » ou un « verbe », on crée un sens nouveau (voir le langage – Chapitre 2). Le langage – quand il s'agit d'en tirer des conclusions ontologiques – n'a pas reçu chez Merleau-Ponty toutes les réflexions qu'il mérite, – et c'est pourquoi les réflexions de M. S. Hampshire dont nous nous sommes inspirées nous semblaient éclairantes et intéressantes. Considérant cependant l'affectivité, Merleau-Ponty rejoint les idées de ce dernier auteur.

3. <u>L'affectivité</u>

Je peux décider, dit-on, maintenant d'aimer ou ne pas aimer. Je peux renoncer à un amour, même véritable, et je peux m'engager ailleurs quand je le déciderai. Si cela est vrai, ce que nous avons dit plus haut doit être remis en question : avec l'affectivité la conscience aurait retrouvé un champ privilégié

La Pensée logique et politique de M. Merleau-Ponty

de transcendance = de constitution. D'abord, pour Merleau-Ponty, un choix véritable n'est jamais une figure sur fond. Ce n'est pas, par exemple, que j'ai décidé de changer de logement que je pourrais dire j'ai fait un « choix existentiel ». « Le choix véritable est celui de notre caractère entier et de notre manière d'être au monde ».[92] Quand j'aime une personne, c'est toute ma manière d'être-au-monde qui est polarisée par la personne aimée. Et ce parce qu'il y avait un partage de vie = du monde. Quand j'ai rompu cet amour, c'est toute ma manière de vie qui doit être revue: je dois vivre autrement. Un sentiment peut s'imposer: je tombe amoureux sans un « choix libre ». Et parfois je veux aimer et je n'y arrive pas. « Il n'y a (donc) aucun moyen de montrer que l'amour ou l'amitié que je porte à telle personne résulte d'un choix libre, car cette preuve implique que j'aurais pu tout aussi bien ne pas aimer cette personne. Or c'est justement cette éventualité que par nature et destination l'amour et l'amitié se refusent à admettre. Aimer vraiment, c'est faire en sorte que mon indifférence à l'égard de la personne aimée m'apparaisse simplement inconcevable, impossible ».[93]

Étant intentionnalité,[94] l'affectivité ne peut constituer pour Merleau-Ponty, un « choix total ». C'est dans la manière d'être-au-monde et non dans la pensée réflexive que l'on doit situer l'affectivité. Je me trouve le plus souvent non libre d'aimer, mais fait de telle sorte que je doive avouer mon amour.[95] Freud a raison, pense Merleau-Ponty, de descendre à la sexualité pour y trouver l'affectivité et les modalités de nos « choix existentiels ».[96] À suivre Merleau-Ponty, l'idéalisme a déplacé la liberté (la transcendance) et le choix de leur place: l'être-au-monde. Mais quand le « choix » devient le propre d'une

« réflexion » et l'objet d'amour (Freud) celui d'un « instinct », on manque « l'objet d'amour » et la nature limitée du choix.[97] La liberté ne s'exerce que « sur » un passé déjà <u>pesant</u>, et « l'idée de situation exclut la liberté absolue à l'origine de nos engagements (…). Aucun engagement, et pas même l'engagement dans l'État hégélien, ne peut me faire dépasser toutes les différences et me rendre libre pour tout ».[98] C'est ainsi que Merleau-Ponty a opposé à la liberté de Sartre l'idée de « temporalité » et de « situation » :[99] le « passé », l'« histoire », le « langage » etc. Les mots, par exemple, « loin », « près », « proche », et « très proche » révèlent tous un sujet situé dans l'espace. Mais si je suis ici, je ne peux pas être ailleurs : étant dans le présent je ne peux survoler le passé ou le « futur » : celui-ci est à faire. Le sujet kantien n'est pas un sujet existentiel, situé : le temps et l'espace sont des « a priori innés ».

Quand la pensée métaphysique ou théologique parle ce langage : « fini » et « infini », c'est du caractère situé et par conséquent limité de l'<u>entendement humain</u> dont elle s'est aperçue.[100] À suivre Merleau-Ponty, c'est la passivité que Sartre ne veut pas admettre dans la conscience.[101] Mais que signifierait le mot « choix » s'il n'y a que choix ?[102] Le mot choix signifie, qu'il y a des situations où il n'y a pas de choix. Comment pourrait-il y avoir un « <u>choix absolu</u> » si mon « projet actuel » <u>dépend</u> de mon <u>passé</u> (la temporalité) ?[103]. Comment, en d'autres mots, pourrait-il y avoir un « choix pur » (le personnalisme ou l'individualisme absolu) s'il y a partout des reprises : la temporalité s'affirme partout ?

À suivre A. Manser, Sartre est à comparer à Freud.[104] Ils ont tous les deux voulu libérer l'homme. Mais pour Sartre l'homme est déjà libre : il n'a qu'à choisir. Par contre, l'homme n'est pas libre pour Freud : il y a le poids de la pulsion, du passé, de l'inconscient, etc. Tout l'effort de Freud, de la psychanalyse, est de libérer l'homme de ce qu'il a reçu : repris du passé et du langage. Pour Lacan, ce dont il faut libérer l'homme, c'est du langage : il faut que le sujet retrouve son langage authentique. Le langage conventionnel est l'instrument de l'<u>aliénation</u>. Pour Lacan le problème de ses patients est celui-ci : « What do you mean ? » Après des années de travail, Freud est arrivé à l'idée d'une « analyse infinie ». Mais il ne pourrait pas y avoir d'analyse infinie si la conscience ne rencontrait pas de limites. Un « choix absolu » est impossible : s'il existe, il signifierait une liberté non située = non instituée.[105] C'est la mauvaise foi (sur laquelle Sartre raisonne) qui, d'après Merleau-Ponty, donne l'impression d'une liberté ou d'un choix absolu. Et ce parce que la mauvaise foi n'est pas vraiment engagée : on a du mal, d'après Merleau-Ponty, à <u>déloger</u> une conscience engagée. Freud a trouvé que beaucoup de ce que lui racontaient ses malades n'était pas vrai, il était vécu mais dans l'imaginaire. Imaginaire, et pourtant le sujet, avec toute l'aide du médecin, n'arrivait pas s'en déloger.[106]

C'est dans ces conditions (passivité, temporalité, reprise, dépassement) que se pose le problème de la conscience transcendantale chez Merleau-Ponty. Celle-ci ne pose pas – comme le croit l'idéalisme – ses notions : elle rencontre une « résistance » dans le monde. Je ne peux donc prétendre que je suis un néant pur. Étant reprise : la reprise du passé, du langage et de la culture, je ne peux pas me convaincre que mon choix se fasse à partir de rien. Ma « vue » sur le monde est partagée avec d'autres. Dire que « toute conscience est conscience de quelque chose », c'est, pour Merleau-Ponty, dire que le propre de la conscience est d'être engagé. <u>Rompre un projet, c'est en prendre un autre. Ne pas s'engager ici, c'est s'engager ailleurs</u>. « Nous sommes toujours dans le plein, dans l'être ».[107] « Naître, c'est à la fois naître du monde et naître au monde ».[108] « Une conscience pour qui le monde "va de soi", qui le trouve "déjà constitué" et présent jusqu'en elle-même, ne choisit absolument ni de son être, ni de sa manière d'être ».[108]

Le monde est constitué avant moi : la preuve en est le langage. On n'apprend pas à parler comme je parle, mais j'ai appris à parler (et par conséquent à penser) comme on parle. Mais on ne doit pas conclure, que pour Merleau-Ponty, il n'y a pas de subjectivité, car s'il en était ainsi, celle-ci serait réduite à recevoir sans jamais <u>comprendre</u> le sens des mots qu'<u>elle prononce</u>.[109]

Il y a dans chaque opération, cette double référence : dépassement (création) et reprise (conservation). « Il est impossible, écrit Merleau-Ponty, de délimiter la "part de la situation" et la "part de la liberté". »[110] « En assumant un présent, je ressaisis et je transforme mon passé, j'en change le sens, je m'en libère, je m'en dégage. Mais je ne le fais qu'en m'engageant ailleurs ».[111] C'était là la conclusion même de *La Structure du comportement*.[112] Mais comme nous l'avons montré (Chapitre 3), le premier ouvrage est d'allure beaucoup plus transcendantaliste que ne le sont la *Phénoménologie de la perception* et *Le Visible et l'Invisible* (Chapitre 1).

Mais si enfin la temporalité nous condamne à l'ambivalence : il n'y a pas de présent (création) sans le passé (la reprise), l'analyse du langage nous a montré des nuances – je peux (I can), je pourrais (I could) et je ne peux pas (I cannot). Mais pour être fidèle aussi à la pensée de notre auteur, il faudrait voir ces nuances à l'intérieur de la temporalité : celle-ci est par définition dépassement (constitution) et reprise. L'histoire, nous le verrons, est comprise comme des « temporalités conjuguées » : celles-ci en sont la base : le « Je ».

4. La temporalité et l'histoire

L'ambivalence de la chair à l'égard de l'Être (projection et introjection, voir le premier chapitre), de la temporalité à l'égard d'elle-même (dépassement et reprise) et à l'égard du langage (chapitre 2) est aussi à l'égard de « l'être social ».[113] Ce qu'il y a de plus original chez Husserl, c'est à notre sens, l'idée de la passivité comme fondatrice de l'intersubjectivité. Le langage en est un exemple. Mais cette idée de passivité – l'intersubjectivité transcendantale – Freud lui a donné un nom : le « Super-Ego ». Je ne suis pas indépendant à l'égard de l'histoire (la vie collective) et je ne me réduis pas davantage à celle-ci. « Je suis né, écrit De Waelhens pour expliciter la pensée de Merleau-Ponty, sans l'avoir voulu, bourgeois ou ouvrier ».[114] « Nous sommes, dit Merleau-Ponty, dans le champ de l'histoire comme dans le champ du langage ou de l'être (...) (et) il y a une chair de l'histoire (...) (qui) en elle comme dans notre corps, tout porte, tout compte ».[115] Le langage est cet instrument qui nous transporte au passé, nous soude à autrui et nous fixe dans le présent. La temporalité est la reprise d'une intersubjectivité passée (historique) et présente. Le rapport de l'individu et de la « totalité historique » – le passé, la culture, le langage, etc. – est ce rapport dont nous avons parlé plus haut: celui de «dépassement» (la liberté) et de «reprise». Il y a, disent *Les Aventures de la dialectique*, un «double rapport (…) entre l'individu et la totalité historique: (…) (celle-ci) agit sur nous, nous sommes en elle à une certaine place, à un certain poste, nous lui répondons. Mais aussi nous la vivons, nous en parlons, nous en écrivons, notre expérience déborde de toutes parts notre point de situation. Nous sommes en elle, mais elle est toute en nous (comme la temporalité). Ces deux rapports sont concrètement unis dans chaque vie».[116] Je me transporte, disent encore *Les Aventures de la dialectique*, «en ceux dont l'action a été décisive, (je) reconstitue l'horizon de leurs décisions, (je) refai(s) ce qu'ils ont fait (avec cette différence que (…) (je) connais mieux qu'eux le contexte, et sai(s) déjà les conséquences)».[117]

Ainsi, puisque la temporalité est, par définition, créatrice, elle ne saurait, malgré son champ historique, être un «sujet mort». La vie collective de même que celle de l'individu ne saurait être réduite, chez Merleau-Ponty, à un simple jeu de répétition. Entre la vie collective et la vie individuelle il y a une osmose: le «déterminant» est «déterminable» disait Aristote. Notre rapport avec l'histoire n'est donc pas uniquement celui de l'entendement: «celui du spectateur et du spectacle».[118] Avant de comprendre l'histoire nous sommes dans l'histoire. Avant de parler de l'histoire, nous vivons une histoire. «Nous ne serions pas spectateurs si nous n'étions en cause dans le passé, et l'action ne serait pas grave si elle ne concluait toute l'entreprise du passé et ne donnait au drame son dernier acte».[119] En somme, ni la vie personnelle ni la vie collective, ne peuvent être comprises comme tout à fait « sujet » ou comme tout à fait « objet » : je ne suis pas tout à fait déterminé par l'histoire et celle-ci n'est pas « objet pur » devant moi. Mais qu'est-ce que, au juste, cette histoire dont Merleau-Ponty fait le siège de la temporalité ? L'énigme de l'histoire, c'est-à-dire de l'« existence sociale », n'est pas moins mystérieuse que celle de la temporalité individuelle. C'est cette énigme, qui n'est qu'un autre aspect de la temporalité, comme on le verra, que nous aimerions voir maintenant.

5. L'histoire (l'existence sociale)

« L'histoire est un étrange objet, affirment *Les Aventures de la dialectique* : un objet qui est nous-même ; et notre irremplaçable vie, notre liberté sauvage se trouve déjà préfigurée, déjà compromise déjà jouée dans d'autres libertés aujourd'hui passées. »[120] Le moteur de l'histoire, c'est « moi » + les « autres ». Faire l'histoire et comprendre l'histoire, voilà deux aspects d'une seule et même subjectivité. Nous aimerions revenir plus loin sur la compréhension de l'histoire, car là Merleau-Ponty a fait appel à l'hégélianisme et au marxisme : ce qui a rendu difficile la saisie de la pensée de notre auteur. Le passage de la phénoménologie au marxisme apparaît pour certains[121] comme un projet logique. Là, on a très souvent, à notre sens, oublié cette différence : si la phénoménologie (et plus précisément celle de Merleau-Ponty) est une philosophie du passé (à comparer à la psychanalyse), le marxisme est une philosophie du futur. En disant une philosophie du futur, il ne s'agit nullement, pour nous, d'une exclusivité. Même le Christianisme ne peut être, uniquement, une philosophie du futur : celui-ci est lié à la vie présente et au problème d'Adam. Ces problèmes nous seront clairs dans le chapitre suivant et c'est le problème de la motricité de l'histoire qui est ici à comprendre.

L'histoire, la coexistence, est un système à plusieurs entrées, dit Merleau-Ponty.[122] Comme le corps, l'histoire est une structure à plusieurs figures, à plusieurs fenêtres. La vie personnelle, la temporalité, n'est qu'un <u>micro-être</u> de ce <u>macro-être</u>. « Il y a des sujets, il y a des objets, il y a les hommes et les choses, mais il y a aussi un troisième ordre, celui des rapports entre les hommes inscrits dans des outils ou des symboles sociaux, ces rapports ont leurs développements, leurs progrès, leurs régressions ; dans cette vie généralisée (l'être social), comme dans la vie de l'individu, il y a quasi-visée, échec ou succès, réaction du résultat sur la visée, reprise ou diversion, et c'est là ce qu'on appelle histoire ».[123] Si la temporalité ou l'<u>historicité</u> n'est rien d'autre que l'<u>homme-au-monde, l'histoire c'est les hommes-au-monde</u>. La chair de l'histoire est constituée par des rapports entre les hommes.[124] C'est un milieu mixte « où les intentions s'amortissent, se transforment, dépérissent, mais quelquefois aussi renaissent et s'exaspèrent, se nouent l'une sur l'autre, se multiplient l'une par l'autre, elle (l'histoire) est faite d'<u>intentions criminelles</u> ou d'<u>intentions vertueuses</u>, et, pour le reste, d'acceptations qui se valent comme des actes ».[125] L'histoire est ce <u>débat</u> entre les hommes : celui-ci, comme le psychisme de Watson, est visible : il est inscrit « dans les institutions, les civilisations, (et) dans le sillage des grandes actions historiques ».[126] Telle était la conception (et la définition) que nous a donnée

Merleau-Ponty de l'être social. Si pour Platon il y a l'être et le mouvement, cette conception n'existe pas chez Merleau-Ponty : l'être social, comme la vie individuelle, est d'un bout à l'autre intentionnalité : temporalité. C'est cet aspect que nous aimerions aborder à la lumière de ce qui a été dit. Puisque l'histoire – ou l'être social – c'est nous-mêmes, ce qui vaut pour la temporalité, vaut pour l'Être social.

L'histoire, ou l'Être social, comme la temporalité, est par définition, un acte de dépassement (création) et de reprise (conservation). « Le devenir – société de la société »[127] est à comparer à l'historicité de l'être-sujet.[128] Une civilisation arriérée n'est jamais entièrement dépassée par une civilisation avancée. Mais celle-ci ne se réduit pas à la première. Le pré-capitalisme est à l'intérieur du capitalisme, mais celui-ci ne saurait se réduire, sans plus, au premier. On ne peut dire, écrit Merleau-Ponty, que « l'expérience des civilisations arriérées soit toute entière dépassée par la nôtre (...). Ni que le progrès obtenu dans les civilisations postérieures soit progrès absolument ».[129] Le progrès d'une société est à comparer au réflexe : celui-ci n'est pas indépendant de la masse du corps. Progrès et non-progrès (conservation) sont deux moments inséparables d'une seule et même structure = « la structure sociale ». « C'est seulement – disent *Les Aventures de la dialectique* après la *Phénoménologie de la perception* – dans la structure du tout (= dépassement et reprise) qu'il y a progrès ».[130] « La balance des comptes historiques montre qu'(...) il y a un rapport croissant de l'homme à l'homme ».[131] Il y a, pense Merleau-Ponty, une temporalité de l'histoire (la vie en commun) et une temporalité du progrès lui-même.[132]

« À considérer le tout d'une civilisation, son progrès n'est acquis que s'il est suivi d'autres progrès, il ne peut se maintenir tel quel ».[133] On ne se baigne pas deux fois dans la même rivière, disait Héraclite : il y a le devenir. Le devenir est ici la temporalité = l'« historicité de l'histoire ». « De fait même qu'un progrès est intervenu, il change la situation, et, pour rester égal à lui-même, il lui faut faire face au changement qu'il a suscité. Si au contraire l'acquis s'immobilise, il est déjà perdu ».[134] Le tout social est, par définition, progrès (= changement), mais ce progrès n'est pas stable : une fois là il se transforme (acte de dépassement) pour devenir autre chose. Il en est ainsi, pense Merleau-Ponty, car la mémoire de l'histoire « n'est pas un dépôt ou un résidu ».[135] Il y a une mémoire de l'histoire de même qu'il y a une mémoire du *cogito*. La mémoire de l'histoire, c'est nous-mêmes. L'adulte, disait Freud, est l'enfant qu'il était. Pour Merleau-Ponty, il n'y a là que la moitié de la vérité. Mais l'adulte, tout en étant vraiment adulte, reste une histoire, une mémoire = l'enfant qu'il était. Ce paradoxe doit être compris, comme le fait Merleau-Ponty lui-même, en termes de structure : dépassement (l'âge adulte = création) et reprise (la mémoire) sont deux aspects d'une seule et même structure. Si, comme nous l'avons vu plus haut, l'histoire n'est rien d'autre que nous-mêmes, il ne pourrait être autrement de l'histoire pour notre auteur. Le passage est ici logique chez Merleau-Ponty. Cette conception de l'historicité et de l'histoire a une implication politique très étrange chez notre auteur.

Le tout social – comme la temporalité et l'histoire – est composé de deux moments, c'est-à-dire de deux classes : conservative et progressiste.¹³⁶ Mais cette idée est à l'opposé de l'unité de l'histoire (le marxisme). C'est vrai, mais il en est bien ainsi chez notre auteur. Nous reviendrons sur l'unité de l'histoire avec le problème moral : celui de l'humanisme. La temporalité est ici la composante logique de la pensée de Merleau-Ponty. La société est composée d'une classe qui ne veut rien changer, et d'une autre qui veut tout changer (la classe révolutionnaire). Mais tout ensemble, ces deux moments (deux classes) forment l'existence en commun = le « tout social ».

Nous l'avons vu (Chapitre 5), Merleau-Ponty a interprété la découverte freudienne de l'inconscient en termes de fixation. Mais ce qui vaut pour la subjectivité, vaut aussi pour l'être social. L'intemporalité de la société – ses institutions par exemple – est le complexe (ce mot n'a aucune signification pathologique ici) ou l'individualité d'une telle ou telle société. Mais à l'intérieur de l'intemporalité générale (l'acte de répétition), il y a une intemporalité du deuxième degré. La religion est comprise, par notre auteur, comme une de ces structures stéréotypées = une intemporalité du deuxième degré. Pour suivre Merleau-Ponty, il faut parler aussi de la régression : des civilisations, des cultures et des langues ont régressé. Si, par exemple, la grammaire française actuelle – « j'existe » – peut être considérée comme dérivée de l'ancienne grammaire française – « j'exister » –, ce n'est pas là le destin de toutes les langues. L'histoire, dit Merleau-Ponty, « n'est pas à l'abri des régressions et des rechutes ».¹³⁷ Le progrès (la temporalité), bien qu'il soit l'essence même de l'être-sujet et de l'être-social, n'est assuré ni de droit (car il n'y a pas de philosophie du futur), ni de fait : l'histoire est contingente. <u>Ainsi la temporalité n'est pas synonyme d'une direction déterminée</u>.

Il y a donc progrès, c'est-à-dire, <u>temporalité</u> (= dépassement et reprise), arrêt de progrès (l'intemporalité à la deuxième puissance) et <u>régression</u>. Mais y a-t-il, chez Merleau-Ponty, un <u>progrès absolu</u>? Un progrès absolu (temporalité pure) est impossible : il n'y a pas d'expérience nouvelle (temporalité) sans la reprise d'une expérience ancienne (l'intemporel = l'acquis). Le progrès absolu est inconcevable, et ce en raison de la temporalité elle-même : « tout progrès est (...) relatif en ce sens profond que la même inscription historique qui l'installe dans les choses met à l'ordre du jour le problème de la décadence. La révolution devenue institution est déjà décadence si elle se croit faite ».[138] Puisque la société est temporelle, un progrès absolu est inconcevable. L'histoire a une signification (un sens) mais celle-ci est <u>inachevée</u>. Ce que je fais à présent ne peut avoir son sens complet que par ce que je ferai demain. Ce que je fais aujourd'hui peut être confirmé ou infirmé demain. « Il y a moins, écrit Merleau-Ponty, un sens de l'histoire qu'une élimination du non-sens. À peine une direction du devenir s'est-elle indiquée qu'elle est déjà compromise, et c'est toujours rétrospectivement qu'un progrès peut être affirmé : il n'était pas impliqué dans le passé et ce qu'on peut dire seulement, c'est que, s'il s'agit d'un progrès véritable, il reprend des problèmes immanents au passé ».[139]

Il y a bien une historicité de l'histoire, mais celle-ci est comprise, par notre auteur, comme « progrès » et comme « problème ». Comme problème car une fois là, c'est-à-dire réalisée, cette structure doit être dépassée : elle fait appel, par la nature même du temps, à autre chose qu'elle-même. Si, par exemple, le capitalisme est un «progrès» à l'égard du «précapitalisme», le capitalisme reste un problème. «"Progressistes" quand on les compare à ce qui les a précédées, les formes capitalistes sont bientôt régressives ou décadentes quand on les confronte aux forces productives que le capitalisme lui-même a suscitées».[140] Mais s'il en est ainsi du capitalisme, il ne peut en être autrement du communisme marxiste. C'est, en effet, pour arriver à cette conclusion que Merleau-Ponty a repris l'analyse du temps dans *Les Aventures de la dialectique*. L'analyse du temps chez Merleau-Ponty et Husserl (voir *Leçons pour une phénoménologie de la conscience intime du temps*) n'est pas ce qu'il y a de plus facile à analyser chez ces auteurs. Si on peut parler de l'historicité (le devenir) de la conscience, de celle de l'être-social (l'histoire), du précapitalisme et du capitalisme, il faut bien parler de l'historicité du marxisme communiste. (Nous reviendrons plus loin sur celui-ci). Mais cette historicité de l'histoire – des sociétés et des régimes dont parle Merleau-Ponty – n'est-elle pas bien ce qu'on appelle la révolution permanente? Celle-ci n'a rien à voir avec la temporalité de l'histoire: il n'y a pas de progrès absolu. L'idée d'une révolution permanente est intégrée à cette théorie de l'historicité dont nous avons longuement parlé. Et pour la confronter avec le problème de la vérité, la révolution est ce moment vrai et faux: vrai, car il est un changement de situation, il porte en lui-même son sens, et faux car ce moment pourrait être confirmé ou informé.[141] Le futur est la vérité (la conscience) du présent, et le présent est la conscience (la vérité) du passé. Voilà un autre aspect de cette théorie du temps. Celle-ci fait appel à une <u>théorie de l'interprétation permanente de l'histoire</u>.[142] Puisque ce que je fais à présent pourrait être infirmé demain, je suis obligé de revenir pour réinterpréter (comprendre autrement) ce qui a été mal interprété (mal compris). « Le sens de l'histoire est (...) à chaque pas menacé de dévier et a besoin d'être sans cesse réinterprété ».[143] Il y a, en somme, une historicité de l'<u>histoire</u> et une historicité de la <u>raison de l'histoire</u>. C'est la raison de l'histoire qu'il faudrait maintenant comprendre. L'histoire (la praxis) a besoin de la raison de l'histoire (la réflexion). Elle en a besoin, car l'histoire ne se connaît pas comme objet. En ce sens Hegel avait raison de se faire la conscience de Napoléon. C'est au chapitre suivant que nous aimerions évoquer Hegel avec Merleau-Ponty.

6. <u>La raison de l'histoire</u>

Il y a, chez notre auteur, l'histoire comme action, praxis, temporalité, et l'histoire comme compréhension de cette action = temporalité. « L'histoire (la raison de l'histoire) consiste, écrit Merleau-Ponty (...) à déchiffrer le sens total de ce qui a été fait ».[144] « On peut (...) dire que (...) (la raison de) l'histoire est action dans l'imaginaire ou encore qu'elle est le spectacle qu'on se donne d'une action (...). Le savoir et l'action sont deux pôles d'une existence unique (...). L'action consulte (la raison de :) l'histoire (...) (pour nous) enseigne(r) le vrai sens de nos volontés (notre historicité) ».[145] Mais comprendre l'histoire, c'est aussi <u>faire</u> l'histoire. La raison de l'histoire est ce que Lukacs a appelé, après Hegel, la « ruse de la raison » : c'est « une explication géniale des étapes de l'histoire qui ne sont pas encore conscientes ».[146] C'est seulement dans l'état d'une raison qui s'est trouvée que ces étapes peuvent être appréciées à leur juste valeur. Merleau-Ponty n'est pas ici différent de Lukacs et Hegel. En revenant à l'histoire, au passé, la « raison de l'histoire » peut trouver le « sens » d'un événement, c'est-à-dire sa <u>rationalité</u>. Mais l'absence de raison n'est pas la négation pure et simple de la raison, mais tout simplement un « état de non-raison ».[147] Mais au moment où « l'absence de la raison » se fait « raison », celle-ci « n'a le droit de subordonner ce qui la précède que dans l'exacte mesure où elle le comprend comme sa propre préparation ».[148] La raison de l'histoire, la compréhension de l'être social est elle-même un acte de « reprise » – la « raison » est la reprise de « l'absence de la raison ». Très curieusement l'<u>historien</u> devient, chez Merleau-Ponty, un <u>philosophe</u>. Mais le peintre est aussi un philosophe. L'historien (le philosophe) doit « comprendre le passé lui-même en le faisant entrer dans notre vie ».[149] « L'histoire entière est (…) action et l'action déjà histoire (raison de l'histoire, mais inconsciente, Hegel). L'histoire est une, qu'on la contemple comme spectacle ou qu'on l'assume comme responsabilité. La condition de l'historien (ou du philosophe) n'est pas si différente de celle de l'homme agissant ».[150] Si l'historien ou le philosophe veut comprendre l'histoire, c'est-à-dire la praxis, il doit « se transporte(r) en ceux dont l'action a été décisive, reconstitue(r) l'horizon de leur décisions (et) refai(re) ce qu'ils ont fait ».[151] En <u>refaisant</u> l'histoire on la comprend mieux que ceux qui l'ont faite.[152] Mais refaire l'histoire ce n'est pas refaire la guerre : c'est faire appel au langage = le logos. Refaire l'histoire (raison de l'histoire), ce n'est pas, écrit Merleau-

Ponty, «pénétrer les états d'âme des grands hommes (…) il ne s'agit pas de coïncider avec ce qui été vécu, <u>il s'agit de déchiffrer le sens total de ce qui été fait</u> ».[153] « Pour comprendre une action, ajoute encore Merleau-Ponty, il faut restituer l'horizon, c'est-à-dire non seulement la perspective de l'agent, mais le contexte "objectif" ».[154] En un mot, c'est une analyse structurale qu'il faudrait entreprendre pour comprendre une action, une décision ou un événement historique (une guerre coloniale ou anti-coloniale). La raison de l'histoire, voilà « l'<u>objectivité supérieure</u> ».[155] « Il n'y a plus, dit Merleau-Ponty, grand respect, objectivité plus profonde, que cette prétention de puiser à la même source d'où toute histoire vient. »[156] L'histoire c'est nous et la raison de l'histoire c'est nous = le <u>langage</u>. Le *cogito* sans le langage est impossible.[157] La raison de l'histoire, de même que l'histoire elle-même, « n'est pas un dieu extérieur, une raison cachée dont nous n'aurions qu'à enregistrer les conclusions ».[158] Si l'histoire n'est rien d'autre que nous-mêmes, la raison de l'histoire ne saurait être hors de nous. La raison de l'histoire a une <u>origine</u>, un <u>guide</u>, une <u>carte</u>, celle-ci c'est l'histoire elle-même = le drame collectif disait Politzer. « En retrouvant dans l'histoire (la temporalité collective) son acte de naissance et son origine, la conscience (la raison de l'histoire) croyait peut-être se remettre à un guide (la temporalité collective = praxis) : c'est elle (la raison de l'histoire) à présent qui doit guider le guide (l'histoire = la temporalité collective) ».[159] Puisque le <u>guide</u> doit être <u>guidé</u>, il a besoin de la raison, c'est avec Hegel, Marx et Merleau-Ponty que nous aimerions aborder, plus en détail, ce problème.

Les références du Chapitre VI

1. On a commencé à parler du premier Sartre et du deuxième Sartre. Pour Merleau-Ponty il n'y a qu'un seul Sartre. Il faut maintenant poser cette question : pourrait-on parler d'un troisième Sartre avec *L'Idiot de la famille* ? Sartre, lui-même, considère qu'après *L'Idiot de la famille*, il a presque tout dit. (Cf. une série d'articles, dans le *Nouvel Observateur* 1975). À côté de ces distinctions, il en faut, pensons-nous, une autre. Il faut distinguer l'ontologie de Sartre et ses descriptions phénoménologiques. Si l'ontologie de Sartre l'oblige à être radicaliste, et par là même idéaliste (le problème du corps en est un exemple), ses descriptions phénoménologiques restent concrètes et existentialistes. Donc du point de vue de la méthode, il y a l'<u>ontologie</u> de Sartre et la description phénoménologique. La littérature, chez Sartre, pensons-nous, fait partie de la dernière méthode.
2. Colette Audry, *Sartre et la réalité humaine*, p.27 et suivantes.
3. « The nothingness of the pour-soi, is for Sartre, the possibility of freedom ». Maurice Natanson, *A Critique of Jean-Paul Sartre*, p.28.
4. Merleau-Ponty, *PP.*, p.488.
5. René le Senne, *L'Idéalisme synthétique de Hamelin, Introduction à la philosophie*, p.139.
6. Merleau-Ponty, « L'institution dans l'histoire personnelle et publique ». *Résumés de cours*, p.59.
7. *Ibid.*, p.59-60.

8. *Ibid.*, p.60.
9. « La passivité est possible à condition que "avoir conscience" ne soit pas "donner un sens" que l'on détient par devers soi à une matière de connaissance insaisissable, mais réaliser un certain écart, une certaine variante dans un champ d'existence déjà institué, qui est toujours derrière nous, et dont le poids, comme celui d'un volant, intervient jusque dans les actions par lesquelles nous le transformons ». Merleau-Ponty, « Le problème de la passivité : le sommeil, l'inconscient, la mémoire ». *Résumés de cours*, p.67.
10. Merleau-Ponty, « L'institution dans l'histoire personnelle et publique ». *Résumés de cours*, p.60.
11. Cf. Merleau-Ponty, *VI.*, p.274, p.324, p.318, p.314, p.307.
12. « Activité et passivité (sont) couplées. L'une empiète sur l'autre ». Merleau-Ponty, *VI.*, p.314. « Les choses me touchent comme je les touche et me touche » *Ibid.*, p.315. Le problème de la constitution est abordé d'une manière très complexe dans *Le Visible et l'Invisible*. Mon corps est un percevant perceptible – en tant que perceptible il est une chose, c'est-à-dire il fait partie du monde, mais en tant que perceptible il est passif, c'est-à-dire touché et vu par l'autre moitié de mon corps qui n'est qu'une partie du monde. Dire donc « je suis un percevant perceptible », c'est dire je suis « activité + passivité ». Cf. le premier Chapitre ici même.
13. Chaque fois que Merleau-Ponty parle de la passivité,

il l'identifie à l'introjection. Cf. *VI.*, p.315 – Cf. notre premier Chapitre.

14. Cf. Merleau-Ponty, « L'institution dans l'histoire personnelle et publique », *Résumés de cours*, p.61.
15. « On entendait (…) ici par institution ces événements d'une expérience qui la dotent de dimensions durables, par rapport auxquelles toute une série d'autres expériences auront sens, formeront une suite pensable ou une histoire, – ou encore les événements qui déposent en moi un sens, non pas à titre de survivance et de résidu, mais comme appel à une suite, exigence d'un avenir ». Merleau-Ponty « L'institution dans l'histoire personnelle et publique ». *Résumés de cours*, p.61.
16. Merleau-Ponty, « Le problème de la passivité : le sommeil, l'inconscient, la mémoire », *Résumés de cours*, p.67.
17. « L'institution dans l'histoire personnelle et publique ». *Résumés de cours*, p.62. (Le souligné est de nous).
18. Merleau-Ponty, « L'institution dans l'histoire personnelle et publique », *Résumés de cours*, p.62.
19. Merleau-Ponty, « L'institution dans l'histoire personnelle et publique », *Résumés de cours*, p.61-62.
20. « (…) il est bien impossible de prétendre que l'amour présent ne soit qu'un écho du passé : le passé au contraire fait figure de préparation ou préméditation d'un présent qui a plus de sens que lui, quoiqu'il se reconnaisse en lui ». Merleau-Ponty, « L'institution dans

l'histoire personnelle et publique », *Résumés de cours*, p.62.
21. Cf. Merleau-Ponty, « L'institution dans l'histoire personnelle et publique », *Résumés de cours*, *PP*.59-65.
22. Merleau-Ponty, « L'institution dans l'histoire personnelle et publique », *Résumés de cours*, p.63.
23. « Pour être plus agile et apparemment plus délibéré, le mouvement du savoir n'en offre pas moins cette circulation intérieure entre le passé et l'avenir qu'on remarque dans les autres institutions ». Merleau-Ponty, *Ibid.*, p.63-64.
24. Merleau-Ponty, « L'institution dans l'histoire personnelle et publique », *Résumés de cours*, p.64-65.
25. Si par exemple j'ouvre ma porte et je trouve quelqu'un debout au coin de la rue, je penserai : cet homme est venu d'une certaine direction (le passé), il va prendre, pour partir, une certaine direction (l'avenir).
26. « Husserl appelle protentions et rétentions les intentionnalités qui m'ancrent dans un entourage ». Merleau-Ponty, *PP*., p.476.
27. Merleau-Ponty, *PP*., p.476.
28. Merleau-Ponty, *PP*., p.477.
29. « Avec le surgissement d'une donnée originaire, d'une phase nouvelle, la précédente n'est pas perdue mais "gardée en tête" (c'est-à-dire précisément "retenue") et grâce à cette rétention est possible un regard en arrière sur ce qui est écoulé ; la rétention elle-même n'est pas ce regard en arrière qui fait de la phase écoulée un objet : en gardant en tête cette dernière, je vis entièrement la

phase présente, je l'"ajoute" – grâce à la rétention – à la phase passée, et je suis orienté vers la phase à venir (dans une protention). » Husserl, E., *Leçons pour une phénoménologie de la conscience intime du temps*, p. 159

30. Merleau-Ponty, *PP.*, p.477.
31. « Ce qui m'est donné, ce n'est pas d'abord A', A" ou A'", et je ne remonte pas de ces "profits" à leur original A comme on va du signe à la signification. Ce qui m'est donné c'est A vu par transparence à travers A', puis cet ensemble à travers A" et ainsi de suite, comme je vois le caillou lui-même à travers les masses d'eau qui glissent sur lui ». Merleau-Ponty, *PP.*, p.477-478.
32. Cf. Merleau-Ponty, *PP.*, p.479.
33. « Nous sommes bien obligés d'admettre (avec Husserl) "une conscience qui n'ait plus derrière elle aucune conscience pour avoir conscience d'elle" qui, en conséquence, ne soit pas étalée dans le temps et dont "l'être coïncide avec l'être pour-soi". » Merleau-Ponty, *PP.*, p.483.
34. Merleau-Ponty, *PP.*, p.478.
35. Merleau-Ponty, *PP.*, p.478.
36. Merleau-Ponty, *PP.*, p.483.
37. « La mémoire est fondée de proche en proche sur le passage continu d'un instant dans l'autre et sur l'emboîtement de chacun avec tout son horizon dans l'épaisseur du suivant ». Merleau-Ponty, *PP.*, p.307.
38. « C'est encore, dit M. De Waelhens, ce que confirme de la manière la plus éclatante l'expérience analytique ». *La Philosophie et les expériences naturelles*, p.181, Note 2.

39. Merleau-Ponty, *PP.*, p.30.
40. Merleau-Ponty ; *PP.*, p.307.
41. « Mon présent se dépasse vers un avenir et vers un passé prochain et les touche là où ils sont, dans le passé, dans l'avenir eux-mêmes. » Merleau-Ponty, *PP.*, p.478-479.
42. Merleau-Ponty, *PP.*, p.30.
43. « C'est une véritable absurdité, dit Husserl, que de parler d'un contenu "inconscient", qui ne deviendrait conscient qu'après coup. La conscience (Bewusstsein) est nécessairement être-conscient (bewusstsein) en chacune de ses phases. De même que la phase rétentionnelle a conscience de la précédente, sans en faire un objet, de même aussi la donnée originaire est déjà consciente – et sous la forme spécifique du "maintenant" – sans être objective. (…) la rétention d'un contenu inconscient est impossible (…). Si chaque "contenu" est en lui-même et nécessairement "inconscient", il devient absurde de s'interroger sur une conscience ultérieure qui le donnerait ». *Leçons pour une phénoménologie de la conscience intime du temps*, p.160-161.
44. « Si, dit Bergson, la conscience n'est que la marque caractéristique du <u>présent</u>, c'est-à-dire de l'actuellement vécu, c'est-à-dire enfin de <u>l'agissant</u>, alors ce qui n'agit pas pourra cesser d'appartenir à la conscience sans cesser nécessairement d'exister en quelque manière. En d'autres termes, dans le domaine psychologique, conscience ne serait pas synonyme d'existence, mais seulement d'action réelle ou d'efficacité immédiate,

et l'extension de ce terme se trouvant ainsi limitée, on aurait moins de peine à se représenter un état psychologique inconscient, c'est-à-dire en somme impuissant ». *Matière et mémoire*, cité par Merleau-Ponty, *l'Union de l'âme et du corps chez Malebranche, Biran et Bergson*, p.91-92.

45. Merleau-Ponty, *PP.*, p.483.
46. Merleau-Ponty, *PP.*, p.483.
47. Merleau-Ponty, *PP.*, p.483-484. « La perspective temporelle, la confusion des lointains, cette sorte de "ratatinement" du passé dont la limite est l'oubli, ne sont pas des accidents de la mémoire, n'expriment pas la dégradation dans l'existence empirique d'une conscience du temps en principe totale, ils en expriment l'ambiguïté initiale : retenir, c'est tenir, mais à distance : » *PP.*, p.483-484.
48. On pourrait voir l'excellente note intitulée : (Bergson) la transcendance – l'oubli – le temps, *VI.*, p.247-250.
49. Merleau-Ponty, *l'Union de l'âme et du corps chez Malebranche*, Biran et Bergson, p.95.
50. Merleau-Ponty, *VI.*, p.250.
51. Merleau-Ponty, *VI.*, p.250.
52. Merleau-Ponty, *PP.*, p.30.
53. Merleau-Ponty, *Résumés de cours*, p.61-62.
54. Cf. Ici même, première partie, Chapitre 1 et 3.
55. « Il y a du passé architectonique. Cf. Proust : les <u>vraies</u> aubépines sont les aubépines du passé – Restituer cette vie sans <u>Erlebnisse</u>, sans intériorité (…) qui est (…) la vie "monumentale", la <u>Stiftung</u>, l'initiation. Ce "passé"

appartient à un temps mythique, au temps d'avant le temps, à la vie antérieure, "plus loin que l'Inde ou que la Chine". Que vaut à son égard l'<u>analyse intentionnelle</u> ? (…) Mais précisément, il y a là quelque chose que l'analyse intentionnelle ne peut saisir, car elle ne peut s'élever (Husserl) à cette "simultanéité" qui est méta-intentionnelle », Merleau-Ponty, *VI.*, p.296-297.

56. Merleau-Ponty, « Le problème de la passivité : le sommeil, l'inconscient, la mémoire », in *Résumés de cours*, p.68.
57. *Ibid.*, p.67.
58. Merleau-Ponty, *Ibid.*, p.67. « La négation du monde dans le sommeil est aussi une manière de le maintenir ». Merleau-Ponty, *Ibid.*, p.68. « Dans le sommeil, (…) je ne garde présent le monde que pour le tenir à distance ». *PP.*, p.328.
59. « La conscience dormante n'est (…) pas un récit du néant pur, elle est encombrée des débris du passé et du présent, elle joue avec eux. » Merleau-Ponty, *Résumés de cours*, p.68.
60. Merleau-Ponty, *Ibid.*, p.68.
61. « Si la conscience, dit Sartre, ne peut jamais saisir ses propres soucis, ses propres désirs que sous forme de symboles, ce n'est point, comme le croit Freud, à cause d'un refoulement qui l'obligerait à les déguiser : c'est parce qu'elle est dans l'incapacité de saisir quoi que ce soit de réel sous sa forme de réalité. Elle a entièrement perdu la fonction du réel ». *L'Imaginaire*, p.216. Cité

par Pontalis, *Note sur le problème de l'inconscient chez Merleau-Ponty, Les Temps Modernes*, p.294, Note 16.
62. « On perd (...) de vue (quand on réduit l'inconscient freudien à la mauvaise foi) ce que Freud a apporté de plus intéressant, – non pas l'idée d'un second "je pense" qui saurait ce que nous ignorons de nous, – mais l'idée d'un symbolisme qui soit primordial, originaire, d'une "pensée non conventionnelle" (Politzer) enfermée dans un "monde pour nous", responsable du rêve et plus généralement de l'élaboration de notre vie ». Merleau-Ponty, *Ibid.*, p.69-70. (La première parenthèse est de nous).
63. Cf. Merleau-Ponty, *SNS.*, p.18.
64. Cf. Merleau-Ponty, *SC.*, p.194-195.
65. Cf. Merleau-Ponty, *PP.*, p.184-199.
66. Cf. Merleau-Ponty, *SC.*, p.194.
67. « Dans la psychologie freudienne, le passé l'emporte à ce point sur l'avenir, que le présent est essentiellement répétition ». A. Vergote, *La Psychanalyse, science de l'homme*, p.184. Voir aussi p.89.
68. Cf. Merleau-Ponty, *SNS.*, p.32.
69. Merleau-Ponty, *SNS.*, p.37-38.
70. Merleau-Ponty, *SNS.*, p.38-39.
71. Cf. Merleau-Ponty, *SNS.*, p.41.
72. Merleau-Ponty, *SNS.*, p.39.
73. *Signes*, p.305.
74. Merleau-Ponty, *SNS.*, p.32.
75. Cf. Merleau-Ponty, *SNS.*, p.34-35.
76. Merleau-Ponty, *SNS.*, p.35.

77. Cf. Merleau-Ponty, *SNS.*, p.42. *SC.*, p.193.
78. Cf. Merleau-Ponty, *SNS.*, p.42.
79. L'artiste « assume la culture depuis son début et la fonde à nouveau, il parle comme le premier homme a parlé et peint comme si l'on n'avait jamais peint. » Merleau-Ponty, *SNS.*, p.32.
80. *AD.*, p.131 et suivantes.
81. *Une philosophie de l'ambiguïté, l'existentialisme de Merleau-Ponty*, p.317-318. C'est l'auteur qui souligne.
82. Cf. ici même : Chapitre 3.
83. Cf. notre premier chapitre.
84. Merleau-Ponty, *PP.*, p.498 et suivantes.
85. S. Hampshire, *Freedom of the Will, Freedom, Language and Reality*.
86. « To make a statement and to deny what is implied by <u>making</u> that statement is not merely to disobey the grammatical or dictionary rules of the particular language used, but is to be involved in another species of self-defeating linguistic behaviour ». S. Hampshire, *ibid.*, p.163 (c'est l'auteur qui souligne).
87. Merleau-Ponty, *PP.*, p.460.
88. Souligné par nous.
89. Merleau-Ponty, *Signes*, p.27 (c'est l'auteur qui souligne)
90. Merleau-Ponty, *PP.*, p.460.
91. En parlant de la proposition comme « image » et de la de vérité comme « conformité », on peut interpréter fidèlement Wittgenstein dans ce sens. On sait que la réflexion de Wittgenstein sur le langage a suggéré

à beaucoup l'idée d'un sujet qui n'a rien de neuf à signifier que ce que signifie déjà la langue qu'il parle.

92. Merleau-Ponty, *PP.*, p.501.
93. A. De Waelhens, *Une philosophie de l'ambiguïté, l'existentialisme de Merleau-Ponty*, p.316. La parenthèse est de nous. C'est l'auteur qui souligne.
94. Merleau-Ponty, *PP.*, p.181.
95. Cf. A. De Waelhens, *Une philosophie de l'ambiguïté, l'existentialisme de Merleau-Ponty*, p.316.
96. Merleau-Ponty, *Signes*, p.284-294.
97. Merleau-Ponty, *PP.*, p.497-503. *Signes*, p.289.
98. Merleau-Ponty, *PP.*, p.518.
99. Cf. Merleau-Ponty, *PP.*, p.496-520. *AD.*, p.101-171.
100. Van Steenbergen, *Ontologie*
101. Cf. Merleau-Ponty, *PP.*, p.499.
102. «...the thesis that Sartre is defending is that freedom is one and indivisible and is possessed by all men». A. Manser, *Sartre*, p.117.
103. Cf. Merleau-Ponty, *PP.*, p.519-520. Également A. De Waelhens, *Une philosophie de l'ambiguïté, l'existentialisme de Merleau-Ponty*, p.311.
104. A. Manser, *Sartre*, p.114.
105. « Le choix supposé un engagement préalable et (...) l'idée d'un choix premier fait contradiction...La liberté doit avoir du champ si elle doit pouvoir se prononcer comme liberté ». Merleau-Ponty, *PP.*, p.500.
106. Cf. Merleau-Ponty, *PP.*, p.519.
107. Merleau-Ponty, *PP.*, p.516.
108. Merleau-Ponty, *PP.*, p.517.

109. Cf. Merleau-Ponty, *PP.*, p.517 et suivantes.
110. Merleau-Ponty, *PP.*, p.517.
111. Merleau-Ponty, *PP.*, p.519.
112. Cf. Merleau-Ponty, *SC.*, p.240 et suivantes.
113. L'expression est de *Le Visible et l'Invisible*.
114. *Une philosophie de l'ambiguïté, l'existentialisme de Merleau-Ponty*, p.322.
115. *Signes*, p.28. Les parenthèses viennent de nous.
116. *Les Aventures de la dialectique*, p.61. Les parenthèses sont de nous.
117. *Les Aventures de la dialectique*, p.17. La grande parenthèse est de Merleau-Ponty, le reste est de nous.
118. Merleau-Ponty, *Les Aventures de la dialectique*, p.18.
119. *Ibid.*, p.18. La parenthèse est de nous.
120. Merleau-Ponty, *Les Aventures de la dialectique*, p.18.
121. Cf. Lucien Borg, *Le Marxisme dans la philosophie sociopolitique de Merleau-Ponty*.
122. Merleau-Ponty, *AD.*, p.32.
123. *Ibid.*, p.53. La parenthèse est de nous.
124. *Ibid.*, p.168.
125. *Ibid.*, p.168-169. C'est nous qui soulignons ; la parenthèse est de nous.
126. *Ibid.*, p.276. La parenthèse est de nous.
127. L'expression est de Merleau-Ponty, *AD*.
128. L'expression est de Merleau-Ponty, *VI*.
129. Merleau-Ponty, *AD.*, p.54.
130. *Ibid.*, p.54. Les parenthèses sont de nous.
131. *Ibid.*, p.54.
132. *Ibid.*, p.54-55.

133. *Ibid.*, p.54-55.
134. *Ibid.*, p.55.
135. *Ibid.*, p.55.
136. Cf. Merleau-Ponty, *HT.*, p.195. Également, *AD.*
137. Merleau-Ponty, *AD.*, p.35.
138. Merleau-Ponty, *AD.*, p.55. « Dans une conception concrète de l'histoire, où les idées ne sont que des étapes de la dynamique sociale, chaque progrès est ambigu parce que acquis dans une situation de crise, il crée une phase d'état où naissent des problèmes qui le dépassent ».
139. Merleau-Ponty, *AD.*, p.55.
140. *Ibid.*, p.56.
141. « La révolution est le moment où ces deux perspectives s'unissent, où une négation radicale délivre la vérité de tout le passé et permet d'en entreprendre la récupération. » Merleau-Ponty, *AD.*, p.56.
142. Cf. La thèse fondamentale dans *Les Aventures de la dialectique*.
143. Merleau-Ponty, *AD.*, p.55.
144. *Ibid.*, p.17.
145. *Ibid.*, p.18. Les parenthèses sont de nous.
146. *Ibid.*, p.48.
147. *Ibid.*, p.48.
148. *Ibid.*, p.48.
149. *Ibid.*, p.18.
150. *Ibid.*, p.17. Les parenthèses sont de nous.
151. *Ibid.*, p.17. Les parenthèses sont de nous.
152. *Ibid.*, p.17.

153. *Ibid.*, p.17. C'est nous qui soulignons.
154. *Ibid.*, p.17-18.
155. *Ibid.*, p.19. C'est nous qui soulignons.
156. *Ibid.*, p.32.
157. Merleau-Ponty, *PP.*, p.224 et suivantes.
158. Merleau-Ponty, *AD.*, p.32.
159. *Ibid.*, p.56. Les parenthèses sont de nous.

CHAPITRE VII

LE COGITO ET L'HISTOIRE

(Une approche phénoménologique et
existentielle du problème de l'histoire)

1. Merleau-Ponty et Hegel[1]

C'est avec Hegel, interprété par Merleau-Ponty, que nous aimerions commencer ce chapitre. L'histoire – nous venons de le voir – c'est nous-mêmes. Étant nous-mêmes, l'histoire est intelligible : elle n'est pas un en-soi kantien. Mais puisque l'histoire est la praxis elle-même, celle-ci a besoin de la raison de l'histoire : de Hegel, de Marx, de Merleau-Ponty, etc. L'histoire, en un mot, a besoin d'une « objectivité seconde ». Mais celle-ci ne pourrait être, aux yeux de Merleau-Ponty, que rétrospective, voilà une limitation. Et c'est dans cette limite que Hegel est apprécié par notre auteur. « Hegel, dit Merleau-Ponty, est à l'origine de tout ce qui s'est fait de grand en philosophie depuis un siècle, – par exemple du marxisme, de Nietzsche, de la phénoménologie et de l'existentialisme allemand, de la psychanalyse ; – il inaugure la tentative pour expliquer l'irrationnel et l'intégrer à une raison élargie qui reste la tâche de notre siècle ».[2] La raison hégélienne, pense Merleau-Ponty, est beaucoup plus compréhensive que l'entendement : elle est « capable de respecter la variété et la singularité des psychismes, des civilisations, des méthodes de pensée, et la contingence de l'histoire ».[3] Le problème de la raison hégélienne n'est donc pas celui de l'unité de l'histoire. Il est celui de la vérité. La raison de l'histoire doit conduire tout individu, toute civilisation et toute pensée à la vérité propre de chacun.[4] La raison de l'histoire devient une psychanalyse approfondie : chacun est conduit à la vérité propre de son être. Le projet de Hegel est ici identifié à celui de la *Phénoménologie de la perception*.

Mais Hegel ne peut être, pense Merleau-Ponty, la vérité de la philosophie : il y a le premier Hegel et le deuxième Hegel. Ce qui est intéressant, c'est que dans l'œuvre de Hegel il y a toutes les oppositions :[5] l'idée de pluralité, de différence, de transcendance, etc. En un sens, Hegel a tout dit. Mais il y a un Hegel à dépasser : c'est celui dont Kierkegaard a déjà parlé. L'histoire (le Mitsein) n'est pas le développement visible d'une logique. Elle est, dit *Le Visible et l'Invisible*, « trop immédiatement liée à la praxis individuelle, (...) l'intériorité ».[5] Les événements ne peuvent s'expliquer par des rapports entre idées. La vie individuelle n'est pas subordonnée à un « destin » ou à la vie propre des idées.[6] Le Hegel de 1827 n'est pas intéressant : il ne nous offre, comme l'a dit Kierkegaard, qu'un « palais d'idées » – « toutes les oppositions de l'histoire sont surmontées, mais par la pensée seulement ».[7] Kierkegaard a prévu l'enseignement d'aujourd'hui de la psychanalyse : l'individu ne peut pas surmonter toutes les contradictions devant lesquelles il se trouve seulement par la pensée. « Hegel (...) a tout compris, sauf sa propre situation historique ; il a tenu compte de tout, sauf de sa propre existence, et la synthèse (de la raison et l'histoire) qu'il nous offre n'est pas une vraie synthèse, justement parce qu'elle affecte d'ignorer qu'elle est le fait d'un certain individu et d'un certain temps ».[8] Kierkegaard a donc raison contre Hegel. Mais l'objection de Marx n'est ici pas différente de celle de Kierkegaard. Le philosophe doit prendre conscience de sa situation historique.[9] Hegel est durement accusé par notre auteur : « vous (Hegel) qui jugez le développement du monde et le déclarez achevé dans l'État prussien, d'où parlez-vous et comment pouvez-vous feindre de vous placer hors de toute situation ? »[10]

Merleau-Ponty est ici à la fois hégélien, kierkegaardien et marxiste. Hégélien, car la raison de l'histoire est de « comprendre » et même de « dominer ».[11] Il est kierkegaardien car l'historicité ou la temporalité n'est pas celle des idées, mais celle de l'individu. Il est marxiste, car le philosophe doit prendre conscience de sa situation : de celle-ci comme inhérente à une histoire. La faute de Hegel, pense Merleau-Ponty, est de confondre le bonheur des idées avec celui des hommes. Les maux du Mitsein ne se guérissent pas par les idées.

Mais, pour Merleau-Ponty lui-même, il n'y a pas qu'un seul Hegel : celui de 1827. Avant celui-ci il y a le jeune Hegel, celui de 1807, celui de la *Phénoménologie de l'esprit*. Celle-ci est un effort « de décrire le mouvement interne de la substance sociale ».[12] Il ne s'agit pas là, écrit Merleau-Ponty, d'« expliquer par les débats des philosophes les aventures de l'humanité ».[12] Hegel a lui-même dit : « les philosophes ne font pas l'histoire (…) ils expriment toujours une situation du monde acquise avant eux ».[13] Ici le savoir absolu, la raison de l'histoire, ou la philosophie doit s'égaler à l'historicité, la vie spontanée, la praxis disait Marx. Il y a un débat entre Hegel et Marx, mais ce débat ne concerne pas, d'après notre auteur, le rapport qu'il y a entre les idées et l'histoire – il concerne le mouvement de l'histoire. Pour le dernier Hegel (1827), ce mouvement s'achève en une société hiérarchisée.[14] Mais pour le jeune Hegel (1807), ce mouvement s'achève « dans une vraie réconciliation de l'homme avec l'homme ».[15] C'est ce que voulait Marx. Mais c'est là aussi, pour nous, le marxisme de Merleau-Ponty. C'est ce que nous appelons l'humanisme et la morale de Merleau-Ponty. Nous reviendrons sur ce point avec l'unité de l'histoire. Le jeune Hegel était donc, à suivre notre auteur, le fondateur du marxisme et de la morale sociale (ou politique).

À comparer Hegel avec Husserl, la *Phénoménologie de l'esprit* apparaît plus avancée, plus concrète que certaines thèses de Husserl : le fondateur de la phénoménologie moderne. La *Phénoménologie de l'esprit* ne cherche pas à faire entrer l'histoire dans des cadres d'une logique déjà achevée ou préétablie. C'est une phénoménologie qui se « laisse conduire » par des événements : elle cherche à les décrire. « Le philosophe, dit l'introduction (la *Phénoménologie de l'esprit*), ne doit pas se substituer aux expériences de l'homme : il n'a qu'à les recueillir et les déchiffrer telles que l'histoire nous les livre ».[16] Puisque la *Phénoménologie de l'esprit* ne consiste pas à enchaîner des concepts, mais à « révéler la logique immanente de l'expérience humaine dans tous ses secteurs »,[17] elle doit être considérée, comme une « phénoménologie existentielle ». S'il faut donc comparer d'une part la *Phénoménologie de la perception* et la *Critique de la raison pure* et comparer d'autre part la *Phénoménologie de l'esprit* et la *Phénoménologie de la perception*, la parenté entre ces deux dernières est manifeste : il y a le souci de ramener « la raison subjective » à « la raison objective ». Si la *Critique de la raison pure* s'interroge sur les conditions de possibilités de la connaissance, la *Phénoménologie de l'esprit* s'efforce de montrer comment une expérience esthétique, morale, religieuse, etc. est possible.

C'est, en somme, l'homme engagé dans une situation temporelle et spatiale que la *Phénoménologie de l'esprit* a tenté de décrire. Mais ce but n'est pas différent de celui de la *Phénoménologie de la perception* et *Le Visible et l'Invisible*.

Hegel a raison de parler de la philosophie comme savoir absolu, mais en ce sens, le philosophe doit révéler des situations (parfois tragiques) où l'homme s'efforce de fuir ses difficultés et de leur faire face – celles-ci sont nombreuses : économiques, morales, religieuses etc. En ce sens, Hegel est plus philosophe que Kant. La temporalité ou l'histoire n'est pas à contempler dans des catégories kantiennes : elle doit être révélée dans son essence même : heureuse ou malheureuse.[18] La *Phénoménologie de l'esprit* décrit cet effort que fait l'homme pour « se ressaisir ».[19] Hegel a essayé d'égaler la « certitude subjective » à la « vérité objective ». Il faut que la « vérité subjective » devienne consciente de ce qu'elle était = une <u>vérité confuse</u>. Sans cette récupération de la vérité subjective (individuelle et sociale), l'homme n'est pas différent de l'animal.[20] Si *La Structure du comportement* a insisté sur la transcendance, la constitution, « la vérité subjective » pour parler comme Hegel, le reste de la pensée de Merleau-Ponty (de la *Phénoménologie de la perception* au *Visible et l'Invisible*) a insisté sur la « vérité objective » : le mouvement de soi à soi.

Il y a donc une violence que la conscience subit, mais cette violence vient de la conscience elle-même. Cette violence est la prise de conscience, le changement concret qui intervient. Par cette violence «l'angoisse peut (...) reculer devant la vérité, aspirer et tendre à conserver cela même dont la perte menace».[21] À suivre Merleau-Ponty, Hegel a donné le primat à la vie : « La conscience ressaisit comme sa propre limite et sa propre origine ce que pourrait être la vie avant elle ».[22] Mais pour qu'il y ait conscience (violence) il faut qu'il y ait rupture = le langage. (Nous reviendrons sur ce point avec le problème de la vérité). Ce qui est possible à la conscience est impossible à la vie : le « tout social » a besoin des philosophes pour dévoiler ses hontes et ses mérites.[23] Puisque la conscience de la vie est la découverte des modalités de celle-ci (morale, religieuse etc.), cette même conscience doit être conscience de la mort. La conscience découvre en effet la mort, comme une modalité et une composante de l'être humain. Mais découvrir la mort comme une composante de l'être humain – la lutte des consciences ou des classes – ce n'est pas la justifier ou la pratiquer comme les nazis l'ont fait.[24] « L'idée d'un homme sain est un mythe, proche parent des mythes nazis ».[25] « L'homme c'est l'animal malade » disait Hegel.[26] La lutte des classes est une donnée de la vie sociale : chacun poursuit la mort de l'autre.

En parlant du Maître et de l'Esclave, Hegel n'a pas essayé de combiner deux concepts : il a été lui-même étonné de cette vie tragique. C'est là, à suivre notre auteur, où Marx a trouvé son point de départ. En un sens, le marxisme de Marx est la reprise active de la thèse hégélienne. Mais si, pour le jeune Hegel, le mouvement de l'histoire s'achève « dans la réconciliation de l'homme avec l'homme », pour Marx il faut réaliser, par un acte de liberté créatrice, cette entreprise. Hegel a parlé de la

La Pensée logique et politique de M. Merleau-Ponty

compréhension – la raison de l'histoire ou la découverte de la mort dans l'être social – et Marx a parlé de la création : il faut réaliser la reconnaissance de l'homme par l'homme. Ces deux concepts : « compréhension » et « création », Merleau-Ponty les a parfaitement intégrés à sa théorie du *cogito*. Il n'y a pas, pense notre auteur, de marxisme ou de morale sans la subjectivité créatrice.

2. Merleau-Ponty et Marx (le marxisme comme « choix créateur » : la contingence et l'histoire)

Il y a, à suivre notre auteur, un marxisme authentique et un marxisme superficiel. Celui-ci a fait l'objet des *Aventures de la dialectique*. On a très souvent cru qu'en critiquant le marxisme inauthentique, c'est le matérialisme que Merleau-Ponty vise. Mais c'est là une erreur. Sartre est considéré comme un marxiste superficiel : il a trop donné d'importance à la conscience.[27] Nous évoquerons ce point au fur et à mesure que nous avançons dans la pensée de Merleau-Ponty. Mais Marx – de même que Sartre – a raison : le rôle de l'homme, de la conscience créatrice, est indiscutable dans la réalisation de l'histoire. « Comment, en effet, écrit Merleau-Ponty, nier le rôle de l'initiative humaine, si la classe n'est efficace qu'en tant qu'elle a pris conscience d'elle-même ? ».[28] La critique que fait Thierry Maulnier du marxisme est, aux yeux de Merleau-Ponty, inacceptable : elle ne voit qu'un marxisme superficiel – celui qui ignore la subjectivité transcendantale.[29] Pour le marxisme la révolution n'est pas fatale : il n'y a pas de chemin prédéterminé de l'histoire. L'histoire prédéterminée est celle des idées. Mais Kierkegaard, avons-nous vu, a raison contre Hegel – l'histoire serait prédéterminée si elle pouvait se réduire aux idées : celles-ci ne pourraient être, pour Merleau-Ponty, qu'immuables. « Pour le marxisme, (…) la détermination historique des effets par les causes passe par la conscience humaine, et il en résulte que les hommes font leur histoire, bien qu'ils ne la fassent pas dans l'indifférence et sans motifs ».[30] C'était l'erreur de Freud de vouloir une liberté sans motif ; et comme il n'y a pas de liberté sans motif, Freud a conclu à l'absence totale de liberté. C'était, entre autres, l'erreur de Freud de réduire la temporalité au passé. Il n'en est pas ainsi pour le marxisme : celui-ci prend appui sur des situations de fait (acte de reprise) et les prolonge vers leur avenir (la temporalité créatrice).[31] Le marxisme donc – c'est-à-dire la réconciliation de l'homme avec l'homme – est une <u>décision humaine</u>.[32] Et de même qu'il y a une psychanalyse existentielle, une psychologie behavioriste au sens de Watson, le marxisme est une décision <u>concrète</u> = <u>existentielle</u>. Celle-ci consiste à <u>créer</u> un « <u>ordre humain nouveau</u> ».

L'histoire, comprise comme un mouvement d'un ensemble de forces en jeu, laisse la liberté de « comprendre » et de « <u>s'interroger</u> ». C'est cette « interrogation » qui pourrait donner un « <u>sens nouveau</u> » à l'histoire = Mitsein. « C'est (comme l'a dit Thierry Maulnier) dans le plus haut degré de conscience que l'homme accomplit et détruit en même temps la liberté qui lui est laissée par l'histoire du fait même de sa conscience ».[33]

« Le mystère de l'histoire est justement que, sans plan préconçu, les individus se comportent en tous points comme s'ils avaient une puissance infinie de prévision, que par exemple le "bourgeois" choisit dans tous les domaines, politique, morale, religion, art militaire, avec une sûreté infaillible, les vues et les valeurs qui en fait rendront possible le maintien du capitalisme (…). La logique de l'histoire n'opère pas par idées claires et par projets individuels, elle a pour instrument les complexes politiques et les projets anonymes qui donnent à une ensemble d'individus un certain style commun, "fasciste" ou "prolétarien" par exemple ».[34]

Puisque l'histoire nous laisse le choix d'agir, de nous interroger, de prévoir – en quelque sorte – l'avenir, le marxisme (société sans classe) demande à être né:[35] celui-ci n'est ni une idée, ni un processus aveugle de la nature. « Ramené à l'essentiel, le marxisme, dit Merleau-Ponty, n'est pas une philosophie optimiste. C'est seulement l'idée qu'une autre histoire est possible, qu'il n'y a pas de destin, que l'existence de l'homme est ouverte, c'est la tentative résolue de ce futur dont personne au monde ni hors du monde ne sait s'il sera ni ce qu'il sera ».[36] Le marxisme étant un choix politique, existentiel et moral à faire, on ne peut prévoir ni son existence ni sa qualité.

La pensée de Marx, à suivre notre auteur, n'admet pas de nécessité : le marxisme comme « ordre social nouveau », dépend d'un acte révolutionnaire.[37] Celui-ci n'est, assuré, écrit Merleau-Ponty : « par aucun décret divin, (et) par aucune structure métaphysique du monde ».[38] La révolution, c'est une opération : une création par des êtres vivants. La révolution de 1917 (URSS) n'était pas fatale et c'est pourquoi il lui était possible d'échouer. Faute, par exemple, de chefs capables, cette révolution aurait pu ne pas exister. Mais il faut éviter de faire de la révolution une création ex-nihilo. On ne doit pas oublier ce que nous avons dit au chapitre précédent (la temporalité). « Le propre du marxisme est (…) d'admettre qu'il y a à la fois une logique de l'histoire et une contingence de l'histoire, que rien n'est absolument fortuit, mais aussi que rien n'est absolument nécessaire ».[39]

La révolution suppose une situation qui la prépare, mais cette révolution ne peut avoir lieu que par un acte de création qui dépasse la situation existante. Nous voilà renvoyés à la temporalité pour comprendre le marxisme de notre auteur. Ainsi, puisque la révolution n'est pas un avenir nécessaire, une dimension fondamentale de l'histoire (le Mitsein), l'esclave peut s'éterniser comme esclave.[40] L'absence de nécessité (de fatalité) dans l'histoire et la présence de la contingence en elle empêche de connaître les <u>conclusions</u> de celle-ci.[41] Le philosophe, celui qui veut comprendre l'homme dans le monde, n'est pas un ingénieur chimiste du temps, en particulier du <u>futur</u>. La contingence détruit toutes les prévisions et annule toutes les conclusions faites d'avance.[42] Dire qu'il y a contingence, c'est dire : « que la dialectique de l'histoire peut s'enliser ou dévier vers des aventures sans résoudre les problèmes qu'elle a mis au jour ».[43] Et dire qu'il y a une logique de l'histoire, ce n'est pas affirmer que $3 + 2 = 5$ absolument. Dans l'histoire (le Mitsein) $1 + 1$ ne font pas nécessairement 2. Un homme + une femme ne font pas absolument un couple, uni et heureux. La logique de l'histoire n'a rien à voir avec la pensée mathématique et la pensée théologique. « Si nous quittons (…) l'idée théologique d'un fond rationnel du monde, la logique de l'histoire n'est plus qu'une possibilité parmi d'autres ».[43]

Le marxisme, comme philosophie, nous permet de comprendre, mieux qu'aucune autre philosophie, un certain nombre d'événements.[44] Mais ce savoir ne peut être ni absolu

La Pensée logique et politique de M. Merleau-Ponty

ni universel. «Nous ne savons pas si, pour toute la durée de notre vie ou même pour des siècles, l'histoire effective ne va pas consister en une série de diversions dont le fascisme a été le premier, dont l'américanisme ou le bloc occidental pourraient être d'autres exemples.»[45] L'américanisme et le fascisme sont des modalités d'un système qui est le «Mitsein». Ils ne peuvent être compris, pense Merleau-Ponty, comme des modalités de résistance à la lutte des classes. La lutte des classes, elle-même, ne peut jamais être traitée comme un fait essentiel à l'histoire. La raison en est simple, chez Merleau-Ponty : l'histoire n'a pas d'essence – son essence, ce sont des événements contingents. La contingence est à l'opposé de l'idée d'essence. Mais si la contingence est à l'opposé de l'essence, elle est aussi l'opposé du déterminisme : «logico-mathématique» (le formalisme) ou «empirico-logique».

«L'histoire, dit Merleau-Ponty (...), (n'est jamais) un discours suivi dont on pourrait attendre avec assurance l'achèvement et où chaque phase aurait sa place nécessaire, (...) (elle est) comme des paroles d'un homme ivre, elles indiqueraient une idée, qui bientôt s'effacerait pour reparaître et disparaître encore, sans arriver nécessairement à l'expression pleine d'elle-même».[46]

Ainsi, le marxisme, sur le plan politique, est un choix et une décision. Le prolétariat ne signifie pas «ipso-facto» la destruction du capitalisme, l'intégration de l'individu, l'élimination des tensions ou l'instauration de la justice. Tout cela est possible mais rien n'est nécessaire.[47] Puisqu'il n'y a pas de nécessité dans l'histoire (mais une possibilité seulement), tout ce qu'on pourrait attendre du «prolétariat» n'est qu'un vœu : <u>ce n'est pas impossible</u> ! Mais le possible reste à être fait. Qu'on nous permette cette longue citation : il s'agit là de la <u>pensée logique</u> (existentielle) <u>de notre auteur à l'égard du marxisme</u>. Ce texte écrit à l'époque de la *Phénoménologie de la perception* annonce la logique du livre intitulé *Les Aventures de la dialectique*.⁴⁸ Si pour Marx le prolétariat est le moteur de la morale, de l'histoire, pour Merleau-Ponty il ne s'agit là que d'un <u>vœu</u>. On ne peut faire du prolétariat le moteur de l'histoire que lorsqu'il <u>aura réalisé</u> ce qu'il <u>promet</u>. Mais avant l'acte créateur le marxisme n'est qu'un <u>discours</u> (une théorie) <u>sous forme de propositions négatives</u> :

> Le marxisme ne pourrait (…) s'énoncer que sous la forme de propositions négatives : il est impossible (à moins d'une suite continue de hasards sur lesquels l'homme, comme être raisonnable, n'a pas à compter) que l'économie mondiale s'organise et que les contradictions internes en soient surmontées <u>tant que la propriété socialiste des instruments de la production ne sera pas établie partout</u>. Mais nous ne savons pas si une production socialiste universelle trouverait son équilibre, ni si le cours des choses, avec tous les accidents qui y contribuent, va vers ce résultat. Le marxisme demeurerait une politique aussi justifiée que les autres, elle serait même la seule politique universelle et humaine, mais elle ne pourrait pas se prévaloir d'une harmonie préétablie avec le cours des choses : le prolétariat universel pesant de toutes parts sur l'appareil

> capitaliste et le détruisant pour lui substituer une civilisation socialiste – ce serait là non pas un <u>fait</u> mais un <u>vœu</u>, non pas une force existante sur laquelle on puisse s'appuyer, mais une <u>force à créer</u>, puisque, en fait, les prolétariats nationaux sont séduits par les « diversions » de l'histoire.[49]

On s'en aperçoit, le marxisme, pour Merleau-Ponty, est une décision et un choix. Il y a un marxisme tout <u>volontaire</u> et tout <u>expérimental</u> – tout volontaire, car on peut le choisir comme un mode de « Mitsein ». Mais il est aussi tout expérimental, car il est à faire, il faut le <u>voir sur</u> les <u>faits</u>. Quand le marxisme devient simplement une « futurologie », Merleau-Ponty a toujours le moyen de dire le contraire. Et là il n'y a rien d'étonnant, car, prenant position contre Sartre, Merleau-Ponty définit sa pensée comme « rétrospective » :[50] on juge sur les faits et non sur les idées ou la théorie.[50] Le marxisme ne peut se réfugier ni dans une théorie ni dans un ensemble d'idées, ni dans une foi dans le futur. « Le pseudo-marxisme, écrit Merleau-Ponty, (c'est celui) selon lequel tout est faux sauf la phase finale de l'histoire ».[51]

Tout en professant l'idée d'un marxisme à faire, Merleau-Ponty le réduit à sa théorie du temps : l'acte de reprise et de <u>dépassement</u>. « Le marxisme authentique veut assumer tout l'acquis en le dépassant ».[52] Le sens de l'histoire, marxiste ou non, est notre décision : la conscience – comme l'a dit Sartre après Husserl – est d'un bout à l'autre transcendance.[53] Étant une subjectivité transcendantale (créatrice), l'homme pourrait se transformer et transformer le monde social ou politique avec lui. En interprétant le marxisme comme un « <u>choix créateur</u> »,

Merleau-Ponty rejoint *La Structure du comportement*. Même Freud a été dépassé par l'idée de créativité. Marx, écrit Merleau-Ponty : « combat sur deux fronts » :[54] il veut dépasser à la fois et l'« empirisme » et l'« idéalisme ».[55] Mais ce n'est pas toujours de cette manière que Marx a été interprété : il y a le premier Marx (celui de la liberté) et le second Marx (celui de tendance empiriste). Mais Marx dont parle Merleau-Ponty ici n'est rien d'autre que lui-même. Et puisque le marxisme est un « choix créateur » et une « décision », l'individu ne se réduit pas à la société : s'il en était ainsi il ne pourrait jamais s'en sortir. Marx exprime ici la pensée de notre auteur : « de la même façon que la société produit elle-même l'homme comme homme, elle est produite par lui ».[56] Marx insatisfait avec Feuerbach a affirmé que celui-ci donne trop d'importance à la nature et trop peu à la politique :[57] le choix créateur. Ainsi, à suivre Merleau-Ponty jusqu'ici, Marx n'est pas un matérialiste : le marxisme, compris comme un choix moteur, reste à faire, – il faut le faire. Les disciples, à suivre encore Merleau-Ponty, n'ont pas compris le maître : Marx.

Devant l'alternative de l'« intérieur » et de l'« extérieur », Roubachof et ses camarades ont renié l'intérieur : la conscience, pour eux, écrit Merleau-Ponty, « n'est rien ».[58] Il y a bien pour Roubachof et ses camarades une morale, mais pour celle-ci l'individu n'est rien : il n'est pas sacré, on peut en faire un sacrifice comme d'un agneau.[59] L'homme d'État est un ingénieur, et pour arriver à un résultat quelconque, il faut employer des instruments utiles.[59] Mais là il n'y a rien du marxisme authentique. L'histoire, pour Marx lui-même, écrit Merleau-Ponty, est « la réalisation visible des valeurs humaines

(...), le lien de la fraternité »[60] humaine. (Cela fera l'objet de notre paragraphe 4). Le problème du marxisme inauthentique relève, d'après notre auteur, d'une incompréhension du génie de Marx. Le marxisme n'a pas besoin d'être une doctrine empiriste pour se réaliser. En d'autres termes, on n'a pas besoin de faire comme Roubachof et ses camarades : renier l'intériorité. Le marxisme (société sans classes), pour Marx lui-même, est un choix créateur, et c'est pourquoi Marx a réagi contre le trop peu d'importance donnée à la politique par Feuerbach. Marx a voulu intégrer la nature à l'homme et l'homme à la nature. Or c'est justement ce que le marxisme inauthentique ignore et que Merleau-Ponty, au nom même du marxisme authentique, ne peut accepter.

3. La matière et l'esprit (les idées impures)

« L'histoire, dit Marx, (c')est la véritable histoire naturelle de l'homme ».[61] « Le comportement naturel de l'homme, dit encore Marx, est devenu humain... où l'être humain est devenu son être naturel, sa nature humaine est devenue sa nature ».[62] L'idée affirmée dans ce texte, apparemment peu significative, a été reprise dans *Les Aventures de la dialectique*, et a fait l'objet, chez notre auteur, du *Visible et l'Invisible* (voir notre premier chapitre). « Le marxisme, écrit Merleau-Ponty, n'est pas une philosophie du sujet, mais pas davantage une philosophie de l'objet ».[63]

En appelant son matérialisme un « matérialisme pratique »,[64] Marx a compris, pense Merleau-Ponty, que « la matière intervient dans la vie humaine comme point d'appui et corps de la praxis ».[65] Ici Merleau-Ponty est beaucoup plus marxiste qu'il n'est husserlien. Il y a, chez Husserl, vraiment une problématique de l'en-soi et du pour-soi.[66] La problématique du « sens » conduit Husserl à ne voir les choses – c'est-à-dire la matière – que comme « sens ». Sur ce point, Hegel apparaît plus avancé : son idéalisme l'amène à éliminer toute distance entre le « concept » et la réalité du monde – le réel est rationnel et le rationnel est réel. Bien sûr, dirait-on, Husserl est très nuancé : pour lui le sens c'est le « sens » des choses. Mais il est significatif, pour nous, de voir ici Merleau-Ponty s'approcher de Marx et ne faire aucune allusion à Husserl ou Hegel. Pour Marx – interprété par Merleau-Ponty – la matière, l'économie par exemple n'est pas extérieure à l'homme. N'étant pas extérieure, on ne peut en expliquer le comportement humain.[67] « Le matérialisme de Marx (puisqu'il est un matérialisme pratique), c'est l'idée que toutes les formations idéologiques d'une société donnée sont synonymes ou complémentaires d'un certain type de praxis, c'est-à-dire de la manière dont cette société a établi son rapport fondamental avec la nature ».[68]

Le matérialisme pratique, c'est l'idée que la matière se fait émotion et idée. C'est tout l'état d'âme qui se transforme par un morceau de musique : on est gai ou triste selon la musique. Et pour parler comme les psychologues de l'intelligence, celle-ci est en fonction de beaucoup de conditions, et entre autres, de la nourriture. Là on est loin de la problématique husserlienne : qui fait le « sens » ? Qu'est-ce que l'essence d'une chose, d'une parole ?... Marx, à suivre Merleau-Ponty, est plus en avance que Platon et Aristote : pour lui, il n'y a pas de problématique de la matière (objet) et de la forme (sujet). Le matérialisme pratique écrit Merleau-Ponty : « c'est l'idée que l'économie

La Pensée logique et politique de M. Merleau-Ponty

et l'idéologie sont liées intérieurement dans la totalité de l'histoire comme la matière et la forme dans une œuvre d'art ou dans une chose perçue. Le sens d'un tableau ou d'un poème n'est pas détachable de la matérialité des couleurs et des mots, il n'est ni créé, ni compris à partir de l'idée; (...) De même l'"esprit" d'une société est déjà impliqué dans son mode de production, parce que ce dernier est déjà un certain mode de coexistence des hommes dont les conceptions scientifiques, philosophiques et religieuses sont ou le simple développement ou la contrepartie fantastique ».[69] La pensée de Merleau-Ponty est ici claire: telle économie telle idéologie, telle idéologie telle économie. L'esprit d'une société, son psychisme, est incarné dans l'économie. La pensée est dans l'économie (la matière en général) comme l'idée est dans la parole. En ayant affaire à l'économie, c'est en vérité à l'esprit que l'économiste a à faire. Et puisque l'esprit d'une société est incarné dans la production (l'économie), le sociologue n'est pas différent de Watson: l'esprit à analyser est une réalité visible. À comparer Marx et Freud, Marx apparaît plus concret: on a plus affaire à des « représentations ». « La manière de travailler exprime la <u>structure mentale</u> et <u>morale</u> comme le <u>moindre réflexe</u> d'un corps vivant <u>exprime la manière fondamentale d'être au monde du sujet total</u> ».[70] « La pensée principale de Marx, écrit encore Merleau-Ponty, est celle d'une incarnation des idées et des valeurs ».[70] « L'esprit d'une société (...) se perçoit par les objets culturels qu'elle se donne et au milieu desquels elle vit ».[71] « On comprend ainsi, conclut Merleau-Ponty lui-même, que la <u>logique</u> puisse être l'"argent de l'esprit", ou que le "fétichisme de la marchandise" puisse induire tout un mode de pensée "objective" propre à la civilisation bourgeoise ».[72] Aussi, il n'y a pas d'idéologie subjective, et l'économie n'est pas « un processus objectif ».[73] Et en ce sens, faire l'histoire ce n'est pas faire l'histoire des idéologies ou des guerres, mais c'est faire l'histoire de l'économie. La guerre des idéologies, à suivre la pensée de notre auteur, c'est la guerre des « économies ». Ainsi, puisque l'esprit d'une société est incarné dans la matière (les objets d'usage) et la structure mentale (le comportement) d'un individu fait boule de neige avec l'économie, il n'y a pas de liberté sans celle-ci.

Le rapport de l'économie à l'idéologie n'est pas celui de l'« apparence » à la « réalité ». L'idéologie, politique, religieuse ou morale n'est jamais un reflet de l'économie : celle-ci se fait idéologie. Les idéologies bourgeoises, c'est l'économie devenue idée.[73] Cette conception de l'économie devenue idée (structure mentale de l'individu ou esprit de la société), amène Merleau-Ponty à rejoindre le marxisme sur un autre problème : celui de la morale = l'unité de l'histoire. Puisque l'âme individuelle et collective ne sont pas indépendantes de l'économie, s'il faut une morale – ou un humanisme – concrète, celle-ci doit tenir compte de l'économie. Le Maître hégélien n'a pas risqué sa vie avec l'esclave pour être reconnu spirituellement : il a eu besoin de quelqu'un pour travailler pour lui – ce sont les fruits de l'esclave, et pas l'esclave lui-même qui l'intéressait. L'esclave n'est plus une conscience de soi et pour une autre conscience de soi.

Mais la phénoménologie, étant descriptive et rétrospective ne fait que reconnaître les problèmes : l'identité de l'esprit et de l'économie. Tout en reconnaissant l'historicité de

La Pensée logique et politique de M. Merleau-Ponty

l'économie – l'économie devenue idée – l'incarnation de l'âme non seulement dans le corps, mais aussi dans la matière, la phénoménologie apparaît impuissante pour donner une solution (ou une morale) pratique et concrète à ce drame de l'histoire : de l'existence en commun (le Mitsein).

Le marxisme est ici plus ambitieux que la phénoménologie. Il est à la fois une ontologie et une morale concrète. Le marxisme reste ici une philosophie unique. C'est avec Marx, dont l'ontologie est acceptable, que Merleau-Ponty a voulu changer l'esprit de la société, – et par là la structure mentale de l'individu (*cogito*). Mais avant de revenir sur ce point, il y a un problème : celui de l'explication massive par l'économie. Certains marxistes ont abusé de l'ontologie de Marx : ils ont fait appel à des explications massives et réductrices. Ce point fort important, pour Merleau-Ponty, doit être correctement résolu : il ne sert à rien de dire, comme on le fait, que Merleau-Ponty rejette la causalité économique – les choses sont compliquées et nuancées chez ce philosophe.

4. Le rejet de la pensée réductrice et l'idée d'une « figure » et d'un « fond ».

La pensée causale et la pensée réductrice sont, pense Merleau-Ponty, à rejeter. La première est à rejeter au nom de la subjectivité créatrice, et la seconde au nom de la « structure » : figure et fond. Même, en effet, la pensée causale est à rejeter au nom de la structure : l'économie n'est pas indépendante de l'idée et vice versa.[74]

Malgré son importance dans la constitution des idéologies, l'économie doit être vue dans un ensemble. La vie humaine est un « complexe », un « mélange » : elle n'admet pas d'explication « massive » ou « réductrice ». « Toute tentative pour expliquer <u>massivement</u> une philosophie (une idéologie ou une œuvre d'art) par des conditions économiques est (…) insuffisante, il faut en voir le contenu, il faut discuter sur le fond ».[75] « Il n'est pas exact, dit Engels, que la situation économique (…) soit la seule active, et que tous les autres phénomènes ne soient qu'un effet passif ».[76] Il y a, à suivre notre auteur, une philosophie même de la religion chez Marx. La religion n'est pas pour celui-ci, comme il en est chez Voltaire, une « apparence » ou une « comédie ». Elle est, dit Marx : « l'âme d'un monde sans cœur de même qu'elle est l'esprit d'une époque sans esprit ».[77] La religion a donc une signification : elle est « l'expression symbolique du drame social et humain ».[78] Ayant donné une signification humaine à la religion, Marx ne reste plus figé dans un positivisme quelconque. Il ne s'agit pas, pour le marxisme, d'après Merleau-Ponty, de remplacer la « religion de l'église » par la « religion de laboratoire » = l'économie.[79] Il s'agit, pour Marx, « de comprendre la religion comme l'effort fantastique de l'homme pour rejoindre les autres hommes dans un autre monde (spirituel) et de remplacer ce fantasme de communication par une communication effective dans ce monde-ci ».[80] Il n'y a pas pour Marx, aux yeux de Merleau-Ponty, d'explication réductrice = massive. À côté de l'économie il y a donc la religion. À côté de celle-ci il y a la sexualité. À côté de la sexualité et de l'économie il y a la morale etc.

Mais Merleau-Ponty ne s'arrête pas là : tout en rejetant l'explication réductrice et massive, il veut <u>rejoindre</u> Marx, c'est-à-dire <u>gonfler et généraliser l'idée de l'économie</u>. Ce que nous avons dit au Chapitre 4 sur la structure du corps, doit être présent. Ici, il faut penser en termes de structures : de figure et de fond. L'économie est partout présente,[81] mais elle a deux modalités de présence : elle intervient ou comme figure et fond ou comme fond.[82] Il n'y a pas d'activité humaine où l'économie ne soit pas affirmée. « Nous "gonflons", dit Merleau-Ponty, la notion d'économie comme Freud gonfle celle de sexualité, nous y faisons entrer, outre le processus de production et la lutte des forces économiques contre les formes économiques, la constellation des motifs psychologiques et moraux qui codéterminent cette lutte ».[83] Ainsi, on ne pourrait jamais faire abstraction de l'économie : l'existence (l'être-au-monde) ne dépasse aucune de ses composantes.[84] « De même que (…) toute notre vie respire une atmosphère sexuelle, sans qu'on puisse assigner un seul contenu de conscience qui soit "purement sexuel" ou qui ne le soit pas du tout, de même le drame économique et social fournit à chaque conscience un certain fond ou encore une certaine imago qu'elle déchiffrera à sa manière, et, en un sens, il est coextensif à l'histoire ».[85] L'histoire n'a pas qu'une seule signification, c'est-à-dire économique, – mais aucune de ces significations ne pourrait être indépendante à l'égard de l'économie. « Ce que nous faisons a toujours plusieurs sens, et c'est en quoi une conception existentielle de l'histoire se distingue du matérialisme comme du spiritualisme ».[86] « Tout phénomène culturel a, entre autres, une signification économique et, pas plus qu'elle ne s'y réduit, l'histoire ne transcende jamais par principe l'économie ».[86] En somme, on ne peut réduire l'histoire à l'économie, car celle-ci est partout présente. Mais il y a une autre modalité de présence :

c'est celle d'être <u>active</u> comme « figure et fond ». « Dans chaque cas, l'un des ordres de signification peut être considéré comme dominant, tel geste comme "sexuel", tel autre comme "amoureux", tel autre comme "guerrier" et même dans la coexistence, telle période de l'histoire peut être considérée comme culturelle surtout, politique d'abord ou économique d'abord ».[87]

Aussi, l'économie est partout présente : si elle n'est pas une « figure-fond » elle est un fond. Mais l'économie – ou la matière – avons-nous déjà vu, est la « structure mentale » de l'individu ou l'esprit de la société. Pour une philosophie de l'histoire, les catégories de l'existence – la morale, les modes de production, la conception du droit, du monde, etc. – s'<u>expriment</u> l'une l'autre.[88] Puisqu'il en est ainsi, l'économie est un phénomène de <u>miroir</u> : elle est un miroir de tous les autres problèmes. Dans « Nos relations avec autrui se lisent (…) nos relations avec la nature et dans nos relations avec la nature (économie) (…) (se lisent) nos relations avec autrui ».[89] Dans mon attitude à l'égard de l'argent, peuvent se lire la valeur de mes relations avec mes amis, autrui, ma femme et la valeur même que je donne à la religion. L'économie (ou la nature) est un phénomène de <u>miroir</u>, et ce, en un double sens ; elle est un texte écrit de l'esprit et le miroir de l'existence – l'être-au-monde. « La notion de structure ou de totalité, écrit Merleau-Ponty, (…) est une catégorie fondamentale du marxisme ».[90] Cette théorie existentielle de l'histoire va se prolonger, chez notre auteur, dans une théorie politique.[91] Mais de quelle manière Merleau-Ponty va-t-il élaborer ses réflexions ?

Merleau-Ponty va faire appel à Marx. Mais en faisant

La Pensée logique et politique de M. Merleau-Ponty

appel au marxisme politique, Merleau-Ponty veut dépasser la phénoménologie : il veut être une pensée morale et concrète. Et ce car la phénoménologie n'a rien à voir avec la morale. La phénoménologie ne propose pas : elle déchiffre. Elle s'interdit par principe tout jugement moral. Or le marxisme propose : il propose une morale : une manière de vivre. Un homme comme Merleau-Ponty ne saurait être aveugle à cette différence. Et Merleau-Ponty ne peut s'interdire ou se priver de la richesse marxiste à l'égard de la morale : l'unité de l'histoire.

5. L'unité de l'histoire

   A. Un problème politique et moral

   Hegel et Marx ont déchiffré la dialectique – ou la dynamique – de l'existence sociale. La lutte des classes est en fait spontanée, pense Merleau-Ponty.[92] C'est pourquoi le Gouvernement britannique a essayé, pendant la guerre des années 40, de rallier les masses par des projets d'allure socialiste. C'est pourquoi aussi Madrid a dénoncé le « communisme intérieur » « comme un danger plus grand que les victoires de l'armée rouge ».[93] Et c'est pourquoi encore le Général de Gaulle s'est comporté de cette manière : il a réagi « comme si le problème des problèmes était pour lui de replacer les masses dans cet état de passivité qui est le bonheur des gouvernements, comme si toute rénovation était nécessairement révolution, ce qui est exactement la thèse marxiste ».⁹⁴ Tous les problèmes de la politique, de la coexistence ou de l'histoire résident, pense Merleau-Ponty, dans ce fait : tout en étant une «conscience» on peut être traité comme un «objet».⁹⁵ Être traité comme «objet», ce n'est pas être reconnu comme «sujet». Les inégalités à l'égard de la vie et de la mort ne sont qu'une variante de ce drame : pendant que «quelques-uns (…) exercent leur droit absolu de sujet, (…) les autres subissent leur volonté et ne sont pas reconnus comme sujets».⁹⁶ Le «marxisme politique» de notre auteur se présente comme une solution à cette tragédie : la lutte des classes ou la «non-reconnaissance» de l'homme par l'homme. « Ce que le marxisme se propose, écrit Merleau-Ponty, c'est de résoudre radicalement le problème de la coexistence humaine par delà l'oppression de la subjectivité absolue, de l'objectivité absolue, et la pseudo-solution du libéralisme ».⁹⁷ Une société n'est pas un «temple des valeurs idoles ».⁹⁸ «Une société, écrit notre auteur, vaut ce que valent en elle les relations d'homme avec l'homme».⁹⁸ Pour juger une société, il faut, insiste encore Merleau-Ponty, «arriver à sa substance profonde», c'est-à-dire, le «lien humain dont elle est faite».⁹⁹ Celui-ci dépend «des formes de travail, de la manière d'aimer, de vivre et de mourir».¹⁰⁰ Tel était l'humanisme de notre auteur : «ne pas traiter une conscience comme "objet" ». Cet humanisme est intemporel, éternel : il ne change pas. Il constitue chez notre auteur l'équivalent des « Dix Commandements ». C'est à l'égard de cet humanisme – une morale terrestre – qu'il faut juger à la fois et le <u>libéralisme</u> et le <u>communisme marxiste</u>. Voilà ce que les commentateurs pressés n'ont pas <u>compris</u>.

B. <u>Le libéralisme désavoué</u>

À l'égard du libéralisme, la méthode phénoménologique se présente comme triomphante : le libéralisme appartient au passé. On peut donc le juger à la lumière de notre humanisme et à la lumière de ce qu'il a fait. Il n'en serait pas ainsi à l'égard du marxisme : celui-ci empiète sur le futur. Et c'est de là, nous le verrons, que viendront beaucoup de difficultés. Mais il n'en est pas ainsi à l'égard du libéralisme. Celui-ci étant anti-humaniste, il est à désavouer. Il est à condamner sur ses propres faits :

> Le respect de la loi ou de la liberté a servi à justifier la répression policière des grèves en Amérique ; il sert aujourd'hui même à justifier la répression militaire en Indochine ou en Palestine et le développement de l'empire américain dans le Moyen-Orient. La civilisation morale et matérielle de l'Angleterre

suppose l'exploitation des colonies. La pureté des principes, non seulement tolère, mais encore requiert des violences.[101]

C'est là la réalité concrète, pense Merleau-Ponty, du libéralisme. Les idées libérales ne sont rien d'autre qu'un « système de violence ».[101] Elles sont comme l'a dit Marx : « le point d'honneur spirituel »[102] du capitalisme. De même que Kierkegaard a raison de rejeter l'idéalisme hégélien comme un « palais d'idées », Marx a raison de juger le libéralisme non sur ses idées, la <u>Constitution</u>, mais sur ce qu'<u>il est de fait</u>.[103] « La question, écrit Merleau-Ponty, n'est pas (...) de savoir ce que les libéraux ont en tête, mais ce que l'État Libéral fait en réalité dans ses frontières et au dehors ».[104] La pureté des principes dont le libéralisme parle ne le justifie pas, bien au contraire : « elle le condamne ».[105] La pureté des principes doit passer par la pratique : être incarnée dans les faits. Or nous venons de le dire : la « structure mentale » du libéralisme n'est que « violence » et « terreur ». « <u>Un régime nominalement libéral peut être réellement oppressif</u> ».[106] Comprendre le marxisme, lui rendre justice, ce n'est pas le juger « sur le terrain des principes ».[107] En affirmant l'incarnation des idées, en parlant des idées impures, du psychisme comme structure du comportement, le principe devient « <u>le concret</u> ». Pas plus privilégié que le libéralisme, c'est sur ce terrain concret, celui « des relations humaines »,[108] que le marxisme doit être jugé. Or c'est justement sur ce terrain, affirme Merleau-Ponty, que le marxisme « a fait fortune dans le monde ».[109] Le marxisme a donc réussi là où le libéralisme a échoué : il a échoué « à établir entre les hommes des relations humaines ».[110] La vertu du marxisme, pense Merleau-Ponty, est de rendre à chacun sa dignité d'être une conscience : « reconnue par les autres ». Le marxisme veut briser cette alternative politique du « sujet » et de « l'objet » : de la « classe dominante » et de la « classe dominée ».[111] Avec le marxisme, l'histoire n'est pas soumise « aux volontés arbitraires de certains hommes (…), mais à (…) (cette) condition tenue pour humaine entre toutes : la condition prolétarienne ».[112] C'est de cette manière et sur la base d'une telle logique que Merleau-Ponty a adopté le marxisme politique. Et comme le marxisme est un « <u>choix créateur</u> », Merleau-Ponty <u>commence</u>, <u>très curieusement</u>, par l'idée de <u>violence</u>. Le libéralisme, à suivre Merleau-Ponty, vit de la violence. Et quand un homme politique se borne à administrer un régime libéral – un droit établi – on ne peut espérer une histoire sans violence.[113]

C. <u>Le marxisme et le problème de la violence</u>

Puisque le libéralisme <u>vit</u> de la violence, c'est

lui-même qui la rend <u>inévitable</u>. Et « enseigner la non-violence, (…) (c'est) consolide(r) la violence établie, c'est-à-dire un système de production qui rend inévitable la misère et la guerre ».[114] Mais il ne s'agit pas d'opposer la violence à la violence. « La violence qu'il (Marx) prescrit n'est pas quelconque » :[115] « <u>elle est en vue d'un avenir humain</u> ».[116] Et cette violence n'est pas, par ailleurs, exercée par n'importe qui : elle est l'œuvre d'une « classe d'hommes qui(…) sont capables de se reconnaître les uns les autres au-delà de toutes les particularités et de fonder une humanité ».[117] Les prolétaires sont capables de cette double mission : « détruire » et « construire », car ce sont des hommes « expropriés de leur <u>patrie</u>, de leur travail et de leur propre vie ».[117] Ainsi, Merleau-Ponty oppose <u>violemment</u> le « marxisme » au « libéralisme ».

> Le libéralisme occidental, écrit Merleau-Ponty, est assis sur le travail forcé des colonies et sur vingt guerres (…) (mais) la mort d'un noir lynché en Louisiane, celle d'un indigène en Indonésie, en Algérie ou en Indochine, est, devant la <u>morale</u>, aussi peu pardonnable que celle de Roubachof.[118]

Le marxisme n'invente pas la violence : « il la trouve établie ».[119] Mais la violence marxiste doit, pense Merleau-Ponty, être <u>progressiste</u> : elle doit être <u>en vue</u> d'un <u>ordre social meilleur</u>. Cette violence, doit, en outre, tendre à « <u>se</u> » <u>supprimer</u> et non à <u>s'éterniser</u>.[120] Ainsi la violence marxiste reçoit sa « justification » et ses « limites ». Là des erreurs grossières ont été commises à l'égard de Merleau-Ponty. La violence n'est jamais, aux yeux de Merleau-Ponty, synonyme de l'innocence. La violence marxiste doit être comparée à l'intervention du médecin : celle-ci doit être pour une « durée courte » et pour une « vie meilleure ». « Le marxisme renferme… toujours, écrit Merleau-Ponty, un élément de violence et de terreur ».[121]

Puisque l'histoire est une lutte, « il n'y a aucune chance de réconcilier les hommes immédiatement en faisant appel à la "bonne volonté", comme disait Kant, c'est-à-dire à une morale universelle au-dessus de la mêlée ».[122] La liberté et l'égalité ne sont pas, pense Merleau-Ponty, données : elles sont <u>à faire</u>.

Le marxisme, comme choix créateur, est donc, par définition, <u>violence</u>. « L'histoire est terreur parce qu'il y a une contingence ».[123] Mais le <u>but</u> de la violence communiste doit être de supprimer la violence déjà établie. Mais en elle-même, elle reste une violence ![124] <u>Elle est un mal absolu</u>.[125] « La violence révolutionnaire ne se distingue pas pour nous (= Merleau-Ponty lui-même) des autres violences ».[126] La violence est à comparer à l'erreur. Celui qui s'est trompé sera toujours, aux yeux de la vérité, un homme qui a commis une erreur. Même s'il est devenu par la suite un prophète, il a sauvé le peuple juif, Moïse reste un assassin : celui qui a tué un Égyptien. Le bien que fera une piqûre médicale ne supprimera en rien la douleur qu'elle a provoquée. « La violence faite à une seule conscience suffirait, comme le pensait Péguy, à faire de la société une société maudite ».[127] Dire tout simplement que Merleau-Ponty justifie la violence, c'est affirmer n'avoir rien compris dans sa théorie sur la violence et la vérité.

Il y a, aux yeux de Merleau-Ponty, deux violences. La première, c'est celle du libéralisme : celle-ci tend à s'<u>éterniser</u>. La seconde, celle du communisme marxiste, tend à se <u>supprimer</u>. <u>C'est à ce titre que Merleau-Ponty l'a justifiée</u>. Le marxisme, pense Merleau-Ponty, ne peut avoir un point de « départ pur ». Et ce, car il n'y a pas d'<u>innocence originelle</u>.[128] Le libéralisme ne peut <u>subsister</u>, pense notre auteur, qu'en usant de la violence et le marxisme ne peut <u>s'instaurer</u> qu'en usant de la même force. La logique de Merleau-Ponty est de choisir le « moindre mal » :

> La révolution assume et dirige une violence que la société bourgeoise tolère dans le chômage et dans la guerre et

camoufle sous le nom de fatalité. Mais toutes les révolutions réunies n'ont pas versé plus de sang que les empires. Il n'y a que des violences, et la violence révolutionnaire[129] doit être préférée parce qu'elle a un avenir d'humanisme.

« Ce qui compte et dont il faut discuter, ce n'est pas la violence, c'est son sens ou son avenir ».[130] « Il est permis, écrit encore Merleau-Ponty, de sacrifier ceux qui, selon la logique de leur situation, sont une menace (la classe bourgeoise) et de préférer ceux (les prolétaires) qui sont une promesse d'humanité. C'est ce que fait le marxisme quand il établit sa politique sur une analyse de la situation prolétarienne ».[131] En somme, la violence marxiste est préférée. Mais cette préférence n'est pas sans condition : a) elle doit être progressiste, c'est-à-dire réaliser la « reconnaissance de l'homme par l'homme ». b) Et elle doit, en outre, être de courte durée. Mais cette violence a un « sujet » : les prolétaires. C'est cette classe universelle, qui est une « promesse d'humanité » qui a un « avenir d'humanisme ».

Mais pourquoi privilégier les prolétaires ? Pourquoi ne pas privilégier les princes ? Les rois ? Les infirmières ou les sage-femmes, etc ? Si Marx a privilégié les prolétaires, c'est parce que ceux-ci ont une logique existentielle : ils « se sent(ent) à bon droit étranger(s) dans une patrie où (…) (ils sont) admis à vendre (…) (leur) travail sans rester propriétaires des produits de (…) (leur) travail ».[132] Dépourvus de tout, de l'essentiel, c'est-à-dire du fruit de leur travail, les prolétaires « <u>incarnent l'universel</u> » : ils sont capables de réaliser une « <u>classe sans classe</u> » = l'<u>humanité concrète</u>. Dépourvus de tout – ils ne disent pas par exemple « c'est <u>mon</u> usine » – ils sont capables de rejoindre les autres, c'est-à-dire <u>leurs semblables</u>.

Les prolétaires ne sont pas des « dieux », mais compte tenu de leur « situation existentielle », « sont seuls en position de réaliser l'humanité ».[133] À considérer sa situation existentielle et historique, le prolétariat « va vers une reconnaissance de l'homme par l'homme ».[134] C'est cet humanisme qui justifie, aux yeux de Merleau-Ponty, la violence marxiste. Et c'est là aussi où la <u>ruse</u> des chefs, celle qui risquerait de transformer les autres en <u>objet</u>, trouve elle aussi sa justification.[135] La société humaine est celle des prolétaires et, pour <u>créer</u> cette société, la <u>ruse</u>, la <u>violence</u> et la <u>terreur</u> sont justifiées.[135] « L'existence prolétarienne (…) est le commencement d'une vraie coexistence humaine ».[136] Avec les prolétaires on passe d'un « humanisme abstrait » (celui de Hegel ou du libéralisme) à un « humanisme concret ».[136] Les prolétaires ne sont pas le moteur de l'histoire :

celle-ci a existé avant eux et c'est elle-même qui les a créés (le prolétariat est le produit du capitalisme); ils sont le moteur de l'humanité (de la morale). Mais les prolétaires ne sont pas conscients de leur rôle – d'où, pour Merleau-Ponty, la nécessité du parti, d'un appareil intellectuel. Mais entre le parti et les prolétaires le rapport doit être dialectique.[137] Il faut, là encore, éviter la dialectique du sujet et de l'objet : faute de quoi il n'y a pas de progrès, d'humanité. Le parti, c'est « l'histoire en idée »,[138] les prolétaires sont « l'histoire en acte ».[138]

La violence dont use la révolution n'est pas quelconque : elle « se justifie non par des fins lointaines, mais par les nécessités vitales d'une nouvelle humanité déjà ébauchée ».[139] La bourgeoisie ne pourrait être la classe universelle : c'est une société qui isole. Au milieu de la société bourgeoise il y a la classe non-intégrée.[140] Le but du prolétariat, c'est d'inaugurer « l'accord de l'homme avec l'homme et l'universalité ».[141] Les prolétaires n'ont pas de particularités, ainsi ils rejoignent non pas en pensées, mais concrètement leurs « semblables ».[142] « Dans le prolétaire l'individualité ou la conscience de soi et la conscience de classe sont absolument identiques ».[143]

On pourrait comparer, pour le comprendre, le concept du prolétariat à celui de l'idée =

le concept. Celui-ci étant dépourvu de toute particularité, il peut s'appliquer à un nombre indéfini d'objets. C'est ainsi, par exemple, que je peux désigner tous les triangles des USA et de l'URSS par le même mot = triangle. Mais le prolétariat n'est pas une idée : c'est le <u>concret</u> devenu <u>universel</u>. Et c'est en ce sens qu'il <u>réalise l'humanité</u> et l'<u>unité de l'histoire</u> = <u>société sans classe</u>.

Hegel a déjà parlé de la classe universelle, c'est-à-dire les <u>fonctionnaires de l'État</u>. Mais cette classe ne pourrait être universelle : elle n'accomplit pas ce qui est valable pour <u>tous</u>. Et pas davantage que ces fonctionnaires, les paysans hégéliens (la classe substantielle) ne peuvent réaliser l'universalité concrète. « Le prolétariat, (quant à lui), (il) est universel en fait, visiblement et dans sa vie même. Il accomplit ce qui est valable pour tous parce qu'il est seul au delà des particularités ; seul en situation universelle ».[144] Le prolétariat n'est pas un « Je », mais un « Nous ». Il est, écrit Merleau-Ponty : « la seule intersubjectivité authentique (…) (et ce car) il est seul à vivre simultanément la séparation et l'union des individus ».[144] Mais même ainsi les prolétaires ont besoin d'un parti, d'un parti de fer, disait Lénine.[145] La tâche de ce parti est celle du <u>Cogito</u>.[145] Celui-ci a le droit à des <u>compromis</u>.[145] Ces compromis trouvent leur justification dans la contingence de l'histoire et dans cette « humanité nouvelle » – la communauté prolétarienne. [145] En somme, « la théorie du prolétariat comme porteur du sens de l'histoire est la face humaniste du marxisme ».[146] La violence du prolétariat n'est donc pas, aux yeux de Merleau-Ponty, à confondre avec la violence fasciste : celle-ci n'est pas celle d'une classe universelle : elle est celle d'une « race » ou d'une « nation ».[147] Le marxisme veut réaliser ce que le libéralisme ne réalise qu'en idées – la « reconnaissance de l'homme par l'homme ».[148] « Le marxisme, écrit Merleau-Ponty, n'est pas un immoralisme, c'est la résolution de considérer les vertus et la morale non seulement au cœur de chacun mais dans la coexistence des hommes ».[149] Le prolétariat est la force de « la société révolutionnaire », c'est une « classe sans classe » : « une classe universelle », et, c'est pourquoi, écrit Merleau-Ponty : « les intérêts de cette classe portent dans l'histoire les valeurs humaines ».[150] Et c'est pourquoi aussi : « le pouvoir du prolétariat est le pouvoir de l'humanité ».[151] Ici, « l'homme est pour l'homme l'être suprême ».[152] Le marxisme donc ne pourrait être un immoralisme : il est la morale concrète.

Ainsi, la violence conditionnée (celle du prolétariat pour un avenir meilleur et dans une durée courte) est justifiée – elle a un sens : créer la morale concrète. Mais à la violence est lié le problème des moyens et des fins. Parler des moyens et des fins au sens classique de ces termes, c'est affirmer ne pas avoir compris la problématique du temps et celle du marxisme chez Merleau-Ponty.

D. Le problème des « moyens » et des « fins »

Le marxisme n'est pas une philosophie de représentations : il ne pose pas de « fins » pour ensuite revenir à trouver des « moyens ». Il ne pose pas, aux yeux de Merleau-Ponty, un « dieu-avenir » pour chercher des « moyens divins » ; il ne dit pas que les « moyens » ne doivent pas être en contradiction avec la fin proposée. Mais pas davantage le marxisme ne dit que la fin justifie les moyens :

> Le joyeux cynisme du « par tous les moyens » n'a rien de commun avec le marxisme. [153]
> Le marxisme s'est très consciemment distingué de l'Utopie en définissant l'action révolution non comme la position par l'entendement et la volonté d'un certain nombre de fins, mais comme le simple prolongement d'une pratique déjà à l'œuvre dans l'histoire, d'une existence déjà engagée qui est celle du prolétariat. Nulle représentation :(...) d'une société à venir. [154]

Merleau-Ponty tente de résoudre la problématique, toujours délicate, des « fins » et des « moyens » en éliminant la distance entre les « fins » et les « moyens ». Mais cette distance est celle du temps. Merleau-Ponty nous met en pleine problématique de la temporalité : l'acte de dépassement et de reprise. Le marxisme dont on parle n'est pas un avenir X : il est déjà à l'œuvre – le prolétariat existe déjà et l'unité entre les prolétaires est à l'œuvre. Ce qu'il faut, c'est le grand choix créateur (l'acte de dépassement) pour amener à son « existence pleine » cet humanisme déjà ébauché. Et c'est en ce sens que Merleau-Ponty a affirmé : l'histoire est orientée.

Ayant éliminé la « distance temporelle » entre le présent et l'avenir – la société ébauchée (le marxisme) et la société achevée (l'humanisme marxiste) – Merleau-Ponty pense dépasser la problématique des « fins » et des « moyens ». Mais c'est dans cette suppression de distance, croire voir un tel avenir (la classe sans classe) déjà ébauché, que réside le plus grand risque de Merleau-Ponty :

> « Les marxistes, écrit Merleau-Ponty, répugnent visiblement à se donner des "fins", – aucun d'eux, disait Lénine, ne peut "promettre" la phase supérieure du communisme, – parce qu'on ne peut penser valablement que ce qu'on

vit en quelque façon, et que le reste est imaginaire ».[155]

Mais le refus de cet avenir X n'est pas le refus du marxisme – il en est plutôt l'affirmation : l'arrivée de la « classe sans classes » est <u>visible</u>, croit Merleau-Ponty. Celle-ci est <u>déjà là</u> : il faut tout simplement l'<u>achever</u>.[156] Le marxisme n'a pas de « fins pieuses ». C'est un style socialiste, – il n'a qu'à <u>prolonger</u> et à préciser « dans son propre sens la pratique spontanée du prolétariat ».[157] Ce que nous avons dit de la violence a encore sa place ici. Une chose donc extrêmement importante c'est de voir Merleau-Ponty croire en un humanisme déjà là, c'est-à-dire ébauché. Et cet humanisme marxiste n'a besoin que du <u>grand choix créateur</u>. Pour parler en terme de temporalité (c'est à celle-ci que Merleau-Ponty se réfère), l'acte de dépassement (le choix créateur) est déjà un acte de reprise : l'acte de dépassement est une prolongation de ce qui est <u>déjà là</u>. Le marxisme, écrit Merleau-Ponty, est « l'analyse patiente de l'histoire passée et présente comme histoire de la lutte des classes ».[158] N'ayant pas de « fins » lointaines, un avenir X, le marxisme n'a pas, pense Merleau-Ponty, à se perdre dans ce langage : celui des « fins » et des « moyens ». En réalité, affirme notre auteur, il n'y a pas la fin <u>et</u> les moyens, il n'y a que des moyens ou que des fins, comme on voudra dire, en d'autres termes il y a un processus révolutionnaire dont chaque moment est aussi indispensable, aussi valable donc que l'utopique moment « final ».[159]

S'il faut donc comprendre cette problématique des « fins » et des « moyens », il faut redire ce que nous avons dit de la violence : celle-ci est justifiée par un humanisme en pleine naissance. La violence est ici contre « l'avortement » : la naissance d'un humanisme concret. Observer les règles du capitalisme, c'est être complice avec lui : « traiter comme fin celui qui traite les autres comme moyens, c'est les traiter comme moyens avec lui ».[160] L'action prolétarienne est, par son essence, une morale politique : « sans viser la morale, elle l'obtient ».[160] « Le prolétariat (...) (est) un système de consciences (...) un style de coexistence, un fait et une valeur ».[161] Arrivé là, pourrions-nous dire que Merleau-Ponty ne nous a rien appris sur la problématique des « moyens » et des « fins » ?

À cette question Merleau-Ponty a déjà répondu de deux manières. La violence est justifiée, avons-nous vu : l'histoire est terreur. Mais le marxisme (c'est là le problème) n'est pas une fin métaphysique – un avenir X. La problématique des fins et des moyens est placée dans une perspective nouvelle : celle de la temporalité. L'inter-dépendance des fins et des moyens dont parle Trotsky n'est rien d'autre, pour notre auteur, que la présence de l'avenir dans le présent :[162] « Le marxiste, écrit Merleau-Ponty, ne vit pas les yeux fixés sur un au-delà du présent, absolvant de tristes manœuvres au nom des fins dernières, et s'excusant sur ses bonnes intentions ; il est le seul jugement à s'interdire ce recours ».[163] Le marxisme – l'intersubjectivité concrète et universelle – n'est donc pas une fin X. L'avenir est déjà d'une certaine manière dans le présent (voir la temporalité).

À suivre donc Merleau-Ponty, il faudrait penser que le libéralisme vit sa phase dernière. De même que nous prenons conscience de l'arrivée de l'humanité (d'une nouvelle vie), le libéralisme doit, lui aussi, prendre conscience de sa mort. La vie se lit dans l'arrivée du prolétariat et la mort dans les crises du capitalisme. La problématique des « moyens » et des « fins » est encore une autre manière, pour notre auteur, de justifier ce qu'on a vu au sujet de la violence : en éliminant la distance entre la fin et les moyens, on affirme la visibilité et l'arrivée (partielle) de cette classe : l'intersubjectivité concrète. Ce qui reste à faire est l'acte de dépassement.

La morale, la réconciliation de l'homme avec l'homme, n'est pas une donnée de la nature : elle est de l'ordre de l'activité transcendantale. « La société sans classe (…) ne peut être atteinte sans l'effort et sans l'action humaine ».[164] Mais ce choix créateur n'est pas un «risque» dans le «vide» – un avenir X ou un choix créateur absolu. Si l'on peut parler d'une société sans classe, c'est parce que celle-ci «s'indique dans les crises présentes comme une résolution de ces crises». [165] Si donc on parle de la violence, si on refuse une morale X, c'est parce que cette morale, cette société sans classe, s'indique déjà – visiblement – dans le pouvoir que «l'homme a sur la nature».[165]

La société sans classe, «la réconciliation de l'homme avec l'homme», s'indique déjà parmi les prolétaires.[166] Sur le plan politique il n'y a donc qu'une seule morale : «le succès est un échec si ce n'est pas le succès d'une nouvelle humanité».[167] Si on l'a justifiée (et on sait de quelle manière), c'est parce que celle-ci est progressive. Et si on rejette la métaphysique des «moyens» et des «fins», c'est parce que la société sans classe n'a besoin que d'un acte de dépassement : prolonger ce qui est déjà là. Et si Merleau-Ponty rejette la problématique des «moyens» et des «fins», il rejette aussi les moyens non-prolétaires : car, selon lui, les moyens non-prolétaires ne peuvent arriver à des fins prolétariennes. Il en est ainsi, pense Merleau-Ponty, car «l'histoire comporte une logique telle que des moyens non-prolétariens ne sauraient conduire aux fins prolétariennes».[168] Mais en abordant le problème des fins et des moyens, Merleau-Ponty nous a renvoyé à la problématique du <u>temps</u> pour <u>tout comprendre</u>. Le marxisme (société sans classe) n'est pas un avenir X.

On s'en aperçoit, le marxisme de Merleau-Ponty n'est pas inconditionnel. C'est pourtant ce que tant de commentateurs n'arrivent pas à voir. Si la fin n'est pas un X : elle doit être visible dans les « moyens » comme le « bébé » dans l'« accouchement » – celui-ci indique la naissance du bébé : il est en effet, lui-même, la naissance <u>partielle</u>. Le marxisme (la fin) se lit dans les crises croissantes du capitalisme et la naissance du prolétariat (moyens). Ainsi la problématique des moyens et des fins se trouve supprimée. Mais si cette suppression est une solution, elle est aussi un problème : elle est ce que nous appelons l'« <u>urgence du temps</u> ». Mais cette théorie de l'urgence, malgré toute son importance dans le domaine politique, a échappé aux commentateurs même les plus avisés.

E. <u>Le marxisme et l'urgence du temps (la temporalité)</u>

« Une politique marxiste, écrit Merleau-Ponty, n'est pas d'abord un système d'idées, <u>c'est une lecture de l'histoire effective</u> »,[169] cette lecture est <u>révélatrice</u> : <u>l'histoire a un sens</u> – donc le marxisme a raison. En d'autres termes, l'histoire, écrit Merleau-Ponty : « est <u>intelligible</u> et (…) <u>orientée</u>, – (…) elle va vers le pouvoir du prolétariat qui est capable, comme facteur essentiel de la production, de dépasser les contradictions du capitalisme et d'organiser l'appropriation humaine de la nature, – comme "classe universelle", de dépasser les antagonismes sociaux et nationaux et le conflit de l'homme avec l'homme ».[170] Être marxiste, c'est penser l'histoire en termes de structure :[171] « un processus total en mouvement vers un état d'équilibre, la société sans classe ».[172] « Être marxiste, c'est penser (...) que le prolétariat tel que l'histoire l'a fait détient la solution de cet unique problème »[173] = la réconciliation de l'homme avec l'homme.

L'histoire étant, par sa nature intelligible, le marxisme est la méthode hégélienne : la compréhension des phénomènes (voir notre premier paragraphe Merleau-Ponty et Hegel). Le marxisme, écrit Merleau-Ponty : « déchiffre les faits, il leur découvre un sens commun, il obtient ainsi un fil conducteur qui, sans nous dispenser de recommencer l'analyse pour chaque période, nous permet de discerner une orientation des événements ».[174] Le marxisme n'est pas une philosophie des « fins » et des « moyens » : il découvre la « fin » (l'arrivée de la classe sans classe) dans nos moyens = la société capitaliste. « Une politique communiste ne choisit pas ses fins, elle s'oriente sur des fonds déjà à l'œuvre ».[175] Le marxisme se réduit pour Merleau-Ponty à l'ambivalence du temps – reprise et création : « Le marxisme était d'abord cette idée de l'<u>histoire à deux pôles</u>. (…) il y a d'un côté l'<u>audace</u> (le choix créateur), la prédominance de l'avenir, la volonté de faire l'humanité, de l'autre côté la prudence, la prépondérance du passé (reprise = ce qui est déjà là), l'esprit de conservation, le respect des "lois éternelles" de la société ».[176] Si le marxisme est un choix créateur, celui-ci ne fait que développer ce qui est <u>déjà là</u>. Et c'est pourquoi on peut parler de l'<u>histoire orientée</u>. Mais encore une fois, le marxisme ne nous donne pas un avenir <u>tout fait</u> : celui-ci est à faire (voir 2^è paragraphe du Chapitre 7, la subjectivité créatrice). Le marxisme n'est pas une théologie, il ne parle pas de ce qui est <u>déjà fait</u>, de ce qui nous <u>attend</u>. « Le marxisme ne nous donne pas une utopie, un avenir d'avance connu, une philosophie de l'histoire ».[177] Mais pas davantage le marxisme ne parle d'un avenir <u>imprévisible</u> et c'est pourquoi l'idée métaphysique de la « fin » et des « moyens » ne pose, chez lui, pas de problème. Et puisque le marxisme ne parle pas d'un avenir X, d'un dieu inconnu, on peut <u>confronter</u> sa <u>théorie avec les faits, l'histoire elle-même</u>. Le marxisme n'est pas une théorie sacrée : nous pouvons la rejeter dès que nous voyons le contraire.

Et puisque le marxisme trouve le sens de l'histoire dans le présent, l'unité de l'histoire (société sans classe) doit se réaliser dans une durée liée au présent. Si le marxisme parle de l'histoire orientée, c'est que notre vie va quelque part. Le marxisme n'a aucune source pour découvrir cette orientation que le présent lui-même. Étant impliquée dans ce présent lui-même, cette orientation doit se réaliser dans une durée équivalente au présent lui-même. On ne peut pas parler d'une éternité d'orientation : les événements sont temporels, les uns meurent et les autres naissent. Chaque événement a sa propre orientation. Le marxisme est une compréhension de l'histoire : la fin est, d'une certaine manière, impliquée dans les moyens. Nous disons d'une certaine manière, car comme nous l'avons déjà dit, le marxisme ou la révolution est une « entreprise presque purement volontaire ».[178]

Mais encore une fois, l'avenir doit avoir un rapport visible avec le présent – comme l'accouchement avec la naissance d'un enfant. « L'histoire locale doit avoir un rapport visible avec l'histoire universelle, faute de quoi le prolétariat est ressaisi par le provincialisme qu'il devait dépasser ».[179] Puisque l'avenir est annoncé dans le présent, et c'est en ce sens qu'on a dit qu'il est orienté, il y a le sens de l'urgence dans l'histoire. Puisque le marxisme est une lecture de l'histoire, une découverte de la <u>fin</u> dans les <u>moyens,</u> il doit se réaliser dans un « délai prévisible ».[180] Puisque le marxisme n'est pas une philosophie dogmatique du futur, l'unité de l'histoire (société sans classe) n'est pas un avenir X. Le marxisme, écrit Merleau-Ponty, doit se réaliser « <u>dans la durée d'une vie d'homme,</u> faute de quoi le prolétaire ne verrait plus <u>à quoi il se sacrifie</u> et nous reviendrons à la philosophie hégélienne de l'État : quelques fonctionnaires de l'Histoire qui savent pour tous et réalisent avec le sang des autres ce que veut l'Esprit Mondial ».[181]

C'est dans cet esprit – agité par les exigences de la temporalité – que Merleau-Ponty a fait un pas <u>décisif</u> vers le <u>marxisme moral</u>. Le marxisme de Merleau-Ponty n'a pas toujours été compris : c'est parce qu'on oublie l'essentiel : la temporalité (sa logique).

6. <u>L'ambiguïté de l'histoire</u>

Après avoir réclamé le marxisme, c'est-à-dire l'unité de l'histoire (et ce à la lumière de sa philosophie, la temporalité comprise comme dépassement et reprise), Merleau-Ponty est revenu sur son interprétation. Mais si Merleau-Ponty a renoncé au marxisme politique (la création d'une société sans classe), c'est parce que celui-ci est devenu incapable de réaliser ce qu'il prétend réaliser – l'unité de l'histoire. C'est l'URSS que Merleau-Ponty prend pour exemple. Il n'y a pas dans cette société, dite marxiste-communiste, de « classe sans classe ».[182] « La bureaucratie (…) (semble) devenue une caste, presque l'équivalent d'une classe ».[183] Il y a bien, dit Merleau-Ponty, une théorie de la « bureaucratie » chez Marx, mais celle-ci est comprise comme « <u>réversibilité</u> » : le sujet (le parti) se fait objet et l'objet (le prolétariat) se fait sujet.[184] « La prétention de dépasser les oppositions intérieures a toujours été platonique : on ne peut que les enjamber ».[185] Le marxisme n'a pas réussi à dépasser l'opposition sujet-objet = maître et esclave, esprit et matière, âme et corps.[186] « L'URSS n'est pas la montée au grand jour de l'histoire du prolétariat tel que Marx l'avait définie ».[187] Le communisme d'à présent, celui de l'URSS, est une réalité où il y a le « culte du chef ».[188] Un militant allemand disait à Roubachof : « La direction du parti fait erreur ».[189] « Toi et moi, répondait Roubachof, nous pouvons nous tromper, mais pas le parti ».[189] Mais là la réponse n'est pas <u>dialectique : le parti doit exécuter la volonté des masses – se faire objet</u>. Or le parti est devenu le centre de la vérité. Le communisme d'à présent, celui de 1946, ne va pas vers l'<u>intersubjectivité concrète</u> : c'est vers une <u>hiérarchie</u> qu'il chemine.[190] C'est finalement la <u>voix</u> du prolétariat qui est <u>atteinte</u>. Le stalinisme n'est, pense Merleau-Ponty, qu'une <u>capitulation</u>.

L'erreur de Trotsky, pense Merleau-Ponty, est de ne pas voir dans les traits « bureaucratiques » de 1923 les promesses d'un régime et d'un système du 3ème ordre :[191] il n'est ni capitaliste ni socialiste. En d'autres termes, l'erreur de Trotsky est de ne pas accepter la bureaucratie installée et institutionnalisée comme une <u>classe</u>. Mais devenue une classe, elle ne réalise plus l'unité de l'histoire – l'<u>intersubjectivité concrète</u>. Il y a là des faits à reconnaître : « On entre dans un nouveau régime de l'histoire (l'URSS de 1946) qui n'a plus rien de commun avec la philosophie prolétarienne de Marx ».[192] L'erreur de Trotsky, pense notre auteur, était de faire de cette philosophie une <u>foi</u> : il était aveugle à des faits pourtant massifs.[193] Trotsky a cependant lui-même admis, à la fin de sa vie, que « si la philosophie prolétarienne de l'histoire est vraie, elle doit en fin de compte apparaître dans l'événement » :[194] l'histoire concrète. Trotsky a même fixé une <u>échéance</u> à la réalisation de cette philosophie : la seconde guerre mondiale.[195] Trotsky a raison de vouloir s'interroger sur la philosophie marxiste du prolétariat. Celui-ci n'est plus, pense Merleau-Ponty, en position de remplir la mission historique que Marx lui a confiée – la morale concrète.[196] En somme, l'histoire a « dissocié ce que le marxisme (comme théorie) avait uni – l'idée humaniste et la production collective ».[197] <u>Et le moins que l'on puisse dire, dit l'*Humanisme et terreur* est que l'histoire n'a pas confirmé la pensée marxiste au sujet du prolétariat.</u>[198] Mais l'échec de la société soviétique, disent *Les Aventures de la dialectique*, est un échec de l'humanisme.[199] Si les communistes n'arrivent pas à reconnaître l'échec, c'est parce qu'ils le dépassent par un <u>dogmatisme</u> : <u>celui du futur</u>.[200] Mais si à présent, l'intersubjectivité concrète (l'unité de l'histoire) fait défaut, il faut, pour notre auteur, <u>comprendre ce manque comme une éternité</u>. Pour Merleau-Ponty tout est visible : tout à l'heure c'était la possibilité du marxisme (classe sans classe) qui était visible. C'est maintenant l'impossibilité de cette classe qui est visible. Mais comment expliquer et justifier ce qu'on a affirmé plus haut à l'égard du marxisme ?

L'histoire est ambiguë : on ne va pas de 1, 2, 3, 4. L'histoire est à comparer au peintre : par quelques gestes celui-ci peut rendre un « portrait » un « paysage ». Le marxisme, comme prédiction, compréhension ou interprétation peut être une théorie fausse. La conclusion est nette : « On (Merleau-Ponty) ne croit pas que le pouvoir du prolétariat puisse s'établir ou qu'il puisse apporter ce que le marxisme en attend ».[201] Mais si le marxisme n'arrive pas à s'incarner dans les faits, sur le plan philosophique, il reste un progrès : grâce à lui nous pouvions confronter notre politique, nos relations avec « autrui » et notre « morale ».[202] Mais sur le plan pratique, la théorie marxiste du prolétariat est infirmée par les faits. On a le droit de parler de la vérité et de la fausseté.

Mais peut-être, dit-on, qu'il faut attendre : l'histoire n'est pas achevée. « Ce recours au jugement de l'avenir ne se distingue pas du recours théologique au jugement dernier ».[203] « L'avenir (doit) se dessine(r) en quelque manière dans le style du présent (...) (et) l'espoir n'est pas seulement foi ».[204] Nous devons en quelque manière « savoir où nous allons ».[205] Si l'on peut parler de la dialectique du présent et de l'avenir (de leur implication réciproque), celle-ci doit être en quelque manière visible au lecteur, l'interprète.[206] « C'est la même chose de ne pas croire à la dialectique et de la mettre au futur ».[207] Mettre la dialectique au futur, c'est en faire une création pure (constitution absolue) ou une idéologie invérifiable.[208] Adorer l'histoire (le futur) c'est, pense Merleau-Ponty, adorer un dieu « inconnu ».[209] Le futur, l'acte de création (constitution ou transcendance) n'est, avons-nous dit et redit, qu'un acte de dépassement :

Nous n'avons le droit de l'évoquer (histoire

universelle ou la grande révolution) qu'autant qu'elle apparaît à l'horizon de l'action présente, dans la mesure où elle s'y dessine déjà, et l'avenir révolutionnaire ne peut servir à justifier l'action présente que s'il y est reconnaissable dans ses lignes générales, et dans son style.[210]

Ce que l'on appelle l'histoire universelle (la création d'une société sans classe) ne doit pas être une « prophétie » : un avenir insondable.[211] « Il n'y a pas de science de l'avenir ».[212] Celui-ci est à faire et c'est pourquoi, dit Merleau-Ponty, « il y a de l'imprévisible. Voilà la tragédie ».[213]

Ainsi on ne peut plus parler de l'unité de l'histoire : celle-ci ne se dessine plus dans le présent. Et elle ne peut être, comme le croit Sartre, une création pure.[214] La fin, avons-nous vu, est dans ses moyens. La solution n'est donc plus de faire appel au futur, mais de renoncer au marxisme. Puisque la philosophie marxiste « n'a pas réussi à passer dans les faits, c'était une utopie. Il ne faut plus y penser ».[215] Refaire la philosophie marxiste, c'est, écrit Merleau-Ponty : « recommencer l'illusion ».[216] Puisqu'elle n'a pas réussi à passer dans les faits, elle n'est devenue, pour Merleau-Ponty, qu'un « mythe » parmi d'autres : celui des essences husserliennes par exemple.[217, 218] « Il n'y a pas, écrit Merleau-Ponty, grand sens (…) à recommencer Marx si sa philosophie est en cause dans cet échec, à faire comme si cette philosophie sortait intacte de l'affaire, et terminait en droit l'interrogation et l'autocritique de l'humanité ».[219] « On ne peut pas, au nom des vérités possibles de demain, cacher les vérités constatables d'aujourd'hui ».[220] « On ne peut leur (les philosophes !) demander de dire autre chose que ce qu'ils voient » :²²¹ C'est là la règle des règles : la « règle d'or ».²²² Ainsi, le marxisme n'a pas le dernier mot : il faut une réinterprétation en permanence.²²³ Celle-ci est la raison ou le *cogito* de l'histoire. Le *cogito*, nous allons encore une fois le voir avec le problème de la vérité.

Les références du Chapitre VII

1. En abordant ce problème, nous n'aimerions pas faire appel à des considérations psychologiques pour expliquer la pensée de Merleau-Ponty. On a dit, très récemment, que Merleau-Ponty s'est intéressé à l'histoire sociale parce qu'il a vécu sous un Paris occupé. On a dit aussi : Merleau-Ponty a renoncé à la philosophie marxiste, car il aimait la bourgeoisie. Kwant disait qu'aux États-Unis, Merleau-Ponty a été considéré, dans les milieux académiques, comme un disciple de Sartre. Merleau-Ponty a dit à Sartre, après la mort de sa mère, « je suis à moitié mort ». On a cherché à expliquer, par cet événement, la dernière pensée de Merleau-Ponty – celle-ci est vue comme un rapprochement avec Freud.

   Mais comme Merleau-Ponty, lui-même, l'a dit : il faut rencontrer l'auteur là où il a donné rendez-vous : ses livres. Des considérations psychologiques relatives à la vie d'un auteur sont toujours intéressantes, mais elles n'expliquent en rien, pensons-nous, l'œuvre elle-même. La guerre, comme événement tragique, a toujours ses effets, mais elle doit, dans le cas de notre auteur, nous expliquer la *Phénoménologie de la perception* : celle-ci a été écrite pendant l'occupation allemande. Être bourgeois peut expliquer une attitude, ne pas être communiste, mais si être bourgeois a le monopole de l'explication, ce phénomène doit aussi nous expliquer *La Structure du comportement* (livre extrêmement difficile). Si des explications psychologiques peuvent expliquer l'œuvre, il faut expliquer le passage de *La Structure du comportement* au *Visible et l'Invisible* et *L'Œil et l'Esprit*. Une psychologie sauvage ne peut, à notre sens, expliquer une œuvre qui exige d'être comprise, analysée et interprétée. En un mot, des considérations psychologiques ne peuvent prendre la place des « textes ».

2. Merleau-Ponty, *SNS*, p.109.
3. *Ibid.*, p.110.
4. *Ibid.*, p.110.
5. Merleau-Ponty, *VI.*, p.312.
6. Merleau-Ponty, *SNS.*, p.111.
7. *Ibid.*, p.111.
8. *Ibid.*, p. 111. La parenthèse est de nous.
9. *Ibid.*, p. 111.
10. *Ibid.*, p. 111.
11. *Ibid.*, p.110.
12. *Ibid.*, p.112.
13. *Principes de la philosophie du droit*, Merleau-Ponty résumant Hegel, *SNS.*, p.112.
14. Merleau-Ponty, *SNS.*, p.112.
15. *Ibid.*, p.112.
16. *Ibid.*, p.112-113. (Merleau-Ponty ne cite pas mais interprète). La parenthèse est de nous. C'est l'auteur qui souligne.
17. *Ibid.*, p.113.
18. « Il y a, écrit Merleau-Ponty, un existentialisme de Hegel en ce sens que pour lui, l'homme n'est pas d'emblée une conscience qui possède dans la clarté ses propres

pensées, mais une vie donnée à elle-même qui cherche à se comprendre elle-même ». *Ibid.*, p.113.

19. *Ibid.*, p.113.
20. *Ibid.*, p.114.
21. *Ibid.*, p.114.
22. *Ibid.*, p.115.
23. « Il faut que vienne au monde une absence de l'être (réflexion) d'où l'être (la vie) sera visible, un néant (conscience de soi) ». *Ibid.*, p.115. Les parenthèses viennent de nous.
24. « Ce qu'il faut reprocher aux idéologies nazies, ce n'est pas d'avoir rappelé l'homme au tragique. C'est d'avoir utilisé le tragique et le vertige de la mort pour rendre un semblant de force à des instincts pré-humains. C'est en somme d'avoir masqué la conscience de la mort ». *Ibid.*, p.115.
25. *Ibid.*, p.116.
26. *Real philosophie*, cité par Merleau-Ponty, *Ibid.*, p.116.
27. Cf. Merleau-Ponty *AD.*, p.131-171.
28. Merleau-Ponty, *SNS.*, p.185.
29. *Ibid.*, p.185.
30. *Ibid.*, p.186.
31. *Ibid.*, p.186.
32. *Ibid.*, p.186.
33. Thierry Maulnier, *Violence et conscience*, p.139. Cité par Merleau-Ponty, *Ibid.*, p.186-187. La parenthèse est de nous.
34. *Ibid.*, p.195.
35. *Ibid.*, p.195 et suivantes.

36. *Ibid.*, p.209. C'est nous qui soulignons.
37. *Ibid.*, p.211.
38. *Ibid.*, p.211.
39. *Ibid.*, p.211-212.
40. *Ibid.*, p.212.
41. *Ibid.*, p.212 et suivantes.
42. *Ibid.*, p.212 et suivantes.
43. *Ibid.*, p.213.
44. *Ibid.*, p.213.
45. *Ibid.*, p.213. C'est l'auteur qui souligne.
46. *Ibid.*, p.213-214. Les parenthèses sont de nous. C'est nous qui soulignons.
47. *Ibid.*, p.214 et suivantes.
48. Ce livre n'est pas à comparer à *La Structure du comportement*, la *Phénoménologie de la perception* ou *Le Visible et l'Invisible*, car il s'agit d'un ensemble d'articles, d'où la difficulté de leur analyse et de leur synthèse.
49. Merleau-Ponty, *SNS.*, p.214. C'est nous qui soulignons.
50. Cf. Merleau-Ponty, *AD.*, p.180, note 1.
51. Merleau-Ponty, *SNS.*, p.226. La parenthèse est de nous.
52. *Ibid.*, p.226.
53. Le « sens de l'histoire comme totalité nous est donné non par quelque loi du type physico-chimique, mais par le phénomène central de l'aliénation (transcendance ou temporalité). Dans le mouvement de l'histoire, l'homme, qui s'est aliéné au profit de ses fétiches et vidé de sa propre substance, reprend possession de lui-même et du monde ». *Ibid.*, p.227 (la parenthèse est de nous).

54. *Ibid.*, p.227.
55. *Ibid.*, p.227. « L'Esprit mondial » de Hegel, ce malin-génie qui conduit les hommes à leur insu et leur fait accomplir ses propres dessins, ou même la logique spontanée des idées, ce sont pour Marx d'autres « réalisations fantastiques de l'essence humaine ».
56. *Économie politique et philosophique*, p.27. Cité par Merleau-Ponty, *Ibid.*, p.228.
57. Cf. David McLellan, Karl Marx, *His Life and Thought*, p.68 et suivantes. Ed. Paladin.
58. *HT.*, p.16.
59. *Ibid.*, p.17.
60. *Ibid.*, p.18.
61. *Économie politique et philosophique*, p.160. Cité par Merleau-Ponty, *SNS.*, p.230.
62. *Idéologie allemande*, p.166 ; Cité par Merleau-Ponty, *Ibid.*, p.230.
63. *Ibid.*, p.231.
64. Marx, *Idéologie allemande*, p.160. Cité par Merleau-Ponty *SNS.*, p.231.
65. *Ibid.*, p.231.
66. Cf. A, De Waelhens, « Phénoménologie husserlienne et phénoménologie hégélienne » (Étude comparative) in *Existence et Signification*.
67. Cf. Merleau-Ponty, *SNS.*, p.231.
68. *Ibid.*, p.231. La parenthèse est de nous.
69. *Ibid.*, p.231.
70. *Ibid.*, p.190 c'est nous qui soulignons.
71. *Ibid.*, p.232.

72. *Ibid.*, C'est nous qui soulignons.
73. *Ibid.*, p.232-233.
74. Cf. Merleau-Ponty *PP.*, p.199 et suivantes, la note.
75. Merleau-Ponty, *SNS.*, p.234. C'est nous qui soulignons, la parenthèse est de nous.
76. *Engels à Starkénburg*, 1894. Cité par Merleau-Ponty, *Ibid.*, p.234.
77. *Contribution à la critique de la philosophie du droit de Hegel*, p.84. Cité par Merleau-Ponty, *SNS.*, p.225.
78. *Ibid.*, p.225.
79. *Ibid.*, p.226.
80. *Ibid.*, p.226. La parenthèse est de nous.
81. Cf. Merleau-Ponty, *PP.*, p.199, la note.
82. *Ibid.*
83. *Ibid.*, p.200.
84. *Ibid.*, p.201.
85. *Ibid.*, p.201.
86. *Ibid.*, p.202. C'est nous qui soulignons.
87. *Ibid.*, p.202.
88. Merleau-Ponty, *HT.*, p.166.
89. *Ibid.*, p.110. Les parenthèses sont de nous.
90. Merelau-Ponty, *SNS.*, p.223. Cf. *SNS.*, p.189 et suivantes.
91. « De savoir si l'histoire de notre temps a son sens principal dans l'économie et si nos idéologies n'en donnent que le sens dérivé ou second, c'est une question qui ne relève plus de la philosophie mais de la politique ». Merleau-Ponty, *PP.*, p.202.
92. « L'histoire est (…) essentiellement lutte, – lutte du

maître et de l'esclave, lutte des classes… ». Merleau-Ponty *HT.*, p.110.
93. *Ibid.*, p.170.
94. *Ibid.*, p.171.
95. « Les problèmes de la politique viennent de ce fait que nous sommes tous des sujets et que cependant nous voyons et traitons autrui comme objet ». Merleau-Ponty, *HT.*, p.119.
96. *Ibid.*, p.119.
97. *Ibid.*, p.111. C'est nous qui soulignons.
98. *Ibid.*, p.X. C'est nous qui soulignons.
99. *Ibid.*, C'est nous qui soulignons.
100. *Ibid.*, p.X.
101. *Ibid.*, p.IX.
102. *Introduction à la Contribution à la critique de la philosophie du droit de Hegel*, ed. Molitor, p.84. Cité par Merleau-Ponty, *Ibid.*, p.IX.
103. *Ibid.*, p.X
104. *Ibid.*, p.X.
105. *Ibid.*, p.X.
106. *Ibid.*, p.X. C'est nous qui soulignons.
107. *Ibid.*, p.XI.
108. *Ibid.*, p.XI.
109. *Ibid.*, p.XI.
110. *Ibid.*, p.XI.
111. *Ibid.*, p.119-120.
112. *Ibid.*, et les parenthèses sont de nous.
113. *Ibid.*, p.XIII.
114. *Ibid.*, p.XIV. Les parenthèses sont de nous.

115. *Ibid.*, p.XV.
116. *Ibid.*, p.XIV-XV.
117. *Ibid.*, p.XIV.
118. *Ibid.*, p.3. La parenthèse est de nous et c'est nous qui soulignons.
119. *Ibid.*, p.3.
120. *Ibid.*, p.3-4.
121. *Ibid.*, p.111.
122. *Ibid.*
123. *Ibid.*, p.98. et 98-99
124. *Ibid.*, p.100-101.
125. *Ibid.*, p.116.
126. *Ibid.*, p.116.
127. *Ibid.*, p.116.
128. *Ibid.*, p.117.
129. *Ibid.*, p.115-116. C'est nous qui soulignons. Il est intéressant de voir Merleau-Ponty considérer le « chômage » comme violence.
130. *Ibid.*, p.118.
131. *Ibid.*, p.119. C'est nous qui soulignons. Les parenthèses viennent de nous.
132. Merleau-Ponty, *SNS.*, p.187. Les parenthèses sont de nous.
133. Merleau-Ponty, *HT.*, p.120.
134. *Ibid.*, p.120.
135. *Ibid.*, p.120.
136. *Ibid.*, p.121.
137. Cf. Merleau-Ponty, *AD.*, « Le prolétariat et l'appareil se règlent l'un l'autre non au sens d'une démagogie

qui annulerait l'appareil, non au sens d'un centralisme absolu qui paralyserait les masses, mais dans la communication vivante des masses et de <u>leur</u> parti ».
HT., p.121.
138. *Ibid.*, p.121.
139. *Ibid.*, p.122.
140. Merleau-Ponty, *AD.*, p.55-56.
141. Merleau-Ponty, *HT.*, p.125.
142. *Ibid.*, p.124.
143. *Ibid.*, p.124.
144. *Ibid.*, p.125. Les parenthèses sont de nous.
145. *Ibid.*, p.126, et 128-129.
146. *Ibid.*, p.126-127.
147. *Ibid.*, p.133-134.
148. *Ibid.*, p.134-135.
149. *Ibid.*, p.135. C'est nous qui soulignons.
150. *Ibid.*, p.133.
151. *Ibid.*, p.133. C'est nous qui soulignons.
152. *Ibid.*, p.XIV. C'est nous qui soulignons.
153. *Ibid.*, p.135.,
154. *Ibid.*, p.135-136.
155. *Ibid.*, p.136.
156. *Ibid.*, p.136 et suivantes.
157. *Ibid.*, p.136.
158. *Ibid.*, p.136.
159. *Ibid.*, p.138.
160. *Ibid.*, p.136.
161. *Ibid.*, p.137. C'est nous qui soulignons. La parenthèse est de nous.

162. *Ibid*., p.137.
163. *Ibid*., p.137.
164. *Ibid*., p.139. C'est nous qui soulignons.
165. *Ibid*., p.139.
166. *Ibid*., p.139.
167. *Ibid*., P.138.
168. *Ibid*., p.139. C'est l'auteur lui-même qui souligne.
169. *Ibid*., p.57. C'est nous qui soulignons.
170. *Ibid*., p.139. C'est nous qui soulignons.
171. *Ibid*., p.139.
172. *Ibid*., p.139. C'est nous qui soulignons.
173. *Ibid*., p.139. C'est nous qui soulignons.
174. *Ibid*., *PP*.104-105. C'est nous qui soulignons.
175. *Ibid*., p.63.
176. *Ibid*., p.195. C'est nous qui soulignons. Les parenthèses sont de nous.
177. *Ibid*., p.104.
178. *Ibid*., p.146. C'est nous qui soulignons.
179. *Ibid*., p.127.
180. *Ibid*., p.127.
181. *Ibid*., p.127. C'est nous qui soulignons.
182. « On a souvent montré que la révolution russe, définie par Lénine : les soviets plus l'électrification, s'est concentrée sur l'électrification et a mis en place une série de pouvoirs, d'appareils et d'instances sociales qui closent la société révolutionnaire et en font peu à peu autre chose ». Merleau-Ponty *AD*., p.98.
183. *Ibid*., p.113. Les parenthèses sont de nous.
184. *Ibid*., p.113. Cf. notre premier chapitre.

185. *Ibid.*, p.135.
186. *Ibid.*, p.99.
187. Merleau-Ponty, *HT.*, p.152.
188. *Ibid.*, p.153.
189. *Ibid.*, p.17.
190. *Ibid.*, p.157.
191. Merleau-Ponty, *AD.*, p.113.
192. Merleau-Ponty, *HT.*, p.162-163. La parenthèse est de nous.
193. *Ibid.*, p.163.
194. *Ibid.*, p.163.
195. *Ibid.*, p.163.
196. *Ibid.*, p.167 et p.162.
197. *Ibid.*, p164. La parenthèse est de nous.
198. *Ibid.*, p.159.
199. Cf. *AD*.
200. Cf. Merleau-Ponty, *AD.*, p.132.
201. Merleau-Ponty, *HT.*, p.191.
202. *Ibid.*, p.191 et suivantes.
203. *Ibid.*, p.153.
204. *Ibid.*, p.153-154. Les parenthèses sont de nous. C'est nous qui soulignons.
205. *Ibid.*, p.154. C'est nous qui soulignons.
206. *Ibid.*, p.154.
207. Merleau-Ponty, *AD.*, p132.
208. *Ibid.*, p.132.
209. Merleau-Ponty, *HT.*, p.XXVII.
210. Merleau-Ponty, *AD.*, p.104.
211. *Ibid.*, p.104.

212. Merleau-Ponty, *HT.*, p.XXIX. C'est nous qui soulignons.
213. *Ibid.*, p.XXIX.
214. Merleau-Ponty, *AD.*, p.131 et suivantes.
215. Merleau-Ponty, *HT.*, p.165. C'est nous qui soulignons.
216. Merleau-Ponty, *AD.*, p.123-124. C'est nous qui soulignons.
217. Cf. *VI*. Le chapitre consacré à Husserl, p.142-172.
218. Cf. *AD.*, p.134-135.
219. *Ibid.*, p.124.
220. Merleau-Ponty, *HT.*, p.202.
221. *Ibid.*, p.202. C'est nous qui soulignons.
222. *Ibid.*, p.202.
223. Merleau-Ponty, Cf, *AD*.

JOSEPH M LABAKI

La Pensée logique et politique de M. Merleau-Ponty

QUATRIÈME PARTIE

LE COGITO ET LA VÉRITÉ

CHAPITRE VIII

LE COGITO : LE PROBLÈME DU VRAI ET DU FAUX, DE L'ÊTRE ET DE L'APPARAÎTRE.

1. <u>Le formalisme et le scepticisme cartésien</u>

C'est avec Descartes que nous devons préciser ici le *cogito* de Merleau-Ponty. Descartes est ambivalent : il y a une vérité (= connaissance) absolue et un scepticisme radical. Le monde perçu est un monde douteux. Mais le « JE » (le *cogito*), disait Descartes, est indubitable : il résiste au doute. Mais qui fait que le « JE » est indubitable ? C'est sa <u>clarté</u> et sa <u>distinction</u>. De là Descartes passe à la généralité : est <u>vrai</u> ce qui est <u>clair</u> et <u>distinct</u>. Mais là la vérité est <u>absolue</u>.

La connaissance de soi n'est, chez Descartes, pas inductive : 2 + 2 = 4, mais intuitive. Mais la conscience n'a pas le même pouvoir de connaissance à l'égard des choses : celles-ci sont douteuses, problématiques et dans le domaine des erreurs. Si Wittgenstein dit : « doubt needs grounds »,[1] Descartes est prêt à répondre : (a) nos sens nous ont souvent trompés dans le passé, (b) je ne peux pas savoir si je suis ou non en train de rêver, (c) et encore qui sait ?, peut-être que je ne suis que le jeu d'un malin génie (Dieu !) : celui-ci me fait voir complètement autre chose que ce qu'il y a ...Mais ce n'est là, à vrai dire, pour Descartes, qu'un artifice pour arriver à dire : « <u>je sais que je sais</u> ». Ce n'est donc que lorsqu'il est question d'elle-même que la conscience triomphe. Le monde « psychique », pour parler comme des psychologues, est le terrain privilégié :

La Pensée logique et politique de M. Merleau-Ponty

aucune erreur n'y est possible. L'intuition cartésienne est à l'opposé de l'intuition sensible chez Kant : elle n'est pas, dit Léon Brunschvicg de l'ordre sensible, mais de l'ordre de la pensée.[2] « C'est même lui (l'intuition cartésienne) faire tort que de la réduire à l'appréhension de nature simple qui s'offrirait à titre de données immédiates ».[2] C'est pourquoi Brunschvicg dit que les cartésiens ont sauvé la philosophie en reportant sur les idées le privilège de l'évidence que les scolastiques ont, eux, accordé à l'expérience sensible.[3] C'est pourquoi aussi les néo-scolastiques d'aujourd'hui se croient plus phénoménologues – plus existentialistes – que Descartes et Husserl lui-même. Est vrai donc ce qui est évident : clair et distinct. Mais l'évidence cartésienne n'est plus de l'ordre sensible : elle est de l'ordre intelligible,[4] formel – c'était là, en quelque sorte, le formalisme cartésien.

Rejeter, donc, le monde (l'être et l'étant) et revenir à soi, voilà le scepticisme cartésien. On doute de tout « contenu » de la pensée, mais pas de la pensée elle-même. On parle, mais on doute du « contenu » de la parole. C'est ainsi que Descartes est revenu du « monde » à la conscience, mais non à la conscience du monde telle qu'elle était : « conscience de quelque chose ». S'il en était ainsi chez Descartes, il n'y aurait pas de différence entre le « doute » cartésien et la « réduction phénoménologique ». Je suis sûr que je pense, disait Descartes, mais non sûr qu'il y a monde, quelque chose. Je suis sûr de mes pensées, mais non de leur contenu : je ne suis pas sûr qu'il y a devant moi un cendrier ou un livre, mais je suis sûr de ma pensée de voir. Voir, chez Descartes, c'est savoir qu'on voit : deux figures se font et s'accomplissent au même moment et sans le langage : <u>la parole</u>. Mais cette réflexivité, cette absolue évidence de soi et de ses pensées n'est chez Descartes que celle de son âme – le corps (la chair) est révoqué en doute : il fait partie du monde. « Qu'est-ce que donc je suis ? Une chose qui pense. Qu'est-ce qu'une chose qui pense ? C'est-à-dire une chose qui doute, qui conçoit, qui affirme, qui nie, qui veut, qui ne veut pas, qui imagine aussi et qui sent ».[5]

Husserl a raison : le doute (le scepticisme) cartésien n'est pas radical. Tout en révoquant dans le doute le monde sensible, Descartes conserve le préjugé du monde : la « Res » (je suis une chose). En somme, Descartes n'a pas tout rejeté comme il le croit. Son formalisme n'est pas radical. Il conserve encore l'idée de chose. Donc, ou bien le doute n'est pas radical, ou bien il n'est pas sincère. Pour Merleau-Ponty, il est les deux à la fois. Il y a là, pour résumer, chez Descartes, deux problèmes : celui du <u>scepticisme radical</u> (à l'égard du monde) et celui de la vérité formelle (la pensée). Celle-ci est liée, en outre, à l'idée de connaissance comme <u>miroir</u> – la <u>réflexion totale</u>. Nous reviendrons sur ce problème au chapitre suivant.

2. <u>Le monde perçu – la perception et le doute (Merleau-Ponty et Descartes)</u>

Dire que je suis sûr de voir, c'est-à-dire de penser (car chez Descartes il n'y a que pensée), mais non sûr qu'il y a là quelque chose, délier ainsi la pensée du monde, c'est là, pense Merleau-Ponty, un artifice intenable.[6] La perception est exactement, dit notre auteur, cet acte où l'on ne peut séparer l'« acte » de son « contenu », c'est-à-dire du terme sur lequel il porte : percevoir, c'est, par définition, percevoir quelque chose. Les mots « voir »,

« sentir », et « entendre » impliquent par eux-mêmes un corrélat ou comme on dit, en grammaire, un complément d'objet. Étant donc de part en part transcendance,[7] la conscience est essentiellement référence au monde : l'être et ses étants. Puisqu'on ne peut séparer de la perception l'« évidence » qu'elle a d'atteindre l'objet lui-même, le « perçu » et la « perception » ont la même modalité d'existence : « certitude » ou « doute ».[8] Si je dis, par exemple, je vois une table au sens « vrai » du mot « voir », il faut qu'il y ait là une table à voir – la certitude de la « perception » implique celle du « perçue » : le contenu de la perception. Et, réciproquement, si je doute de la chose perçue, ce doute portera sur la perception elle-même.[9] Si je doute par exemple qu'il y a là quelque chose ou si je crois voir un fantôme, je conviendrai que je ne vois pas vraiment. Puisque la conscience naît portée sur le monde, on a ce schéma :

$$q \rightarrow p \text{ et } p \rightarrow q \qquad (q = \text{l'objet}$$
$$q \rightarrow p = p \rightarrow q \qquad p = \text{la perception})$$

Réduite à elle-même, la sensation est toujours « vraie », disait Descartes, l'erreur n'intervient que par l'interprétation transcendantale qu'en donne le jugement.[10] Mais, là aussi, il n'est pas plus facile – pense Merleau-Ponty – de savoir si j'ai « senti » quelque chose que de savoir s'il y a là quelque chose. L'hystérique, par exemple, sent, mais il ne tient pas compte de sa perception.[11] Sa perception, pour ainsi dire, est opaque à lui-même. Bref, la certitude de la chose est impliquée dans la manière même dont la perception se développe : c'est une douleur du « bras » ou de la « jambe », c'est du rouge opaque sur un plan ou c'est une atmosphère rougeâtre à trois dimensions.

Donc, l'interprétation que je donne de ma perception – comme celle que nous avons donnée du marxisme – est motivée par la structure même de la perception – elle jaillit de la configuration des phénomènes eux-mêmes.[12]

Le doute cartésien devait s'arrêter par cette évidence même qu'il porte en lui comme « doute ». L'évidence qu'il porte en lui comme doute l'empêche d'être un doute « effectif » (engagé) ou « sincère ». Je « sais » que je « doute », – ce dernier n'est pas effectif : il n'exprime pas notre relation avec les choses. Celui qui dit je sais que je ne sais pas ne doit pas parler : un sceptique dès qu'il parle, dès qu'il affirme quoi que ce soit – le doute par exemple – il se contredit.

L'erreur ne doit pas motiver le scepticisme : celle-ci est partout possible. « Il n'y a pas de sphère de l'immanence, (et) pas de domaine où ma conscience soit chez elle et assurée contre tout risque d'erreur ».[13] Ainsi, puisque la pensée est liée au monde (P → Q = Q → P), revenir à soi, ce n'est pas, pour notre auteur, revenir à un « monde formel », mais revenir au monde perçu (= vécu). Mais là, on le verra, il y a des erreurs, des vérités et des non-vérités. Le monde perçu comporte, par principe, une part de l'imaginaire.[14] Là Merleau-Ponty se distingue de tous les philosophes modernes sauf, peut-être, de Lacan et Hegel.

3. La coexistence du réel et de l'imaginaire (du vrai et du faux)

Pour notre auteur, contrairement à Sartre,[15] le clivage ne peut exister entre le réel et l'imaginaire.[16] Le réel et l'imaginaire ne se succèdent pas : ils coexistent. Et ce qui vaut pour le rêve

La Pensée logique et politique de M. Merleau-Ponty

(Cf. Chapitre 6), <u>vaut</u> pour la <u>conscience perceptive</u>. Le rêve n'est pas le <u>vide absolu du réel</u> et le «monde perçu» n'est pas, lui non plus, la plénitude absolue du réel. Il y a la part du réel dans le rêve et il y a la part de l'imaginaire même dans la conscience éveillée = perceptive. Il n'y a pas de dualisme radical ou de discontinuité absolue : absence ou présence, rêve ou éveil, perception ou imagination, ces deux modalités ne s'excluent pas l'une l'autre, au contraire elles «<u>empiètent l'une sur l'autre</u>».[17]

Ainsi, le monde perçu n'est ni un monde vide (de fausseté absolue) – car le réel coexiste toujours avec l'imaginaire – ni un monde plein (de vérité absolue) : l'imaginaire coexiste avec le réel. À suivre cette ontologie de notre auteur, personne n'est absolument «concret», ne vit sans erreur, et personne n'est entièrement dans l'erreur = coupé du concret (entièrement faux). Mais si le réel et l'imaginaire (le vrai et le faux) peuvent coexister, si, en d'autres termes, il peut y avoir des hallucinations, c'est que la conscience n'est pas toujours <u>constitutive de la vérité</u>. Reconnaître cet état de choses, c'est affirmer, en outre, que la conscience peut être <u>négative</u>.[18] En ce sens il faut parler de la coexistence du <u>négatif</u> et du <u>positif</u>. En ce sens, Descartes a raison : le monde vécu comporte (par principe pour Merleau-Ponty) des erreurs. Mais à l'intérieur de cet imaginaire compris comme un fond ou une zone du *cogito*, dont personne n'est sauvé, il peut y avoir des perceptions et sentiments – particuliers, individuels ou précis – faux (ou négatifs). Mais si le réel (le positif) et l'imaginaire (le négatif) coexistent toujours, composent l'essence de la subjectivité (la vérité, pour parler comme Heidegger), la différence entre eux reste de nature. Voilà un problème d'ordre ontologique.

4. <u>Des perceptions fausses</u>

Entre la perception et l'hallucination, la différence est de nature : celle-ci n'est pas une perception.[19] Si la perception est le moyen par lequel quelque chose devient présent pour nous, l'hallucination est l'acte (intentionnalité) qui désintègre le réel sous nos yeux.[20] Bien qu'intentionnalité, l'hallucination ne peut être une perception. Les malades distinguent le plus souvent, selon Merleau-Ponty, leurs hallucinations de leurs perceptions.[21] Des schizophrènes qui par exemple se plaignent d'« hallucinations tactiles » — piqûres ou courant électrique — sursautent quand on leur inflige effectivement un courant électrique ; ils se tournent immédiatement vers leur médecin pour l'accuser : « cette fois-ci (…) ça vient de vous, c'est pour m'opérer », disent-ils.[22] Lorsqu'on met à la place du phénomène hallucinatoire une réalité effective, mais qui correspond à ce que les malades disaient et décrivaient, ceux-ci sont toujours stupéfaits, ils ne disent jamais : c'est la même chose, — c'est autre chose, disent-ils. <u>Le phénomène donc hallucinatoire n'est pas un contenu sensoriel, l'imaginaire n'est pas comme le réel, bourré de petites perceptions et accessible à une exploration intersubjective</u>.[23] Le phénomène hallucinatoire n'est pas une <u>chose</u>, mais une « signification implicite ».[24] Mais si le « malade halluciné » distingue — surtout quand on l'interroge — ses hallucinations de ses perceptions, si le malade jouit de la subjectivité pour se créer un monde de « <u>doxa</u> » privé et <u>personnel</u>, Merleau-Ponty ne dit pas qu'il en est ainsi chez le non-malade. Si pour le malade l'hallucination est une « maladie » : construction d'un monde en marge du monde réel,[25] pour l'homme ordinaire elle est une dialectique négative.[26] Mais si la conscience était <u>uniquement</u> « vérité » (positivité), une telle dialectique serait, d'après Merleau-Ponty, impossible.[27] Mais comment une telle négativité et les hallucinations sont-elles possibles ? « Il y a des hallucinations, dit Merleau-Ponty, parce que nous avons par le corps phénoménal une relation constante avec un milieu où il se projette, et que, détaché du milieu effectif, le corps reste capable d'évoquer par ses propres montages une pseudo-présence de ce milieu ».[28]

Une dialectique négative est possible, car la conscience n'est pas toujours et seulement constitutive de la vérité :[29] je peux me tromper sur le sens de l'histoire, sur les choses, sur autrui et sur moi-même. Mon expérience vécue peut être revêtue d'une « signification » ou d'une « évidence » qui s'éclatera au cours de mes expériences futures.[30] La conscience peut s'adhérer au vécu d'une signification fallacieuse.[31] Je peux ne saisir qu'une signification apparente ou idéelle de ma conduite.[32] La conscience hallucinée (négative) est à comparer à la conscience mythique : celle-ci ne se saisit pas comme telle : sinon elle n'adhérerait pas très sincèrement à son mythe.[32] Le propre de l'erreur, dit Merleau-Ponty, est de ne pas se donner comme erreur : si je peux percevoir un objet « irréel » comme « réel », perdre de vue son <u>irréalité</u>, il faut qu'il y ait une « imperception de la fausseté », que la réalité de mon acte soit au-delà de son apparence, faute de quoi il n'y aurait pas d'illusion (d'erreur), bref de négativité.[33] « Si les hallucinations (par exemple) doivent pouvoir être possibles, il faut bien qu'à quelque moment la conscience cesse de savoir ce qu'elle fait, sans quoi elle aurait conscience de constituer une illusion, elle n'y adhérerait pas, il n'y aurait donc plus illusion (…) ».[34]

Ainsi la vérité – ce que je suis ou ce qu'une chose est[35] – peut échapper à la conscience – l'essence de la vérité disait Heidegger. Pour parler comme celui-ci (nous y reviendrons plus loin) la conscience n'est pas toujours vérité. Il y a <u>donc</u> le problème de l'être et de l'apparaître.

5. L'être et l'apparaître

Ainsi, il y a à distinguer chez Merleau-Ponty entre l'existence effective de nos « Erlebnisse » et leur existence telle qu'elle apparaît ou telle que je la saisis.[36] La réalité ne s'identifie pas dans la conscience à l'apparaître. La signification immanente d'un vécu ne se réduit pas à ce que j'en connais ou à ce qu'il m'apparaît. L'apparaître d'un vécu ou la conscience que j'en ai peut être vraie ou fausse : tel est le cas, par exemple, de la conscience mythique et de l'illusion. Pour parler un langage marxiste, il ne faut pas écouter ce que <u>dit</u> l'homme de lui-même, mais <u>voir ce qu'il est</u>. Les significations de nos « Erlebnisse » ne se réduisent, jamais, pour Merleau-Ponty, à la conscience que nous en avons.[37] Des significations restent, par principe, inaperçues. Mais, chose étrange, disons-nous, car le langage (les mots), pensons-nous, est le plus souvent constitutif de l'illusion : la fausseté. Plus que le corps phénoménal, le langage jouit d'une dialectique plus agile et nous fait oublier le problème de l'être et de l'apparaître. Mais s'il y a des hallucinations ou si la vraie signification de notre vie peut être « ignorée », ce n'est pas parce que des pensées secrètes ou déguisées me sont communiquées par l'inconscient. S'il y a des actes manqués dont la vraie signification est inaperçue, ce n'est pas parce que, pense Merleau-Ponty, il y a là un malin génie qui opère en moi, derrière le langage. L'inconscient n'est rien d'autre, disent *La Structure du comportement* et les *Résumés du cours* (1954-1955) qu'une « signification inaperçue ». « Ce qu'on appelle inconscient, a-t-on dit,[38] est seulement une signification inaperçue : il arrive que nous ne saisissions pas nous-mêmes le sens vrai de notre vie, non qu'une personnalité inconsciente soit au fond de nous et régisse nos actions, mais parce que nous ne comprenons nos états vécus <u>sous une idée qui ne leur est pas adéquate</u>. Cependant, même ignorée de nous, la signification vraie de notre vie n'en est pas moins la loi efficace. Tout se passe comme si elle orientait le flux des événements psychiques ».[39]

Mais les hallucinations sont-elles – au moins chez l'homme non malade – motivées ? Les hallucinations, celles du rêve ou d'un mythe, ont non seulement une signification, mais la signification <u>la plus privilégiée et la plus révélatrice</u> : la plus privilégiée car en elles se projette notre drame personnel, et la plus révélatrice car les hallucinations sont notre « <u>guide</u> » pour ce drame : voir où va notre désir, de quoi dépend notre vie et ce que redoute notre coeur.[40] En donnant au négatif, – rêve, imagination ou mythe – ce privilège d'être un <u>guide</u>, Merleau-Ponty <u>valorise</u> certains aspects du négatif. Ce qui est apparemment perdu ne l'est pas tout à fait.

Mais s'il faut opérer cette distinction entre la réalité et l'« apparence » au sein du « monde vécu », faut-il faire la même distinction quand il s'agit de nos sentiments : de l'amour et de la volonté, par exemple ? Si, dit-on, la distinction entre la réalité et l'apparence a sa place dans la synthèse perceptive – puisque celle-ci est inachevée, ce que je vois à présent comme vrai peut s'avérer demain faux – dans l'affectivité l'être de la conscience c'est de s'apparaître. Il est impossible, dit-on, de me tromper sur le sentiment que j'éprouve : dès que j'aime ou que je me sens triste, il est vrai que j'aime ou que je suis triste. Mais est-il vrai que le problème de l'erreur n'a plus de place dans l'affectivité ?

Il est manifeste – affirme Merleau-Ponty – que l'on peut distinguer au sein du *cogito* des sentiments «vrais» et des sentiments «faux».[41] La réalité et l'apparence ont aussi leur place dans l'affectivité. La réalité du vécu risque toujours de passer inaperçue. Tout le vécu affectif ne peut être placé sur le même plan d'existence, être vrai au même titre. Il y a en nous des degrés différents de la réalité, de même qu'il y a dans le monde des «choses», des «reflets» et des «fantômes».[42] «À côté de l'amour vrai, il y a un amour faux ou illusoire».[42] Celui-ci, cependant, doit être bien distingué du cas d'erreur d'interprétation et de celui de la «mauvaise foi» : car, dans ces deux cas, on donne le nom d'«amour» à des émotions qui en fait ne méritent pas ce nom : il n'y avait jamais dans ces deux cas-là un semblant d'amour.[43] Je n'ai jamais «cru», dans le cas de l'erreur d'interprétation et dans celui de la mauvaise foi, que je fusse engagé dans ce sentiment d'amour : j'ai sournoisement évité de poser la question pour éviter la réponse que je savais déjà.[44] Mon amour n'était fait en fin de compte que de complaisance ou de mauvaise foi.[44]

«Au contraire, dans l'amour faux ou illusoire, je me suis joint de volonté avec la personne aimée, elle a vraiment été pour

La Pensée logique et politique de M. Merleau-Ponty

un temps le médiateur de mes rapports avec le monde, quand je disais que je l'aimais, je n'"interprétais" pas, ma vie s'était vraiment engagée dans une forme qui, comme une mélodie, exigeait une suite (...) (Ce n'est qu')[45] après la révélation de mon illusion <u>sur moi-même</u> et quand j'essaierai de comprendre ce qui m'est arrivé, (que) je retrouverai sous cet amour prétendu <u>autre chose</u> que de l'amour : la ressemblance de la femme "aimée" et d'une autre personne, l'ennui, l'habitude, une communauté d'intérêts ou de conviction, et c'est même ce qui me permettra de parler d'illusion. Je n'aimais que des <u>qualités</u> (ce sourire, qui ressemble à un autre sourire, cette beauté qui s'impose comme un fait, cette jeunesse de gestes et de la conduite) et non pas la manière d'exister singulière qui est la personne elle-même ».[46] Et corrélativement puisque la personne n'est pas <u>entièrement</u> aimée, je n'étais pas pris <u>tout entier</u> dans ce sentiment, il y avait des régions dans ma vie qui n'étaient pas engagées dans cet amour : il y avait place en moi pour tout autre chose que ce sentiment.[47] Mais c'est ce que je sais à présent. Dans le moment même où je vivais mon amour, c'est ou bien, dira-t-on, que je n'en savais rien : alors il n'y avait jamais eu « d'amour illusoire », il s'agissait simplement d'un sentiment qui à présent est mort, ou bien je savais déjà mon sentiment illusoire et je le maintenais : aucun amour dans ce cas-là n'a existé. Un amour illusoire, dira-t-on, est impossible. On ne peut cependant, selon Merleau-Ponty, nier l'existence de cet amour illusoire. On ne peut prétendre que cet amour faux était, pendant que je l'éprouvais, indiscernable d'un « amour vrai » et qu'il soit devenu un « faux » amour quand je l'ai désavoué.[48] Mon amour était dès le point de départ un « faux-amour ». Mais on ne peut non plus dire qu'il n'y avait « nullement » d'amour : ce sentiment n'était pas l'absence totale d'amour, le non-amour. C'est ce que Merleau-Ponty essaie de nous expliquer sur un exemple de Sartre dont il conteste l'interprétation. Le passé pour celui-ci ne reçoit son sens que de l'avenir.[49] La crise mystique d'un adolescent est en elle-même dépourvue de sens : c'est de l'avenir qu'elle reçoit son sens. On ne peut cependant, selon Merleau-Ponty, dire que la crise religieuse d'un adolescent est en elle-même vide de « sens » et qu'elle « devient » uniquement selon que je la valorise dans l'avenir, accident de puberté ou premier signe d'une vocation religieuse.[50] La crise mystique ne peut, pour Merleau-Ponty, être en elle-même dépourvue de « sens ». L'avenir ne peut contester le poids ou la consistance propre qu'a une crise religieuse. Il doit y avoir dans la crise mystique elle-même, telle que je l'ai vécue, le moyen de distinguer l'incident de la vocation : celle-ci est une attitude qui s'insère dans mes rapports fondamentaux avec le monde et autrui, alors que l'incident n'est qu'une attitude à l'intérieur du moi, un comportement impersonnel et sans nécessité interne.[51]

« De même, l'amour vrai convoque toutes les ressources du sujet et l'intéresse tout entier, le faux amour ne concerne que l'un de ses personnages, "l'homme de quarante ans", s'il s'agit d'un amour tardif, "le voyageur", s'il s'agit d'un amour exotique, "le veuf", si le faux amour est porté par un souvenir, "l'enfant", s'il est porté par le souvenir de la mère. Un amour vrai se termine quand je change ou quand la personne aimée a changé ; un amour faux se révèle faux lorsque je reviens à moi. <u>La différence est intrinsèque</u> ».[51]

La différence entre le sentiment authentique et le sentiment faux est intrinsèque – comme d'ailleurs entre la perception et l'illusion – et pourtant on ne peut prendre de ce sentiment illusoire qu'une <u>conscience rétrospective</u>. Le faux amour est un sentiment non-authentique, mais pour en discerner la fausseté, j'ai besoin d'une connaissance de moi que je n'obtiendrai que par la désillusion et en revenant à moi-même.[52] L'illusion se révèle vraiment illusion et pourtant cette révélation ne se fait qu'au dernier moment et par un « acte » qui <u>en est le dénouement même</u>. S'opposant ici à Lacan, Merleau-Ponty se fait <u>behavioriste</u>.

L'hystérique fournit une situation semblable à celle du sentiment non-authentique. L'hystérique n'est pas un simulateur : s'il est un simulateur, c'est lui-même qu'il trompe.[53] Mais comment l'hystérique peut-il sentir ce qu'il ne sent pas et ne pas sentir ce qu'il sent ? L'hystérique ne feint pas, selon Merleau-Ponty, la douleur, mais celle-ci se distingue chez lui d'une douleur réelle : dans la première, il n'y est pas tout entier, des zones <u>calmes</u> existent encore en lui.[53] Là aussi, de même que dans le sentiment faux ou illusoire, la différence est intrinsèque.

La description du sentiment faux est apparemment paradoxale chez Merleau-Ponty : comment un sentiment <u>vécu</u> ou <u>effectif</u> peut-il être « faux » ? D'après la distinction faite plus haut (le paragraphe précédent) entre la signification immanente et la signification idéelle, un sentiment effectif ne peut être <u>qu'authentique</u>. Deux raisons sous-tendent la logique de Merleau-Ponty : ce qui fait qu'un sentiment soit illusoire c'est sa « trop » partialité et la « passivité ». Les sentiments faux sont des sentiments dans lesquels on est assez engagé pour qu'ils soient vécus, mais pas assez engagé pour qu'ils soient authentiques.[54] Un sentiment faux est un sentiment périphérique :[55] un sentiment suscité par des situations dans lesquelles on n'est pas vraiment engagé. « L'enfant et beaucoup d'hommes sont dominés par des "valeurs de situation" qui leur cachent leurs sentiments effectifs, – contents parce qu'on leur fait un cadeau, tristes parce qu'ils assistent à un enterrement, gais ou tristes selon le paysage, et, en deçà de ces sentiments, indifférents et vides ». « Nous sentons bien le sentiment lui-même, mais d'une manière inauthentique. C'est comme l'ombre d'un sentiment authentique ». « Notre attitude naturelle n'est pas d'éprouver nos propres sentiments ou d'adhérer à nos propres plaisirs, mais de vivre selon les catégories sentimentales du milieu ».[56] Mais ce n'est que plus tard qu'apparaîtra la « fausseté » de ces sentiments. C'est quand un sentiment nouveau, authentique et personnel va venir rompre la trame de ces fantasmes sentimentaux : tant que ce sentiment n'est pas encore né, la conscience n'a aucun moyen de se désillusionner, de déceler ce qu'il y a en elle de « vrai » et d'« illusoire ».[57]

« Ainsi, nous ne nous possédons pas à chaque moment dans <u>toute notre réalité</u> et l'on a le droit de parler d'une perception intérieure, d'un sens intime, d'un "analyseur" entre nous et nous-mêmes, qui, à chaque moment, va plus ou moins loin dans la connaissance de notre <u>vie</u> et de notre <u>être</u> ».[58]

Nous marquons ici un point capital : il y a des modalités de la conscience, des sentiments vécus et des actes que nous <u>créons</u> – et qui sont pourtant faux (= négatifs). Nous avons conscience de les poser, <u>mais le sens vrai ou la signification immanente</u>

est inaperçue : reste non-accessible au sens intime. Balzac s'en est bien aperçu lorsqu'il a montré que « l'amour est dans les bouquets que Félix de Vandenesse prépare pour Madame de Mortsauf aussi clairement que dans une caresse ».[59] Mais Félix ne savait justement pas encore son amour. Pas plus que Félix, Fabrice ne savait pas, au moment où il montait en voiture avec la Sanseverina, qu'il l'aimait ; c'est quelque chose qu'il n'apprendra que si le mot amour est prononcé : prononciation tardive mais qui ébauchera une sorte de réflexion implicite.[60] L'amour n'est pas un acte déterminé, précis et circonscrit pour être connu par un savoir absolument déterminé, c'est-à-dire par un savoir qui s'obtient d'un seul acte ou d'un seul coup.[61] L'amour est un mouvement temporel (existentiel), qui engage une série d'actes où chacun d'eux reçoit des suivants une précision : confirmation ou information. Les mouvements qui ébauchent un acte d'amour ne peuvent se discerner que peu à peu.[62] Chacun des ces mouvements, comme le premier bouquet de Félix, est encore ambigu.[63] Félix ne savait pas dès le début ce qu'était au juste cette sympathie qui lui faisait cueillir les bouquets de fleurs pour Madame de Mortsauf. Cette sympathie attendait pour « se préciser » ses actes de demain, et peut-être restera-t-elle à jamais un témoignage insignifiant ou une pulsion passagère.[64] Mais dire qu'il y a des modalités de la conscience (amour faux) non accessibles au sens intime, c'est pour Merleau-Ponty dire qu'il y a bien des choses que je dois apprendre sur moi-même : il est impossible de prétendre que je savais déjà ce que je connais à présent, de réaliser d'avance en moi une connaissance de moi-même que je n'ai pu obtenir qu'à présent.[65] Mais ces modalités de nous-mêmes dont la signification reste inaperçue ne sont pas pour autant réductibles à l'inconscient freudien. « Ce qui reste en deçà de la perception intérieure et n'impressionne pas le sens intime n'est pas un inconscient. (…) (Car il ne s'agit là que) des phénomènes qui se donnent avec évidence à la réflexion. Il ne s'agit pas d'autre chose que de ce que nous faisons ».[66] Un vécu, une perception ou un sentiment, ne peut être pour Merleau-Ponty un processus en troisième personne. C'est là la raison pour lui de la négation expresse de l'inconscient[67] et du refus de l'inconscience (au sens freudien) de l'imaginaire. L'idée d'une conscience qui serait absolument transparente à elle-même, et celle de l'inconscient ne sont pas, pour Merleau-Ponty, si différentes l'une de l'autre :[68] la conscience n'est originairement ni conscience de soi ni ignorance de soi, ni vérité absolue (Descartes) ni fausseté absolue (Freud).

Mais c'est sur un autre exemple plus maniable, l'amour authentique mais méconnu, que Merleau-Ponty va raisonner pour sortir de l'embarras de l'inconscience des sentiments faux ou illusoires. Ces modalités de la conscience, ignorance de l'amour vrai ou imagination d'un amour faux comme vrai, Merleau-Ponty les ramène à cette formule : («je ne l'ignorais pas » et «je ne le savais pas ») :

> Je découvre que je suis amoureux. Rien ne m'avait échappé peut-être de ces faits qui maintenant font preuve pour moi : ni ce mouvement, plus vif de mon présent vers mon avenir, ni cette émotion qui me laissait sans parole, ni cette hâte d'arriver au jour d'une rencontre. Mais enfin, je n'en avais pas fait la somme, ou, si je l'avais

> faite, je ne pensais pas qu'il s'agit d'un sentiment si important, et je découvre maintenant que je ne conçois plus ma vie sans cet amour. (…) L'amour qui poursuivait à travers moi sa dialectique et que je viens de découvrir n'est pas, depuis le début, une chose cachée dans un inconscient, et pas davantage un objet devant ma conscience, c'est le mouvement par lequel je me suis tourné vers quelqu'un, la conversion de mes pensées et de mes conduites – je ne l'ignorais pas puisque c'est moi qui vivais des heures d'ennui avant une rencontre, et qui éprouvais de la joie quand elle approchait, il était d'un bout à l'autre vécu – il n'était pas connu. [69]

Descartes disait qu'il n'y a rien en nous dont nous ne puissions avoir conscience, Merleau-Ponty dit quelque chose d'analogue : – à la seule différence, mais grande, que Descartes ne connaissait que la conscience thétique – «…il n'est rien en elle (la conscience) qui ne s'annonce de quelque manière à elle ».[70]

L'amoureux est à comparer au rêveur. Celui-là vit une transfiguration de son être : son amour tend à mordre sur tout et à orienter vers lui l'existence tout entière, mais étant ainsi, il ne peut se spécifier comme « amour » faute justement d'un fond plus général, qui permette de le situer.[71] L'amour n'est pas, dit Merleau-Ponty, une chose que l'on peut circonscrire et désigner : <u>c'est une situation existentielle</u>.[72] Mais « si nous sommes en situation, nous sommes circonvenus, nous ne pouvons pas être transparents pour nous-mêmes, et il faut que notre contact avec nous-mêmes ne se fasse que dans l'équivoque ».[72]

6. Réflexions critiques

Deux raisons empêchent Merleau-Ponty de faire des sentiments faux ou illusoires un inconscient compris comme un non-savoir radical. A) D'abord ces phénomènes – amour faux ou authentique mais méconnu – se donnent avec évidence à la réflexion personnelle et volontaire. En revenant à moi, je découvre que je n'étais pas amoureux. La réflexion ne va cependant pas chez Merleau-Ponty sans aucune restriction. i) D'abord une telle réflexion n'est que <u>rétrospective</u> : pendant que je vivais mon amour illusoire, je n'en savais rien, si je le savais je ne me prenais pas pour un homme amoureux. ii) Mais en outre, ce n'est pas par la réflexion que Merleau-Ponty nous dit que la jeune fille peut se désillusionner. C'est par ses <u>actes de demain</u> (la naissance d'un amour authentique par exemple) que la jeune fille réussira à déceler ce qu'il y a dans ses sentiments d'illusoire. Ce sont, en d'autres termes, ces actes qui vont fournir un fond général à ses sentiments et qui permettra de les « mesurer ». Félix ne savait pas dès le premier bouquet offert à Madame de Mortsauf s'il s'agissait là d'une sympathie ou d'un amour qui commençait. Ce n'est pas par une réflexion <u>sur le champ</u> (directe) qu'il pourra le savoir : ce sont ses actes de demain – la temporalité – qui vont ébaucher la vraie réflexion. Si, après le bouquet de fleurs, je trouve que j'ai fait « ceci » ou « cela », je me convaincrai qu'il s'agissait là d'un amour ou d'une simple sympathie. B) L'autre raison qui empêche de faire des sentiments faux ou authentiques un inconscient, c'est « l'essence de la subjectivité » : l'essence de celle-ci est de ne pas s'ignorer, de ne rien avoir en elle qui ne s'annonce à elle de quelque manière.[73]

La manière cependant dont Merleau-Ponty décrit les sentiments faux (ou l'imaginaire) et la manière dont il veut les ramener à « je ne l'ignorais pas » et « je ne le savais pas » n'est pas – à notre sens – si aisément concevable. Car je peux connaître les actes que je pose d'une manière non thétique ou thétique. Celle-ci est un développement de la première. Mais dans le cas de l'amour faux, ce n'est plus une question de développement : l'illusion a pris la place de la vérité. Si en toute rigueur il faut se limiter à l'essence de la subjectivité, il faut dire que la conscience était conscience (de) cet amour comme faux, mais d'une manière non thétique. Cela revient à dire : hier je connaissais mon amour faux d'une manière non thétique, et aujourd'hui, je le connais d'une manière thétique – ce qui revient à détruire l'idée même de Merleau-Ponty de l'imaginaire ou des sentiments faux. Bref, il faut – à notre sens – aller plus loin que la conscience (de). Mais Merleau-Ponty ne veut rien « absolutiser » et cela le conduit inévitablement à des ambiguïtés.

7. Conclusion

C'est, en somme, la passivité de nos engagements qui est l'élément constitutif de l'illusion, de l'erreur, de la négativité et de la méconnaissance de soi. Un sentiment faux, avons-nous vu, est un sentiment dans lequel on est assez engagé pour qu'il soit « vécu », mais pas assez engagé pour qu'il soit « vrai ». Mais y a-t-il des engagements absolus, aux yeux de Merleau-

Ponty ? « <u>Aucun engagement</u>, dit notre auteur, <u>n'est</u> absolu ».[74] Mais affirmer qu'aucun engagement n'est absolu et qu'être en situation, c'est être circonvenu, n'est-ce pas dire qu'aucun sentiment n'est authentique, ou ce qui revient au même, que <u>dans la conscience (le monde perçu) tout est illusoire</u> ? Merleau-Ponty n'est pas un « radicaliste ». Il ne va pas jusqu'à dramatiser les choses en généralisant cette situation, car pour lui nos engagements sont des « actes »,[75] c'est-à-dire des intentionnalités au moyen desquelles quelque chose <u>devient</u> présent pour nous. C'est là où Merleau-Ponty voit la solution. Celle-ci n'exclut pas, comme on vient de le voir, qu'il y ait quelquefois des illusions, de l'inauthenticité, bref, de la non-vérité.[76] Nous disons quelquefois, mais si l'imaginaire (le faux) coexiste <u>toujours</u> avec le réel (le vrai), la <u>fausseté</u> n'est-elle pas une « <u>part constitutive</u> » de <u>l'être humain</u>, du *cogito* ou de la <u>subjectivité</u> ? C'est exact. En somme, on a rejeté le scepticisme cartésien, on a lié la conscience au monde et on a introduit l'illusion (la fausseté) comme une <u>composante constitutive</u> de l'<u>Être-sujet</u>. Mais n'est-il pas étonnant de voir Merleau-Ponty introduire la fausseté (le négatif) dans l'être humain plutôt que de chercher à définir la vérité ? En introduisant la « fausseté » au sein du *cogito*, l'ontologie de Merleau-Ponty se boucle ; la chair contient tout : le vrai et le faux – le positif et le négatif. Il y a la vérité comme perception et la vérité comme « doxa » (le chapitre suivant).

Les références du Chapitre VIII

1. Anthony Kenny, Wittgenstein, p.205.
2. « La pensée intuitive chez Descartes » in *Revue de métaphysique et de morale*, T.XLIX (N. 1. 1937) p.2.
3. Merleau-Ponty, *l'Union de l'âme et du corps chez Malebranche, Biran et Bergson*, p.46.
4. Léon Brunschvicg, *L'Expérience humaine et la causalité physique*, p.5, 3ème édition 1949, cité par Merleau-Ponty, *Ibid.* p.46.
5. Descartes, *Méditation II, Œuvres et lettres*, « Bibliothèque de la Pléiade », p.278.
6. Cf. Merleau-Ponty, *PP.*, p.429.
7. *Ibid.*, p.431.
8. Descartes ne dit pas comme Sartre (*L'Être et le Néant* p.28) que la conscience naît portée sur le monde, car s'il en était ainsi chez Descartes, il faudrait qu'il doute, comme le dit Merleau-Ponty (*PP.* p.429), de toute pensée corrélative d'un objet douteux et par conséquent du doute lui-même.
9. *Ibid.*, p.431.
10. *Ibid.*, p.429.
11. *Ibid.*, p.431.
12. *Ibid.*, p.431.
13. *Ibid.*, p.431. La parenthèse est de nous.
14. « Nos relations de la veille avec les choses et surtout avec les autres ont par principe un caractère onirique : les autres nous sont présents comme des rêves, comme des mythes, et ceci suffit à contester le clivage du réel et de l'imaginaire ». Merleau-Ponty, *Résumés de cours*, p.69.

15. Cf. Sartre, *l'Imaginaire*, p.216. « Le réel et l'imaginaire, par essence, dit Sartre, ne peuvent coexister. Il s'agit de deux types d'objets, de sentiments et de conduites entièrement irréductibles ». (*l'Imaginaire*, p.216)
16. Cf. Merleau-Ponty, *Résumés de cours*, p.68.
17. *Ibid.*, p.68. C'est nous qui soulignons.
18. Merleau-Ponty, *PP.*, p.396.
19. *Ibid.*, p.395, 394, 388, 343, 340.
20. *Ibid.*, p.385.
21. *Ibid.*, p.385 et suivantes.
22. *Ibid.*, p.385.
23. *Ibid.*, p.389-390, 391, 393.
24. *Ibid.*, p.390.
25. « La phénoménologie apporte ici à la psychanalyse des catégories, des moyens d'expression dont elle a besoin pour être tout à fait elle-même. Elle lui permet de reconnaître sans équivoque la "réalité psychique", l'essence "intrasubjective" des formations morbides, l'opération fantastique qui reconstruit un monde en marge et à l'encontre du monde vrai, une histoire vécue sous l'histoire effective, et qui s'appelle la maladie ». Merleau-Ponty, Préface à *L'œuvre de Freud et son importance pour le monde moderne*, par Dr. A. Hesnard, p.5.
26. Merleau-Ponty, *SC.*, p.237, *PP.*, p.388.
27. Merleau-Ponty, *PP.*, p.388.
28. *Ibid.*, p.392.
29. Merleau-Ponty, *SC.*, p.237.
30. *Ibid.*, p.237.

31. *Ibid.*, p.238.
32. Merleau-Ponty, *PP.*, p.338.
33. «(…) c'est bien le propre de l'illusion de ne pas se donner comme illusion, et il faut ici que je puisse, sinon percevoir un objet irréel, du moins perdre de vue son irréalité ; il faut qu'il y ait au moins inconscience de l'imperception, que l'illusion ne soit pas ce qu'elle paraît être et que pour une fois la réalité d'un acte de conscience soit au-delà de son apparence ». *Ibid.*, p.341.
34. *Ibid.*, p.396. La parenthèse est de nous.
35. Merleau-Ponty ne pose pas ici le problème de l'en-soi des choses. À ce problème Merleau-Ponty a deux solutions.

    A. Étant moi-même de l'être (Être-sujet) j'ai accès aux choses telles qu'elles sont (cf. notre premier chapitre).

    B. La deuxième solution (pas ontologique) est celle-ci : j'ai l'expérience, la conscience et l'évidence d'atteindre les choses telles qu'elles sont. C'est « the common sense ».

36. *Ibid.*, p.398, *SC.*, p.237-8.
37. « Nous ne nous réduisons pas à la conscience idéelle que nous avons de nous, pas plus que la chose existante ne se réduit à la signification par laquelle nous l'exprimons ». Merleau-Ponty, *SC.*, p.238 ; cf. *PP.*, p.389.
38. Merleau-Ponty se réfère ici à J. P. Sartre, *La Transcendance de l'Ego, Recherches philosophiques*,

1936-1937. Merleau-Ponty ne donne pas la pagination. Nous n'avons pas pu trouver chez Sartre, dans la *Transcendance de l'Ego*, une telle affirmation. Il s'agit là, pensons-nous, de la pensée de Merleau-Ponty lui-même.

39. Merleau-Ponty, *SC.*, p.237. C'est nous qui soulignons.
40. Merleau-Ponty, *PP.*, p.330.
41. *Ibid.*, p.433.
42. *Ibid.*, p.433.
43. *Ibid.*, p.433.
44. *Ibid.*, p.433.
45. La parenthèse est de nous.
46. *Ibid.*, p.433-434.
47. *Ibid.*, p.434.
48. *Ibid.*, p.434.
49. J. P. Sartre, *L'Être et le Néant*, p.579.
50. Merleau-Ponty, *PP.*, p.434.
51. *Ibid.*, p.434. (Souligné par nous).
52. *Ibid.*, p.434-435.
53. *Ibid.*, p.435.
54. *Ibid.*, p.437.
55. « Les sentiments illusoires ou imaginaires sont bien vécus, mais pour ainsi dire avec la périphérie de nous-mêmes ». *Ibid.*, p.435. Merleau-Ponty se réfère à Scheler, *Die Idole der Selbsterkenntnis*, p.63 et suivantes.
56. *Ibid.*, p.435.
57. « La jeune fille aimée ne projette pas ses sentiments en solde ou en Juliette, elle éprouve les sentiments de ces fantômes poétiques et les glisse dans sa vie.

C'est plus tard, peut-être, qu'un sentiment personnel et authentique rompra la trame des fantasmes sentimentaux. Mais tant que ce sentiment n'est pas né, la jeune fille n'a aucun moyen de déceler ce qu'il y a d'illusoire et de littéraire dans son amour. C'est la vérité de ses sentiments futurs qui fera paraître la fausseté de ses sentiments présents, ceux-ci sont donc bien vécus, la jeune fille "s'irréalise" en eux comme l'acteur dans son rôle, et nous avons ici, non pas des représentations ou des idées qui déclencheraient des émotions réelles, mais bien des émotions factices et des sentiments imaginaires». *Ibid.*, p.435.

58. *Ibid.*, *PP*.435-436. C'est nous qui soulignons.
59. *Ibid.*, p.371.
60. A. De Waelhens, *Une philosophie de l'ambiguïté, l'existentialisme de M. Merleau-Ponty*, p.270-271.
61. Merleau-Ponty, *PP.*, p.435-437. A. De Waelhens, *Une philosophie de l'ambiguïté, l'existentialisme de M. Merleau-Ponty*, p.271.
62. A. De Waelhens, *Ibid.*, p.271.
63. *Ibid.*, p.271.
64. *Ibid.*, p.271-272.
65. Merleau-Ponty *PP.*, p.436.
66. *Ibid.*, p.436. La parenthèse est de nous.
67. «Le vécu est bien vécu par moi, je n'ignore pas les sentiments que je refoule et en ce sens il n'y a pas d'inconscient». *Ibid.*, p.343.
68. *Ibid.*, p.436.
69. *Ibid.*, p.436.

70. *Ibid.*, p.342.
71. A. De Waelhens, *Une philosophie de l'ambiguïté, l'existentialisme de M. Merleau-Ponty*, p.273.
72. Merleau-Ponty, *PP.*, p.437.
73. Se basant sur le texte où Merleau-Ponty ne veut pas faire de l'amour faux un inconscient, J. François Lyotard écrit ceci : « Ce que Freud appelait inconscient, c'est en définitive une conscience qui ne parvient pas à se saisir elle-même comme spécifiée (…) ». *La Phénoménologie* p.72.
74. Merleau-Ponty, *PP.*, p.437.
75. *Ibid.*, p.438.
76. « La même raison me rend capable d'illusion et de vérité à l'égard de moi-même : c'est à savoir qu'il y a des actes dans lesquels je me rassemble pour me dépasser ». *Ibid.*, p.439.

La Pensée logique et politique de M. Merleau-Ponty

CHAPITRE IX

LE COGITO, LE REJET DE L'ABSOLU ET L'ABSOLU

Si quelquefois on compare Sartre à Descartes quand il s'agit du corps et de la conscience,[1] on oublie, pensons-nous, l'importance de ce que Sartre appelle « l'épreuve ontologique ».[2] Il y a là l'importance de l'Être dont Descartes, par exemple, ne veut rien savoir (il en doute) et le refus d'une conscience originairement thétique = conscience de soi. Celle-ci n'est pas originairement conscience de soi : l'intuition de quelque chose (l'épreuve ontologique) précède l'intuition intellectuelle, c'est dans l'objet que la conscience se découvre (Kant). C'est donc l'intuition sensible qui rend possible l'intuition intellectuelle. Penser la pensée – avoir conscience de soi[3] – est une pensée en « retard » sur l'intuition sensible.[4] Dès lors la réflexion totale est impossible : douter de quelque chose et avoir conscience de soi (comme figure) en train de douter ne s'effectuent pas au même moment. Je « doute » et je sais que je doute ne font pas un seul et même acte comme le croyait Descartes. La réflexion, dit-on, est temporelle. L'histoire est avant la raison de l'histoire. Même en quittant la spontanéité, en usant du langage, en disant : « je doute », je ne fais que thématiser une pensée déjà passée : déjà lointaine. De quelle manière que ce soit, en opérant le « doute », la « réduction phénoménologique » ou la « raison de l'histoire », il n'y a pas de réflexion totale. Être conscient de penser, c'est en effet être conscient d'avoir pensé. Il s'agit là de deux moments temporellement distincts. Le dernier moment Merleau-Ponty l'appelle l'« objectivité seconde ».[5] Puisque Descartes doute de tout contenu de la pensée, et puisque le doute, comme on vient de le voir, n'est pas appréhendé dès sa « racine » — « je doute » et « je sais que je doute » ne font pas un seul acte — on peut douter du doute lui-même. Car le doute est lui-même un contenu de la pensée, un contenu de la conscience réflexive = il est antérieur à la réflexion. Le *cogito* réflexif, en d'autres mots, le prend comme n'importe quel objet ou thème de réflexion ou de thématisation. C'est de cette manière que les phénoménologues — tout en étant des philosophes du *cogito* — rejettent la « réflexion totale ». Ce que donc Descartes croyait être « l'évidence » du « JE », est finalement pour Merleau-Ponty « obscur ». Il n'y a pas là de présence à titre d'objet = de figure (pour parler comme les gestaltistes). <u>C'est finalement la vérité cartésienne qui est rejetée</u> : « Est vrai ce qui est clair et distinct ». Mais ce rejet est la justification de la philosophie : la tâche de celle-ci est d'<u>expliciter</u> — comme l'a fait Hegel, Marx, Freud — le <u>monde vécu</u>. C'était là la tâche du *Visible et l'Invisible*. Mais l'échec de Descartes, est ici double : il n'y a ni « réflexion totale », ni « vérité absolue ». Descartes ignore la nature perspectiviste de la conscience. Mais pour savoir si vérité (= connaissance) absolue il y a, il faut, comme le fait Heidegger, interroger la perception.

Considérant la perception (la clef du savoir), Merleau-Ponty de même que Heidegger, pensons-nous, y trouve la négation indubitable de toute <u>idée de l'absolu</u>. Toute conscience, dit Merleau-Ponty, est conscience perceptive : que celle-ci soit externe, interne, historique ou philosophique.[6] L'objet — cube, temporalité ou histoire — ne se livre que par profils (Abschattungen) : sa saisie n'est pas totale. Elle n'est jamais indemne de potentialités et de références. L'objet, comme le dit *La Structure du comportement*[7] et Heidegger au sujet de l'art, est une structure : il renvoie à autre chose que lui-même. Pour parler comme des gestaltistes, il faudrait dire : il n'y a pas de figure sans fond, de <u>connaissance</u> sans <u>non-connaissance</u>. Pour parler comme Merleau-Ponty : l'objet de la perception ne se « réduit » pas aux perceptions que j'en ai à présent. <u>Il n'est pas une idée</u>. La perception, pour parler comme Husserl et Merleau-Ponty, est une « synthèse inachevée ». Puisque la perception est, de sa nature, « partielle », elle est « <u>temporelle</u> ». Elle doit être (ou elle est), pour parler comme Maine de Biran, « effort » : « effectuation » des potentialités de l'objet. Chaque objet (cube, temporalité ou histoire) appelle inévitablement des perceptions ultérieures. Et ce car la perception est « <u>perspectiviste</u> ». « Si Dieu, dit Levinas, devait percevoir les choses du monde extérieur par exemple, il ne l'aurait pu qu'en synthétisant, comme nous, les divers aspects successifs des choses – mode propre de leur perception. Sans cela Dieu verrait tout autre chose ».[8] Mais cela ne doit pas nous faire oublier complètement le <u>paradoxe</u> de la perception : celle-ci comporte, par principe, la contradiction de la « <u>transcendance</u> » et de l'<u>immanence</u>.[9] Dans la synthèse perceptive il y a la synthèse de « transition » : les « profils » de l'objet perçu sont représentatifs les uns des autres. Tout en ayant des perceptions perspectivistes c'est la chose tout entière que je saisis : je la saisis comme « signification » dit *La Structure du comportement*.[10] « Ma perception est (…) un faisceau de lumière qui révèle les objets là où ils sont et manifeste leur présence, latente jusque-là ».[11] Mais <u>la synthèse de transition</u> n'est nullement la <u>négation</u> de la <u>synthèse perspectiviste</u> : la négation de celle-ci est la négation de la temporalité – à quoi bon faire effort pour « voir » ce que je « sais » ou ce que je « vois » déjà ?

La grammaire ne se trompe pas: c'est la nature perspectiviste de la perception qu'elle révèle : en disant je « verrai » (I will see), cela signifie que je ne vois pas (I am not seeing). Et peut-être ne verrai-je jamais (I will never see). La perception, pour penser comme Heidegger, est déformatrice, mais cette déformation, comme le pense Heidegger lui-même, est créatrice = transcendantale. C'est grâce à elle que l'on peut voir.[12] Le caractère perspectiviste de la conscience ou de la perception (la philosophie est une perception) ne doit pas, pense Merleau-Ponty, être compris comme une dégradation d'une connaissance « vraie » qui, elle, ferait le tour, d'un seul coup, de la totalité des aspects perspectivistes de l'objet.[13] « Le propre du visible, dit Merleau-Ponty, est d'avoir une doublure d'invisible au sens strict, qu'il rend présent comme certaine absence ».[14]

Partielle donc, et perspectiviste, la perception reste un faisceau de lumière. Elle est, pour employer un langage de Heidegger, « révélatrice » ou « dévoilante ».[15] « La perception, dit *Le Visible et l'Invisible*, m'ouvre le monde comme le chirurgien ouvre un corps, apercevant, par la fenêtre qu'il a pratiquée, des organes en plein fonctionnement, pris dans leur activité, vus de côté ».[16] Comparer la perception à une « fenêtre » il y a là de quoi gêner Joseph Moreau: celui qui voit par une « fenêtre » ne peut pas tout voir. Mais c'est grâce à cette « petite » fenêtre que le chirurgien peut voir, être utile. Cette « fenêtre », ce « faisceau de lumière », dévoilement, voilà ce qui est, pour Heidegger, la « vérité ». Celle-ci n'est donc pas une

« chose » et pas davantage une « idée ». Et puisqu'il n'y a pas de visible (de figure) sans l'invisible (le fond), il n'y a donc pas de « vérité absolue ». Affirmer donc des vérités absolues, c'est ignorer et méconnaître la nature perspectiviste de la perception (la conscience). C'est, en outre, méconnaître la temporalité : quelle est la raison de celle-ci, sinon la nature perspectiviste de la perception (la vérité) elle-même ?

Mais qu'en est-il de la perception interne ? Là où Descartes a affirmé des vérités absolues, des perceptions adéquates ? D'abord il n'y a pas de perception interne : il n'y a pas d'intériorité pure (du formalisme métaphysique). Le sentiment d'intériorité – contrairement à ce que semble penser M. Henry[17] – est inséparable, pour Merleau-Ponty, de celui de l'extériorité (voir Chapitre 8). C'est cette intériorité pure de M. Henry, que Wittgenstein, à sa manière, a rejetée : le solipsisme, dit-il, coïncide avec le pur réalisme.[18] La perception interne, pas davantage que la perception externe, ne fait le tour de son objet : nos actes intentionnels.[19] Là aussi, la synthèse est à jamais inachevée. Là aussi la perception adéquate – totale – est inconcevable.

Malgré l'idéalisme de Husserl, considérant l'intentionnalité il en a affirmé : celle-ci implique un horizon indéterminé – je vois, j'entends, je sens au même moment et pourtant je ne suis pas présent à toutes ces opérations intentionnelles. Il en-est ainsi car la perception interne – pas différente de la perception externe – est perspectiviste. L'analyse de la perception interne faite par M. De Waelhens nous semble être éclairante et intéressante : me voilà, par exemple, occupé à ma toilette et je fais plusieurs choses à la fois : je songe au cours que je vais donner tantôt sur la monade chez Leibniz et je me savonne le visage.[20] Il y a là de fait déjà trois couches de visées simultanées : a) la pensée de Leibniz, b) le savonnage de mon visage et c) moi-même en tant que présent à l'une et à l'autre.[21] Mais ce n'est pas tout : chacune de ces activités est en elle-même une structure complexe et mouvante.[22] On a là donc des « couches » et des « sous-couches ». Mais qu'en est-il de ces « couches » et « sous-couches » à l'égard de la perception interne – le *cogito* pour parler comme Descartes ?

Husserl n'a pas hésité, lui, à qualifier ce halo qu'implique chaque intentionnalité de « totalement indéterminé ».[23] Pour M. Levinas, c'est bien là un « pont » entre la phénoménologie et la psychanalyse ; dire donc que chaque intentionnalité implique un horizon indéterminé, c'est, pour lui, dire que celui-ci est « inconscient ».[24] M. De Waelhens nous semble être ici plus nuancé. Considérées du point de vue thétique (conscience positionnelle de soi) aucune de ces couches n'est originairement thématisée comme telle. À supposer cependant que l'on me demande ce que je fais, je dirai : Je pense à la pensée de Leibniz. La première devient ainsi une figure sur un fond. La seconde couche est la plus prête à devenir thétique. La troisième couche, elle, bien qu'en principe elle le puisse, est loin de devenir une visée thétique. Et, prises ensemble et abstraction faite de leur thématisation, ces couches et sous-couches ne sont pas à mettre sur le même niveau. Il y a là des degrés différents de clarté inhérents à chacune de ces structures. Le savonnage de mon visage, par exemple, est moins clair que ma visée de la pensée de Leibniz.[25] Ainsi, « cette multiple manière d'être à ses objets détermine pour la conscience une multiple manière <u>d'être</u>

La Pensée logique et politique de M. Merleau-Ponty

<u>consciente</u>. Et (…) cette multiple manière d'être consciente constitue (…) des modes plus ou moins prononcés d'être inconsciente ».[26] Et puisque pour Husserl revenir à nos actes, c'est revenir au « sens », ce sont donc des significations qui sont indéterminées, imperceptibles ou inconscientes. Et dévoiler ce que nos intentionnalités (ou notre conscience) comportent d'implicite, voilà l'objet de l'analyse intentionnelle.[27] C'est en quoi, d'autre part, consiste – selon Husserl – une réforme véritable de la psychologie.[28] Mais expliciter l'implicite de notre pensée, c'est opérer du même coup, du côté noématique une explication, c'est-à-dire élucider et préciser ce qui est « signifié » par la conscience.[29] Si donc l'éclaircissement des objets, la mise en évidence de comment ils ont été constitués, exige l'analyse intentionnelle, c'est que l'intentionnalité est une visée donatrice du « sens »,[30] et qu'elle est, en outre, ignorance de ce sens.[31] C'est là l'idée de l'inconscient, chez Husserl, impliquée par la nature perspectiviste de la perception.

En somme, la perception intérieure n'est pas différente de la perception extérieure. <u>La « nature perspectiviste » (limitée) de la conscience, voilà la raison, pour toute l'école, de rejeter le préjugé des évidences adéquates</u>. Mais le rejet des évidences adéquates est la négation de cette idée chère aux philosophes : <u>la vérité absolue</u>.

Considérant la nature empirique et perspectiviste de la perception, Heidegger arrive à parler de la <u>vérité</u> et <u>non-vérité</u> : « Ce qui est présent, dit De Waelhens en interprétant Heidegger, justement parce qu'il ne peut s'identifier à la présence même, se mêle pour nous d'opacité et d'absence (…). Et c'est pourquoi <u>vérité et non-vérité s'avèrent inséparables</u> ».[32]

461

Mais quelle est l'essence de la vérité pour Heidegger ? C'est la subjectivité, la conscience ou la « liberté ».³³ Celle-ci est définie comme « ouverture » : elle est la compréhension de l'être. « Ouverture », « compréhension » et « vérité » sont synonymes.³⁴ Pour Heidegger, dit De Waelhens, le problème de la vérité est absolument inséparable de celui de la « connaissance ».³⁵ La vérité devient un verbe – révéler, voir, voilà la vérité.

Le but de l'art, pour Heidegger, est de dévoiler la vérité de l'étant.³⁶ Il ne s'agit pas de copier l'objet, car s'il en est ainsi la vérité s'identifierait à l'idée classique de l'adéquation. Copier, ce n'est pas révéler. Répéter, ce n'est pas apprendre, dit Merleau-Ponty (cf. le Chapitre 4). Apprendre, c'est créer (cf. le Chapitre 4). À prendre en considération ce que Wittgenstein a dit du langage : de celui-ci conçu comme image,³⁷ la vérité serait la conformité de la proposition à la réalité. Mais c'est là, pour Heidegger, une manière de voir qui, si elle n'est pas à rejeter, est du moins insuffisante. Or, pour Merleau-Ponty, le réalisme de Wittgenstein a bien un sens : en affirmant que le marxisme, comme théorie, doit passer dans les faits, que le philosophe doit dire ce qu'il voit, Merleau-Ponty et Wittgenstein se font (consciemment ou inconsciemment) des thomistes.³⁸ Mais Merleau-Ponty ne s'arrête pas là : ce serait pour lui une vue trop simplificatrice des choses. À suivre M. De Waelhens, la vérité, avant Platon, a toujours été conçue comme « dévoilement ».³⁹ Étant ainsi le lieu de la vérité n'est pas celui des « idées éternelles » (Platon), ni davantage celui du « jugement ». C'est ce que Nietzsche semble, d'après De Waelhens, avoir bien compris. « Notre pensée (d'après Nietzsche interprété par De Waelhens) est amenée à falsifier le réel parce que, incapable de supporter le devenir qui caractérise ce réel, elle l'enserre pour se tirer d'affaire dans un réseau de concepts arrêtés et morts ».[40] Pour notre auteur, il n'y a pas de problème : le monde de la vérité est celui du « monde perçu ». Là, Merleau-Ponty et Heidegger nous semblent s'accorder parfaitement bien.

Par son « ouverture » propre, la liberté, pense Heidegger, laisse « l'étant être ce qu'il est ».[41] L'homme n'est pas dans sa liberté une menace,[42] ou une néantisation (Sartre). Mais la perception (l'ouverture à l'étant) reste pour Heidegger « culturelle ». « La vérité (...) (est) inséparable d'une culture, d'une Bildung ».[43] Il n'y a là pas de quoi s'étonner : c'est le sujet et l'objet relativisés, structurés ou situés. Si la conscience est une « vision absolue », il n'y aurait pas de vérité, d'appréhension de l'étant. L'essence de la vérité (dévoilement = perception vraie), pour Heidegger, avons-nous vu, c'est la liberté (la conscience). Mais l'essence de celle-ci (la liberté) est la vérité. Je suis donc la « liberté et la vérité ».[44] Mais la liberté (ce qui veut dire aussi la vérité) est finie, située (dans l'histoire, le langage, la culture, etc.) et c'est pourquoi il n'y a pas de perception (dévoilement) absolue des évidences adéquates ou des « vérités absolues ».

Mais opérer le « doute cartésien », ou la « réduction phénoménologique », ou la « raison de l'histoire », est-ce à voir des évidences adéquates ? C'était là le sens des évidences adéquates pour Descartes et Léon Brunschvicg. Husserl a opéré lui aussi, comme on le sait, une espèce de doute, nommé réduction : il revient lui aussi, comme Descartes, à nos actes. Mais il n'y a pas pour autant, chez Husserl, des « évidences adéquates ». Pour lui, le « moi pur » est la première donnée « apodictiquement » saisie par la conscience, mais il n'est pas « <u>adéquatement</u> » saisi par elle.[45] Si la réduction peut amener à une <u>évidence apodictique</u>, elle ne peut nous livrer des « <u>évidences adéquates</u> ». Sur le premier point, Merleau-Ponty va dépasser Husserl. Essayons donc de traiter ces deux problèmes l'un après l'autre : celui de « <u>l'adéquation</u> » (rejeté par toute l'école y compris Husserl), et celui de « <u>l'apodicticité</u> » (accepté par Husserl).

Pour Merleau-Ponty aucune « évidence » ne peut être « adéquate ». Aucune pensée ou affirmation n'est consciente de toutes ses raisons d'être.[46] Aucun acte de l'esprit humain n'est entièrement en possession de lui-même quant à son sens.[47] Je n'ai donc pas une prise totale sur ma conscience, sur moi-même ou sur mon être.[48] Il y a des évidences, nous le verrons, mais non pour la raison que la conscience fait le tour de ses opérations : « dans ce que j'appelle ma raison ou mes idées à chaque moment, si l'on pouvait en développer tous les présupposés, on trouverait toujours des expériences qui n'ont pas été explicitées, des apports massifs du passé et du présent, toute une "histoire sédimentée" qui ne concerne pas seulement la <u>genèse</u> de ma pensée, mais en détermine le <u>sens</u>. <u>Pour qu'une évidence absolue et sans aucun présupposé fût possible, pour que ma pensée pût se pénétrer, se rejoindre et parvenir à un pur "consentement de soi à soi", il faudrait, (…) qu'au lieu d'être moi-même je fusse devenu un pur connaisseur de moi-même et que le monde eût cessé d'exister autour de moi pour devenir pur objet devant moi</u> ».[49]

Il n'y a donc pas d'idées claires et distinctes comme le voulait Descartes ou d'idées adéquates comme le voulait

Spinoza, car pour qu'une idée soit un « savoir absolu » il faut que j'en thématise tous les motifs : or pour en thématiser tous les motifs, <u>il faut que je cesse d'être situé</u> :[50] <u>c'est ce qui est impossible</u>. L'exigence de Merleau-Ponty est celle-ci : une évidence « absolue » ou « adéquate » est une évidence à laquelle « rien n'échappe ». Mais la synthèse perceptive, philosophique ou non, est par <u>définition « inachevée »</u>.[51] On comprend que lorsque Descartes dit que le « doute » en tant qu'« acte » est transparent au *cogito*, il commet là deux erreurs aux yeux de Merleau-Ponty. L'une, c'est l'identification des deux « *cogito* » : le *cogito* préréflexif et le *cogito* réflexif. La seconde, c'est sa méconnaissance de la nature perspectiviste de la perception. En somme, opérer la réduction (philosophie) ou le doute ce n'est pas arriver à des <u>évidences absolues</u>.

Mais si aucune évidence n'est absolue ou adéquate, y a-t-il malgré tout des évidences « <u>apodictiques</u> » pour Merleau-Ponty ? Comme aucune évidence n'est absolue ou adéquate, aucune évidence n'est « apodictique ». Comment une évidence serait-elle apodictique si chaque perception peut être confirmée par des perceptions ultérieures, faute justement d'une perception adéquate – celle qui fait le tour de son objet ? Comment, en d'autres termes, une certitude peut-elle être apodictique si la « connaissance » du *cogito* est une <u>consistance temporelle</u> ?[52] Aucune pensée n'est en effet <u>apodictique</u>. « L'idée à laquelle nous donnons notre assentiment n'est valable que pour un temps de notre vie ou pour une période de l'histoire de la culture. L'évidence n'est jamais apodictique ni la pensée intemporelle, quoiqu'il y ait un progrès dans l'objectivation et que la pensée vaille toujours pour plus d'un instant ».[53]

Puisque nos pensées sont temporelles, elles ne sont que des « certitudes provisoires ». Ce que je fais actuellement peut demain être confirmé ou infirmé, mon vécu n'est jamais tout à fait compréhensible, je peux l'interpréter, faire confiance à la psychanalyse, mais demain ces interprétations feront l'objet d'une autre interprétation. Le rejet des évidences apodictiques est « la méfiance » dans ce témoignage que la conscience se donne de ses propres Erlebnisse. C'est la méfiance dans la raison de l'histoire (objectivité seconde). Mais si toute perception est doublée d'une « imperception » et si en outre cette perception reste de « droit douteuse » – elle peut être confirmée ou infirmée, sa vérité dépend de l'avenir – le *cogito* n'est-il pas impossible ? La solution que donne Merleau-Ponty au problème de l'« évidence » ne consiste pas à doter la conscience d'un pouvoir de tout thématiser = connaître. L'évidence de nos actes n'est pas tirée de leur absolue transparence à nous-mêmes. Celle-ci, on l'a vu, est impossible : la perception ne fait jamais le tour de son objet.

L'évidence de nos actes ou de nos pensées tient à leur « effectivité » (la praxis). Elle vient de ce qu'ils sont des actes « exercés ». Nos pensées sont certaines, évidentes et vraies lorsqu'elles sont des pensées « effectives ou exercées ».[54] Chaque pensée porte en elle-même sa propre certitude. Mais ce n'est pas ainsi que Descartes voyait la certitude. Celle-ci consistait chez lui dans l'absolue transparence de nos actes à nous-mêmes. C'est pourquoi le « doute » lui-même est certain, mais jamais son contenu, ce dont on doute ; or pour Merleau-Ponty, puisque toute pensée est chargée de sédiments historiques, celle-ci est à interroger. On pourrait interroger même le doute (la philosophie) au nom duquel on rejette toute chose. On pourrait douter du doute lui-même.⁵⁵ Il faut se demander pourquoi Descartes ne s'est pas arrêté devant le doute, puisque le doute, lui, en tant qu'acte, est absolument certain ? C'est parce que, pense Merleau-Ponty, ce n'est pas un doute effectif.⁵⁶ Une fois que l'on doute sincèrement on s'arrête. Chaque acte porte en lui-même, non en tant qu'il est une figure sur un fond mais en tant qu'acte exercé, sa propre évidence, évidence qui s'impose. Le doute cartésien est en quelque sorte comparable au néant sartrien. De même que pour celui-ci aucun acte ne remplit la conscience, de même pour Descartes il n'y a aucune expérience, aucun acte qui puisse stopper le doute et remplir la conscience. Ce n'est pas de l'effectivité que la pensée tire sa valeur chez Descartes, mais c'est de son témoin, le « je pense » : la pleine clarté de la pensée à elle-même. Mais ce type d'évidence qui vient de l'effectivité elle-même ne change rien à l'idée centrale de notre auteur : aucune évidence n'est adéquate ou apodictique. Être engagé dans une pensée, dans un acte ou dans une société n'enlève pas tous les doutes.⁵⁷ Revenir au *cogito* n'épargne pas l'erreur, car dès que la pensée ne fait pas le tour de son objet, l'erreur est toujours possible.⁵⁸ Ainsi, de droit, aucune évidence n'est apodictique, mais, de fait, on vit dans des évidences.

Il semble, pour certains cependant, que l'on ne puisse parler vraiment de la vérité qu'au niveau du discours (le langage). Dans l'expérience (la praxis), dit-on, la conscience est captivée, il n'y a ni vérité, ni fausseté, mais croyance, ou doxa. Pour parler de la vérité, la conscience doit thématiser ses objets : ce qu'elle ne peut faire que grâce au langage, la parole.

Avec donc le vrai discours (jugement), on arrive, pense M. Van Riet, au discours vrai : à des vérités absolues.[59] Cet auteur va très loin, à notre sens : le « sujet réflexif », pense-t-il, — celui qui pose un vrai jugement — peut même dépasser l'aspect existentiel du sujet, la « perception culturelle ». Mais le sujet réflexif, celui qui use du langage ou du jugement pourrait-il avoir des vérités absolues ?

Il y aurait, pour Merleau-Ponty, des vérités absolues, s'il y avait des perceptions adéquates. Puisqu'aucune perception n'est adéquate, ne fait le tour de son objet, une vérité absolue est impossible = aucune vérité n'est absolue. C'est en dernière analyse la perception qui fonde l'idée de la vérité et celle de l'évidence. Le discours — philosophique ou poétique — ne fonctionne pas autrement que le « voir ». La synthèse effectuée par le discours reste, comme toute synthèse perceptive inachevée, « temporelle ». Ainsi, puisque la synthèse est inachevée, il ne peut y avoir des vérités absolues. La même raison qui empêche d'avoir des évidences adéquates (absolues) empêche qu'il y ait des vérités absolues.

Mais ne pourrions-nous pas opposer la perception intérieure à la perception extérieure et résoudre le problème, c'est-à-dire, avoir des vérités absolues ? C'était là l'ambition du formalisme cartésien. L'opposition serait possible si la conscience était « intériorité pure », vivait, comme le croyait Descartes, indépendamment de l'Être = la chair du monde : le langage et la culture. Mais puisque la conscience a besoin du monde, la perception intérieure vit de la perception extérieure, ou plus rigoureusement, ces deux perceptions sont inséparables. Même lorsque la conscience veut se déterminer elle-même, c'est-à-dire, se connaître, elle est obligée de se référer à des objets mondains : elle ne peut se dire ce qu'elle est, qu'en se jetant vers les déterminations des objets mondains.[60] Ainsi puisque la perception est partielle, la synthèse perceptive est inachevée, il n'y a pas de « vérité absolue » = de connaissance totale.

Mais pourrions-nous maintenant conclure qu'« aucune évidence », « aucune vérité » et « aucun savoir » n'est absolu pour Merleau-Ponty ? Nous ne serions pas là non plus fidèle à la pensée, forte nuancée, de notre auteur. Si Merleau-Ponty n'admet aucune évidence, interne ou externe, comme absolue, il admet en revanche un autre type d'évidence « absolue et irrécusable » à savoir qu'il y a « monde », « quelque chose » ou une « opinion originaire ».[61] Avant toute perception d'un objet particulier, il y a comme son horizon, le « monde ». Celui-ci n'est pas un ensemble d'objets, mais le fond sur lequel les choses se détachent. La certitude ou l'évidence du monde, précède – selon Merleau-Ponty – toute analyse et toute thématisation : « c'est elle qui les rend possibles ».[62] Ainsi la certitude du monde est antéprédicative et même d'une certaine manière antéperceptive, car, condition de toute perception,[63] toute perception la présuppose. On pourrait douter de toutes nos perceptions particulières, mais jamais du monde lui-même. Le doute est à l'intérieur du monde, mais pas du monde lui-même. Ainsi, si aucune évidence particulière n'est absolue ou irrécusable, celle du « monde » ou d'« il y a l'être » est irrécusable. Cette certitude cependant est très pauvre, car dès qu'elle veut se préciser ou se donner des contenus, nous sommes nécessairement renvoyés au devenir de la perception où l'existant se précise pour nous, mais où la vérité et l'unité de l'étant sont toujours présomptives.⁶⁴ En d'autres termes, l'existence du monde est une certitude et une vérité absolue mais dès que cette existence veut se préciser, elle tombe dans le rang des objets de la perception, se fragmente en étants particuliers et devient par conséquent constamment sujette à révision :⁶⁵ de droit douteuse. On pourrait aussi parler de l'être et des étants. L'être en tant que l'ensemble des étants est une « <u>certitude</u> », un « <u>savoir</u> » et une « <u>vérité absolue</u> ». Mais l'être en tant que tel ou tel étant particulier n'est pas absolument certain, sa vérité et sa certitude sont présomptives. On s'aperçoit là d'une circularité entre l'être et l'étant. Pour atteindre l'étant, il faut passer par l'être (ou le monde) mais inversement pour préciser l'être il faut passer par l'étant particulier : ceci ou cela. C'est ainsi que Merleau-Ponty ne renonce jamais, malgré cette ontologie, au <u>réalisme de la perception : celle-ci reste perspectiviste à jamais</u>. La conscience, philosophique ou non, ne peut jamais tenir compte de toutes ces opérations noétiques. C'est cette transcendance, ce mouvement actif, nommé dans *Le Visible et l'Invisible* projection et introjection, nommé ici perception, qui est, pour parler comme Heidegger, constitutif de la vérité (dévoilement) et non-vérité. Mais « la conscience, si elle n'est pas vérité ou a-létheia absolue, exclut du moins toute fausseté absolue ».⁶⁶ Mais encore une fois ce refus des « faussetés absolues » et des « vérités absolues » au <u>niveau de la perception</u> s'accompagne de cette ontologie : « (...) il y a une <u>opinion</u> qui n'est pas une forme provisoire du savoir (c'est le cas de ma perception actuelle), destinée à être remplacée par un savoir absolu, mais au contraire la forme à la fois la plus ancienne ou la plus rudimentaire et la plus consciente ou la plus mûre du savoir

La Pensée logique et politique de M. Merleau-Ponty

– une opinion originaire dans le double sens d'"originelle" et de "fondamentale". C'est elle qui fait surgir devant nous quelque chose en général, à quoi la pensée thétique – doute ou démonstration – puisse ensuite se rapporter pour l'affirmer ou le nier ».[67] Ce qui est paradoxal ici, chez Merleau-Ponty, c'est que cette « opinion originaire », « Urdoxa », est en même temps un savoir. Or Husserl, lui, ne parle pas à propos du monde, du « savoir », mais d'une « Glaube », « croyance ».[68] Husserl n'est pas ici sans aucune influence de Hume. Wittgenstein, pour qui, d'après A. Kenny, « aucune proposition n'est à priori vraie »,[69] n'a pas hésité à évoquer ce mystère ontologique : l'idée du monde. « Thought is surrounded by a halo – its essence, logic, presents an order, in fact the a priori order of the world: that is, the order of possibilities, which must be common to both world and thought. But this order, it seems, must be utterly simple. It is prior to all experience, must run through all experience; no empirical cloudiness or uncertainty can be allowed to affect it. It must rather be of the purest crystal. But this crystal does not appear as an abstraction; but as something concrete, indeed, as the most concrete, as it were, the hardest thing there is ».[70] Mais encore une fois, ce « halo » dont parle Wittgenstein, cette « Urdoxa » dont parle Merleau-Ponty n'est ni le rejet de cette affirmation chez ce premier : « Any real synthetic (écrit A. Kenny en interprétant Wittgenstein) a priori proposition is impossible »,[71] ni davantage une générosité plus grande que celle que nous avons vue à l'égard de la vérité chez notre auteur. Et c'est pourquoi, pensons-nous, Wittgenstein a pensé que la « Philosophie est purement descriptive »,[72] et que Merleau-Ponty, voulant préciser sa « pensée », sa « position » et sa logique du philosophe à l'égard du marxisme, a écrit: on ne doit pas demander au philosophe de dire autre chose que ce qu'il voit.[73] Le philosophe ne doit pas violer la Bible – les faits. Sa parole, sa lecture, sa perception (toujours difficile) doit être motivée par les faits. Si la Bible est violée, le philosophe est perdu: il pourrait entraîner avec lui toute l'humanité – dans un bonheur ou dans un malheur – mais la parole de Pascal aurait le dernier mot: un peu de réalité vaut mieux qu'une éternité de plaisir réalisée dans l'imagination. En somme, l'ontologie de notre auteur n'est nullement, comme on pourrait le croire, le rejet du «réalisme» ou la négation de la «conscience perspectiviste». La chair gonflée, avons-nous vu, n'était pas la négation de la projection comme introjection ou passivité. Affirmer la fidélité aux faits (la Bible) et tenir compte de la nature perspectiviste (inadéquate) de la perception, voilà un double réalisme. Mais ce double réalisme est accompagné, chez notre auteur, d'une double ontologie: celle de la chair (le *cogito*) «gonflée», devenue l'Élément ou la Mère (cf. le premier chapitre) et celle que nous venons de voir: l'idée d'une «opinion originaire» comprise comme «Urdoxa», «savoir» et «vérité absolue». Affirmer la coexistence du vrai et du faux (chapitre précédent), de l'absolu et non-absolu ne fait nullement de problème chez Merleau-Ponty.

Les références du Chapitre IX

1. Dondeyne, *Foi chrétienne et pensée contemporaine*.
2. *L'Être et le Néant* (Introduction).
3. La parenthèse conscience (de) est de Sartre : c'est pour dire qu'il ne s'agit pas d'une conscience thétique.
4. « L'intuition de quelque essence particulière précède nécessairement dans notre expérience l'essence de l'intuition. La seule manière de penser la pensée, c'est d'abord de penser quelque chose, et il est donc essentiel à cette pensée là de ne pas se prendre elle-même pour objet ». Merleau-Ponty, *PP.*, p.453.
5. *AD.*
6. « Le primat de la perception et ses conséquences philosophiques », p.120 et suivantes. Cf. *PP.*, p.452.
7. Merleau-Ponty, *SC.*, p.8 et suivantes.
8. *En découvrant l'existence avec Husserl et Heidegger*, p.27-28 ; cité par A. De Waelhens, *Phénoménologie et vérité*, p.24.
9. Merleau-Ponty, « Le primat de la perception et ses conséquences philosophiques », p.119.
10. Merleau-Ponty, *SC.*, p.201. Cf. Chapitre IV.
11. *Ibid.*, p.200.
12. A. De Waelhens, *Phénoménologie et vérité*, p.61-147.
13. Merleau-Ponty, *SC.*, p.201.
14. *L'Œil et l'Esprit*, p.85.
15. A. De Waelhens, *La Philosophie de Martin Heidegger*, Cf. également, *Phénoménologie et vérité*, 2ème partie.
16. Merleau-Ponty, p.271. C'est l'auteur qui souligne.
17. *La Philosophie du corps* de cet auteur vient d'être

traduite en anglais – ce qui signifie peut-être l'importance de cette philosophie.

18. *Tractatus logico-philosophicus*, 5.64.
19. « Le primat de la perception et ses conséquences philosophiques », p.120, *PP.*, p.452.
20. A. De Waelhens, *l'Inconscient* (ouvrage collectif), Desclée de Brouwer, 1966, p.375-377.
21. A. De Waelhens, *Ibid.*, p.377.
22. *Ibid.*, p.377 : « La philosophie de Leibniz (cette visée seule) est un objet doué d'un horizon philosophique, linguistique, historique, culturel, voire dans l'exemple considéré, pédagogique, dont les éléments infinis en nombre jouissent d'une mesure d'implication et d'explicitation constamment variable ». *Ibid.*, p.373. La parenthèse est de nous.

    Husserl disait : « Chaque état de conscience possède un "horizon" variant conformément à la modification de ses connexions avec d'autres états et avec ses propres phases d'écoulement ». (*Méditations cartésiennes*, p.38).

23. *Méditations cartésiennes*, p.38.
24. « L'intentionnalité désigne (…), dit Levinas, une relation avec l'objet, mais une relation telle qu'elle porte en elle, essentiellement, un sens implicite. La présence auprès des choses implique une autre présence auprès d'elles, qui s'ignore, d'autres horizons corrélatifs de ces intentions implicites et que la plus attentive et la plus scrupuleuse considération de l'objet donné dans l'attitude naïve, ne saurait découvrir.

(...) L'intentionnalité porte en elle les horizons innombrables de ses implications et pense à infiniment plus de "choses" qu'à l'objet où elle se fixe. Affirmer l'intentionnalité, c'est apercevoir la pensée comme liée à l'implicite où elle ne tombe pas accidentellement, mais où, par essence, elle se tient. (...) Cette découverte de l'implicite qui n'est pas une simple "déficience" ou "chute" de l'explicite, apparaît comme monstruosité ou comme merveille dans une histoire des idées où le concept d'actualité coïncidait avec l'état de veille absolue, avec la lucidité de l'intellect. Que cette pensée se trouve tributaire d'une vie anonyme et obscure, de paysages oubliés qu'il faut restituer à l'objet même que la conscience croit pleinement tenir, voilà qui rejoint incontestablement les conceptions modernes de l'inconscient et des profondeurs ». « La ruine de la représentation », in *Recueil commémoratif*, La Haye, 1959, p.78-79.

« L'idée d'une implication nécessaire, absolument imperceptible, au sujet se dirigeant sur l'objet, ne se découvrant qu'<u>après coup</u>, dans la réflexion, ne se produisant donc pas dans le présent, c'est-à-dire se produisant à <u>mon insu</u> – <u>met fin à l'idéal de la représentation et de la souveraineté du sujet, met fin à l'idéalisme où rien ne pouvait entrer subrepticement en moi</u> ». Levinas, *Ibid.*, p.80. (Le dernier souligné l'est par nous).

25. A. De Waelhens, « L'inconscient et la pensée philosophique in *l'Inconscient*, p.376-377.
26. *Ibid.*, p.377.
27. « ... son opération originale (de l'analyse intentionnelle) est de dévoiler les potentialités « impliquées » dans les actualités (états actuels) de la conscience ». Husserl, *Méditations cartésiennes*, p. 40.
28. « La seule réforme véritablement radicale de la psychologie réside dans l'élaboration d'une psychologie intentionnelle. Brentano la réclamait déjà, mais il ne vit pas malheureusement ce qui fait le sens fondamental d'une analyse intentionnelle, donc de la méthode qui seule rend possible une psychologie de ce genre, puisque seule elle nous révèle les problèmes véritables et, à vrai dire, infinis d'une telle science ». Husserl, *Méditations cartésiennes*, p.42.
29. *Ibid.*, p.40.
30. Jean-François Léotard, *La Phénoménologie*, p.32.
31. Emmanuel Levinas, « La ruine de la représentation », dans *Recueil commémoratif*, La Haye, 1959, p.78.
32. A. De Waelhens, *Phénoménologie et vérité*, p.85. C'est nous qui soulignons.
33. « L'essence de la vérité, c'est la liberté ». *Ibid.*, p.88.
34. *Ibid.*, p.89.
35. *Ibid.*, p.133 et p.158.
36. *Ibid.*, p.134.
37. Cf. *The Picture Theory of the Proposition in Wittgenstein*, par A. Kenny, p.54-72. Cet auteur ne parle pas de la vérité chez Wittgenstein. Mais il croit, par ailleurs, que

le dernier Wittgenstein n'a pas vraiment changé d'avis à l'égard de la proposition comme image. Mais c'est là, pour nous, un problème ontologique qui pourrait être résolu en comprenant mieux : a) l'objection que fait Wittgenstein à Pavlov et b) la relation interne entre la proposition (le sujet) et l'objet (la réalité) dont il parle. Mais cette ontologie n'affecte pas l'idée que Wittgenstein se fait de la vérité.

38. Parlant de Wittgenstein nous faisons abstraction des problèmes ontologiques : du langage comme image.
39. *Phénoménologie et vérité*, p131.
40. *Ibid.*, p.131-132. « Nietzsche (…) écrit (d'après De Waelhens) que la vérité des classiques est une erreur ». *Ibid.*, p.131. « La théorie platonicienne est (…) inacceptable. Elle abandonne la notion authentique du dévoilement.(…) » *Ibid.*, p.133.
41. *Ibid.*, p.89.
42. *Ibid.*, p.90.
43. *Ibid.*, p.124. Les parenthèses sont de nous.
44. *Ibid.*, p.91-92.
45. E. Husserl, *Méditations cartésiennes*, p.18-20.

« …L'ego transcendantal qui tombe sous le regard (le regard de celui qui opère la réduction phénoménologique) est bien saisi d'une manière apodictique, mais il est entouré d'horizons totalement indéterminés, limités par cette seule condition : que le monde et tout ce que j'en saisis, deviennent de purs phénomènes ». *Ibid.*, p.127.

46. Merleau-Ponty, *PP.*, p.452.
47. A. De Waelhens, *Une philosophie de l'ambiguïté, l'existentialisme de Merleau-Ponty*, p285.
48. Merleau-Ponty *PP.*, p.452.
49. Merleau-Ponty, *PP.*, p.452-453. Les deux premiers soulignés sont de l'auteur.
50. *Ibid.*, p.453.
51. « On peut dire de la perception intérieure ce que nous avons dit de la perception extérieure : qu'elle enveloppe l'infini, qu'elle est une synthèse jamais achevée et qui s'affirme, bien qu'elle soit inachevée. Si je veux vérifier ma perception du cendrier, je n'en aurai jamais fini, elle présume plus que je ne sais de science explicite. De même si je veux vérifier la réalité de mon doute, je n'en aurai jamais fini, il faudra mettre en question ma pensée de douter, la pensée de cette pensée et ainsi de suite ». *Ibid.*, p.439.
52. *Ibid.*, p.456-457.
53. Merleau-Ponty, « Le primat de la perception et ses conséquences philosophiques », p.120.
54. Merleau-Ponty, *PP.*, p.454. « Celui qui doute ne peut pas, en doutant, douter qu'il doute. Le doute, même généralisé, n'est pas un anéantissement de ma pensée, ce n'est qu'un pseudo-néant, je ne peux pas sortir de l'être, mon acte de douter établit lui-même la possibilité d'une certitude, il est là pour moi, il m'occupe, j'y suis engagé, je ne peux pas feindre de n'être rien au moment où je l'accomplis ». *Ibid.*, p.457.
55. *Ibid.*, p.457.

56. *Ibid.*, p.457-458.
57. *Ibid.*, p.458.
58. Merleau-Ponty, *l'Union de l'âme et du corps chez Malebranche, Biran et Bergson*, p.63.
59. *Problème d'épistémologie*, Nauwelarts, 1960.
60. A. De Waelhens, *Une philosophie de l'ambiguïté, l'existentialisme de Merleau-Ponty*, p.285.
61. Merleau-Ponty, *PP.*, p.454.
62. Merleau-Ponty, *l'Union de l'âme et du corps chez Malebranche, Biran et Bergson*, p.63.
63. A. De Waelhens, *Une philosophie de l'ambiguïté, l'existentialisme de Merleau-Ponty*, p.402.
64. *Ibid.*, p.402.
65. *Ibid.*, p.402.
66. Merleau-Ponty, *PP.*, p.456.
67. *Ibid.*, p.454. C'est l'auteur qui souligne.
68. A. De Waelhens, *Phénoménologie et vérité*, p.47.
69. Wittgenstein, p.229. Traduit par nous (c'est l'auteur qui souligne).
70. Ludwig Wittgenstein, *Philosophical Investigations*, §97.
71. A. Kenny, Wittgenstein, p.229. C'est l'auteur qui souligne. *Ibid.*, p.229.
72. *Ibid.*, p.229. « In saying that in philosophy there are no deductions Wittgenstein set himself against the type of philosophy which offers proofs, e.g. of the existence of God or immortality of the soul, or which attempts to explain and predict the course of history ». *Ibid.*, p.229.
73. Merleau-Ponty,. *HT.*, p.202.

CONCLUSION

1. Comme Descartes, Merleau-Ponty est revenu au *cogito* pour tout comprendre : y trouver un point de départ et un principe de généralité. En ce sens l'ontologie de Merleau-Ponty est essentiellement une philosophie du *cogito*. Mais si, pour Descartes, revenir au *cogito* c'est rejoindre Dieu, pour Merleau-Ponty, c'est rejoindre l'Être : les arbres, les rivières, les montagnes, etc. Pour ceux qui sont habitués à la *Phénoménologie de la perception*, il y a là de quoi s'étonner : celle-ci ne donnait guère l'allure d'une telle orientation. Mais Merleau-Ponty savait, mieux que personne, ce dont sa pensée avait besoin.

2. Mais la dernière pensée de Merleau-Ponty est extraordinairement complexe : le langage dont il use est parfois malheureux – trop allusif et trop indirect. Parler, par exemple, de l'esprit sauvage, c'est donner l'occasion à des interprétations erronées.

3. Aidé par les notes du travail (*Le Visible et l'Invisible*), nous avons essayé de saisir et de compléter la logique interne de la toute dernière pensée de Merleau-Ponty. Mais cette méthode nous l'avons suivie partout. C'est ainsi, par exemple, qu'au lieu de parler abstraitement contre Freud, il nous a semblé nécessaire de discuter les présupposés : le psychisme comme structure du comportement. Et c'est ainsi que, là où par exemple des auteurs affirment, injustement à notre sens, que le marxisme de Merleau-Ponty est obscur, il nous est apparu comme ce qu'il y a de plus clair et de

plus intelligible dans la pensée de Merleau-Ponty. Saisir la dynamique interne pour pouvoir la développer et l'amener à ses conclusions naturelles, c'était là un des nos soucis les plus constants.

4. L'ontologie de Merleau-Ponty, avons-nous vu, est une théorie du *cogito*. Puisque la chair accomplit une sorte de réflexivité, le dualisme cartésien est rejeté : au-dessus de la chair, au-dessus du moi empirique, il n'y a ni une entité nommée âme ni un je transcendantal. Mais c'est grâce à la réflexivité dont Merleau-Ponty n'a jamais parlé auparavant – et non grâce aux arguments psychologiques et cliniques – que cela était possible. Le psychisme, avons-nous vu, est une structure du comportement, mais avec l'idée de la <u>réflexivité interne</u> la chair devient une matière « intérieurement » bien travaillée. C'est à ce titre qu'elle est devenue une matière pour des recherches ontologiques.

Ainsi, la réflexivité de la chair – grâce à laquelle le dualisme cartésien est dépassé – nous a amené à une découverte importante et originale : grâce à elle le dualisme de l'être et de la conscience est dépassé. De la réflexivité de la chair on en est arrivé à parler de la chair comme chose, être. Ainsi le dualisme du moi et du monde (de l'homme et de la nature), jamais dépassé dans la phénoménologie moderne – sauf chez Hegel – est dépassé dans la dernière pensée de Merleau-Ponty. En dépassant ce dualisme, Merleau-Ponty a donné à sa pensée ce <u>qui lui manquait</u>. La *Phénoménologie de la perception* et *La Structure du comportement* se trouvent ainsi fondées et corrigées.

À cette question toujours posée : comment la proposition

est liée à la réalité ? la réponse est donnée – la réalité et la proposition sont toutes les deux de la même nature, c'est-à-dire l'être. Le rapport n'est donc pas entre A et B, mais entre A et A' ou entre A' et A". En d'autres termes, la différence entre A et B (proposition et réalité) n'est pas de nature (sujet - objet), mais de degré : la chair est être – elle descend dans le monde et se fait chose. En se faisant être la chair devient un <u>dénominateur commun</u> : le rapport du signe et du signifié est réalisé par ce dénominateur commun – l'être. Mais Merleau-Ponty ne s'arrête pas là car s'il en était ainsi nous pourrions faire de lui un philosophe de l'être, et c'est alors toute sa théorie du *cogito* qui serait à rejeter. Les choses sont compliquées chez Merleau-Ponty.

5. Tout en se faisant être – et ce grâce à la réflexivité – la chair reste l'Élément, la Mère : ce dont toute chose est faite – ce à partir de quoi il faut tout comprendre. Je comprends « ceci » … parce que je <u>le comprends en moi-même</u> : je <u>l'ai en moi</u>. Mais ne s'agit-il pas d'un idéalisme absolu ? Le monde ne devient-il pas l'image de mon corps ? Le plus grand phénoménologue des phénoménologues de la langue française ne devient-il pas le plus grand idéaliste de la pensée occidentale ? Il n'en est rien.

6. En analysant la chair, l'Élément ou la Mère nous avons découvert un mécanisme ou une dialectique de la réversibilité. En d'autre termes, <u>la réflexivité</u> qui nous a amené à dépasser le dualisme cartésien et, celui de l'« idée » et l'« être-sujet » est une <u>réversibilité</u>. Il y a une réversibilité entre ma main droite (phénoménale) et ma main gauche

La Pensée logique et politique de M. Merleau-Ponty

(objective). Il n'y a pas là de rapport de <u>priorité</u> ou d'<u>antériorité</u>. Mais la même réversibilité qui existe entre ma main gauche et ma main droite existe entre moi et les choses (le sujet et l'objet). Cela néanmoins ne serait pas possible si moi-même je n'étais pas de l'être.[1] En un sens notre ontologie est de rendre la réversibilité de droit possible. En ce sens aussi on <u>perd</u> sur le plan pratique ce que l'on gagne sur le plan ontologique. Si le concept de réflexivité est de portée ontologique, celui de la réversibilité est de portée pratique. La réversibilité, avons-nous montré, est la vérité ultime. On peut affirmer que le marxisme classique est rejeté faute d'une réversibilité sociale. On peut aussi affirmer que la réversibilité est la théorie ou le fondement d'un marxisme nouveau.

7. C'est grâce à l'idée de réversibilité que Merleau-Ponty s'est découvert, lui-même, un cartésien sans le savoir. Là, les théologiens semblaient avoir mieux compris Merleau-Ponty que les philosophes eux-mêmes : ils étaient enchantés par l'idée du *cogito* tacite – ils « sentaient » là un cartésianisme camouflé. Avec l'idée de la réversibilité, le *cogito* tacite est délogé et la perception devient langagière (je sens est un je parle).

8. En somme, cette ontologie était nécessaire à la pensée de Merleau-Ponty : elle en fait une pensée cohérente et intéressante. Si toute la pensée de Merleau-Ponty se trouve corrigée, c'est, peut-être, toute la pensée phénoménologique (allemande, française, anglo-américaine) qui se trouve ontologiquement fondée : la science, a-t-on dit, est fondée

sur l'expérience naturelle, et maintenant c'est celle-ci qui est fondée sur une connaissance ontologique. En d'autre termes, l'objet de la science est maintenant doublement fondé : fondé sur la connaissance ontologique et fondé sur l'expérience naturelle.

9. En revenant au langage (analysé sous le concept de réversibilité), en délogeant le *cogito* tacite, en rendant la perception langagière (le je peux un je parle), Merleau-Ponty a condamné le formalisme ; – et c'est au nom de la créativité (transcendance) – le je transcendantal. La créativité n'est pas moins importante que la réflexivité : elle est la dynamique du *cogito*. La pensée formelle n'est pas indépendante du monde (cf. Chapitre 8, contre Descartes et L. Brunschvicg) et le sujet de la syntaxe est un sujet vivant : il est l'auteur d'une grammaire <u>inédite</u>. C'était une erreur de Chomsky de parler des idées innées : parler de l'inné, c'est détruire la dynamique interne (la puissance créatrice) du langage. On s'en aperçoit, la chair dont on fait l'élément n'était que de principe : si elle contient <u>effectivement</u> tout, elle détruirait elle aussi, à sa manière, l'idée de la créativité – il y a cependant une dialectique de « dépassement » et de « reprise » entre la parole parlée et la parole parlante (l'homme qui parle). Je reprends des signes et je leur donne un arrangement nouveau. Ainsi, le langage est une ancienne cité, mais aussi une nouvelle cité. Les règles de la syntaxe sont inédites : elles sont de l'ordre du sujet parlant ou écrivant. Merleau-Ponty ne peut pas sauver une « poule » et assassiner un homme. En ce sens l'âme du *cogito*, c'est la vie : la créativité. En ce sens aussi

il y a bien un je : ce que le formalisme et le structuralisme veulent abolir. Mais parler d'un je, ce n'est pas parler de l'incommunicable – ou revenir à un « solipsisme absolu ». Pour éviter toute équivoque il faut parler ici en termes de liberté. La règle grammaticale est inédite (liée). Ce que Chomsky appelle la structure profonde et S. Hampshire la « surdétermination » des significations d'une seule et même phrase se ramène chez Merleau-Ponty à cette idée : le lecteur (d'un roman ou d'un tableau) doit boucher les trous, compléter le sens – c'est un travail indispensable du *cogito*. En invitant son lecteur à réfléchir, en affirmant qu'il ne fait que suggérer, Wittgenstein n'était pas loin de cette perspective : concevoir un sujet, réaliser l'acte de dépassement et de reprise. Apprendre, avons-nous vu, ce n'est pas répéter, mais créer. Le formalisme rigide, avec toutes ses formes, behavioriste (principe de constance et de réflexe), linguistique ou « socio-historique » n'a pas de place dans la pensée de Merleau-Ponty : l'âme du *cogito* est la transcendance. N'ayant pas compris l'importance de celle-ci dans l'interprétation donnée par Merleau-Ponty à de nombreuses expériences, Piaget a écrit un livre pour insulter les philosophes : Merleau-Ponty, Sartre etc. Ce que le formalisme tente de nous donner est un sujet mort – et pour situer celui-ci dans la ligne de Merleau-Ponty, c'est un sujet inconscient. L'inconscient, avons-nous vu, est une grammaire comportementale figée. En ce sens il y a bien un formalisme : mais celui-ci est un arrêt de la transcendance (de la subjectivité). Et puisque ce qui vaut pour la chair vaut pour tout, il y a bien un formalisme « historico-social ».

Mais enfin ce n'est pas là la norme – ce qu'il y a c'est une dialectique de réversibilité, de projection et d'introjection, de la reprise des signes et de la syntaxe inédite, bref de dépassement et de reprise. Et si enfin, comme l'affirme S. Hampshire, il y a une <u>relation</u> entre la <u>grammaire</u> et la <u>logique</u>,[2] il faut, en termes de Merleau-Ponty, parler d'une logique inédite : celle-ci est de l'ordre du sujet parlant, vivant. Et comme un langage (ou une grammaire) universel est inconcevable, une logique mondiale, éternelle, qui vaut pour tous, n'est pas concevable, pour Merleau-Ponty. Et si elle existe il faut la comprendre comme un arrêt de la logique (du *cogito*) – ou encore une logique pathologique (la fixation est un cas pathologique).

10. La mémoire vivante de l'histoire, ce ne sont pas des églises ou des débris découverts par les archéologues : cette mémoire est nous-mêmes. Mais la motricité de l'histoire et toute les ambiguïtés de celle-ci sont liées à cette dialectique de dépassement et de reprise. L'acte de reprise (ou <u>ici</u> la mémoire de l'histoire) est une carte trouée : elle fournit des prémisses mais elle ne donne pas des conclusions – celles-ci sont <u>à faire</u>. L'histoire est orientée : il y a des signes à lire, mais cette orientation (conclusion finale ou achevée) ne peut être affirmée en terme de vérité qu'au moment final : quand l'acte de dépassement est achevé – devient un « acquis ». C'est là la logique et toute la pensée marxiste, politique et historique de Merleau-Ponty. Rien donc n'est absolument nécessaire, car les conclusions ne s'identifient pas aux prémisses, mais rien aussi n'est absolument contingent, car il n'y a pas de conclusions (de dépassement) sans prémisses

La Pensée logique et politique de M. Merleau-Ponty

(la reprise). Nous sommes la conclusion du passé (l'histoire) et des prémisses de l'avenir. L'histoire donc est orientée, mais il s'agit d'une orientation contingente : la conclusion de la conclusion (l'histoire future) reste à faire. Si, par exemple, à présent l'histoire ne va pas dans la direction du marxisme ou du christianisme, il faut concevoir cette orientation comme une éternité : on ne peut aller au-delà des prémisses – ce que l'on voit. Le marxisme de Merleau-Ponty (ou sa philosophie de l'histoire) est inintelligible si cette dynamique interne et difficile n'a pas été comprise.

11. Si donc l'accord ontologique (la vérité ontologique) est assuré du principe (par la chair), il n'en est pas ainsi pour celui de la vérité. On peut parler d'une idéologie fausse de même que l'on peut parler d'une perception ou d'un sentiment faux. L'idée de vérification a bien sa place chez Merleau-Ponty. Mais celle-ci n'est pas de l'ordre du calcul : Merleau-Ponty n'est pas un physicien ou un astronome. Mais ayant accepté l'idée de vérification, l'idée de calcul ou d'exactitude est de l'ordre de chaque matière : de chaque science – chaque science a ses besoins.

12. Mais en abordant le problème de la vérité, c'est plutôt contre le *cogito* que Merleau-Ponty a travaillé. Il s'en prend à celui-ci : le monde perçu n'est ni un monde plein ni un monde vide. Le *cogito* ou la chair est cet être vrai et faux, plein et vide, malade et non-malade. La chair contient tout : les contradictions coexistent – et, pour parler comme Hegel, elles se complètent. Tout le monde est un tout petit peu bon et tout le monde est un tout petit peu mauvais. Il faut faire

de la recherche, mais quand une découverte est faite, il ne faut pas l'« absolutiser » : il faut seulement l'additionner aux autres découvertes. Le Vrai c'est le Tout, mais personne ne le connaît : même pas Hegel. Mais à l'intérieur de ce principe il faut procéder à des nuances : telle perception est fausse ou tel sentiment est authentique.

Mais aucune vérité, aucune évidence n'est absolue ou apodictique : la raison en est simple, aucune perception ne fait le tour de son objet. Mais ce que l'on perd il faut le regagner : il y a une vérité absolue, un savoir absolu ; à savoir il y a « monde », il y a « quelque chose », l'« être ». Ainsi on gagne ce que l'on perd comme tout à l'heure – au début – on a perdu avec la réversibilité ce que l'on a gagné : la chair comme Mère et Élément. Ainsi on peut faire de Merleau-Ponty le plus grand idéaliste (avec l'idée de chair et du monde) et on peut aussi en faire le plus grand positiviste phénoménologue (avec l'idée de réversibilité, de perception perspectiviste, etc.). Mais ces deux extrémités, Merleau-Ponty les a fait s'épouser, se conjuguer et se marier dans cette théorie unique de la « Transcendance » et du « *Cogito* ».

La Pensée logique et politique de M. Merleau-Ponty

Les références de la Conclusion

1. Cf. *VI*, p.176.
2. Hampshire, S., *Logical Form in Aristotelian Society*, p.39-40.

TRAVAUX CITÉS

Akoun, A. et Veraldi, G. *l'Inconscient, son langage et ses lois*, Paris, Marabout Service (coll. «Psychologie»), 1972.

Alexander, F. *Principes de psychanalyse*, Paris, Payot (petite bibliothèque), 1968.

Apel, K. O. *Analytic Philosophy of Language and the Geistes-wissenschaften*, (Foundations of Language/ Supplementary Series/ volume 4), D. Reidel Publishing Co. Dordrecht, Holland, 1967.

Aron, Raymond *Les Étapes de la pensée sociologique*, Paris, Gallimard, 1967.

Audry, C. *Sartre et la réalité humaine*, Éditions Seghers, Coll. Philosophes de tous les Temps, No.23, 1966.

Ayer, A. J. *The Central Questions of Philosophy*, Published in Pelican Books, 1973. *Russell*, Fontana/Collins, 1977.

Boutonier, J. *La Notion d'ambivalence : Étude critique, valeur séméiologique*, Toulouse, Privat, 1972.

Brunschvicg, Léon «La pensée intuitive chez Descartes» in *Revue de métaphysique et de morale*, T.XLIX No.1 (1937).

Chirpaz, F. *Le Corps*, Paris, Presses Universitaires de France, (coll. «Initiation philosophique»), 1963.
Dartigues, André *Qu'est-ce que la phénoménologie ?* Toulouse, Privat, 1972.
Daulto, R. *À la rencontre de… Martin Heidegger*, Privat, Toulouse, France, 1969.
Descartes, R. *Œuvres et lettres*, Paris, Gallimard, («Bibliothèque de la Pléiade»), 1953.
De Montpellier, G. «L'apprentissage» in *Traité de psychologie expérimentale*, Sous la direction de Paul Frisse et Jean Piaget, tome IV, P.U.F. 1964.
De Waelhens, A. *Existence et signification*, Louvain, Nauwelaerts, 1958.
La Philosophie et les expériences naturelles, La Haye, Martinus Nijhoff, 1961.
Phénoménologie et vérité, Louvain, Nauwelaerts, 1969.
Préface à l'Œuvre du Dr. Demoulin, *Névrose et psychose*, Louvain, Nauwelaerts, 1967, (p.5-25).
«Sur une herméneutique de l'herméneutique» in *Revue philosophique* de Louvain, tome 6, année 1962, (p.573-591).

De Waelhens, A. (ctd) « Sur l'inconscient et la pensée philosophique » in *L'Inconscient* (6e colloque de Bonneval), Desclee de Brouwer, 1966, (p.371-385).
Une philosophie de l'ambiguïté, l'existentialisme de Maurice Merleau-Ponty. Bibliothèque philosophique de Louvain, 1961 : 3è.edition, 1968.

Dilman, I. « Is the Unconscious a Theoretical Construct ? » in *The Monist*, vol.56, année 1972.

Dolto, F. *Psychanalyse et pédiatrie*, Paris, Seuil, 1971.

Dondeyne, A. *Foi chrétienne et pensée contemporaine*, Bibliothèque Philosophique de Louvain, Béatrice – Naumelaerts, 1961.

Duyckaerts, F. *La formation du lien sexuel*, Bruxelles, Dessart, 1967.

Fougeyrollas, P. *La révolution freudienne, Freud et la philosophie*, Paris, Denoël, 1970.

Freud, S. Abrégé de Psychanalyse, Paris, Presses Universitaires de France, 1970.
Introduction à la psychanalyse, Paris, Payot (petite bibliothèque), 1970.
Métapsychologie, Paris, Gallimard, Coll. « Idées », 1968.

Freud, S. (ctd) — *Trois essais sur la théorie de la sexualité*, Paris, Nrf, 1965

Gaillard, J. M. — « La désintégration du schéma corporel dans les états démentiels du grand âge », in *Journal de psychologie normale et pathologique*, No.4, Paris, P.U.F. Oct-Déc 1970, (p.443-472).

Ghins, M. — « La forme et le sens dans le Tractatus de Wittgenstein », *Revue philosophique de Louvain*, Tome 75, août 1977, (p.453-481).

Goldstein, K. — *La Structure de l'organisme*, Paris, Gallimard, 1951.

Goodman, N. — *Language of Art, An Approach to a Theory of Symbols*, Oxford Univesity Press, 1969.

Green, A. — « Du comportement à la chair : Itinéraire de Merleau-Ponty » in *Critique*, No.211, décembre 1964, (p.1017-1046).

Guillaume, P. — *La Psychologie de la forme*, Paris, Flammarion, 1937 et 1967.

« L'objectivité en psychologie », *Journal de psychologie*, Paris, 1932.

Guller, J. — *Saussure*, Fontana/Collins, 1976.

Hampshire, S. — « Logical Form » in the *Proceedings of the Aristotelian Society*, Vol. XLVIII, London, 1948 (p. 37-58).

Hampshire, S. (ctd)	«Freedom of the Will», in *Aristotelian Society*, Supplementary Vol. XXV, London, 1951 (p. 161-178).
Hanfling, O.	*Language and the Privacy of Experience*, The Open University Press, Great Britain, 1976. (Thought and Reality: Central Themes in Wittgenstein's Philosophy).
Hegel, G. W. F.	*Phénoménologie de l'esprit*, Aubier-Montaigne, Paris, 1966.
Henry, Michel	«Le concept d'âme a-t-il un sens?» in *Revue philosophique* de Louvain, 1966 (64), (p.5-33).
Hesnard, A.	*La Sexologie*, Paris, Payot (Petite bibliothèque), 1970.
Huber, Winfred, Piron,	Huber Winfrid, Piron Herman et Vergote Antoine, *La psychanalyse, science de l'homme*, Bruxelles, Charles Dessart, 1964.
Husserl, E.	*Leçons pour une phénoménologie de la conscience intime du temps*, Paris, Presses Universitaires de France 1964 (traduites par Henri Dussort). *Méditations cartésiennes*, Paris, Colin, 1931 réédition chez Vrin, en 1953.

HyPPolite, J.	*Étude sur Marx et Hegel*, Marcel Rivière et Cie, Paris, 1955.
Jeanson, Francis	*Le Problème moral et la pensée de Sartre*, Paris, Seuil, 1965.
Kainz, H. P.	*Hegel's Philosophy of Right, with Marx's Commentary*. Martinus Nijhoff, The Hague, 1974.
Kant, E.	*Critique de la raison pure*, Garnier-Flammarion, 1976.
Kealin, E. F.	*An Existentialist Aesthetic: the Theories of Sartre and Merleau-Ponty*, Madison, Univ. of Wisconsin Pr., 1962.
Kenny, A.	*Wittgenstein*, Pelican Books, 1975.
Kogève, A.	*Introduction à la lecture de Hegel*, Gallimard, Paris, 1947.
Kruks, S. R.	*A Study of the Political Philosophy of Merleau-Ponty*. (Thèse présentée à : « The London School of Economics », 1978 Thèse disponible au : « Department of Philosophy, University of Southampton »).
Kwant, R. C.	*The Phenomenological Philosophy of Merleau-Ponty*, Duquesne, U. P., Pittsburgh, U.S.A., 1963.

Kwant, R. C. (ctd) — *From Phenomenology to Metaphysics, An Inquiry into the last period of Merleau-Ponty's philosophical life*, Pittsburgh, Pa., Duquesne University Press, 1966.

Lagache, D. — *La psychanalyse*, Paris, Presses Universitaires de France, 1969.

Laplanche, Jean, et Leclaire, Serge — « L'inconscient : une étude psychanalytique » in *L'Inconscient*, (colloque de Bonneval), Desclée de Brouwer, 1966, (p.95-130).

Laplanche, J., et Pontalis, J. B. — *Vocabulaire de la psychanalyse*, Paris, Presses Universitaires de France, 1968.

« Fantasme originaire, fantasmes des origines, origine du fantasme » in *Les Temps Modernes*, No.215, avril 1964, (p.1833-1868).

Le Senne, René — *Introduction à la philosophie*, Paris, Presses Universitaires de France, 1939, 5e ed. 1970.

Levinas, E. — « La ruine de la représentation », *Recueil* commémoratif, La Haye, 1959, (p.73-85)

Lewis, Genèvieve — *Le Problème de l'inconscient et le cartésianisme*, Paris, Presses Universitaires de France, 1950.

Lucian-Borg, J.	« Le marxisme dans la philosophie socio-politique de Merleau-Ponty ». *Revue philosophique de Louvain*, Tome 73, 1975 (p.481-510).
Lyotard, Jean-Francois	*La Phénoménologie*, Paris, Presses Universitaires de France, (Coll. Que sais-je ?) 1954, 7e ed. 1969.
MacIntyre, A. C.	*The Unconscious, A Conceptual Analysis*, Routledge and Kegan Paul, London, 1976.
McLellan, D.	*Karl Marx, His Life and Thought*, Paladin, 1976. *Thought of Karl Marx, an Introduction*, Published by the Macmillan Press Ltd., London, 1972.
Malherbe, j. F.	« Interprétations en conflit à propos du "Traité" de Wittgenstein », *Revue Philosophique de Louvain*, Tome 76, mai 1978 (*PP*.180-204).
Manser, A.	*Sartre, A Philosophic Study*, Oxford University Press, 1967.
Maritain, J.	*Pour une philosophie de l'histoire*, Éditions du Seuil, Paris, 1957.
May, V.	*Diderot et Baudelaire, critique de l'art*, Librairie E. Droz, Genève, 1957.

Mays, W.	«Phenomenology and Marxism», in *Phenomenology and Philosophical Understanding*, Edited by Edo Pivčević Cambridge University Press, 1975 (p.231-250).
Merleau-Ponty, M.	*La Structure du comportement*, Paris, Presses Universitaires de France, 1942, 2e ed. (1949) et suivantes, précédé d'*Une philosophie de l'ambiguïté* par Alphonse De Waelhens (6e ed., 1967, cité par nous).
	Phénoménologie de la perception, Paris, Gallimard, 1945.
	«Le primat de la perception et ses conséquences philosophiques», in *Bulletin de la société française de philosophie*, No.4, octobre 1947, p.119-153) (avec discussion qui a suivi).
	Sens et Non-sens, Paris, Nagel, 1948 (Nous citons l'«edition de 1966).
	Signes, Paris, Gallimard, 1960.
	L'Œil et l'Esprit, Paris, Gallimard, 1964.
	Le Visible et l'Invisible, Paris, Gallimard, 1964.

Merleau-Ponty, M. (ctd) Préface à l'ouvrage de A. Hesnard, *l'Œuvre de Freud et son importance dans le monde moderne*, Paris, Payot, 1960, (p.5-10).
«Les relations avec autrui chez l'enfant» (Cours donnés à la Sorbonne 1950/1951), in *Bulletin de Psychologie*, Paris, Centre de documentation universitaire, 1964, (p.295-336).
«Méthode en psychologie de l'enfant» (Cours donnés à la Sorbonne 1950-1951), in *Bulletin de Psychologie*, Paris, Centre de documentation universitaire, 1964, (*PP*. 109-140).
«L'enfant vu par l'adulte» (cours donnés à la Sorbonne, 1949/1950) in *Bulletin de Psychologie*, Paris, Centre de Documentation Universitaire, 1964, (p.260-294).
l'Union de l'âme et du corps chez Malebranche, Biran et Bergson, (cours donnés à l'École Normale Supérieure 1947/1948), Paris, Vrin, 1968.

Merleau-Ponty, M. (ctd) « L'institution dans l'histoire personnelle et publique » (Cours donnés au Collège de France, 1954/1955), in *Résumés de cours,* Paris, Gallimard, 1968, (p.59-65).
« Le problème de la passivité : le sommeil, l'inconscient, la mémoire », (Cours donnés au Collège de France, 1954/1955), in *Résumés de cours,* Paris, Gallimard, 1968, (p.66-73).
« Nature et logos » : le corps humain (Cours donnés au Collège de France, 1959/1960), in *Résumés de cours,* Paris, Gallimard, 1968, (p.171-180).
« Sur l'inconscient », intervention de Merleau-Ponty résumée par J. B. Pontalis, in *l'inconscient* (6e Colloque de Bonneval), Paris, Desclée de Brouwer, 1966, (p.143).
Éloge de la philosophie, Gallimard, Paris, 1955.
Les Aventures de la dialectique, Gallimard, Paris, 1955.
Humanisme et terreur, Gallimard, Paris, 1947.

Michel-Wolfromm, Hélène	*Cette chose-là, les conflits sexuels de la femme française*, Paris, Grasset, (Le Livre de Poche), 1972.
Moor, B. E.	« A Defence of Common Sense », in Contemporary British Philosophy, edited by Muirhead, J. H. (p.193-223).
Moreau, J.	*l'Horizon des esprits* (Essai critique sur la *Phénoménologie de la perception*), Paris, Presses Universitaires de France, 1960.
Mucchielli, R.	*Analyse existentielle et psychothérapie phénoméno-structurale*, Bruxelles, Dessart, 1972.
Mueller, F. L.	*La Psychologie contemporaine*, Paris, Payot (petite bibliothèque), 1970.
Natanson, M.	*A Critique of J-P. Sartre's Ontology*, Haskell Ho. New York, 7
Parkinson, G. H. R.	*Saying and Showing An Introduction to Wittgenstein's Tractatus Logico-Philosophicus*, The Open University Press, 1976.
Pears, D.	*Wittgenstein*. Fontana/Collins, 1977.
Politzer, G.	*Critique des fondements de la psychologie*, Paris, Presses Universitaires de France, 1968.

Pontalis, J. B.	« Note sur le Problème de l'Inconscient chez Maurice Merleau-Ponty », in *Les Temps Modernes*, Nos. 184-185, 1961, (p.287-304).
Quine, W. O.	*Word and Object*, New York, Wiley, 1960.
Ricoeur, P.	« Hommage à Merleau-Ponty », *Esprit*, Vol.29, No.296, juin, 1961. Préface à Madison : *La Phénoménologie de Merleau-Ponty, une recherche sur les limites de la conscience*. Klincksiek, Paris, 1973. *Le Conflit des interprétations, essai d'herméneutique*, Seuil, 1970.
Sapire, E.	*Language, An Introduction to the Study of Speech*, Rupert Hart-Davis Ltd., London, 1971.
Sartre, J. P.	« Merleau-Ponty vivant », *Les Temps Modernes*, No.184, vol.17(2), 1961. *Esquisse d'une théorie des émotions*, Paris, Hermann, 1965. *L'Être et le Néant*, Paris, Gallimard, 1943. *La Transcendance de l'Ego*, Paris, Vrin, 1965.
Schilder, P.	*L'Image du corps*, Paris, 1968.
Searle, J. R.	« Chomsky et la révolution linguistique » in *La Recherche*, No.32, mars 1973, Paris.

Tort, Michel	« Le Concept freudien de "Representant" », in *Cahiers pour l'analyse*, No.5, Paris, Seuil, juillet 1970, (*PP.*37-63)
Tranc Duc Thao	« Marxisme et phénoménologie » *Revue Internationale*, vol.1 Jan-Feb, Paris 1946.
Van Breda, H. L.	« Maurice Merleau-Ponty et les Archives-Husserl à Louvain ». *Revue de métaphysique et de morale*, vol.67 Oct-Dec 1962.
Van Riet, G.	*Problèmes d'épistémologie*, Béatrice Nauwelaerts, Paris, 1960.
Van Steenbergen, F.	*Ontologie*, Louvain; Paris, 1966.
Wahl, J.	« Cette Pensée », *Les Temps Modernes*, No. 184, Paris, 1961.
White, A.	*Truth*, published by Macmillan and Co. Ltd, London, 1970.
Wittgenstein, L.	*Tractatus Logico-Philosophicus*, with an « *Introduction* » by Bertrand Russell, F.R.S., Routledge and Kegan Paul, London, 1961. *Philosophical Investigations*, translated by G. E. M. Anscombe, Basil Blackwell, Oxford, 1976.

www.ingramcontent.com/pod-product-compliance
Lightning Source LLC
Chambersburg PA
CBHW031610160426
43196CB00006B/77